本书是中国社会科学院重大课题的研究成果
是中国历史研究院重大学术项目研究成果

耿云志 主编

中国近代思想通史

第七卷

郑大华　俞祖华　著
李　锐

社会科学文献出版社

SOCIAL SCIENCES ACADEMIC PRESS (CHINA)

目　　录

第 一 章

抗日救亡思潮的兴起

一 抗日救亡思潮的特点

1931年9月18日，九一八事变爆发，日本帝国主义悍然侵略中国东北三省，妄图在中国的土地上推行其"大陆政策"，实现其所谓"大东亚共荣圈"的狂想。在亡国灭种危机之下，全国各派政治势力及民众团体，纷纷以抗战救亡为目标，逐渐抛弃各派政治分歧，积极投身到抗战救亡的大潮中，宣传抗战救亡主张，推动抗战救亡思潮不断走向高涨，从而为全面抗战的爆发，奠定了思想及舆论基础，同时也极大地打击了国内各种"投降"论调，从而在最大程度上整合了国内抗战救亡资源。统而观之，这一时期的抗战救亡思潮呈现以下特点。

第一，积极主张对日作战，反对妥协投降。这一时期的抗战救亡思潮，最大的特点便是积极主张对日作战，反对妥协投降，这也成为抗战救亡思潮的基调。自九一八事变爆发开始，中国共产党、各民主党派及民众团体便积极主张对日作战，反对妥协投降，不仅打击了日本帝国主义侵略中国的嚣张气焰，同时也有力扼制了国民党内消极抗日及妥协投降的倾向。

九一八事变后，中国共产党便积极主张对日抵抗，多次发布宣言表示对日抵抗，如《中国共产党为日本帝国主义强暴占领东三省事件宣言》《中央关于日本帝国主义强占满洲事变的决议》《中国共产党为日帝国主义强占东三省第二次宣言》等。在这些宣言中，中国共产党号召全中国工农及劳苦民众一致动员武装起来，为争取中华民族解放的利益而进行坚决的斗争，一致反对日本强占东三省，给日本强盗以"严重的回答"。此后，中国共产党始终坚持对日抵抗的立场，一方面积极通过宣言、通电等方式宣传抗日救国的政治主张，动员广大人民群众参与到抗日救亡的大潮中；另一方面积极同国内消极抵抗及投降势力进行斗争，坚决反对对日投降，并逐渐摸索出抗日民族统一战线的对日斗争方针，成为中国抗战最终取得胜利的有力保证。

这一时期，全国民众面对日寇肆虐，也积极主张对日抗战，并同国内的妥协投降思潮作坚决的斗争。自九一八事变开始，各地民众便纷纷走上街头，在"宁作战死鬼，不作亡国奴"口号的激励下，纷纷组织起来，或成立救亡组织，或走上街头请愿示威，成为抗日救亡思潮中不容忽视的组成部分。

而爱国知识分子及各民主党派更是在国共党争之外，率先摒弃党派歧见，联合起来为抗日救亡奔走呼号，并以救国会的形式组织各地民众，积极投身抗日救亡运动。邹韬奋便在《大众生活》的发刊词《我们的灯塔》一文中表示，劳苦大众的生路，民族解放唯一可能的途径，只有"冲破重围，用大众的力量……作自救的英勇奋斗！"[1] 邹韬奋还指出，中国社会现在最严重的问题，是全民族争生存的问题。为此，全国民众必须动员起来，用集体斗争的力量，"共同起来为着整个民族的存亡作殊死战"。[2]

第二，中国共产党所倡导建立的抗日民族统一战线是抗日救亡思潮中抵抗日本侵略组织形式的重要思想结晶。九一八事变后，面

---

[1]　周天度、孙彩霞编《救国会史料集》，中央编译出版社 2006 年版，第 18 页。

[2]　周天度、孙彩霞编《救国会史料集》，第 22 页。

对日本的入侵，以何种方式实现中华民族全体动员成为全国关注的焦点。而抗日救亡思潮中，爱国知识分子及各派也在呼吁摒弃政治歧见，实现全国爱国抗日势力的团结合作，从而实现中华民族团结抗日。

中国共产党始终站在抗日斗争的前线，在抗日救亡思潮中，积极探寻抗战救国的策略方针，积极倡导建立抗日民族统一战线。1935 年，根据共产国际的指示精神，中共中央发表《为抗日救国告全体同胞书》，表示中华民族已经处于千钧一发的生死关头。抗日则生，不抗日则死，抗日救国已经成为每个同胞的神圣天职。为此，全国同胞应本着"兄弟阋于墙外御其侮"的觉悟，"停止内战，以便集中一切国力（人力、物力、财力、武力等）去为抗日救国的神圣事业而奋斗"。此后，中国共产党所提倡的抗日民族统一战线理论得到不断的完善，其包容性及广泛性也得到了极大的扩充，最终成为抗战时期中华民族对日作战的组织形式。

中国共产党所倡导建立的抗日民族统一战线，是在抗日救亡思潮的推动下，根据国内形势所探索出来的积极有效的对日斗争的组织形式，是抗日救亡思潮的重要思想结晶。抗日民族统一战线作为中国持久抗战的重要组织形式，不仅有效地调动了国内的抗日力量，成为坚持抗战的主要组织形式，同时也为促进国共第二次合作提供了组织平台。

第三，第二次国共合作的实现推动抗战救亡思潮走向高涨。局部抗战爆发之时，国共两党仍然处于党争状态。国民党方面坚持其"攘外必先安内"的消极抵抗政策，积极推行"剿共"，对日本则心存侥幸，希图通过外交手段，利用国联及列强的力量对日本施压，迫使日本停止对中国的侵略。而共产党方面则在坚持对日抵抗主张的同时，以阶级斗争为出发点，执行"反蒋抗日"的主张，甚至有"左"倾关门主义的倾向。

然而，九一八事变后，中国爆发局部抗战，中华民族陷入亡国灭种的民族危机。国内呼吁停止国共党争及内战，两党联合抗日的主张成为主流。无论是国内学生群体的请愿游行活动，还是一二·九运动，以及国民党党内的主战"呼声"都促使国民党及共产党方面正视国内民众的诉求，开始以民族大义为出发点，谋求两党的第二次合作。

在国内抗战救亡思潮的推动及国共两党双方的努力下，第二次国共合作最终得以实现，而在双方沟通会谈的过程中，对于两党合作方式的探索，以及对坚持抗战的呼吁从另一个方面也推动了国内抗日救亡思潮逐渐走向高涨，同时也有力地打击了国内妥协投降的论调，并从政治运作的层面动员了国内一切抗日救国的力量，从而使得以思想表述为主的思潮得以推行至实际操作层面。

二 各派政治势力的对日主张

1928 年，随着"东北易帜"的完成，中华民国第一次完成了统一，即便仅仅是形式上的统一，国民政府开始了建设现代民族国家的进程。1928 年 6 月，国民政府宣告革命第一阶段军政时期结束，国家建设进入了第二阶段训政时期。所谓"训政"，即是国民党代表民众来实行"以党治国"。但蒋介石本人的权力欲望让"以党治国"成为泡影，蒋介石在施政上的集权使得国民党党组织实际上软弱无力，"由于蒋介石把革命运动改造成为军事独裁政权，党——国民党——甚至比政府的行政机关更萎缩"。[①]

不仅如此，当时中国的各派政治势力错综复杂，互相角力，蒋介石与国民政府的"统一"进程显然任重而道远。一方面是一系列"清共"运动后，大受损失的中国共产党对国民党充满仇视；另一方面，则是地方实力派对蒋介石的集权大为反感，伺机而动。

① 〔美〕费正清、〔美〕费维恺编《剑桥中华民国史》上，刘敬坤译，中国社会科学出版社 1994 年版，第 155 页。

此外，各民主党派也对蒋介石的集权大为不满，希望能够在国民政府的政治舞台上有所作为。

正是在这样混杂的政治背景下，日本悍然发动侵华战争。1931年8月18日，日本借口柳条湖事件进攻北大营，遭到北大营官兵的激烈还击。由此，中华民族开始了长达十四年的抗日战争。然而，在中国复杂的政治环境下，各派对日政策并非一以贯之，而是各有其基于政治斗争及党派利益的考量，并随着抗战形势的发展发生变化。

（一）国民党的对日主张

1928年，南京国民政府北伐成功后，便一直致力于权力收归中央，实现"以党治国"，并希望全国人民能够服膺三民主义，"相与积极努力；实现训政完成之先决条件"。[①] 因此，国民政府将"讨逆"及"反共"作为其工作的重心，"目前中国非和平无以纾民困，非统一无以致和平，非铲除割据自私之军阀余毒，无以巩固统一之基础，非努力训政与建设无以防止军阀之再起"。[②] 直至九一八事变爆发，"讨逆""反共"的工作重心从未发生变化。1930年11月，在《中国国民党中央执行委员会政治会议的报告》中仍然强调了"讨逆"与"反共"宣传的重要性，"上次大会举行时，阎冯即蠢然欲动，中央亦已烛破其奸。徒以民众望治情殷，不忍遽加诛戮。乃大会甫经闭幕，阎锡山即发难于前，冯玉祥复跳梁于后，一切反动势力竟且麇集丛聚，以图叛变中央……因共产党之乘机思逞暴动于湘鄂赣区域，故讨逆宣传以外，厥惟铲共宣传"。[③]

---

① 中国第二历史档案馆编《中华民国史档案资料汇编》第五辑第一编政治（二），江苏古籍出版社1994年版，第125页。

② 中国第二历史档案馆编《中华民国史档案资料汇编》第五辑第一编政治（二），第125页。

③ 中国第二历史档案馆编《中华民国史档案资料汇编》第五辑第一编政治（二），第240页。

此时，持续近一年的中原大战已近尾声，蒋介石的中央军在张学良的支持下，力挽狂澜取得了这场军阀混战的最终胜利。而蒋介石也终于得以全力"剿共"。

1930 年 10 月，中原大战尚未结束，蒋介石便纠集十万兵力，采取"长驱直入，分进合击"的战术，对中央革命根据地发动大规模"围剿"。1931 年 2 月，蒋介石又调集了 20 万军队，采取"稳扎稳打，步步为营"的战术，对中央革命根据地进行第二次"围剿"。甚至在九一八事变爆发前两个月，蒋介石还亲自任总司令，专门聘请英、日、德三国军事顾问，率兵 30 万，采用"长驱直入"战术，分三路进攻中央革命根据地，可见蒋介石确实视中共为其心腹大患，正如中国国民党三届五中全会所发布的《为一致协力扑灭赤匪告全国同胞书》中所言："赤匪既为吾民族之大患，自非集全国一致之力量以扑灭之不可"。①

1931 年 9 月 18 日，震惊中外的九一八事变爆发，日本发动对中国东北的侵略。关于此时蒋介石及国民政府的对日政策，以往研究者常将其归结为"攘外必先安内"及"不抵抗政策"。然而，据近年来相关研究看，首先，所谓"攘外必先安内"一直以来是中国传统文化中的处理内外交困情况下的学理性选择，"历代统治者为应付危机、维护统治，常常以安内为中心，'安内''攘外'并举"。② 其次，所谓"攘外必先安内"也并不能直接推导出"不抵抗政策"。正如近年来研究显示，蒋介石并未对东北军下达"不抵抗"的命令，所谓"不抵抗"命令是由张学良下达，而非蒋介石。蒋介石的"攘外必先安内"是在有底线的情况下，希望通过以和平外交方式，解决中日问题，即希望国民能在三民主义的指导下，

①　《为一致协力扑灭赤匪告全国同胞书》，荣孟源主编、孙彩霞编辑《中国国民党历次代表大会及中央全会资料（上、下册）》，光明日报出版社 1985 年版，第 989 页。

②　黄道炫：《蒋介石"攘外必先安内"方针研究》，《抗日战争研究》2000 年第 2 期。

"作积极救国之准备，对外则捍御强侮，保卫国权，为国际正义和平而奋斗，为民族生存自卫权而奋斗"。蒋介石也曾公开表示："现在我们的军备武力，虽然不如日本，但因为我们人民知识程度提高，所增加的卫国的力量，实在足以保卫我们国家的存在。这种精神的表现，决不是军国主义的国家所能压倒的，所以此次事件，固希望能够和平解决，但若万不得已而须以武力自卫，就必定可以得到最后的胜利。我们必要为拥护国家民族的生存，维持公理人道的尊严，坚持到底，决不屈服。"① 不仅如此，国民政府也十分重视在历史教育中对抵抗精神的渗入，强调在历史地理书籍中"应渗入以民族独立运动之精神，如日本为我国不共戴天之深仇，应卧薪尝胆以雪耻"② 的内容，以激励民众的抗战精神。

然而，我们也应看到，虽然蒋介石并未放弃抵抗，但"攘外必先安内"政策的重心仍是"安内"，在实际操作过程中，蒋介石及国民政府也是积极施行对内的"剿共"政策，认为"赤匪之扰乱，诚为中国民族之根本大患"③，并在 1932 年和 1933 年发动了第四及第五次大规模"剿共"，这不能不对其对日政策发生影响。正如研究者所言，"攘外必先安内"政策虽然包含了维护国家领土主权完整、争取民族生存自由的原则性和民族性，但其党派性却高于民族性。④

日本发动侵略中国东北的九一八事变后，在国际社会引起了巨大反响。国联理事会三次作出决议，要求日本撤军。美国虽然非国联成员国，但也对日本的侵略行为发表"不承认主义"照

---

① 秦孝仪主编《先总统蒋公思想言论总集》卷十演讲，（台北）中国国民党"中央"委员会党史委员会，1984 年，第 470 页。

② 中国第二历史档案馆编《中华民国史档案资料汇编》第五辑第一编政治（二），第 335 页。

③ 中国第二历史档案馆编《中华民国史档案资料汇编》第五辑第一编政治（二），第 339 页。

④ 熊宗仁：《"攘外必先安内"再批判》，《抗日战争研究》2001 年第 4 期。

会，对日本施压。国际舆论的批判，使得日本急于摆脱外交孤立状态，为了转移国际社会对其侵略中国东北的注意力，日本又在上海以"日僧事件"为借口，制造了"一·二八事变"。

一·二八事变中，国民党第十九路军对日军的进攻进行了坚决抵抗，彻底粉碎了日军三个月灭亡中国的狂妄言论。国民政府也对淞沪抗战中中国军队的英勇抵抗表示赞扬，表示"此次淞沪武装同志，奉命守土，克（恪）尽天职，以流血争民族之生存，其壮烈牺牲，实树全军之模范"①。同时，国民政府也表示了坚持抗战的决心，认为"今日已为我整个民族争生存之时期，而非互相责难之时期，国难至此，因果蘩繁，中央既定长期抵抗之决心，同胞应为国家存亡而奋斗，勿虚矫，勿懦葸，勿轻于乐观，勿易于悲观，应以沈（沉）着勇毅之精神，表现民族最高之意识"②。不仅如此，此时国民党及国民政府还重视对内抗日宣传，利用一切宣传工具，"对民众以唤起民族意识，复兴民族精神，御侮自卫共赴国难为主旨"③。

然而，总体看来，一·二八事变中国民政府对日仍主张"一面抵抗，一面交涉"，即"一面督励军警，从事自卫，决不以尺土寸地授人；一面仍运用外交方法，要求各国履行其条约上之责任"④。何应钦在给上海市市长吴铁城的电报中称："我军连日不顾牺牲，奋勇自卫，允足以表扬爱国之精神。惟我国目前一切均无准备，战事延长扩大，均非所利，各国领事既出面调停，请兄等酌量

---

① 中国第二历史档案馆编《中华民国史档案资料汇编》第五辑第一编政治（二），第358页。

② 中国第二历史档案馆编《中华民国史档案资料汇编》第五辑第一编政治（二），第359页。

③ 中国第二历史档案馆编《中华民国史档案资料汇编》第五辑第一编政治（二），第361页。

④ 章伯锋、庄建平主编《抗日战争·第一卷·七七之前》，四川大学出版社1997年版，第340页。

情形，斟酌接收。"① 蒋介石也在给蔡廷锴等人的指示中表示："沪事以十九路军保持十余日来之胜利，能趁此收手，避免再与决战为主。其办法如下：一、如日军确无侵占闸北之企图，双方立即停战；二、停战条件须双方各自撤退至相当地点，中国军队退出地方，由中国警察维持。"②

由此可见，蒋介石及国民政府在这一时期的对日交涉中，一方面并未放弃抵抗，仍然希望国民能够"精诚团结共赴国难"，另一方面则是希望能够在战争初期通过外交途径，遏制日本对华侵略。然而，与这一指导思想相伴的则是蒋介石及国民政府"攘外必先安内"的指导方针。"攘外必先安内"在民族危亡之时，被南京国民政府作为"国策"来推行自有其必然性及逻辑合理性，但蒋介石及南京国民政府却将"安内"作为政策的核心，并不止一次地将中共比作"心腹之患"，认为"剿匪完了，才可以抵抗日本，才可以力御外侮；如果剿匪不能完成，不仅是革命事业不能成功，且给日本人以随时侮辱侵略的机会，使我国家再没有奠定之日，革命再没有完成之时"。③ 这种政策导向上的偏狭，不仅使南京国民政府在对日问题上时有掣肘，更引起了各界民众的不满。

（二）共产党的对日主张

九一八事变后，中国共产党便明确提出要坚决反抗日本帝国主义对中国的侵略。1931 年 9 月 19 日，中共满洲省委便发表宣言，指出九一八事变并不是偶然发生的，是日本帝国主义为实现其"大陆政策""满蒙政策"所必然采取的行动，进而号召广大工农兵穷苦群众发动起来，组织自己的武装军队，将日本帝国主义驱逐

① 章伯锋、庄建平主编《抗日战争·第一卷·七七之前》，第 341 页。
② 章伯锋、庄建平主编《抗日战争·第一卷·七七之前》，第 346 页。
③ 秦孝仪主编《先总统蒋公思想言论总集》卷十演讲，第 627 页。

出中国的领土。① 9 月 20 日，中共中央发表了《中国共产党为日本帝国主义强暴占领东三省事件宣言》，在宣言中强烈反对日本侵占中国东北三省，号召依靠群众力量，反抗日本帝国主义，解放全中国。② 9 月 22 日，中共中央发表《中央关于日本帝国主义强占满洲事变的决议》，并提出"党在这次事变中的中心任务是：加紧地组织领导发展群众的反帝国主义运动，大胆地警醒群众的民族自觉，而引导他们到坚决的无情的革命斗争上来。……领导群众（为）反对日本帝国主义的暴力政策，反对帝国主义的奴役和侵略，反对进攻苏联和苏区，拥护苏维埃，武装保卫苏联，反帝国主义的强盗战争而争斗"③。9 月 30 日，中共中央发表《中国共产党为日帝国主义强占东三省第二次宣言》，再次号召人民群众"罢工，罢课，罢操，罢市，反对日本帝国主义"④。

一·二八事变爆发后，中共中央在 1932 年 1 月 31 日发布了《中国共产党中央为上海事变第二次宣言》，并在宣言中号召广大工农群众"与日本帝国主义及一切帝国主义进行坚决的革命战争"⑤。2 月 2 日，中共中央又进一步提出了《中国共产党关于上海事件的斗争纲领》，在纲领中号召"总同盟罢工，反对日本帝国主义占领上海！罢工，罢课，罢操，罢岗，反对日本帝国主义与一切帝国主义！反对上海设立中立区！民众自动武装起来，驱逐日本及一切帝国主义海陆空军出境！自动取消一切帝国主义在华一切不平等条约，收回租界，无条件没收一切帝国主义的银行，工厂，矿山，交通工具与商业机关！否认一切外债与赔款！打倒日本帝国主

---

① 《东北抗日联军史料》编写组：《东北抗日联军史料》上，中共党史资料出版社 1987 年版，第34 页。

② 中央档案馆编《中共中央文件选集》第 7 册，中共中央党校出版社 1991 年版，第 396—400 页。

③ 中央档案馆编《中共中央文件选集》第 7 册，第 421 页。

④ 中央档案馆编《中共中央文件选集》第 7 册，第 429 页。

⑤ 中央档案馆编《中共中央文件选集》第 8 册，第 97 页。

义与一切帝国主义！"①

1932 年 2 月 15 日，中共中央在给各地党部的指示中，又再次强调"必须号召与组织反日的群众大会，或群众团体的反日代表大会，通过反日的纲领，公开成立民众反日会与民众反日联合会，公开领导目前开展着的反日斗争"。② 4 月 15 日，中华苏维埃共和国临时中央政府主席毛泽东向全国发出《对日战争宣言》，声明中华苏维埃共和国临时中央政府正式宣布对日战争，并"号召白色统治区域的工人农民兵士学生及一切劳苦民众自己起来，组织民众抗日义勇军……直接对日作战，反对帝国主义瓜分中国……联合全世界的无产阶级被压迫民族与苏联，来实现以民族革命战争，驱逐日帝国主义出中国，反对帝国主义瓜分中国，澈（彻）底争得中华民族真正的独立与解放"③。

应当说，这一时期中国共产党对日政策保持了一贯性，深刻揭露了日本帝国主义侵华实质，即"掠夺中国，压迫中国工农革命，使中国完全变成它的殖民地"④，主张坚决抵抗日本帝国主义的侵略，同时注重发挥中国共产党的优势，主张依靠发动工农群众抗击日本侵略，谋求中华民族的独立与解放。

然而，这一时期中共的政策及主张也存在着偏差。首先，中共在这一时期的国际关系认知中，仍然机械运用"国际关系的核心"是资本主义世界和社会主义世界的对立公式，过分强调帝国主义进攻苏联和镇压中国革命的一致性，如认为"各国帝国主义都拼命计划想消灭苏联，以图挽救他们垂死的命运……现在日本帝国主义实行占领中国东三省，不过帝国主义进攻苏联计划之更进一步的实现。全中国工农劳苦民众必须在拥护苏联的根本任务之下，一致动员武

---

① 中央档案馆编《中共中央文件选集》第 8 册，第 100 页。
② 中央档案馆编《中共中央文件选集》第 8 册，第 115 页。
③ 中央档案馆编《中共中央文件选集》第 8 册，第 637—638 页。
④ 中央档案馆编《中共中央文件选集》第 7 册，第 396 页。

装起来，给日本强盗与一切帝国主义以严重的回答"。①

其次，由于国民党执行的"剿共"等政策以及这一时期党内盛行的"左"倾思维，也使得中共在抵抗日本侵略的同时，将蒋介石及南京国民政府视为敌人。九一八事变后，中国共产党在主张抗日的同时便认为"任何一派的国民党与军阀都只能压迫红军与苏维埃，实行军阀战争，加工制造灾荒，及投降帝国主义，出卖民族利益"②，并且呼吁广大民众一致动员起来，打倒国民党。在一·二八事变后，中共也在公开宣言中表示"国民党各派军阀及中国资产阶级都是日本帝国主义走狗，以血的屠杀镇压反日运动来献媚日本帝国主义，以'不抵抗''退让'来将千百万劳苦群众供日军屠杀污（侮）辱，以缴械枪杀来抵抗英勇抵抗日本帝国主义进攻的士兵群众"③，并且号召民众"推翻反动的国民党在全中国的统治，建立全中国民众的苏维埃政权，成立工农红军，联合全世界的无产阶级被压迫民族与苏联，来实现以民族革命战争，驱逐日帝国主义出中国，反对帝国主义瓜分中国，澈（彻）底争得中华民族真正的独立与解放"④。

不仅如此，中共在处理"抗日"与"反蒋"的关系时，将"反蒋"作为了"抗日"的前提，认为不消灭国民党的"反动统治"，就无法实现抗日战争的最终胜利，即只有夺取国家政权，才能进行反帝国主义的民族革命战争，并依据列宁所提出的"变帝国主义战争为国内战争"的口号，"抓住广大的群众对于国民党的失望与愤怒，而组织他们引导他们走向消灭国民党统治的争斗，抓住一切灾民，工人，兵士的具体的切身要求，发动他们的争斗走到直接的革命争斗"。⑤

---

①　中央档案馆编《中共中央文件选集》第 7 册，第 397 页。
②　中央档案馆编《中共中央文件选集》第 7 册，第 399 页。
③　中央档案馆编《中共中央文件选集》第 8 册，第 96 页。
④　中央档案馆编《中共中央文件选集》第 8 册，第 638 页。
⑤　中央档案馆编《中共中央文件选集》第 7 册，第 421 页。

（三）地方实力派的对日主张

抗战时期，不同于国民党在抗战问题上态度的暧昧不明，多数地方实力派大多积极主张对日作战，如九一八事变后，阎锡山便电告徐永昌，劝晋军将领共赴国难，并托徐永昌转告张学良，表示"愿率所部与倭寇决一死战"①。川军刘文辉和刘湘也联名通告呼吁"破除畛域，泯释猜嫌，戮力同心，共御强寇"，并表示愿意率领川军"荷戈前驱，共赴国难"②。这其中既有地方实力派对于国家危亡之际，救亡图存的家国心态的真实反映，也有借抗战之名与国民政府抗衡以保存实力的打算。

1932 年，一·二八淞沪抗战期间，国民革命军第十九路军英勇抗击日本侵略者，蒋光鼐、蔡廷锴等第十九路军高级将领发表通电，昭告全国："光鼐等分属军人，惟知正当防卫，捍患守土，是其天职，尺土寸草，不能放弃。为卫国守土而抵抗，虽牺牲至一卒一弹，绝不退缩，以丧失中华民国军人之人格"③，并表示"吾人深信能奋斗者不灭亡，服正义者得胜利，世界苟有公道，暴日断不得逞。……古人有言：覆巢之下无完卵。不自救者，其结果为自杀。我十九路军将士以纯洁之心，纯洁之血，负于党国，负于全民"。④ 第十九路军一营营长朱耀章在殉国前两天也以诗言志，表达了抗战到底的决心："为自由，争生存，沪上麾兵抗强权。路尽河边草，洒遍英雄泪，又何必气短情长？宁碎头颅，还我河山！"⑤

---

① 韩信夫、姜克夫主编《中华民国史·大事记》第六卷，中华书局 2012 年版，第 3927 页。

② 韩信夫、姜克夫主编《中华民国史·大事记》第六卷，第 3931 页。

③ 蒋光鼐等：《十九路军淞沪抗战》，转引自《从九一八到七七事变》，中国文史出版社 1987 年版，第 116 页。

④ 章伯锋、庄建平主编《抗日战争·第一卷·七七事变之前》，四川大学出版社 1997 年版，第319 页。

⑤ 张治中：《第五军参加淞沪抗日战役的经过》，《文史资料选辑》第 37 辑，文史资料出版社 1980 年版，第 25 页。

淞沪抗战后，第十九路军被调至福建开始"剿共"作战。而此时，正值日军大举侵占华北，中日之间民族矛盾激化之时，以蒋介石为代表的南京国民政府在对日政策上却仍然坚持"攘外必先安内"，积极进行大规模"剿共"作战。第十九路军广大官兵对蒋介石这一对日政策日益不满，特别是由于第十九路军在江西"剿共"前线，屡受挫折，实力大受损失，这一状况也使得粤系大为警惕，认为蒋介石此举大有"一石二鸟"之嫌，"归根到底，两条路变成一条路，'剿'也败，不'剿'也败，打也完，不打也完"。[①] 为此，第十九路军开始谋求与中共达成和解，并且希望"在上海找中共中央负责人谈判，说明十九路军是抗日反蒋的，应该是革命同路的军队，红军不应该把它消灭；如果红军消灭十九路军，正好中了蒋介石借刀杀人的毒计。要求中共中央电转红军领袖，先行下令停止进攻，然后再商量具体条件。……舍此之外，别无办法"[②]。

在福建方面与中共中央方面的共同努力下，双方签订了《中华苏维埃共和国临时中央政府及工农红军与福建政府及十九路军抗日作战协定》，亦称《反日反蒋的初步协定》，主要内容有"一、双方立即停止军事行动，暂时划定军事疆界线；二、双方恢复输出输入之商品贸易，并采取互助合作原则；三、福建方面立即释放政治犯；四、福建方面赞同其境内革命的一切组织之活动，并允许出版、言论、结社、聚会、罢工之自由；五、福建方面应发表反蒋宣言，并立即进行反日反蒋军事的准备；六、双方派出代表常川互驻；七、双方给予代表发护照通行证，保护安全；八、双方对于协定交涉应严守秘密；九、双方及早另订具体作战协定；十、双方贸易关系，另订商务条约"。[③] 这一协定的签订，使得第十九路军解

---

① 蔡廷锴：《回忆十九路军在闽反蒋失败经过》，《文史资料选辑》第59辑，文史资料出版社1986年版，第77页。

② 麦朝枢：《福建人民革命政府回忆》，《文史资料选辑》第37辑，文史资料出版社1980年版，第77页。

③ 福建省档案馆编《福建事变档案资料》，福建人民出版社1984年版，第195—196页。

除了后顾之忧，加速了"福建事变"的爆发。1933 年 11 月，福建人民政府发布了《福建人民政府之对外宣言》，并在《宣言》中指出："南京之卑劣统治者，现与日本帝国主义妥协，已危及中国之独立。……两年以来，日本的目的，昭然于中国人民及文明世界。"而中国作为堂堂大国，竟然被日本"蕞尔小国"侵略，南京国民政府却实行"卑屈之不抵抗政策，更足以引起并鼓励自身之被征服。然蒋介石与其南京派……为其个人政策起见，恐其所据以维政权、操纵国民党、垄断国家与政治机关之武力，一旦对日作战，必受亏损。……如仍允许蒋介石及其政府继续执政，以实行其背叛国家、出卖民族之政策，则中国人民将为日本之奴隶"。① 为此，福建人民政府决定推翻蒋氏政权，重建中国人民之生命于民族主义之基础上，确保民主自由之最高准则。

从上述宣言的内容来看，发动福建事变的闽系一方，与这一时期的中共一样，将反蒋与抗日结合在一起，反蒋就是抗日，而抗日的前提就是要反蒋。无怪乎蒋介石视其不过为中共政策的"回光返照"。而且其以另立政府的方式来宣传其抗日主张，也有以抗日作为其派系斗争筹码之嫌。

而作为地方实力派的另一系粤系，一直以来以胡汉民及陈济棠为首试图对抗以蒋介石为首的南京国民政府。九一八事变后，粤系便因日军侵占东北，停止入湘军事行动，并令粤桂军撤回原防。胡汉民便对蒋介石对日政策表示不满，认为蒋介石试图依赖国联来制裁日本是不切实际的妄想。在他看来，国联不过是英、法等帝国主义国家所把持的国际组织，它只为帝国主义国家服务，"只是一些帝国主义者的剧院，只是世界弱小民族的屠场。国联不会有正义，不会有公道，本身更不会有能力"②。在他看来，蒋介石及南京国

①　中国第二历史档案馆编《中华民国史档案资料汇编》第五辑第一编政治（五），第 715—716 页。

②　胡汉民：《什么是我们的生活》，《三民主义月刊》第 1 卷第 3 期，1933 年 3 月 15 日。

民政府所执行的对日政策是对日本"不抗，不和，不守，不走。从无抵抗，无责任，无办法的三无主义，到不抗，不和，不守，不走的四不主义"，这是南京国民政府应付日本侵略者的唯一主义。①面对蒋介石所提出的"攘外必先安内"的政策，他认为，那不过是蒋介石及南京国民政府推卸责任的遁词，"根本的说：中国今日，只有攘外的问题，没有安内的问题。有之，只是如何计划动员，计划国防，实施一切抗战的准备，这是政府当局的所有事，不是攘外安内中的安内问题。以剿共为安内，这是一种错误"②。

不仅如此，胡汉民还创办了《三民主义月刊》，作为宣传其抗日主张及反蒋的宣传阵地。如刘庐隐便认为，南京国民政府因为执行"不抵抗政策"，"无疑的是要终于落到对日屈辱卖国的末路上去的，但是要想中国不至同时随之而亡，唯一的根本办法，就只有全国人民起来对日抗战。唯此，才是整个中国民族的生路"③。张国仁则指出，中国已经到了不抗则亡的地步，"须知日帝国主义者之多进攻一点，即我国之锦绣山河多丧失一点，亦即我抵抗之实力多减少一点。暴日继续进攻，即我之抵抗力量继续减少，中国能有几省，如何经得起今日辽宁，明日吉林，今日龙江，明日热河，再不抵抗，势不至国亡种灭而不止"，如果中国想免于亡国灭种的厄运，那么只有抗日而已，"不抗日无以救亡"④。

而面对蒋介石的"攘外必先安内"政策，粤系也以《三民主义月刊》为阵地对其提出了批评。刘庐隐便认为，蒋介石所说的"攘外安内"实际上是"玩内媚外"，是对日妥协和屈辱卖国的政

---

① 胡汉民：《什么是我们的生活》，《三民主义月刊》第 1 卷第 3 期，1933 年 3 月 15 日。

② 胡汉民：《什么是我们的生活》，《三民主义月刊》第 1 卷第 3 期，1933 年 3 月 15 日。

③ 刘庐隐、滕柱：《从世界经济恐慌到对日抗战》，《三民主义月刊》第 1 卷第 4 期，1933 年 4 月 15 日。

④ 张国仁：《抗日是革命 不抗日或是假抗日都是反革命》，《三民主义月刊》第 1 卷第 4 期，1933 年 4 月 15 日。

策。"依照南京一般人所嚷着的'攘外必先安内'的意义来说，蒋介石这段奇绩是不是'安内攘外'的呢？难道撵走一个张学良就算安内了吗？把自己不抵抗的势力移到平津，等待日本去宣布黄河以北为'非武装区域'，就算安内了吗？他们说'攘外必先安内'，最低限度只怕也应该把当前步步侵入的敌寇攘住，才谈得上安内吧！但是蒋介石所干的这段奇绩，内且未安，先已把敌寇一步引入榆关，再一步引入热河，这不是内未安而已丧土媚外了吗？事实告诉我们，两年以来，蒋氏始终玩弄张学良于股掌之上，遂使张陷落在今日国破家亡身败名裂的境地，可知所谓'安内'者，事实上只有得到一个'玩内'的结果。"[1] 胡汉民也认为，"中国对日，非不能抵抗，而实为卖国者不肯抵抗。如不抵抗主义，如长期抵抗，如三日亡国，如一面抵抗一面交涉，及历次抗日军之绝援溃败，举足为卖国者不肯抵抗之明证"。[2]

此外，以胡汉民、陈济棠为首的粤系因与以蒋介石为首的南京国民政府正处于对抗时期，在抗日问题上，也坚持"救国必先讨蒋"，并且认为蒋介石及南京国民政府"是一个反动卖国统治。它出卖民族利益，背叛革命主义，残贼全国人民"[3]。然而，与闽方所坚持的"抗日反蒋"不同，粤系虽然主张"抗日反蒋"，同时也坚持"抗日剿共"的政策，并对"福建事变"大加讨伐，认为其无异于叛党叛国的行为，"'中华共和国'，标榜的是'讨蒋救国'……'中华共和国'虽也想凭借外力，但结果只与共匪之间作某种声气的应和"。[4]

---

① 刘庐隐：《不抵抗主义的末路》，《三民主义月刊》第 1 卷第 5 期，1933 年 5 月 15 日。

② 胡汉民：《为蒋日妥协正告友邦人士》，《三民主义月刊》第 1 卷第 6 期，1933 年 6 月 15 日。

③ 萧佛成：《卖国与误国》，《三民主义月刊》第 2 卷第 3 期，1933 年 9 月 15 日。

④ 胡汉民：《傀儡僭号与南京政府》，《三民主义月刊》第 3 卷第 4 期，1934 年 4 月 15 日。

　　除粤系外，以李宗仁、白崇禧为首的新桂系也对蒋介石"攘外必先安内"的对日政策表示反对。九一八事变后，桂方便向全国发出抗日救国通电，并在南宁召开广西各界抗日救国大会，号召全国民众团结起来，对日绝交，抵抗日本侵略。在一·二八事变后，李宗仁、白崇禧积极声援第十九路军，并在停战协定签订后，电告西南政委会，称"南京政府签订卖国协定，应即鸣鼓而攻"。① 1932 年 9 月，新桂系以国民党西南执行部的名义致电南京国民政府，表示"日人既以吞并中国为最终目的，则中国问题，即全国问题，故与我绝无两存之理……故今日事势舍抵抗而外，实无其他救亡之道"，并要求国民政府速定对日大计，"由抵抗之宣言，进为抵抗之实行，督促得力军队，出师关外，收复失地"。② 而在伪满洲国成立后，新桂系也要求国民政府迅速组织讨逆，并称"当局以不抵抗故，演成今日之局，悔无可追，为今之计，惟有一面对此伪约切实宣言否认，一面迅集大军讨逆，恢复失地"。③ 而《塘沽协定》签订后，新桂系又以国民党西南执行部、西南政务会的名义致电国民政府，质问"政府果无丧权辱国之罪，何至迄未将协定内容明白宣布？对冯玉祥等抗日军队，政府既不加以接济，而又外引暴日，以迫察境，内调关、萧各军向察省推进……此种举措是否为实行对日屈辱协定、贯彻降日卖国之计？要求明白圆满之答复"。④

　　总体来看，局部抗战阶段，地方实力派大多表示对日抵抗的态度，虽然其出发点各不相同。然而，这种公开表态的方式仍然有利于国内抗战救亡思潮的发展，同时也对督促国民党政府对日抵抗起到了积极作用。

---

①　韩信夫、姜克夫主编《中华民国史·大事记》第六卷，第 4146 页。

②　《申报》1932 年 9 月 9 日。

③　韩信夫、姜克夫主编《中华民国史·大事记》第六卷，第 4233 页。

④　韩信夫、姜克夫主编《中华民国史·大事记》第六卷，第 4429 页。

三　民众抗日救亡运动的高涨

（一）学生群体的抗日救亡主张

自五四运动以来，学生运动便在推动中国社会发展的进程中扮演着不可忽视的角色。抗战十四年的历史进程中，中华民族面临着亡国灭种的巨大危机，学生又一次站在了挽救国家、民族危亡的前线。

九一八事变爆发后，上海、北平、南京、天津等地的学生，便纷纷走上街头，为挽救民族危亡而游行示威，进行抗日救亡的宣传活动，号召广大民众武装起来，抗击日寇的进攻。1931 年 9 月 20 日，国立北平大学俄文法政学院学生自治会发表宣言，表示"日本帝国主义者逞其侵略之私欲，万宝山事件发生于前，侨民又被惨杀于后，今又悍然不顾，大肆武力侵略，以遂其囊括满蒙之素志。果也正在调查所谓彼等捏造中村事件之中，竟大举进兵，于九月十八日将沈阳完全占领，焚杀抢掠，十室九空。现仍节节逼迫……当此国破家亡之时，正吾人同仇敌忾之际，深望当轴诸公，立息内争，一致对外，并望我国民众，实行武装，誓作政府后盾。倘再有执迷不悟，仍存自私自利者，即认为全国公敌"。① 在该学院学生救国会的宣言中，也号召民众"应即团结一致，作抵抗先驱，勇敢牺牲，同赴国难，共挽家邦，舍我头颅，抗彼残暴，誓驱逐倭寇出境而后已"。②

---

① 中国第二历史档案馆编《中华民国史档案资料汇编》第五辑第一编政治（四），第 288 页。

② 中国第二历史档案馆编《中华民国史档案资料汇编》第五辑第一编政治（四），第 289 页。

　　此后，全国各地学生抗日救亡运动风起云涌，各地学生在"宁作战死鬼，不作亡国奴"口号的激励下，纷纷组织起来，或成立救亡组织，或走上街头请愿示威。南京中央大学学生自治会便以召开紧急会议的方式，敦促国民政府对日严重交涉、电告世界各国、宣布日人暴行、请求国际援助，并且发表了告全国同胞书。9月 26 日，清华大学学生也发表了对日宣战宣言，表示国家兴亡匹夫有责，国难当头，"我国民务当猛醒，万众一心，以谋我国家之生命与光荣……若人人各求私利，不顾国家，民族衰弱，自然之趋势也。若仍畏首畏尾，则不但东省之地，不可挽回，是不异拱手奉我全民族之生命与倭奴，我中华民国欲再谋出路，再谋进步，不可得也"。① 燕京大学全体学生也对日本侵占东北而发表宣言，并且号召广大民众当此国破家亡之际，应当立即起来积极自救，政府应当积极准备出兵，誓死公救国难。② 上海法政学院也在九一八事变后，自制抗日救亡传单，号召国人抵制日货，学习岳飞，尽忠保国，并且在这民族生死关头，"我们应当鼓起勇气，抱着宁为沙场死鬼，毋为亡国弱奴的精神，与日本帝国主义决斗，我们定可获最后的胜利！"③ 河北法商学院学生在九一八事变后也积极成立了反日救国会，并电告国民政府"共息内争，群御外患"，召开国防会议，"力求军事人才，共维国艰，同赴国难"。④

　　此时，不仅大学生动员起来，中小学生也激于国难日亟，纷纷动员起来，为挽救国难而呼吁奔走。北平市中小学学生联合会抗日救国会便在 1931 年 10 月 5 日呈国民政府的文中，请求"唤

---

　　① 　中共北京市委党史研究室编《北京地区抗日运动史料汇编》第一辑，中国文史出版社 1990 年版，第 79 页。

　　② 　中国第二历史档案馆编《中华民国史档案资料汇编》第五辑第一编政治（四），第 290—291 页。

　　③ 　中国第二历史档案馆编《中华民国史档案资料汇编》第五辑第一编政治（四），第 305 页。

　　④ 　中国第二历史档案馆编《中华民国史档案资料汇编》第五辑第一编政治（四），第 356—357 页。

起世界弱小及被压迫民族联合战线，打倒帝国主义者"①。南京金陵中学的学生则在告民众书中，号召"国家兴亡，匹夫有责"，并且希望能通过南京金陵中学抗日救国会的号召"唤醒国人，同赴国难。……贯彻始终，坚持到底，与日势不两立，尚望国人，共申公愤，鉴此热忱，一致援助，则暴日虽横，谅不能敌成城之众志。楚歌四面，一发千钧，或存或亡，机在顷刻。愿同胞共起图之！"② 而面对日军在天津的暴行，天津南开中学全体学生发表宣言，号召有血有肉的中国人"一致起来，向敌人总攻；以铁血换回我们的河山，以生命为我们民族的保障。我们誓死不买日货"③。12 月 22 日，山西学生也发表通电号召全国同胞"国难临头，危亡堪虑，凡有血有肉之伦，均应一致奋斗，努力图救"④。

1932 年，一·二八淞沪抗战爆发后，各地学生又再次站在了抗日救亡的前线，主动发声，号召国内民众对日作战。河南省立一中救国会便向国民政府呈书，敦促政府收复失地，"窃以东北沦亡，淞沪失陷，举国同胞，莫不发指。……十九路虽孤军抵抗，亦因久无援而退却。长此以往，不知伊于胡底"，请求政府下令收复失地。⑤ 郑州扶轮中学救国会也在一·二八事变后向国民政府呈书，"窃暴日豺狼成性，蛇蝎为心，逞厥野蛮之军，夺我东北之地，近复大肆猖狂，犯我沪滨，纵毁我财产，恣戮我人民……幸赖我十九路军，深懔国家之垂危，克尽国民之天职，崛然而起，愤然而兴，死于所敢死，战于所不敢不战。冲锋陷阵，艰苦卓绝"。然

---

① 中国第二历史档案馆编《中华民国史档案资料汇编》第五辑第一编政治（四），第 291 页。
② 中国第二历史档案馆编《中华民国史档案资料汇编》第五辑第一编政治（四），第 335 页。
③ 中国第二历史档案馆编《中华民国史档案资料汇编》第五辑第一编政治（四），第 318 页。
④ 《申报》1931 年 12 月 21 日。
⑤ 中国第二历史档案馆编《中华民国史档案资料汇编》第五辑第一编政治（四），第 404 页。

而，由于各地政府工作不得力，抗日工作大多废弛，因此，希望政府一方面派兵增援，武力收复失地，另一方面希望国民政府能够放弃己见，一致团结抗日。①

此外，各地学生还积极组织成立请愿团，一方面赴南京向国民政府请愿，督促政府对日抵抗；另一方面则通过请愿的方式，宣传抗日主张，激励广大民众对日作战。上海法政学院便在九一八事变后组织抗日救国会赴南京请愿，号召民众"要学岳传上的岳飞大元帅，尽忠救国，大举讨伐番邦，打倒日本金銮殿！"② 而在其《告全国同胞书》中警示国人，日本帝国主义对中国的野心已非常明显，不抵抗只能自取灭亡。不抵抗是无代价的牺牲，是没有血性的人类的行为。因此，"我们现在不要再希望列强来主张公道了，我们只有靠着自己来收回国权……希望政府服从我们国民的公意，凭着我们国民的力量来收回国权……我们相信只有国民自己起来，才能够抵抗日本帝国主义。我们请愿的目的，是希望政府和我们一致，万一不幸，不能达到目的我们还要救国，还是要自己起来救国"。③ 杭州学生也积极组织请愿团，并于 1931 年 11 月 24 日全体赴中山陵谒陵请愿，在宣言中号召国民应当积极承担救国责任，与国存亡，"毅然决然抱最后牺牲之决心，作大规模的悲壮热烈之请愿运动，以督促政府履行其责任，同时唤起全国民众之注意，以发奋其自救的能力"。④

这一时期，不仅国内青年学生积极投身抗日救亡运动，海外留学生也积极投身祖国抗日救亡运动。早在 1928 年济南惨案发生时，

---

① 中国第二历史档案馆编《中华民国史档案资料汇编》第五辑第一编政治（四），第 405—406 页。

② 中国第二历史档案馆编《中华民国史档案资料汇编》第五辑第一编政治（四），第 304 页。

③ 中国第二历史档案馆编《中华民国史档案资料汇编》第五辑第一编政治（四），第 305 页。

④ 中国第二历史档案馆编《中华民国史档案资料汇编》第五辑第一编政治（四），第 319 页。

海外留学生便群情激奋，号召国人团结抗日。云南留日同乡会发出号召"一致罢学归国，誓不再渡"，团结起来，"彻底打倒日本帝国主义"。①

九一八事变后，日本帝国主义侵占东北三省，海外留学生得知消息后，纷纷发表宣言，号召全体回国，加入抗日救国运动中。当时，中华留日学生会便发表《为东北事件告全体留日同学书》指出，九一八事变已经清楚地表明了日本帝国主义的野心和阴谋，而"国际联盟不过是欧战后国际帝国主义间为缓和争夺市场的冲突而产生的有计划的来瓜分殖民地的国际帝国主义分赃联盟"②，民众应当放弃依靠国民政府及国联调停中日的幻想。为此，中华留日学生会号召，留日学生"全体回国到工厂中、农村中、军队中积极的宣传去——组织去——训练去——一方面准备力量同帝国主义作最后的火拼，一方面团结力量监督政府，推动政府，使它实现了我们大多数群众的要求——驱逐帝国主义在华一切势力"。③ 日本陆军士官学校的中国留学生也发表退学宣言称："同人等留学敌邦，仰教他人，深知谋我者不惠我，制人者常骄人，已觉留非其地，学难有成。……窃念吾辈武学生，职在捍国，当此国家濒危之时，正吾辈拚弃生命杀敌救亡之日，何能缄默笔砚间与敌人讲武纸上乎。"④ 不仅如此，负笈欧美的中国留学生也积极从事抗日救亡宣传。一·二八事变爆发后，美国哥伦比亚大学的中国留学生便电请回国，奔赴前线抗击日军。⑤

应当说，抗日救亡运动兴起之初，学生群体一如历次运动之

---

① 中国第二历史档案馆编《中华民国史档案资料汇编》第五辑第一编政治（五），第 601 页。

② 中国第二历史档案馆编《中华民国史档案资料汇编》第五辑第一编政治（五），第 623 页。

③ 中国第二历史档案馆编《中华民国史档案资料汇编》第五辑第一编政治（五），第 624 页。

④ 《申报》1931 年 10 月 22 日。

⑤ 《申报》1932 年 2 月 6 日。

时，扮演了十分重要的角色。学生群体在局部抗战爆发之初，便纷纷走上街头，宣传抗战救亡思想，推动了国内抗日救亡思潮的发展，同时也动员了国内民众投身于抗日救亡运动。

（二）民众团体的抗日救亡主张

九一八事变后，面对国难危机，全国各地各界民众也纷纷动员起来，组织各类形式的救国会及救亡团体，进行抗日救亡宣传工作，敦促政府积极抗日，激励民众投身抗日救亡运动中来，推动了抗日救亡思潮的兴起和发展，也促进了国内民众的觉醒和抗日救亡运动的高涨。

日本侵占东北后，东北民众感于痛失家园，流离失所之痛，迅速组织起来，积极进行抗日救国宣传。1931 年 9 月 30 日，东北民众救国会发布了《请息内争速定救国大计》的通电，并指出日本长期以来处心积虑，蓄谋侵占中国满蒙地区，残害东北人民，"我东北民众，义愤填膺，发眦欲裂，背城借一，咸具决心，敢请早定大计，积极备战，速捐成见，以息内争，毋赖外力"[1]。1931 年 10 月，东北民众反日救国会又发布宣言，号召国人救亡图存，誓死抗日，并呼吁广大同胞群策群力，同舟共济，与倭奴决一雌雄。[2]

其后，各地民众也纷纷迅速行动起来。1931 年 9 月 22 日，上海抗日救国会召开成立大会，并要求驱逐日军出境，收复失地；通电全国，团结力量，一致抗日；彻底对日绝交；扩大抗日救亡运动。[3] 9 月 23 日，北平市各界抗日救国大会召开并通电全国，敦促政府对日采取强硬政策，积极准备对日作战，"切盼全国国民于即日起，先自动对日实行不合作主义，例如不在日厂做工，不用日

---

① 中国第二历史档案馆编《中华民国史档案资料汇编》第五辑第一编政治（四），第 351 页。

② 中国第二历史档案馆编《中华民国史档案资料汇编》第五辑第一编政治（四），第 351—352 页。

③ 《申报》1931 年 9 月 23 日。

钞，不与日银行来往，不买日货，不坐日轮，不住日旅馆等等，民族人格所在，哀求共同努力"①。会后，北平各界民众成立了北平市各界抗日救国会，并在成立宣言中指出，日本帝国主义者以占领中国东三省为其大陆政策的第一步。而日本之所以敢于突然发动对东三省的侵略战争，是"恃其必可避免各国之干涉"。为此，国人应"团结全国之心志，以镇定之态度，沉毅之精神……共速兴起，共赴国难"。② 武汉民众也组织成立救亡会，呼吁武汉市民佩戴黑纱，停止宴会娱乐活动，各团体降半旗致哀，并发布通电，誓死反抗日本暴行，并希望国内各派息争御侮。③

1931 年 9 月 21 日，甘肃全省反日救国会发表通电表示，日本帝国主义不顾国际公法，破坏世界和平，悍然侵占东北三省，"俨然有亡我国家，灭我民族之势。……在千钧一发之秋，宜具同仇敌忾，务祈全国同胞，上下一致，积极准备，与倭奴决一死战，宁为玉碎，毋无瓦全"④。四川省岳池县军政学团也在九一八事变后召开驱日运动大会，约有 3 万人参加大会，宣誓不买日货，实行经济绝交，并于 9 月 24 日发表驱日通电，号召停止内战，共御外侮。

9 月 28 日，西安各界反日救国大会召开并发表通电，呼吁统一军权、一致抵抗日寇侵略，"彼东北同胞在日人蹂躏之下，纵欲声罪致讨厌其可得耶，吾未死之同胞乎，其忍生见国破家亡，永籍奴种乎？抑当拼命流血，与倭奴一死战乎？"9 月 29 日，又发表通电呼吁"时至今日，舍誓死与倭奴武力周旋，以民族生死，拼国家存亡外，宁有其他办法，惟力量以集中而伟大，精神以团结而巩

---

① 中共北京市委党史研究室编《北京地区抗日运动史料汇编》第一辑，第 142 页。

② 中共北京市委党史研究室编《北京地区抗日运动史料汇编》第一辑，第 142—143 页。

③ 《申报》1931 年 9 月 23 日。

④ 中国第二历史档案馆编《中华民国史档案资料汇编》第五辑第一编政治（四），第 360 页。

固，步伐以整齐而扬武，指挥以统一而威敌。故雪耻图存，莫若众志同心"①。

1931年10月，河南全省民众反日救国总会也为九一八事变发表反日宣言，并在宣言中痛斥日本蓄谋侵占东北三省已久，"此次占领我们东三省，屠戮军民，戕害官吏，焚毁衙门，掠夺财物，充分表现野蛮强暴的行为"，这一情势下与日本之间终不免于一战，与其坐以待毙，不如与其决一雌雄，或许有恢复领土的转机，"只要人心不死，都有复兴希望"。② 而在告民众书中，河南全省民众反日救国总会号召"彻底对日经济绝交，誓死不用日货，不供给日人物品。不与日人合作"，"全国民众立即全体武装，积极督促并援助政府对日准备宣战，我们民众誓作前驱，宁作战死鬼，不作亡国奴"。③

九一八事变后，不仅一般民众积极组织救国会等团体，发出救亡呼声，此时宗教界人士也开始行动起来，参与到抗日救亡运动中来。浙江温岭僧人便组织了僧界救国祈祷会，希望能在此国难之时，唤醒僧伽，一致团结，为国牺牲，发扬大无畏精神，共赴国难，同时组织宣传，唤起民众。④ 北平佛教界也发起组织佛教救护队，准备赴前线实施救护工作。⑤ 伊斯兰学友会也在九一八事变后发表宣言，表示不爱国便有损于信德，伊斯兰教胞占全国人口的六分之一，历代以忠勇为国见称于世，"当此国运颓衰之时，吾六千

---

① 中国第二历史档案馆编《中华民国史档案资料汇编》第五辑第一编政治（四），第355—356页。

② 中国第二历史档案馆编《中华民国史档案资料汇编》第五辑第一编政治（四），第369—371页。

③ 中国第二历史档案馆编《中华民国史档案资料汇编》第五辑第一编政治（四），第372页。

④ 中国第二历史档案馆编《中华民国史档案资料汇编》第五辑第一编政治（四），第375页。

⑤ 中共北京市委党史研究室编《北京地区抗日运动史料汇编》第一辑，第182页。

五精明勇之教胞，宜如何蹶然奋起，健期挽回颓势，而跻国家于复兴，匪惟国家之幸，亦即宗教之幸"①。

日本侵占东北后，为转移欧美各国对其侵占东北、炮制伪"满洲国"的注意力，很快把战争矛头指向了上海。1932 年 1 月 28 日，日军对上海发动突袭，一·二八淞沪抗战爆发。事变甫一爆发，便引发了民众的抗议，纷纷发表通电表示支持对日抵抗，反对停战议和。1 月 30 日，上海市商会等团体便致电国民政府，表示国家存亡，千钧一发，"务请政府从速决定大计，飞令各地，一致抵抗，死里求生，在此一举"②。2 月 7 日，上海各团体救国联合会也致电国民政府，希望能够速速派兵支援第十九路军。其后，上海律师公会等团体也致电国民政府，希望政府能够表示长期抵抗的决心，反对对日议和。中国纺织学会也在电文中表示，淞沪抗战中仅有第十九路军奋起抵抗，政府却不能"剑及履及，共赴国难，遂致东南富庶，卒为敌乘，焚杀之惨，震骇世界"，国家养兵百万，却只能用于内战，对外则按兵不动，让第十九路军孤军奋战。为此，希望国民政府能够迅速出兵，一致动员，以求自卫。③

此时，不仅上海本地民众纷纷起而抗议日本侵略者的暴行，表示对第十九路军英勇抗战的支持，全国各地民众也纷纷动员起来，通过各种形式表示对第十九路军的支持。1932 年 3 月 1 日，广州救国筹款委员会便发表通电表示"暴日既陷东三省，继扰平津，现复攻我沪上，狼子野心，务欲践破我各重要都市，席卷中国而后快"，第十九路军面对强敌，恪尽职守，奋勇杀敌，"能本国人欲偕亡之决心，一洗东北无抵抗之奇耻，尽军队守土之天职，振全国对外之精神"，为此广州救国筹款委员会呼吁各界募款支

---

① 中共北京市委党史研究室编《北京地区抗日运动史料汇编》第一辑，第 183 页。

② 中国第二历史档案馆编《中华民国史档案资料汇编》第五辑第一编政治（四），第 388 页。

③ 中国第二历史档案馆编《中华民国史档案资料汇编》第五辑第一编政治（四），第 393—394 页。

持第十九路军。① 3 月 4 日，中国妇女救国大同盟等团体发表通电，严厉斥责国民政府的所谓"整个计划"不过是对日实行不抵抗主义，"政府不能保国，军队不能御侮，又何用此政府军队为两公争权攘利？频年内战，残民求逞，不啻虎狼，一遇外侮，便成鼹鼠"。② 3 月 10 日，甘肃省抗日救国会同样发表通电，要求政府停止议和，实行铁血政策奋斗到底，并称"溯自沪战发生，我全国民众，无不义愤填膺，誓共杀贼，幸赖我前方将士忠肝义胆，同济国难"，若中国能"坚壁持久"，那日本内外交困之下必然走向崩溃，中国何难最后胜利。③

当时，全国上下呼吁调集全国军队奔赴淞沪前线，拒绝不平等条约、武力收复领土的呼声不绝于耳。上海市民沈郁文便向国民政府递交条陈，希望与日方签订条约之时，国民政府应据理力争，"是今日暴力之蹂躏患犹浅，他日暴力之蔓延患尤深，诚不可以不虑"④。四川各界民众促成会便在 1932 年 3 月 23 日上书国民政府表示，日本帝国主义强占东北三省，扰乱平津，侵占上海，无论公法私法，都是犯罪行为，应当受到刑事惩处，假若议和的话，也应当寸土必争。此外，国内各地方军应当服从调遣，赶赴抗日前线，敢有不服从调遣者，应准许民众抗粮罢捐，切断其供给。⑤ 开封各业公会抗日救国联合会也在 3 月 21 日致电国民政府，要求限期收复失地，并要求国民政府对日应当采取革命外交，并将所有交涉条件

---

① 中国第二历史档案馆编《中华民国史档案资料汇编》第五辑第一编政治（四），第 401 页。

② 中国第二历史档案馆编《中华民国史档案资料汇编》第五辑第一编政治（四），第 402 页。

③ 中国第二历史档案馆编《中华民国史档案资料汇编》第五辑第一编政治（四），第 403 页。

④ 中国第二历史档案馆编《中华民国史档案资料汇编》第五辑第一编政治（四），第 400 页。

⑤ 中国第二历史档案馆编《中华民国史档案资料汇编》第五辑第一编政治（四），第 410—411 页。

在未签订前随时公布，有害于国家主权的条款，绝不承认，另一方面则积极准备，以免受到日方要挟。①

4月，厦门抗日救国会同样致电国民政府指出，九一八事变后，国民政府对内压迫，对外则无抵抗，已经让民众丧失对其的信心，倘若一·二八事变后再签订耻辱的不平等条约，无异于自取灭亡。②福建晋江县民众也于6月15日举行反对妥协示威大会并致电行政院指出，九一八事变后，"政府始则不抵抗，继则口头抵抗，以致东北沉沦，热河继陷，及至敌迫长城，犹无抵抗决心"，以至于局势日益危急。不仅如此，电文还表示国家乃全国国民之国家，非政府当局所私有，政府不过是国民的公仆而已。国民政府应当遵从民意，积极对日抵抗，"今日非战，无以死中求生，有非战而言和者，乃自绝于国民，国民亦必群起而诛之。苟政府当局不愿自绝于国民，应即撤消停战协定，整我师旅与敌周旋，则全国国民必誓为后盾，否则政府直人民之公敌耳"。③

这一时期，全国各界民众不仅通过通电、宣言、召开反日大会等形式，进行对日抵抗、挽救危亡的宣传工作，还通过成立各种抗日救亡团体，积极从事抗日救亡活动。九一八事变后，青年便组织自动赴东北援马抗日团，希望通过一己之力，支援马占山部在东北抗击日军的义举，并且号召广大民众为国捐躯，毁家纾难，"覆巢之下无完卵，我们能想像亡国的耻辱与痛苦么？我们与其坐以待毙，何如起而自救"④。1932年2月，袁鹤、罗诚等人还发起成立了中国国民抗日救国军，希望能够联络民众，救国杀敌，"我同胞果能

① 中国第二历史档案馆编《中华民国史档案资料汇编》第五辑第一编政治（四），第413页。

② 中国第二历史档案馆编《中华民国史档案资料汇编》第五辑第一编政治（四），第419页。

③ 中国第二历史档案馆编《中华民国史档案资料汇编》第五辑第一编政治（四），第420页。

④ 中国第二历史档案馆编《中华民国史档案资料汇编》第五辑第一编政治（四），第440页。

万众一心，誓死杀敌，何敌不催，以主攻客，以逸待劳，我众彼寡，我直彼曲，兵家胜算，已操在我……凡我同胞，速起速起，夷彼三岛，还我河山"①。一·二八事变爆发前上海青年便组织自愿决死抗日救国团，并以"誓以铁血救国之决心，自愿牺牲一切，与暴日奋斗到底，倭奴不退，誓不生还"②为宗旨，号召追随爱国先烈，以鲜血头颅抗日救国，"凡属中华国土，民族捍卫，不居何处罹难，何人被攻，抱定无分界域，愿效先锋，宁为战死鬼，不作亡国奴，国家兴亡端赖此举，凡我青年，盍兴乎来"③。一·二八事变爆发后，上海青年自愿决死抗日救国团再次上书国民党中央党部，表示希望能够支援前线，从事具体的救亡工作，唤起民众一致抗日，"同人等分属国民，即应尽国民之义务，且敝团既以自愿决死为名义，必达决死为国之目的而后已，故决意加入前方军队，以达杀敌初衷"④。

（三）爱国民主人士的抗日主张

九一八事变后，广大爱国民主人士纷纷谴责日本侵占中国东北的暴行，同时也对蒋介石与国民政府的"攘外必先安内"政策提出批评。马相伯于 1931 年 9 月 23 日发表《为日祸敬告国人》，表示明治维新以来，日本边处心积虑谋夺中国东北三省，而当此天灾人祸、外忧内患之际，国人应当奋起抗击日本，自赎自救。⑤ 何香凝也发表文章，号召全国士兵勿为内战牺牲，特别是当此国家危亡

---

① 中国第二历史档案馆编《中华民国史档案资料汇编》第五辑第一编政治（四），第 450 页。

② 中国第二历史档案馆编《中华民国史档案资料汇编》第五辑第一编政治（四），第 428 页。

③ 中国第二历史档案馆编《中华民国史档案资料汇编》第五辑第一编政治（四），第 432 页。

④ 中国第二历史档案馆编《中华民国史档案资料汇编》第五辑第一编政治（四），第 434 页。

⑤ 《申报》1931 年 9 月 23 日。

之际，更应当奋起反抗日本帝国主义。作为有守土之责的士兵不应该"贼杀自己同胞，遗祸于自己人民，供私人专作内战之牺牲，吾人之碧血，洒向帝国主义者，虽死而可以造成吾人悲壮爱国之魂，供私人作牺牲，结果所获得者，曾不如逐猎之走狗，而且千载以下，吾士兵祸国祸民之污点，将永世被人唾骂而不能洗除"①。而面对南京国民政府对学生运动的控制和压制，爱国民主人士也坚决反对，并对学生的爱国救亡运动表示支持。邹韬奋便公开为请愿学生辩护，表示学生在请愿运动中所表现出的过激行为，其错不在学生而在居于高位的政府官员，是因为他们"致国事如累卵之危"。宋庆龄也对国民党镇压学生运动的暴行表示强烈反对，认为这样一个"统一政府"竟然力图镇压爱国的学生运动，"在不到十二个小时的时间内，兵士和流氓包围了学生，棒打枪刺，把他们象畜牲一样地赶出城去。学生多人死伤，据报另有大批失踪"，② 进而指出国民党已经成为接受帝国主义命令镇压中国民族求解放群众运动的傀儡，国民党已经不再是一个革命的政治力量。

一·二八事变后，爱国民主人士也积极呼吁救亡图存，敦促政府积极抵抗，对日作战。1932 年 1 月 30 日，朱庆澜、黄炎培便在致国民党主席林森的电文中称"阅报载路透电：飞机四十架将来沪，惟政府不肯下令等语。群情万分愤激，上海全市民众已下决心牺牲救国，如果报载属实，是政府甘心弃民误国"。马良等人也在给林森的电报中表示希望政府能够坚持对日抵抗，同时希望能够加派兵力支援前线，"目前胜败俄顷间，万乞迅派劲旅，星夜东来助战，国家存亡，在此一举"。黄炎培、李四光、傅斯年等人也先后致电国民政府，敦促政府迅速支援前线。③

---

① 《申报》1931 年 11 月 1 日。

② 宋庆龄：《国民党已不再是一个政治力量》，《宋庆龄选集》上卷，人民出版社1992 年版，第 85 页。

③ 中国第二历史档案馆编《中华民国史档案资料汇编》第五辑第一编政治（四），第 387—388 页。

此外，爱国民主人士也对国民党积极"剿共"、消极抗日的政策表示反对，认为应当以和平方式解决国共之间的对立。1932年，陶行知连续发表了《"剿匪"与"造匪"》《再论"剿匪"与"造匪"》《三论"剿匪"与"造匪"》三篇时评，指责国民党采取"攘外必先安内"的对日政策，动员大军"剿共"，而所"剿"者莫不是我劳苦同胞，枪口不用来对外，却用来绞杀人民。杨杏佛也指责国民党"对杀人放火奸淫掳掠之日军，既委曲求全，礼让言和，请其撤退"①。

（四）海外华侨的抗日救亡主张

九一八事变后，旅居海外的华人华侨并未忘记祖国，面对日寇的侵略积极奋起，与国内同胞同样投身于抗日救亡运动中来。1931年9月28日，新加坡华侨行动起来，函告国民政府，敦促其联合民众，以御外侮，拒绝直接谈判，并将日本在东北的暴行公布天下，而新加坡华侨也将"誓死力争，以为政府后盾"②。10月9日，参加四全大会的海外代表表示希望国内能早日统一，"此次暴日侵辽，举国同愤，余等经日时，始闻惊耗，故曾在日调查，觉日人之骄横，处处予人以难堪，而尤为痛心，即日报对于彼国人之宣传，曰支那人之经济绝交不必惊，其时间至多不过五分钟耳，同时日人对回国之留日同胞曰，汝等何必回国，大日本三日之内，即可完全占领中国，将来必捕汝等禁之于富士山之颠（巅）云云"③，因此号召国人多做实事，抵抗暴日。10月17日，加拿大华侨召开大会，决议如果祖国对日宣战，那么加拿大全体华侨将回国服兵役，以尽国民救国的责任，并将"值数千金元之日本茶叶丝绸等物，

---

① 《申报》1932年6月30日。
② 中国第二历史档案馆编《中华民国史档案资料汇编》第五辑第一编政治（五），第620页。
③ 《申报》1931年10月9日。

付之一炬，以表示抵制日货之决心"①。

纽约华侨抗日救国会也致电南京政府，敦促立即出兵杀敌，"若犹迟疑不决，急召集全国民众裁夺，否则亡国之罪，公等负之"②。英国华人各团体总会也发表宣言指出，日本侵略中国东北，不仅违背公理，破坏国际公法，而且是蓄谋已久的阴谋。自日俄战争开始，日本便蓄谋侵占中国东北，其侵略行为不仅是对国联的蔑视，同时也是对世界列强的蔑视。不仅如此，"日本之侵略满洲，将为世界大战争之起点"，因此英国华侨呼吁国联及各国能够"主持正义维护和平"③。荷兰华侨也在给国民政府的函件中表示，荷属全体华侨可说是一直主张准备对日宣战，因弱国无外交，华侨寄人篱下，对这种感受了解最深，"在国难当前，第一项要团结，荷属华侨希望宁粤各方领袖一致精神团结，共御外侮，以雪奇耻大辱"④。

菲律宾华侨也强烈反对日本侵占中国东北，并对日本的暴行表示抗议："此次日本无端向我国启衅，竟敢以强暴之手段，侵占我东三省各要隘，惨杀我国人民，此种野蛮心性之日本帝国主义者，直欲使中国灭亡而后已"。在这危急时刻，希望政府能够正式对日宣战，而菲律宾华侨华人将义不容辞支援祖国抗战，"苟有店铺开设者，愿照被菲政府每日所抽之营业税而照是数抽出，以助政府对日之战费。至于劳动界，如店员一方，则愿以每月所得之薪水，一半赞助政府，一半自充家用；工人一方，亦愿以三分之一所得之工资，以助战费……此虽为杯水车薪，亦可以表示国民之爱国心也"⑤。此外，菲律宾华侨还致电美国政府，希望美国政府能够

---

① 《申报》1931 年 10 月 17 日。

② 《申报》1931 年 12 月 15 日。

③ 《申报》1931 年 10 月 5 日。

④ 中国第二历史档案馆编《中华民国史档案资料汇编》第五辑第一编政治（五），第 627 页。

⑤ 《申报》1931 年 10 月 4 日。

"为公理人道及世界和平计，起而遏止日本在满续事侵略……以伸公道而救世界，免遭野蛮战争之惨祸"。①

此外，九一八事变后，海外华侨除进行反日宣传外，还力图通过实际行动支援国内抗战，主要方式除前文所提及之组织团体回国抗战、抵制日货等方式外，还包括直接捐赠战略物资来支援祖国抗战。是时，旅居上海的马来西亚华侨便积极提倡反日工作，除主张与日本断绝经济往来外，还自愿捐款购买战斗机，"以为将来与日宣战之用"。② 而华侨救国经济委员会副主席何永贞在调查东北义勇军抗日状况后表示，"义军饷械俱感缺乏，而能与倭奴激烈抗战者，咸赖其全副热血，人人俱抱必死之决心……料倭寇虽万分强暴，将来终必被我义勇军驱除净尽。鄙人敢代表侨胞，在可能范围内予以充分之援助，决不致坐视成败而不援救"③。

而在一·二八事变后，由于第十九路军将士的英勇抗战，大大振奋了海外华人华侨支援祖国抗战的信心，广大爱国华侨也通过电报大力赞扬第十九路军对日奋勇抵抗，称"战绩捷报传来，美菲舆论相称，中国有勇敢军人，南侨仰望，人心为之一振"④。菲律宾华侨致电蔡廷锴表示："我军杀敌致果，震动全球，淞沪之战，开民国以来未有之光荣，请再接再厉。"⑤ 旅美华侨也电告国民政府，希望国民政府能够团结全国军民一致合力救亡，华侨将誓为祖国后盾。⑥

海外华侨在声援祖国抗战的同时，还通过实际行动积极支援祖国抗战。菲律宾华侨极其踊跃，在致电蔡廷锴的同时还捐款 2 万余

---

① 《申报》1931 年 10 月 17 日。

② 《申报》1931 年 10 月 25 日。

③ 韩信夫、姜克夫主编《中华民国史·大事记》第六卷，第 4211 页。

④ 中国第二历史档案馆编《中华民国史档案资料汇编》第五辑第一编政治（五），第 640 页。

⑤ 《申报》1932 年 2 月 6 日。

⑥ 中国第二历史档案馆编《中华民国史档案资料汇编》第五辑第一编政治（五），第 639 页。

元，支援第十九路军抗日。1932 年 2 月 26 日，菲律宾华侨再次捐款 2 万元接济第十九路军抗战。[①] 仅 1932 年 2 月间，菲律宾华侨便通过菲律宾华侨救国会、国难后援会等团体汇款 44.318 万元。2月 11 日，美国檀香山国难救济会也捐款 10 万元。20 日，旧金山华侨募集美金 100 万元支援抗战。其他如缅甸、加拿大、越南以及美洲等各地华侨均多次汇款，总数达 17.25 万元。[②]

此外，海外华侨还积极组织华侨救国军，准备开赴抗日前线，杀敌救国。淞沪抗战后，华侨便组织抗日救国义勇军，开赴上海前线作战。1932 年 2 月 1 日，华侨义勇军通电全国表示国难以来，国联调停无果，公约等于废纸，中华民族将沦于异族。在这亡国灭种的危机下，华侨宣誓"为国效命，共副侨胞之救国热忱，刻已整备就绪"，拟"即日束装加入前线，抵抗暴日"，并表示"苟能救中国于濒亡，不求全性命于乱世"。[③] 1933 年 4 月，章超、符宝琦等人便组织各华侨团体，号召联合成立华侨抗日救亡军，"集中华侨之经济人力，供祖国政府之后盾前驱……当兹国难日亟，正全国一致团结御侮之时，钧部上承总理遗训，下为意（億）兆导师，民众景从，侨胞仰望。侨等救国情殷，请缨愿切"[④]。华侨抗日救国军组织概略中指出，侨军组织之"惟一目的"，"专为抗日救国收复失地之用，以纯系光明无畏之精神，表现华侨誓死爱国救国之决心"[⑤]。

---

① 《申报》1932 年 2 月 27 日。

② 韩信夫、姜克夫主编《中华民国史·大事记》第六卷，第 4096 页。

③ 《申报》1932 年 2 月 2 日。

④ 中国第二历史档案馆编《中华民国史档案资料汇编》第五辑第一编政治（五），第 647 页。

⑤ 中国第二历史档案馆编《中华民国史档案资料汇编》第五辑第一编政治（五），第 648—649 页。

第 二 章

民族主义思潮的高涨

　　九一八事变引起了中国民族主义思潮的高涨。首先是民族主义的理论构建发生了变化。如果说清末民初，民族主义的学理主要是围绕建立一个什么样的民族国家而构建的，五四时期，受第一次世界大战后世界民族解放运动和十月革命以及列宁、威尔逊提出的民族自决理论的影响，民族主义的学理构建主要是围绕民族自决而展开的，那么九一八事变后，民族主义的理论构建主要围绕民族复兴而进行。其次是文化民族主义的高涨并走向成熟。它一方面表现为研究中国文化和历史热的出现，另一方面表现为对文化复兴问题的探讨，当时人们的一个基本观点，即是认为文化复兴是民族复兴的基础或前提，而要复兴民族文化，关键是提高民族的自信心，尊重本国的历史和文化，但人们在尊重本国的历史和文化的同时，并没有失去对本民族文化的反省意识，承认本民族文化有其不足，有向西方文化学习的必要性。

一　费希特民族主义思想的系统传入

　　在德国哲学史上，费希特具有上承康德传统、下开黑格尔先河的重要地位。但与其他哲学家不同的是，他不仅坐而言，而且起而行，并因为在国难时的挺身而出成了德国家喻户晓的爱国的民族主义者。费希特一生都坚持法国革命的理想，致力于建立理性王国，在法国入侵德国之前他主张的是世界主义。他曾表示："很显然，从现在起，只有法兰西共和国才能是正直的人的祖国，而正直的人也只能为这个共和国贡献自己的力量，因为从现在起，不仅人类的殷切希望，而且人类的现实生活都是与这个共和国的凯旋连结在一起的。"① 但当拿破仑战争由正义的保卫法兰西共和国的战争转变为非正义的侵略其他国家的战争后，尤其是当 1806 年拿破仑的军队侵入和占领柏林，并强迫德国签订屈辱的城下之盟后，他从一位积极的世界主义者转变成了一位爱国的民族主义者。费希特的民族主义思想集中体现在拿破仑军队占领柏林时他不顾个人安危发表的《对德意志民族的演讲》中。正如费希特的学生、波恩大学历史学教授 J. W. 吕贝尔所说："费希特并不象他经常做的那样，是从世界公民的立场出发，而是恰恰从民族主义的立场出发。作了那次告德意志民族的演讲，以慰藉这个民族，唤醒它的希望；这次演讲是在多疑的敌人的窥视下，以激昂的热情和大丈夫的勇气作的。"② 概而言之，在《对德意志民族的演讲》中，费希特主要阐述了这样一些民族主义思想。

第一，力陈德意志民族的独特性与民族精神，树立民族自信心。费希特说："在这里，我们将一如既往，也从最高、最普遍的东西开始，说明什么是德意志人——不管其目前遭遇的命运怎样——自他们存在以来本身具有的基本特点，同时也说明，正由于德意志人具有这种特点，所以他们有接受这种教育的能力，非其他一切欧洲民族所能及。"③ 费希特认为德意志民族具有欧洲其他民

---

① 费希特致美因茨教育管理中心弗·威·容。转引自梁志学《光辉的爱国主义篇章——〈对德意志民族的演讲〉》，见费希特《对德意志民族的演讲》，梁志学等译，辽宁教育出版社 2003 年版，第 1—2 页。

② 转引自 E. 伏克斯《费希特思想在德国民族运动中的痕迹》，《世界哲学》1994 年第 2 期，第 79 页。

③ 费希特：《对德意志民族的演讲·第四讲》，第 48 页。

族所没有的独特性和优越性。为证明德意志民族具有自我改造的能力，他提出了"原初民族"说，以说明唯有德意志人能使用活的语言，或曰纯粹德语，而不参以外族之语言元素，故能依据自己的语言，体会其语言所指示之对象，而其他日耳曼裔民族则不能。因为"（1）在具有活生生的语言的民族那里，精神文化影响着生命；在不具有这种语言的民族那里，精神文化和生命则各行其道，互不相干。（2）出于同样的理由，前一种民族对所有精神文化采取真正认真的态度，并希望它能影响生命；与此相反，后一种民族则宁可把精神文化看做一种天才的游戏，除此以外，对它不再抱更多希望。后一种民族只有精神，前一种民族除了精神，还有心灵。（3）由第二点得出的结果是，前一种民族做一切事情，都很诚实、勤奋与认真，而且不辞辛苦；与此相反，后一种民族则作风懒散，随遇而安。（4）由所有这一切得出的结果是，在前一种民族那里，广大民众都是可以教育的，而且这种民族的教育者都做出实验，将他们的发明用于民众，希望能对民众产生影响；与此相反，在第二种民族那里，有教养的阶层则与民众分离，无非是把民众视为实现他们的计划的盲目工具"。[1] 他认为德意志的精神文化在于德意志人信仰人本身的绝对第一位的和本原的东西，信仰自由，信仰他们族类的无限改善和永恒进步。

第二，在民族认同的基础上进行自我反省。费希特认为德国的战败是由于德意志民族利己主义充分的发展，因为"利己主义经过充分的发展以后，丧失了它的自我，丧失了独立地给自己设定自己的目的的能力，从而自己毁灭了自己"[2]。当利己主义在"首先掌握了全体被统治者以后，如果也从被统治者出发，侵袭了统治者，成为他们生活的惟一动力，那就发展到了登峰造极的程度"[3]。

---

[1]　费希特：《对德意志民族的演讲·第四讲》，第61—62页。

[2]　费希特：《对德意志民族的演讲·第一讲》，第10页。

[3]　费希特：《对德意志民族的演讲·第一讲》，第11页。

其时，这种"登峰造极的"利己主义的统治，在对外方面会放弃把德意志民族联合起来的纽带，而抱有一种只要自己的疆界不受侵犯，自己就拥有和平的可悲幻想；在对内方面会表现出优柔寡断，会使管理国家的机构涣散无力，举措没有威严。其结果，就是德意志民族的"完全腐败"，"变得自私自利"，因而在遇到"外来暴力"的打击时便很快"没落"下来，丧失了自己的独立性。而"独立性"的丧失，也就意味着德意志民族"丧失"了影响时代潮流的能力，使自己的生存和发展不得不受制于支配它的命运的外来暴力。所以，德意志民族不图复兴则已，要实现复兴，就必须革除这种"所有其他腐败现象的根源"的"利己主义"。①

第三，复兴德意志的唯一途径——国民教育。费希特说："我作为维护德意志民族生存的惟一手段提出的建议，就是完全改变迄今的教育制度。"② 他认为法国革命的理想之所以没有实现，是因为法兰西民族的教育水平和文化水准不够高，德意志民族可以也应该改变这种状况，建立起一个合乎理性的国家。而要建立起一个合乎理性的国家，"一个民族首先必须获得文化素养，教育水准必须得到提高。一个民族只有靠脚踏实地的工作，首先解决了培养全面发展的人的教育课题，然后才能解决建立完善的国家的课题"③。费希特提倡的这种新教育不同于以往的旧教育，在他那里，受教育不再只是上层极少数人的权利，而是广大的民众都应该享有的权利。他说："由此可见，给我们留下的惟一办法就是不折不扣地、毫无例外地把新的教养施给一切德意志人，以致这种教养不是成为一个特殊阶层的教养，而是不折不扣地成为这个民族本身的教养，并且毫无例外地成为它的一切单个成员的教养；在这种教养方面，即在使人对公正事情衷心表示满意的教养方面，各个阶层将来在其

---

① 费希特：《对德意志民族的演讲·第一讲》，第 11 页。
② 费希特：《对德意志民族的演讲·第一讲》，第 14—15 页。
③ 费希特：《对德意志民族的演讲·第六讲》，第 86—87 页。

他发展部门可能发生的一切差别都会完全消失；所以，按照这种方式，就在我们当中决不会形成民众教育，而是会形成特有的、德意志的民族教育。"[①] 费希特认为旧教育培养的国民是言行不一的利己主义者，而新教育要培养的是言行一致的善良公民。他的新教育的实质在于世界主义与爱国主义的统一。他说："那种需要加以培养的精神本身直接体现了对祖国的高度热爱，它把它的尘世生活理解为永恒的生活，把祖国理解为这种永恒生活的载体，它如果要在德意志人当中建立起来，就会把对德意志祖国的爱理解为自己的必然组成部分，在自身直接体现出来；从这种爱中自然会产生出保卫祖国的勇士和安分守法的公民"；其"精神的本质把我们完全摆脱一切压迫我们的苦难的解救工作同我们光复民族和振兴祖国的事业不可分割地联系在了一起"。[②]

中国人最早知道费希特和他的《对德意志民族的演讲》是在1915 年。是年梁启超在北京《大中华》上发表《菲斯的[③]人生天职论述评》一文。当时正值袁世凯与日本政府讨价还价，企图以签订丧权卖国的"二十一条"来换取日本对他称帝计划的支持。梁启超为揭露并批判这种阴谋，发表此文，以唤醒国人对袁世凯卖国行径和日本侵略行径的正确认识。以前学者都认为梁氏是从哲学方面对费希特进行介绍的，但我们认为梁氏更注重的是费的民族主义思想尤其是民族主义思想所带来的现实意义。梁在文中写道：1807 年拿破仑占领德国后，"当时所谓日耳曼民族者，无贫富贵贱智愚贤不肖，人人皆惟亡国是忧，惟为奴是惧，志气销沈（沉），汲汲显影，而忽有唤醒其噩梦，蹶起其沈（沉）疴，拔诸晦盲绝望之渊，而进诸缉熙光明之域者，则菲斯的其人也……菲斯的之在围城也，著一小册曰《告德意志民族》，至今德国儿童走卒，犹人

---

① 费希特：《对德意志民族的演讲·第一讲》，第16—17 页。
② 费希特：《对德意志民族的演讲·第九讲》，第129 页。
③ 菲斯的即费希特。

人能举其辞。盖其文章之神力，支配全德人心理者百年如一日。（此文吾只见其断片耳，常以不得睹全豹为憾，容当求得而翻译之）……以菲斯的时代之德国，仅数十年而能一变为俾斯麦时代之德国，更一变为维廉第二时代之德国。而吾国人以区区目前之困心衡虑，进乃神志落寞，奄奄然若气息不属，曰吾更有何事，吾待亡而已。呜呼，其亦未闻菲斯的之教也。菲斯的所著哲学书甚富，吾学力未充，不敢妄译。今所述者，则其通俗讲演为一般人说法者也，吾以为是最适于今日中国之良策"。[①]

梁启超是最早将西方近代民族主义介绍到中国的思想家之一，也是中国最早具有近代民族主义思想的思想家之一，"中华民族"这一概念就是他首先提出来的。在《菲斯的人生天职论述评》一文中，梁启超运用自己深厚的国学功底，并结合中国传统文化，对费希特人生天职论进行述评，阐述了费希特的"知行合一"说，认为费希特的人生观以"人生实有天职为前提"，"可谓最健全者也"；论述了其建立理性王国的最高理想。尤其需要指出的是，在是文中，梁启超高度赞扬了费希特在民族危亡时积极参加反对拿破仑侵略战争，为唤醒德意志民族而置生死于度外，在法军的监视下作《对德意志民族的演讲》，"其言鞭辟近理，一字一句，皆能鼓舞人之责任心，而增长其兴会，孟子所谓奋乎百世之上，百世之下闻者莫不兴起也"。他盛赞费希特为缔造德国的"四哲"之一："四哲为谁？一曰忧特，二曰西黎尔，三曰康德，四曰菲斯的。此非兜逊一人之私言，凡稍习于欧洲国故者皆所同认也。"同时，他也为费希特的思想学说尤其是民族主义思想未能传入中国并为中国人民所接受而感到遗憾和羞愧："四哲著述，在德国家弦户诵，固无论矣。世界各国，有井水饮处，殆莫不有其全集之译本，读者无不受至大之感化。独至我国人，惟康德之名，或尚为少数学子所当

---

① 梁启超：《菲斯的人生天职论述评》，《饮冰室合集》文集之三十二，中华书局1989年版，第71页。

耳食，自余三子，则并姓氏亦罕能举之，遑论学说。呜呼，我国之可耻可痛可怜，一至此极也。"①

正如梁启超所说的那样，在 20 世纪 20 年代之前中国几乎没有人知道费希特，他的民族主义思想对当时的中国也没有产生过任何影响。但进入 20 年代后这种状况有了改变。1926 年 5 月，曾留学德国、师从倭伊铿学习哲学的张君劢在《东方杂志》上发表《爱国的哲学家——菲希德②》一文，介绍费希特的生平和思想。他开宗明义写道："现在的中国，是在很严重的时期：国内四分五裂，军阀横行；国外受列强政治的压迫，和不平等条约的牵制。在这时候，稍有良心的人都想替国家开一条新路，同时也想自己以后应采什么方针，怎样做人。"而费希特所处时代的德国的情形"比我们现在恐怕还要差几十倍罢"，但费希特并未因此而失去信心，相反承担起了觉醒国民，一致对外的重任。在生命受到威胁的情况下，费希特不畏艰险，作《对德意志民族的演讲》，积极宣传救国主张，建立民族自信，开展教育救国精神救国，最终成就了德意志的复兴。"一八七〇年俾士麦统一德国的成功，就在这时立下基础。"因此，他极力呼吁以费希特作为中国的指导者："我们今后应遵行的途径如何，菲氏不是一个极好的指导者吗？所以我希望诸君对于菲氏的言行加以深思！"在文中，张君劢较多地介绍了费希特的《对德意志民族的演讲》，认为费氏的演讲主要有三个要点。其一自责：费氏推论 1806 年德国败亡的原因，在国民的自私自利，因为自私自利，才受外人的压迫，而不能自由独立。因此，德国不想救亡，不想复兴则已，要想救亡，要想复兴，就必须深刻地自我反省。其二道德的再造：费氏认为既然德国败亡的原因，在于道德的堕落，所以救亡的方法就在道德的革新，建立一种新的民族精神，否则，"是无法可以救亡的"。其三爱国的原理：费氏

---

① 梁启超：《菲斯的人生天职论述评》，《饮冰室合集》文集之三十二，第 70 页。
② 菲希德即费希特。

认为国民所以爱国，不是为了个人利益，而是为了一国的文化，为了国民性的永久保存。"这种爱国之念，发于求国家的天长地久而来，实含有宗教的神秘性，决不是股东合组公司，只为谋利的，所可同日而语。"① 他并依据这三点对"现在我们国内学界上所谓救亡方略"提出了批评。就目前我们收集到的资料来看，张君劢的这篇文章，是国内第一篇相对来说较为全面介绍费希特及其民族主义思想的文字。

除张君劢外，在 20 年代，介绍费希特及其民族主义思想并受其影响的还有以曾琦、李璜等为领导的中国青年党人。众所周知，中国青年党自称"国家主义派"，信奉的是国家主义理论，但为什么他们在信奉国家主义理论的同时又会介绍费希特的民族主义思想并接受其影响的呢？这就牵涉到民族主义与国家主义的关系问题。实际上，在英文里，民族主义与国家主义并没有区别，都是 Nationalism。如费希特，就既被人称为民族主义的思想家，也被人称为国家主义的创始人。用徐迅的话说：在西方的"政治语境里，爱国主义和民族主义往往可以互换，或者是同义词，要区别爱国主义和民族主义并没有实际的意义。因为两者的核心问题是对国家的集体忠诚和集体忠诚作用下的集体行动"②。受其影响，在中国近代史上，民族主义和国家主义也常常是混在一起使用的。有研究者就认为："在中国，民族主义与国家主义是一体化的，是同一思潮的两个方面。民族主义是国家主义存在的理由，国家主义是民族主义的归宿。自民族主义诞生之日，就伴生了国家主义。"③ 换言之，无论国家主义还是民族主义，其政治诉求都在于

---

① 张君劢：《爱国的哲学家——菲希德》，《东方杂志》第 23 卷第 10 号，1926 年 5 月 25 日，第 71—75 页。

② 徐迅：《解构民族主义：权力、社会运动、意识形态和价值观念》，乐山主编《潜流：对狭隘民族主义的批判与反思》，华东师范大学出版社 2004 年版，第 259 页。

③ 杨春时：《中国现代化进程中的民族主义和国家主义》，《海南师范学院学报》（人文社会科学版）2002 年第 1 期，第 20 页。

挽救民族危亡，建立一个独立的、现代化的民族国家。但是国家主义并不等同于民族主义，国家主义强调"国家至上""国家高于一切"；而民族主义的出发点是民族，它强调的是民族认同、民族精神、民族建国。

和张君劢一样，中国青年党的许多领导人和骨干都在法国、德国或欧洲其他国家留过学，对费希特的民族主义思想有或多或少的接触和了解。但和张君劢不同的是，中国青年党人介绍和接受影响的主要是费希特通过国民教育来实现国家复兴的民族主义思想。费希特认为在法国的侵略之下，实现民族复兴的唯一途径就是教育，他说："能够拯救德意志的独立性的，绝对仅仅是教育，而不是其他可能的手段。"① 费氏的这一思想得到了青年党的高度认同。该党的机关刊物《醒狮》周报上曾发表过《追怀德意志民族的先觉者：菲希特与席勒》一文，作者"驾生"在文中写道："试看周围！在全国境不不是充满了豺狼的军队吗？况且在德意志恃有什么武力！德意志复兴的唯一途径，就是得依仗教育：菲希特像这样的高叫了。（《告德意志国民》第九—十一讲）唯有教育才是拿破仑遗留给德意志的唯一的自由的领域；我们得从这个教育之下，要更生全德意志的自由的。教育是什么？教育是给人以灵感，使着人们感激，就是能在人的精神方面点火的。"② 青年党的其他人也普遍赞同这种观点，认为救国的主要手段即是国家主义的教育，并有《国家主义的教育》一书出版。余家菊说："在国家既受大创之后，思以教育之力求国民复甦者，则为德国之菲希的（即费希特——引者）氏。氏当德国大败于法之后，见国家穷困人民沮丧，乃大唱新教育论而极力宣传教育教国之说。"③ 陈启天在《国家主义与教育》一文中写道："当一八〇七年普败于法，菲斯的（即费希

---

① 费希特：《对德意志民族的演讲·第九讲》，第 127 页。

② 驾生：《追怀德意志民族的先觉者：菲希特与席勒》，陈正茂编《醒狮》周报，台北"国史馆"，1993，第 33 页。

③ 余家菊：《教育建国论发微》，陈正茂编《醒狮》周报，第 59 页。

特——引者）欲以教育上的国家主义再兴德国，而普国国家学校制度完全成立，教育经费由国家担任，学校事务由国家经营，以求教育可完全普及。"①

实际上，思想界探求教育救国早已有之，而国家主义教育在清末民初就已初见端倪。早在维新变法时期，康、梁就特别注重国民意识的培养。1898 年康有为在《请开学校折》中分析了中西教育的异同，认为"百业千器万技，皆出于学"，西方各国"分途教成国民之才"，而中国"乃鞭一国之民以从事八股枯困搭截之题"，故其"才不足立国也"。为此，他主张应效法"普之先王大非特力"，兴办"国民学"。"令乡皆立小学，限举国之民，自七岁以上必入之"，如"其不入学者，罚其父母"。②梁启超在《与林迪臣太守书》中指出，泰西各国特别重视国民素质尤其是政治素质的提高，"其为学也，以公理公法为经，以希腊罗马古史为纬，以近政近事为用，其学成者授之以政，此为立国基第一义"。明治维新后的日本"所以不三十年而崛起于东瀛"，也是由于它"变法则独先学校，学校则独重政治"，重视对国民素质的培养。中国要想实现富强，就应向西方和日本学习，"以振兴学校为第一义"，培养出更多的"中西兼举，政艺并进"的国民来。③在 1902 年发表的《新民说》中，梁启超更进一步丰富了他的国家主义教育思想，认为培养具有自由思想、权利思想、义务思想、国家思想、利群思想、生利思想、合群思想、尚武精神以及自治自尊、自治自立观念的新国民，是中国的立国之本和解决"内治""外交"的"当务之急"。④"国家主义教

---

① 陈启天：《国家主义与教育》，《国家主义论文集》，上海中华书局 1925 年版，第 155 页。

② 康有为：《请开学校折》，汤志钢编《康有为政论集》上册，中华书局 1981 年版，第 305—307 页。

③ 梁启超：《与林迪臣太守书》，《饮冰室合集》文集之三，第 2—4 页。

④ 梁启超：《新民说·论新民为今日中国第一急务》，《饮冰室合集》专集之四，第 1—5 页。

育"一词最早见于我国教育界是在 1906 年，那一年梁启超主编的
《新民丛报》发表了一篇题为《国家主义教育》的译文，该文阐述
了国家主义教育的起源、发展和变迁。从此，国家主义教育也就渐
为国人所知晓。到了 20 年代，由于青年党的主要领导人大多从事
的是教育事业，如曾琦回国后在大夏大学教书，并在同济、政法、
学艺等大学兼任讲席，余家菊回国先后担任国立武昌师范大学
（后改为武昌大学）哲学系主任、东南大学教授、金陵军官学校总
教授（后任监督）、冯庸大学教授、河南大学教育系主任等，陈启
天曾任教于文华大学、长沙湖南省立第一师范学校、成都大学及担
任上海知行学院院长，他们也就很自然地接受了费希特的从教育着
手来复兴国家的民族主义思想，把国民教育作为救国的主要手段而
加以积极的宣传和实践。

　　虽然早在 20 年代，张君劢以及青年党的李璜、左舜生等人
对费希特的民族主义思想作过一些介绍，但这些介绍还是零星
的，不成系统的，其影响也十分有限。只是到了九一八事变后，
费希特的民族主义思想才被系统地介绍到中国并产生了广泛的
社会影响。最早系统地介绍费氏之民族主义思想的是我们前面
提到的那位现代新儒家的代表人物张君劢。九一八事变后不久，
刚从德国回来的他即着手翻译费希特的《对德意志民族的演讲》
之摘要本，在译稿前面的引言中张君劢写道："有人于'国难期
中应读何书'之标题下，首列黑格尔氏之大伦理学两册，黑氏
书名曰伦理学，与国难若风马牛之不相及。"然后他笔锋一转：
"数千年之历史中，大声疾呼于敌兵压境之际，胪举国民之受病
处，而告以今后自救之法，如菲希德氏之《对德意志国民之演
讲》，可谓人间正气之文字也。菲氏目的在提高德民族之自信
心，文中多夸奖德人之语，吾侪外国人读之者，原不求必之一
字一句之中，故取倭伊铿氏关于菲氏演讲之摘要本译之，繁重
处虽删，而绝不影响于菲氏真面目……呜呼！菲氏之言，既已
药亡国破家之德国而大收其效矣，吾国人诚有意于求苦口之良

药，其在斯乎。"① 他认为费氏在演讲中阐述了民族主义的三个重要原则：第一，在民族大受惩创之日，必须痛自检讨过失；第二，民族复兴，应以内心改造为重要途径；第三，发扬光大民族在历史上的成绩，以提高民族的自信力。"此三原则者，亦即吾国家今后自救之方策也。世有爱国之同志乎！推广其意而移用之于吾国，此则菲氏书之所以译也。"② 1932 年 7 月 20 日起译稿开始分五期（即从第一卷第三期到第一卷第七期）在《再生》月刊上连载，并于年底结集成书，由《再生》杂志社正式出版。张君劢的好友教育家瞿菊农和哲学家林志钧分别为该书作序。《菲希德对德意志国民讲演节本》出版后"颇受人们欢迎，不久即销售一空。翌年春夏，又两次再版"。③

除张君劢外，另一位现代新儒家的代表人物贺麟也对费希特民族主义思想的系统传入做出过重要贡献。贺麟曾长期留学欧美，九一八事变前夕才回到国内。九一八事变发生后，面对日本帝国主义的凶残侵略，他不顾旅途劳顿，开始着手撰写《德国三大哲人处国难时之态度》一长文，向中国读者介绍歌德、黑格尔和费希特的爱国主义事迹，表彰他们的爱国主义精神，并号召国人向他们学习，积极投身于抗日救亡的斗争行列。比如，贺麟在谈到费希特1807 年 8 月底返回柏林，拟作《对德意志民族的演讲》时写道："他这次一回到被敌人占领的柏林，就好像被什么天神鼓舞着似的，一心一意想献身国家，寻一死所。眼见得前不几天德国有位出版家因发行一本爱国的小册子，甘犯法军忌讳，被拿破仑枪毙，他也毫不畏惧。""当他演讲时，空气异常紧张，法军派有侦探多人侦察，外间虽不时传出他被捕的消息，但他仍本着大无畏的精神与

---

①　张君劢：《菲希特〈对德意志国民演讲〉摘要》，《再生》第 1 卷第 3 期，1932 年 7 月 20 日，第 1 页。

②　张君劢：《菲希特〈对德意志国民演讲〉摘要》，《再生》第 1 卷第 3 期，1932 年 7 月 20 日，第 13 页。

③　郑大华：《张君劢传》，中华书局 1997 年版，第 233 页。

视死如归的决心，镇静地将他全部激昂的爱国讲演讲完。"普法战争爆发后，费氏又大声疾呼地号召广大爱国学生参加战事，为国效力，而他本人在申请当随军宣讲员没有得到当局的批准后，"复加入军事训练，躬自到场操练"，到大学向学生公开演讲，"力言此次战争不是为一人一姓而战，乃是为全民族而战，为德国之自由而战"。贺麟尤其对费希特的民族主义思想作了较为详尽的介绍和高度评价，认为费氏《对德意志民族的演讲》"句句话差不多都是从他的全部哲学思想出发，而且他认为发展自己的民族性，光大自己的文化，以求精神的与道德的复兴，为复兴德意志民族的根本要图"。"费希特的全部演说可以说是在发扬民族精神，定新教育的根本方针以培养新道德，而为德意志复兴建立精神的根基。"①1931 年 10 月 21 日起该文开始在天津《大公报·文学副刊》上连载，该刊主编、著名学者吴宓在其按语中写道："按此次日本攻占吉辽，节节逼进，当此国难横来，民族屈辱之际，凡为中国国民者，无分男女老少，应当憬然知所以自处。百年前之德国，蹂躏于拿破仑铁蹄之下，其时文士哲人，莫不痛愤警策。惟以各人性情境遇不同，故其态度亦异，而歌德（1749—1832），费希特（1762—1814），黑格尔（1770—1831）之行事，壮烈诚挚，尤足以发聋振聩，为吾侪之所取法。故特约请北京大学哲学系讲师贺麟君撰述此篇。"②《德国三大哲人处国难时之态度》文笔生动，资料丰富，将传主的生平思想和爱国主义品格有机地结合起来，并对费希特的民族主义思想作了较为详尽的介绍，颇受读者好评。张岱年回忆自己当年读该文的感受："'九·一八'事件以后，贺麟先生在《大公报·文学副刊》上发表了一篇重要文章，题为《德国三大哲人处国难时之态度》，其中着重叙述了费希特的爱国行动。此作情文并

---

① 以上引文见贺麟《德国三大哲人处国难时之态度》，1932 年 12 月 3 日天津《大公报·文学副刊》。

② 1931 年 10 月 21 日天津《大公报·文学副刊》。

茂，表达了贺先生自己热爱祖国、热爱民族的诚挚感情，令人感动。我读后，非常钦佩。"① 1934 年《德国三大哲人处国难时之态度》一文由大学出版社出版小册子，人们争相购读，一时造成洛阳纸贵，产生过较大的社会影响。

继张君劢、贺麟之后，知识界的其他一些人也先后加入到了引介费希特民族主义思想的行列。《国闻周报》第 9 卷第 12 期发表"奋勇"的《费希德演说什么叫爱国心》，该文系费希特的《对德意志民族的演讲》中的"第八讲"的翻译。在"译者导言"中，"奋勇"在介绍了费希特的生平以及他发表《对德意志民族的演讲》的背景后写道："译者深感费氏自省精神，和新教育的功效，实为中国今日救亡的良药，故不揣谫陋，特将其最关重要且极适合于中国目前环境的选译其第八讲介绍于国人之前，俾作借镜。"② 雷震发表在《时代公论》第 29 号的《救国应先恢复民族精神》，虽然不是译介费希特的《对德意志民族的演讲》的专文，但其中也以大量的篇幅介绍了他的民族主义思想，并得出结论："德国之复兴，实菲氏鼓励民族精神之力也。"③ 清华大学教授浦薛凤撰写的讲稿《西洋近代政治思潮》，用近三万字的篇幅对费希特的著作尤其是《对德意志民族的演讲》进行了介绍。在薛氏看来，"具有历史意义，最能脍炙人口的政治思想大抵为时势环境所造成而且为改变环境推动时势的一种无形大力量。菲希特之《向德意志民族讲话》即属此类"。薛氏认为，"族国主义与教育理想"是费希特演讲的精义。族国主义的要点在以民族和国家为本位，坚持"吾人爱人类必先爱祖国，谋世界和平必先谋族国独立"的基本原则；

---

① 张岱年：《我所认识的贺先生》，宋祖良、范进编《会通集：贺麟生平与学术》，生活·读书·新知三联书店 1993 年版，第 39 页。

② 奋勇：《费希德演说什么叫爱国心》，《国闻周报》第 9 卷第 12 期，1932 年 3 月 28 日，第 2 页。

③ 雷震：《救国应先恢复民族精神》，《时代公论》第 29 号，1932 年 10 月 14 日，第 32 页。

而教育理想之精神"在养成一般国民为公而不为私，为整个而不为部分，为久远而不为短暂，为理想而不为物质"的品格。[①] 在介绍完费氏所有著作之后他写道："以言情感之浓厚，影响之远大，或就思想与事实之关系而论，则《向德意志民族讲话》远在其他之上。无论《讲话》举行之际，在场听众是否踊跃，法国当局曾否注意，讲者生命有无危险，此实法国革命后族国主义之第一本经典而含有划分时代之重要意义。"[②] 初步统计，九一八事变后，仅《东方杂志》《国闻周报》《时代公论》《复兴月刊》《教育杂志》《再生杂志》《大公报》等报刊发表的费希特《对德意志民族的演讲》之译文（节译或摘译）或介绍费希特之民族主义思想的文章就达23篇之多。其中《教育杂志》和《再生杂志》各5篇，《国闻周报》《时代公论》《复兴月刊》各3篇，《东方杂志》2篇，《国论月刊》和《大公报》各1篇。此外，还有一些西方哲学史、政治史、教育史和文化史著作，如加田哲二著、周承福译的《德意志经济思想史》（神州国光社1932年版），陈明志、唐珏译的《近代西洋教育发达史》（商务印书馆1934年版），庄则宣、陈学恒著的《民族性与教育》（新民主出版社1939年版）等也对费希特在《演讲》中提出的民族复兴思想作过介绍。特别需要指出的是，费希特的《对德意志民族的演讲》之节本，还被收入1934年出版的《中学国文特种课本》第二册（高中用书）。该课本的文后"题解"写道："普鲁士之抵抗强敌，复仇雪耻，端赖以是（指费氏的《菲希德对德意志国民演讲》——引者）。全书凡十四讲，纵论日耳曼民族之特质，自精神方面所见民族与祖国爱之意义，新国民教育之出发点，达到目的之方法等，极其透辟详尽。"而"现在日寇夺去我东北四省之地，我所受之耻辱，不减当年普鲁士之败，我爱国青年，读斯文其亦将有所感动于中而毅然兴

---

① 浦薛凤：《西洋近代政治思潮》，北京大学出版社2007年版，第397、401页。
② 浦薛凤：《西洋近代政治思潮》，第406页。

起乎？"

费希特的民族主义思想之所以于九一八事变后被系统地引介到中国，分析起来，大致有以下三个方面的原因。

第一，费希特提出民族主义思想时的德国处境与30年代时的中国处境十分相似。概而言之，费希特提出民族主义思想时的德国四分五裂，没有一个统一的强有力的中央政府，1806年又遭到拿破仑的法国军队的入侵，法军并于1807年攻陷柏林，德意志民族面临着亡国灭种的现实危机。同样，30年代的中国，蒋介石虽然凭借其掌控中央政权的有利地位，经过数次战争先后打败了桂系、冯玉祥、阎锡山等地方实力派，但国家并没有实现真正的统一，除华东、华中外，其他地区仍然控制在地方实力派手中。与此同时，日本于1931年制造了举世震惊的九一八事变，并于1932年初占领了中国东北全境。1932年1月28日，日本侵略者又在上海制造一·二八事变，尽管中国守军英勇抗敌，但以避战为目的的南京国民政府却与日本签订《淞沪停战协定》，撤退中国守军而允许日军驻留上海。国民政府的避战政策不仅没有使日本侵略者停止侵略，相反还进一步刺激了日本的侵略胃口。1933年1月，日军又向山海关发起进攻，相继侵占山海关、承德，并攻占长城各口，5月31日中日之间签订《塘沽协定》，协定实际上承认了日本对东三省以及热河的占领，并将绥东、察北和冀东置于日军的监视之下。之后，日本又把侵略魔爪伸向华北，中华民族所面临的民族危机进一步加深。相同的历史处境，使费希特所提出的民族主义思想容易在中国知识界中产生共鸣。这正如瞿菊农为张君劢的《菲希德对德意志国民讲演节本》所写的序言指出的那样："菲氏的演讲，可以认为不仅是对德国人的演讲，而是对人类的演讲，尤其是国家危险与他当时的普鲁士相仿佛的国家，应当在他的讲演里得到感动，得到安慰，得到努力的方向。他的演讲，'对于惨败者，鼓其勇气与希望，对于愁苦者予以欢欣，对于悲不自胜者，有所以慰藉之。各人不至因惨痛而抑郁无聊，各人有追求事物真相之热心，且有应付当前之难问题之勇气'。"①

第二，费希特身体力行，在国难时为复兴民族而置生死于度外的精神极大地体现了爱国主义情怀，这与近代中国知识界对于民族主义的爱国主义理解有异曲同工之处。早在 20 世纪初，蒋智由在《中国民族权力消长史序》中就认为爱国主义就是民族主义，他说："今之昌时论者，曰爱国，又曰民族主义，二者其言皆是也。欲拯中国，舍是道其奚由也？或者谓国家之义，与夫民族不同。民族者，一种族之称；而国家或兼合数民族而成。若是，则言爱国，与夫言民族主义，二者得毋有相冲突者乎？余曰：夫国家之于民族，固不同物，虽然，此二主义实可并施于中国而无碍。何则？中国之所谓国家者，数千年历史以来，即我民族所创建之一物也。故就中国而言，非民族则无所谓国家。……我之所谓国者，我民族所创建之一国是也。然则今日尚得谓之有国乎？曰：乌呼！其尚得谓之有国已矣，其谁不知我早为亡国之民矣。然则既无国，曷言爱国？曰：我所谓爱国者，爱吾祖宗之故国，惟爱之，故欲新造之。如是，故言民族主义即为爱国主义，其根本固相通也。"进而，他提出"民族爱国主义"的口号："会稽先生抱民族爱国主义，其热如火，著是书也，盖欲伸其志也。"② 进入 30 年代后，由于民族危机的空前严重，人们在高呼"爱国""救亡"口号的同时，也使民族主义与爱国主义的含义更进一步等同起来。因此，费希特那蕴含有强烈爱国主义情怀的民族主义思想极易得到 30 年代中国知识界的认同。从介绍费希特的文章可以看出，大都是从他的爱国心出发，如"奋勇"的《费希德演说什么叫爱国心》等，这些文章无一例外的是把费氏作为一个爱国救国的实例进行介绍，以此激励国人，希望国人尤其是像费希特那样的作为社会精英的知识分子能成

① 瞿菊农：《菲希德对德意志国民讲演节本序》，《再生》第 1 卷第 7 期，1932 年 11 月 20 日，第 6—7 页。

② 蒋智由：《中国民族权力消长史序》，汤志钢编《陶成章集》，中华书局 1986 年版，第 447 页。

为践行爱国主义的表率，为民族复兴贡献自己的力量。姜蕴刚在《论大学教授》一文中就指出，大学教授在社会上占有非常重要之位置，负有非常重大之责任，但是如今的中国大学教授是否担负起了该担负的责任呢？文章举了人们所"熟知的"两个人物处国难时的态度：一个是黑格尔，一个是费希特。在拿破仑的军队打到柏林之时，黑格尔"抱着他的哲学著作就跑……他觉得有他的哲学著作，德国是终不会亡的"。而费希特则大声疾呼，"出来号召全德意志的人民起来为国家之存亡而奋斗，这便是今日所留下的有名的一本充满热力的《告德意志国民书》。这个热力果然击响了全德意志人民的心灵，于是德意志一再失败，而一再复兴了"。他觉得这两种态度值得中国人思考。"大学教授与一般人相比，自然是具着极有组织与系统的头脑，认识事情也较深刻，而且国家社会所盼望于大学教授者，也希望随时予以高明的见解及贡献"，因此遇到重要的事情一般人民总是先看大学教授是如何表态的，如果大学教授都"噤若寒蝉，则其他无知识的人们之消沉，便无足怪了"。①《中学国文特种读本》上对费希特的《对德意志民族的演讲》的节录偏重的也是他的爱国主义思想和情怀。

　　第三，近代中国，不仅仅是政治、经济、军事不如人，更让人担忧的是民族意识与民族凝聚力的缺乏。而费希特在《对德意志民族的演讲》中阐发的民族主义思想就是在德国政治、经济、军事各方面都不如人的情况下，通过自我反省、树立民族自信心和实施新式教育来实现民族的复兴。因此他的民族主义思想更适合中国的国情，也最能得到中国人的青睐。用"奋勇"的话说："世界的思潮，日益变迁，虽今日德国的学术界，多目费氏《告德意志民族》的演说辞为'老古董'，然而费氏所论列的社会情形，和他所深悲隐痛的外侮，正与中国今日的情势，深相吻合；他又以自省的

---

　　① 姜蕴刚：《论大学教授》，《国论月刊》第 1 卷第 12 期，台北"国史馆"，1995年重印本，第 22 页。

要旨，劝告国人，认明自身的过失，亦系中国目前所最急切需要的反省。至于费氏所提倡的新教育，虽经过百余年来的修改，尚未十分完备，然其对于公民道德的训练，则自始至终，即收莫大的效果。中国社会果欲彻底改革者，此点亦亟需注意。"①

二　民族复兴思潮的兴起

　　九一八事变后费希特民族主义思想的系统传入，对中国知识界曾产生过广泛的影响。其影响之一，便是促进了 30 年代民族复兴思潮的兴起。虽然早在清末民初，民族复兴思潮即已孕育或萌发，从孙中山的"振兴中华"口号到同盟会的"恢复中华"纲领，从国粹派的文化复兴主张到东方文化派的复兴东方文化，实际上都或多或少地包含有民族复兴的思想内容，但"民族复兴"这一概念的明确提出并成为一种具有广泛影响力的社会思潮则是在 30 年代，更确切地说是在九一八事变之后。1932 年 5 月于北平创刊的《再生》杂志，即明确宣布以"民族复兴"作为办刊的宗旨，并提出了较为系统的民族复兴方案供社会讨论，其"创办启事"写道："我中华民族国家经内忧外患已濒临绝地，惟在此继续之际未尝不潜伏有复生之潮流与运动。本杂志愿代表此精神，以具体方案，谋真正建设，指出新途径，与国人共商榷，因定其名曰再生（The National Renaissance）。"括号里的英文，直译出来就是"民族复兴"。当时明确以"民族复兴"为创办宗旨的刊物，还有创刊于天津的《评论周报》和创刊于上海的《复兴月刊》等。除这些以"民族复兴"为办刊宗旨的刊物外，其他许多未标明以"民族复兴"为办刊宗旨的报刊也都大量地刊登过相关文章，有的还发表

①　奋勇：《费希德演说什么叫爱国心》，《国闻周报》第 9 卷第 12 期，1932 年 3 月 28 日，第 2 页。

"社评",开辟专栏,如《东方杂志》第 31 卷第 18 号就开辟过
"民族复兴专栏",发表赵正平的《短期间内中华族复兴之可能
性》、潘光旦的《民族复兴的一个先决问题》、吴泽霖的《民族复
兴的几个条件》等文章,就"民族复兴问题"进行讨论;一些以
探讨民族复兴为主要内容的书籍也相继出版,如张君劢的《民族
复兴之学术基础》、吴庚恕的《中国民族复兴的政策与实施》、周
佛海的《精神建设与民族复兴》、王之平的《民族复兴之关键》
等。1933 年 9 月 1 日出版的《复兴月刊》的一篇文章曾写道:"中
国今日,内则政治窳败,财尽民穷;外则国防空虚,丧师失地;国
势岌岌,危如累卵。忧时之士,深虑神明华胄,将陷于万劫不复;
于是大声疾呼,曰,'复兴!复兴!'绞脑沥血,各本其所学,发
抒复兴国族之伟论。"[1] 甚至连以蒋介石为首的国民党军政大员们
也到处发表有关演讲,撰写相关论文,俨然以"民族复兴"的领
导者自居。如蒋介石于 1934 年出版了《复兴民族之要道》一书,
书中收录了他 1932—1934 年发表的有关民族复兴的 10 篇言论,胡
汉民和阎锡山也分别有《民族主义的民族复兴运动》和《复兴民
族须先复兴发展富强文明的原动力》等著作和演说稿出版。

　　"民族复兴"这一概念之所以在九一八事变后被明确提出并成
为一种具有广泛影响力的社会思潮,其主要原因是九一八事变后日
益严重的民族危机的刺激,激化了人们的民族认同感和民族责任
感,从而为中华民族的复兴提供了契机。这正如张君劢等人在
《我们所要说的话》中所指出的那样:"中国这个民族到了今天,
其前途只有两条路:其一是真正的复兴;其一是真正的衰亡。"日
本的残暴侵略使中华民族陷入了生死存亡的严重危机之中,但
"危机"也就意味着"转机","这个转机不是别的:就是中华民族
或则从此陷入永劫不复的深渊,或则即从此抬头而能渐渐卓然自立

---

　　① 吴钊:《复兴之基点》,《复兴月刊》第 2 卷第 1 期,1933 年 9 月 1 日,第
1 页。

于世界各国之林"；"所谓转机的关键就在以敌人的大炮把我们中华民族的老态轰去，使我们顿时恢复了少年时代的心情。这便是民族的返老还童"。① 黄郛在为《复兴月刊》所写的发刊词中也指出："中国今日，内忧外患，困难重重，物质精神，俱形枯槁，实离总崩溃之时期，已在不远。试问吾四万万人同立在此'不沦亡即复兴'之分水岭上，究竟将何以自处？吾敢断言，无男无女，无老无幼，全国中无一人甘沦为亡国之民。"所以，中国的唯一出路就是"复兴"。而《复兴月刊》的宗旨，就是要为中国的"复兴"寻找一条道路。② 傅斯年在《九一八事变一年了》一文中称"'九一八'是我们有生以来最严重的国难，也正是近百年中东亚史上最大的一个转关"，它与"世界大战"和"俄国革命"一样，"是二十世纪世界史上三件最大事件之一"。而作为九一八事变的受害者，"假如中国人不是猪狗一流的品质，这时候真该表示一下子国民的人格，假如世界史不是开倒车的，倭人早晚总得到他的惩罚。所以今天若把事情浅看出来，我们正是无限的悲观，至于绝望；若深看出来，不特用不着悲观，且中国民族之复兴正系于此"。③ 邹文海在文中也写道："感谢日本飞来的炸弹，因为它无形中启发了我们新的政治生命。外寇的压迫，引起了国人自尊的心理，对外的抵抗，破除了向来自私的习惯。我们中华民国的国民，从此以后，要在一致势力之下，建立一个真正的民主国家"，实现中华民族的伟大复兴。④

当然，除了这一原因外，费希特民族主义思想的影响也是其

---

① 《我们所要说的话》（该文署名"记者"，实为张君劢、张东荪、胡石青共同撰写），《再生》第 1 卷第 1 期，1932 年 5 月 20 日，第 1—2 页。

② 黄郛：《发刊词》，《复兴月刊》第 1 卷第 1 期，1932 年 9 月 1 日，第 1 页。

③ 孟真：《九一八事变一年了》，《独立评论》第 18 号，1932 年 9 月 18 日，第 2 页。

④ 邹文海：《选举与代表制》，《再生》第 2 卷第 9 期，1934 年 6 月 1 日，第 9 页。

重要原因之一。因为费氏《对德意志民族的演讲》讲的便是德意志民族面临外族入侵的历史关头如何实现民族复兴的问题。既然德意志民族面临外族入侵能够实现复兴，那么同样面临外族入侵的中华民族为什么就不能实现民族复兴呢？张君劢在《十九世纪德意志民族之复兴》的演讲中就指出："东北四省失陷以后，各人对于中国前途，表示无限的失望，无限的悲观，好像中国便由此一蹶不振了。其实，我们不必失望，更不用悲观，只要能够在大失败大挫折之后，肯努力的振作，一定可以有复兴的希望。这种情形，历史上不乏先例。远的不必说，即以最近百年来德意志复兴为例，看他当时所处的环境以及其复兴之途径。"① 而费希特复兴德国的民族主义思想对于德国一再复兴的作用也得到了许多知识分子的肯定。奋勇认为："在社会腐化，元气啄丧，政治受人支配，国土丧失大半之秋，费氏苦心孤诣，倡为新教育之说，有如暮鼓晨钟，发人猛醒，使德意志民族，一心一德，以复兴国家为职志……一九一八年德意志受军阀的祸，虽见败于协约等国，然而于财尽力竭的当时，仍能保持其国家的人格，数年后又能以国民的努力，恢复国际的声誉，此亦不能不谓费氏新教育运动的效果了。"② 郝耀东强调："费希德的精神讲演，为德意志民族复兴的根本力量，为战败法国最有力的利器。"③ 凡是对费希特的爱国救国行动有所知晓的人都无不称颂他对于德国复兴所作出的伟大贡献，费氏民族主义思想影响下的德国所取得的成功无疑对于 30 年代的中国知识界是一剂良药。吴其昌在《民族复兴的自信力》一文中就写道："我常常这样的想，也常常这样的问：——问一切一切的人，

---

① 张君劢：《十九世纪德意志民族之复兴》，《民族复兴之学术基础》（卷下），再生社 1935 年版，第115页。

② 奋勇：《费希德演说什么叫爱国心》，《国闻周报》第 9 卷第 12 期，1932 年 3 月 28 日，第 1 页。

③ 郝耀东：《郝耀东先生的意见》，《教育杂志》第 25 卷第 1 号，1935 年 1 月 10 日，第 10 页。

也自问自己——在菲希特以前的德意志，法国铁蹄下的德意志；在马志尼以前的义大利，奥国控制下的义大利；和现在的中国，被我们'友邦'铁蹄控制下的中国，比较起来情形相差能有多少？也许恶劣或较我们过之，然而他们竟然能够渐渐变成以后的及现在的德，义。我们中国经此大难，到底是不是也有跃起怒吼的一天呢？我的答案是：德义是'人'，我们也是'人'；这个'人'所能做得到的，那个'人'自然也一定能够做到。如果别人早已做到的事，我们竟然不能做到，那我们除非是猪，是狗。"[1] 我们查阅30年代初中期的报刊就会发现自费希特的《对德意志民族的演讲》（及摘要）被翻译为中文后，中国的思想界特别重视对德国的政治、经济、文化进行研究，试图从德国的复兴史中借鉴成功的经验。与此同时，使用"民族复兴"一词的频率明显增多起来。

随着民族复兴思潮的兴起，知识界围绕民族复兴的有关问题展开了热烈讨论。中华民族有无复兴的可能？这是九一八事变后面对日益严重的民族危机，广大国民最为关心的一个问题。对于这一问题，陶希圣在《关于民族复兴的一个问题》中作了肯定回答。他在文中写道：现在大家所关心的，是"民族复兴到底可能不可能"。从生物学上讲，一种有机体衰老了是不会还童的。然而民族不同，其生命的延续全在新生物与旧生物的代谢。假如我们相信受环境的重要影响，在每一期新陈代谢之间都有复兴的希望存在，那么我们也就应该相信，中华民族完全有复兴的可能。[2] 和陶希圣一样，梁漱溟也是从个体生命与集体生命之异同立论，来肯定中华民族能够实现复兴的。他承认，由于文化早熟，中华民族已经衰老，但衰老并不等于死亡，相反有返老还童、"开第二度的文化灿烂之花"的可能。因此，他要人们相信：尽管面临着严重危机，但中

---

[1]　吴其昌：《民族复兴的自信力》，《国闻周报》第13卷第39期，1936年10月5日，第7页。

[2]　希声：《关于民族复兴的一个问题》，《独立评论》第65号，1933年8月27日，第6—9页。

华民族不仅不会灭亡，而且一定能够复兴。①

与陶希圣、梁漱溟不同，张君劢主要从民族主义思想的发达与否着眼，说明中华民族存在着复兴的可能性。他指出，民族主义思想的发达与否，决定着一个国家的强弱盛衰，中华民族是有几千年历史的伟大民族，其政制、伦理和美术都有其独特价值，然而自从世界大交通后的近百年以来，中华民族却大大落后于"欧美诸国与其他近世国家"了，甚至受欧美列强和日本的任意蹂躏和宰割，其根本原因就在于国民的民族主义思想淡薄。因为自古以来环绕我国四周而居住的都是一些比较落后的"蛮夷"，无论宗教还是经济都远不如中华民族，文化亦不能与中华民族相提并论，而中华民族对待他们又往往以宽大为怀，故在长达几千年的历史期间，形成民族主义思想的环境始终未能具备，我国人民头脑中充满的是"天下"观念，而非民族意识。与中国不同，欧洲国家到处可见发展水平相差不多的民族。因有外民族之故，国民的民族意识特别强烈。这也是近代欧洲国家强盛的根本原因。九一八事变后，中华民族的这种淡薄的民族主义思想意识因日本帝国主义的侵略而变得强烈起来。所以，日本帝国主义的侵略既给中华民族带来了深重灾难，同时又在客观上为中华民族的复兴提供了一大转机，使之成为可能。②

赵正平在《短期间内中华民族复兴之可能性》一文中提出，要回答中华民族能否于短期内复兴，首先必须回答这样一个问题，即：中华民族的衰落是由民族性引起的，还是有其他方面的原因？如果是前者，那么，要复兴中华民族必先复兴民族性，而民族性的形成与复兴绝非短期内能够实现的，所以中华民族也就不可能在短期内实现复兴；如果是后者，民族性只是造成中华民族衰落的原因之一，而非唯一或主要原因，那么，"我中华民族之中衰，实为一

---

①　梁漱溟：《精神陶炼要旨》，中国文化书院学术委员会编《梁漱溟全集》（五），山东人民出版社 1992 年版，第 505—506 页。

②　张君劢：《中华民族复兴之精神的基础》，《民族复兴之学术基础》（卷下），再生社 1935 年版，第 68—70 页。

时的病象。病源剔除，病象自去。事犹一转移间，是最短期间民族复兴为必可能也"。在他看来，虽然中华民族的民族性存在着一些毛病，但它绝不是"八十年来民族中衰"之主要"因素"，因此，只要我们处置适当，运用得宜，"举国才智，一致为民族复兴努力，则不出十年，国运勃兴，将沛然莫御"。① 为了说明中华民族能够在短期内实现复兴，赵正平还在《复兴月刊》第 1 卷第 1—4期上发表了一篇题为《中华民族复兴问题之史的观察》的长文，通过对几千年中国历史的观察，他得出结论："几千年来的中华民族曾遭遇多少次的压迫，翻过来曾演出多少次的复兴，以这样悠久健全的民族精神，说是今后没有复兴性，这是万无此理。""我们要自觉自信，中华民族的复兴，是必然的可能。"②

郑宏述的《文艺之民族复兴的使命》一文用诗一样的语言写道：尽管中华民族面临着空前的生存危机，但中华民族整个的力量并不曾消失，更不曾毁灭，只是沉潜着、蛰伏着而已，稍一拨动，就会如火山的爆发，如巨川的奔腾，像狂飙的倏尔高扬，像怒涛的凭空陡起，在四万万同胞的"振臂一呼"中，中华民族一定能够实现复兴。③ 针对少数人对民族能否复兴的怀疑，吴其昌再三强调，中华民族的复兴，"不是'能''不能'"的问题，而是"'为''不为'"的问题，只要我们埋头苦干，努力地"去做复兴的工作"，中华民族就没有不复兴的道理。④ 潘光旦要人们相信：中华民族并没有衰老，还是一个青年，只是有些发育不全，元气上受了些损伤，如果能将损伤的元气恢复起来，"那么，前途便可以

---

① 赵正平：《短期间内中华族复兴之可能性》，《东方杂志》第 31 卷第 18 号，1934 年 9 月 16 日。

② 赵正平：《中华民族复兴问题之史的观察》，《复兴月刊》第 1 卷第 4 期，1932年 12 月 1 日。

③ 郑宏述：《文艺之民族复兴的使命》，《复兴月刊》第 2 卷第 4 期，1933 年 12月 16 日。

④ 吴其昌：《民族复兴的自信力》，《国闻周报》第 13 卷第 39 期，1936 年 10 月5 日。

大有作为"。① 王锦第则从生物学的角度说明中华民族是一个优秀的民族，从而证明了中华民族有实现复兴的可能。他区分了生物学上的民族与社会学上的民族，认为中国在近代"落伍失败"是由于"社会学上"的"病态"，如贫弱、自私、愚昧、疾病等引起的，虽然社会的健康或病态是足以影响一个民族的适应状况的，但是不能将之等同于生物的病态，生物学意义上的中华民族并不差，中华民族具有较高的天赋，甚至比白种的民族更为聪明和优秀，我们不能因"社会学上"的病态，而对中华民族的复兴失去信心。② 为了说明中华民族能够实现复兴，一些学者还分别考察了德国、意大利、波兰、美国、土耳其、俄罗斯等国家历史上的复兴运动，③ 并得出结论：既然历史上的德国、意大利、波兰、美国、土耳其、俄罗斯能够实现复兴，今天的中华民族为什么就不能实现复兴呢！

当然，人们在肯定中华民族能够实现复兴的同时，也指出了复兴的艰巨性。吴泽霖在《民族复兴的几个条件》一文中开篇便写道："民族复兴在今日的中国，已成为上下一致努力的运动。……不过民族复兴，并不是一件轻而易举的事，决不是单靠传单、标语、口号等宣传，所能济事的。……民族复兴，并不在乎复兴意志的强弱，而在复兴条件的是否存在而定。"在他看来，民族能否复兴取决于三个基本条件：一是物质环境是否丰富以及是否能被充分利用，以满足全民族的根本需要；二是生物方面人口能否比以

---

① 潘光旦：《民族复兴的一个先决问题》，《东方杂志》第 31 卷第 18 号，1934 年 9 月 16 日。

② 王锦第：《民族自信与民族复兴》，《再生》第 4 卷第 3 期，1937 年。

③ 如孙几伊的《战后德国人民对于复兴底努力》（《复兴月刊》第 1 卷第 1 期，1932 年 9 月 1 日），寿宇的《欧战后意大利的复兴》（《复兴月刊》第 1 卷第 1 期，1932 年 9 月 1 日），岑有常的《波兰复兴伟人毕尔苏斯基》（《复兴月刊》第 1 卷第 1 期，1932 年 9 月 1 日），甘豫立的《土耳其之复兴》（《复兴月刊》第 1 卷第 2 期，1932 年 10 月 1 日），王雨桐的《美国复兴运动之总检讨》（《复兴月刊》第 2 卷第 8 期，1934 年 4 月 1 日）等。

前有较为适当的繁殖，不能太少也不能太多；三是在文化方面能否适应和对付当代的严重问题。就中国的情况来看，不仅物质基础很不健全，人口的压力也很大，大多数中国人"乐岁终身苦，凶年不免于死亡"。至于文化方面，虽然极具王道气象，但目前却对付不了霸道文化的侵略。"在这三种限制下而求民族复兴，当然是万分困难的。"正因为困难，所以我们应团结一心，"对症下药"，进行改革，以坚忍不拔的精神"彻底做下去"，直到民族复兴实现为止。[1]

从民族主义思想的发达与否决定着一个国家的强弱盛衰这一认识出发，张君劢指出，日本帝国主义的侵略虽然使中华民族的复兴成了可能，但要使这种可能性变为现实性，还必须从"情""智""意"三方面入手，大力培养国民的民族意识。所谓"情"，也就是对本民族的感情；所谓"智"，也就是民族的聪明才智；所谓"意"，也就是民族的"意力"或"意志"。他特别强调了民族的"意力"或"意志"对民族复兴的积极意义。他写道：民族有统一"意志"，然后才能立国。俾斯麦时代的德意志民族的"意志"是统一，马志尼时代的意大利民族的"意志"是复国。就中国目前而言，中华民族的"意志"是实现民族复兴。所以全体中国人，无论其阶级、党派、政治信仰如何，都应该服从这个民族意志。[2]

和张君劢的认识不同，在梁漱溟看来，近百年来中华民族之不振，是文化上的失败。文化上之所以失败，是由于不能适应世界大交通后的新环境。因此，民族复兴，有待于文化的重新建造。就此而言，"民族复兴问题，即文化重新建造问题"。而所谓的文化建

---

① 吴泽霖：《民族复兴的几个条件》，《东方杂志》第 31 卷第 18 号，1934 年 9 月 16 日。

② 张君劢：《中华民族复兴之精神的基础》，《民族复兴之学术基础》（卷下），再生社 1935 年版，第 73 页。

造，亦就是社会组织结构之建造。① 从中国的问题"在法不在人"这一认识出发，张素民认为"中国一切复兴事业之惟一前提，在改良组织；改良组织之秘诀，在求法律章程之有效；法律章程之执行，尤在执法者之守法"。所以，"执法者"能否得人，是中华民族复兴与否的关键问题。② 在章渊若看来，民族复兴不是一朝一夕的事情，必须经历一个长期的艰苦过程，因此只有建立在"健全的科学文化之基础上，军事、政治、经济、教育，以及一切民族之实力庶几可得发展之源泉"，民族也才能实现复兴。③ 郑宏述指出，帝国主义和封建主义是中华民族的两大敌人，"要使民族复兴，希望民族向前迈进，无论如何需要打倒这两重巨大障碍"。④ 《再生》记者认为，只有具备了下列"条件"，中华民族才有可能实现复兴，即："A. 有一个极大的智慧；B. 是全民心坎中的要求；C. 有由渐而扩大的信用；D. 有最后而决不轻易使用的实力"。而《再生》的宗旨，便是在政治上、经济上和文化上提出民族复兴的方案，供全国知识界讨论，"俾全国知识界得共同从事于这个大智慧的创造"。⑤ 概而言之，在政治上主张修正的民主政治，在经济上主张国家社会主义，在文化上既反对保守，也反对西化，而主张以中国为主地向西方学习。

作为清华大学优生学教授，潘光旦在《民族复兴的一个先决问题》一文中指出：和个人或家族一样，民族的形成和发展也离不开"生物的遗传、地理的环境、历史的文化"这三个因素，而在这三个因素之中，遗传最为基本，其次是环境，再其次是文化。既然民族的形成和发展与"这三个因素"有着密切的关系，"那

---

① 梁漱溟：《由乡村建设以复兴民族案》，《梁漱溟全集》（五），第419—420页。

② 张素民：《中国复兴之惟一前提》，《复兴月刊》第 2 卷第 1 期，1933 年 9 月 1 日。

③ 章渊若：《复兴运动之基点》，《复兴月刊》第 2 卷第 1 期，1933 年 9 月 1 日。

④ 郑宏述：《文艺之民族复兴的使命》，《复兴月刊》第 2 卷第 4 期，1933 年 12 月 16 日。

⑤ 记者：《我们所要说的话》，《再生》创刊号，1932 年 5 月 20 日。

末，一个民族的衰败，以至于灭亡，或在将亡未亡之际，想加以挽救，我们便不能不就同一的因素，去找寻所以败亡的解释或可能的挽救的方法了"。然而，自九一八事变后，人们虽然受亡国灭种危机的刺激，而大讲特讲"民族复兴"问题，但检阅其议论，"几乎全部是偏在文化因素一方面的。大家总以为民族目前的问题是一个文化失调的问题"，有的人甚至"把（民族衰败）的责任移到各个人的自由意志上"，归罪于大家不努力。实际上，"历史的文化"固然重要，"生物的遗传"和"地理的环境"也应引起我们的重视，只有这三个影响民族形成和发展的问题都得到了很好的解决，中华民族复兴的可能性才会变为现实性。[①]

尽管因知识结构、政治背景以及所擅长的专业不同，人们的认识千差万别，但他们都认为只要发奋图强，中华民族就一定能够实现复兴，并且探讨了如何实现民族复兴的问题。这在当时的历史背景下，对于帮助广大国民树立战胜日本军国主义的侵略、实现中华民族复兴的信念是有积极意义的。

三　文化民族主义的高涨并走向成熟

文化民族主义是民族主义在文化层面上的反映，是一种具有世界意义的文化现象，而以中国的近现代表现最为突出，实际上它是中国近现代民族与文化双重危机和困境的产物，其实质是以民族文化为民族和国家认同的核心依据，激发民族成员的自豪感和群体归属感，以增强民族的凝聚力，并将文化作为反抗外来侵略的有力工具，期以民族文化的复兴来实现民族和国家的振兴或复兴。

---

① 潘光旦：《民族复兴的一个先决问题》，《东方杂志》第 31 卷第 18 号，1934 年 9 月 16 日。

中国近现代史上的文化民族主义最初产生于清末民初时期。①
到了九一八事变后，随着民族危机的日益加深，如何保存中华民族
赖以生存的文化传统并实现民族复兴成为摆在国人面前的首要任
务，文化民族主义也因而更加高涨起来，用现代新儒家的代表人物
熊十力的话说："今外侮日迫，吾族类益危，吾人必须激发民族思
想。念兹在兹。"②

美国学者艾恺在研究世界范围内的文化守成主义时发现，在经
受外来侵略的国家中，知识界常常在当下找不到民族复兴的根据，
他们只能通过文化和历史来建构一种民族的神话，寻找出本民族的
精神和文化的优越性，从而证明民族有复兴的可能，这种情况在德
国、意大利及亚洲其他许多国家都发生过，而英法美等国却不必缅
怀自己久远的过去，因为他们都有触手可及的光辉往事。③ 中国作
为一个具有几千年的文明史、但自 1840 年鸦片战争起又长期被东
西方列强侵略的落后国家，九一八事变后的文化民族主义，也就首
先表现在对中国文化和历史研究热的出现上。以文化研究为例，据
不完全统计，民国时期出版的有关文化和中国文化史著作大约 50
种，其中大部分出版于九一八事变后。正如有的研究者指出的那
样，"以文化史振奋民族精神"，提高民族的自信力，这是九一八
事变后"许多学者研究文化史的目的"。④ 王德华的《中国文化史
略》出版于 30 年代中。他在该书的"叙例"中这样写道："中国
人之应当了解中国文化，则无疑问。否则，吾族艰难奋斗，努力创
造之历史，无由明了，而吾人之民族意识，即无由发生，民族精神
即无由振起。……兹者国脉益危，不言复兴则已，言复兴，则非着

---

① 参见郑师渠《近代中国的文化民族主义》，《历史研究》1995 年第 5 期。

② 熊十力：《十力语要·答某生》卷一，1947 年湖北印本，第 11 页。

③ 〔美〕艾恺：《世界范围内的反现代化思潮——论文化守成主义》，贵州人民出版社 1991 年版，第 36 页。

④ 周积明：《本世纪上半叶中国文化史研究的特点》，《光明日报》1997 年 10 月 14 日"史学版"。

重文化教育，振起民族精神不可，本书之作，意即在此。"① 张君劢于九一八事变不久即著《中华民族文化之过去与今后之发展》一文，重点论述了中国文化的特点以及对世界文化的贡献。他指出，除了指南针、火药、造纸术、丝绸、茶、瓷器等这些为西人所津津乐道的东西外，中国文化在宗教、社会、学术和美术方面也具有自己的特点，并取得了举世公认的成绩，如浩繁的史籍，为他国所罕见，美术、文学被西方人视为神品。尤其值得中国人骄傲的是，"中华文化之生命，较他族为独长。与吾族先后继起之其他文化民族，已墓木高拱矣，而吾华族犹巍然独存"。他并就此与古印度、古希腊、古埃及、古罗马文化进行了一番比较，以说明中国文化历久长存的原因。他指出，中国人"人种语言之纯一，文事武功之双方发展，文化根据之深厚，均有独到之处。虽云理智稍逊于希腊，然亦非全不发达，其性情又宽厚而能持久，且善于蕴蓄实力，以图卷土重来，此殆吾族所以历四千余年之久而犹存欤"。我们决不可因今日中国的失败，而否认历史上中国文化所取得的成绩。实际上，与古代各民族相比，中国民族"不特无逊，且时有过之"。② 在另一篇文章里，张君劢进一步细化了中国传统文化中种种优秀因素的表现，他认为，中华民族文化中优秀因子包括：第一，"儒家哲学之注重身心，如佛学之博大精微，此思想史中之可表彰者也"；第二，"民本之精神，如乡约之制，如寓兵于农，此古代制度之可表彰者也"；第三，"吾国建筑，简易朴实，气象伟大，如云冈佛像之雕刻，如石涛之写意画，西人尤称道之不绝于口，此美术之可表彰者也"。③ 这些文化因素具有普适意义，是可以与世长存的。而从时代需要来看，中国传统思想中也自有合于现代标准的元素：儒家的奋斗进取的精神，重义务，好学与积极的精

---

① 王德华编著《中国文化史略》，正中书局1943年版，"叙例"，第3页。

② 张君劢：《明日之中国文化》，商务印书馆1936年版，第148—156页。

③ 张君劢：《中外思想之沟通》，《民族复兴之学术基础》（卷上），再生社1935年版，第175页。

神，儒家的平等的教育制度等，中国历史上也涌现出许多奋勇向上的榜样人物。[①] 所以，中华民族在今日不应妄自菲薄，中国历史经久不衰，中国文化博大精深，且其中的许多成分都可以作为当今民族复兴之养料，"吾不信中华民族不能与天地同其久长也"[②]。傅斯年同样认为，中华民族和中华文化不是一个可以被"灭亡"的民族和文化，"历史上与中国打来往的民族，如匈奴鲜卑突厥契丹女真蒙古等，固皆是一世之雄而今安在？中国人之所以能永久存立者因其是世界上最耐劳苦的民族，能生存在他人不能生存的环境中，能在半生存的状态中进展文化"。具体而言，他指出，以智慧论，中国人"虽不十分优越，却也是上等中的中等，固曾以工商业及美术文学及大帝国之组织力昭示于历史"；以政治论，虽然在二千多年的帝制统治之下，社会犹如一盘散沙，但在"南北东西各有万里直径的方土中，人文齐一，不分异类"，中国现在所缺少的是"政治重心，一有政治重心，中国是能有大组织的"；"东北在备极昏暴的军阀治下能骤进人口，南洋及新大陆能以猪仔式的进身开拓生财，在这样最平庸的形式中，包含着超人的精神，比起娇贵的西洋人，器浅的倭人，我们也自有我们的优越处"，[③] 绝不能因一时的国难，而丧失对中华民族和中华文化的自信力。1932 年 9 月 1 日创刊的《复兴月刊》发表的第一篇文章《中华民族之复兴与世界之关系》，在谈到中国文化对世界的贡献时指出："我五千年之文化，五千年之历史，危而不亡，颠而不倾，固自有精湛之特性，而非其他民族所能企及者。"具体而言，文章认为，中华民族及其文化有四个方面非其他民族及其文化所能企及的特性：其一，爱好和平，反对战争，作为中国文化代表的孔（子）老（子）学说，以不争为原则；其二，敢于反抗外

① 张君劢：《中华新民族性之养成》，《再生》第 2 卷第 9 期，1934 年 6 月 1 日。
② 张君劢：《中华民族之立国能力》，《再生》第 1 卷第 4 期，1932 年 8 月 12 日。
③ 孟真：《九一八事变一年了》，《独立评论》第 18 号，1932 年 9 月 18 日。

来侵略，富有民族气节；其三，有很强的文化同化力，对于各种文化能兼容并包；其四，勤生节用，极富生产力，曾创造出灿烂的古代文明。[①]

如果说九一八事变后文化史研究的目的是为了"以文化史振奋民族精神"，提高民族的自信力的话，那么，九一八事变后历史研究的目的则是为了宣传民族主义思想，直接服从或服务于反对日本侵略斗争的需要。比如，历来强调治史不求致用的著名史学家顾颉刚，在日本帝国主义侵略东三省、策划成立伪满洲国之后，即提出要加强中国民族史与地理学的研究，认为"改造中国历史，即可以改造一般民众的历史观念。第一部史应为民族史"。他除了在北京大学、燕京大学讲授"中国古代地理沿革史"的课程，还与谭其骧、冯家升、史念海等人创办了一份《禹贡》杂志。之所以用"禹贡"为杂志的名称，是因为"禹贡一篇于吾国地理书中居最早，其文罗列九州，于山川，土壤，物产，交通，民族诸端莫不系焉；今之所谓自然地理，经济地理者，皆于是乎见。以彼时闭塞之社会而有此广大之认识，其文辞又有此严整之组织，实为吾民族史上不灭之光荣。今日一言'禹域'，畴不思及华夏之不可侮与国土之不可裂者！以此自名，言简而意远"。[②]《禹贡》创刊词则表明了他们创办该刊物的目的："这数十年中，我们受帝国主义者的压迫真够受了，因此，民族意识激发非常高。在这种意识之下，大家希望有一部《中国通史》出来，好看看我们民族的成分究竟怎样，到底有哪些地方是应当归我们的。""民族与地理是不可分割的两件事，我们的地理学既不发达，民族史的研究又怎样可以取得根据呢？"他们还特别强调研究历史地理是为了进行爱国主义教育，增强民族意识，指出：日本用"本部"称呼我们十八省，暗

---

① 褰澄：《中华民族之复兴与世界之关系》，《复兴月刊》第 1 卷第 1 期，1932 年 9 月 1 日。

② 《禹贡学会募集基金启》，《禹贡》半月刊第 4 卷第 10 期，1936 年 1 月 16 日。

示我们的边陲之地不是原有的，从而为他们的侵略制造历史根据。在此情况下，不研究历史地理，不了解我们自己的历史，"不知《禹贡》九州，汉十三郡为何物，唐十道，宋十五路又是什么"，岂不是"我们现代中国人的极端的耻辱"。① 他们还成立了"禹贡学会"。按计划，他们先想做一些古代地理学研究的准备工作，但在"强邻肆虐，国之无日"的情况下，"遂不期而同集于民族主义旗帜之下；又以敌人蚕食我土地，四境首当其冲，则又相率而趋于边疆史地之研究"。② 因为"求民族之自立而不先固其边防，非上策也"。而要"固其边防"，就必须"使居中土者，洞悉边情，以谋实地考查，沟通其文化，融洽其舆情"，这样才能"隐患渐除，边圉以固矣"。③

和顾颉刚相似，作为现代科学主义史学的代表人物，傅斯年一向以在中国建立严格的历史科学为己任。为此，他对"学以致用"的提法持坚决反对的态度，认为"史学的工作是整理史料"，而"不是去扶持或推倒这个运动，或那个主义"。④ 然而，九一八事变后日甚一日的民族危机，使他的学术思想为之一变，他决心以自己的学术研究为反对日本的侵略服务。为了驳斥日本人所散布的"满蒙在历史上非支那领土"之谬论，他邀集史学同人合撰《东北史纲》一书，并亲撰第一卷。在"卷首"引言中，他用大量的确凿史实，揭露日本人称"东北"为"满洲"的险恶用心。他指出，"满洲"一词，"既非本地名，又非政治区域名"，它是随着列强在中国划分势力范围而通行起来的，其中"南满""北满""东满"等名词，"尤为专图侵略或瓜分中国而造之名词，毫无民族的、地

---

① 《发刊词》，《禹贡》半月刊第 1 卷第 1 期，1934 年 3 月 1 日。

② 《〈禹贡〉学会研究边疆计划书》，《史学史研究》1981 年第 1 期。

③ 《边疆丛书刊印缘起》，《禹贡》半月刊第 6 卷第 6 期，1936 年 11 月 16 日。

④ 傅斯年：《中国学术界之基本谬误》，《傅斯年全集》第 4 册，台北，联经出版事业公司 1980 年版，第 169—170 页。

理的、政治的、经济的根据"。① 因此，"东北"不能称为"满洲"。他还通过对东北自远古以来历史文化的考证得出结论："人种的、历史的、地理的，皆足以证明东北在远古即是中国之一体"，东北之为中国，就像"江苏、福建之为中国"一样"别无二致"，自古就是中国的领土，所谓"满蒙在历史上非支那领土"之谬论，只是"名白以黑，指鹿为马"的妄说，根本不值一驳。北京大学历史系教授朱希祖，面对九一八事变后日益严重的民族危机，痛感国难深重，于是重新研究南明史乘，以发扬民族精神。为了揭发日寇以华制华阴谋和汉奸们为虎作伥、卖国求荣的恶行，他又钩稽两宋史料，先后撰成《伪楚录辑补》6 卷、《伪齐录校补》4 卷、《伪齐国志长编》16 卷，借古喻今，以昭告国人。另一位史学家柳诒徵同样激于民族大义，于九一八事变后印行《嘉靖东南平倭通录》《俞大猷正气堂集》《郑开阳杂著》《任环山海漫谈》《三朝辽事实录》《经略复国要编》《经武七书》等书，或在于说明东北蒙古自古代以来就是中国不可分割的一部分，或整理历史上抗击异族入侵的民族英雄事迹，借以激发国人的爱国守土热情。② 著名史学家钱穆的《中国近三百年学术史》写于九一八事变之后，他在书中"特严夷夏之防"，高扬以天下为己任的宋学传统，大力表彰明末清初诸儒的民族气节和操行，希望人们能加以继承和发扬。他在"自序"中写道："斯编初讲，正值'九一八事变'骤起。五载以来，身处故都，不啻边塞，大难目击，别有会心。"③ 其反抗外来侵略的写作意图跃然纸上。

　　除重视边疆史地的研究外，这一时期的历史研究还呈现出如下两个趋向。一是重视对中国史尤其是中国通史的研究。一个国家的历史是这个国家民族文化的重要载体。清代著名思想家龚自珍就说

---

① 傅斯年：《东北史纲》第 1 卷，中央研究院历史与语言研究所，1932，第 3 页。

② 田亮：《抗战时期史学研究》，人民出版社 2005 年版，第 243、282 页。

③ 钱穆：《中国近三百年学术史》"自序"，中华书局 1986 年版，第 4 页。

过："灭人之国，先必去其史；隳人之枋，败人之纲纪，必先去其史；绝人之材，湮塞人之教，必先去其史；夷人之祖宗，必先去其史。"[①] 章太炎曾用庄稼与水分来比喻民族主义与国史的关系，认为要提倡民族主义就必须重视国史的研究，从数千年的历史中发掘出可供人们借用的民族主义材料。他还指出，一国种脉之存续多依赖于本国的历史，"国于天地，必有与立，非独政教饬治而已，所以卫国性、类种族者，惟语言历史为亟"。[②] 对历史于民族和国家的重要意义，九一八事变后的历史学家们也有充分的认识。朱希祖曾论说"国亡而国史不亡，则自有复兴之日"，认为中国"民族之所以悠久，国家之所以绵延，全赖国史为之魂魄"，因而他主张开馆修史，"藉历史以说明国家之绵延，鼓励民族之复兴"。[③] 柳诒徵也认为，要讲民族主义，发挥爱国主义精神，就必须研究中国历史。他还认为，讲民族主义，鼓励民族精神，不能只讲岳飞、文天祥、史可法等悲剧式的英雄人物，因为他们所处的时代是中国的衰弱时代，讲得太多，"不免使人丧气"，而应多讲中国历史上最为强盛的汉唐，用他的话说："欲求民族复兴之路，必须认清吾民族何时为最兴盛，其时之兴盛由于何故，使一般人知今日存亡危急之秋，非此不足以挽回溃势。"[④] 历史学家缪凤林同样十分强调历史研究的重要性，认为"爱国雪耻之思，精进自强之念，皆以历史为原动力，欲提倡民族主义，必先昌明史学"。[⑤] 正是基于对国史于民族和国家之重要意义的上述认识，这一时期的史学家们都十分

① 龚自珍：《古史钩沉论二》，《龚自珍全集》上册，中华书局 1959 年版，第 22 页。

② 章太炎：《重刊〈古韵标准〉序》，《章太炎全集》第 4 册，上海人民出版社 1985 年版，第 203 页。

③ 傅振伦：《朱希祖传略》，《中国现代社会科学家传略》第五辑，山西人民出版社 1983 年版，第 59 页。

④ 柳诒徵：《从历史上求民族复兴之路》，《国风》半月刊第 5 卷第 1 号，1934 年 7 月 1 日。

⑤ 缪凤林编著《中国通史纲要》第 1 册，钟山书局 1932 年版，第 24 页。

重视中国史尤其是中国通史的研究，先后有邓之诚的《中华二千年史》、缪凤林的《中国通史纲要》等一些通史著作以及一些断代史的出版。二是重视日本史特别是日本侵华史或中日关系史的研究。自甲午战争后，日本已逐渐取代英（国）俄（国）成为中国最危险的敌人。九一八事变的发生，更进一步暴露了日本想侵吞东北、进而觊觎华北以至将整个中国变成它的独占殖民地的侵略野心。古人云：知己知彼，才能百战不殆。要挫败日本的侵略，就必须对日本的历史与现状有较为清楚的了解。借用魏源在《海国图志》中的话说：要"制夷"，就"必先洞悉夷情"。因此，九一八事变后的史学界十分重视日本史特别是日本侵华史或中日关系史的研究。日本学者实藤惠秀在《现代中国文化的日本化》一文中就指出："这时（指九一八事变后——引者）中国研究日本的决心甚为强大，出版了许多日本丛书之类，固然有彼等本身研究所得者，但大多数是翻译日本人关于日本的著述的。尤其关于时局问题的书，更翻译得快。"他甚至断言："至少在（七七）事变前，日本知识阶级明了现代中国的程度，远不及中国知识阶级明了日本的程度。"[①] 据不完全统计，九一八事变后至 40 年代，"国内共出版日本侵略中国史专著13 部，国耻史 5 部，日本历史著译数部，有关论文不计其数"。[②]在日本侵华史（或中日关系史）的研究中，有一部书不能不提，这就是王芸生编辑的《六十年来中国与日本》。

先是九一八事变发生不久，天津《大公报》即确定以"明耻教战"为今后的编辑方针，即一方面通过揭露日本侵略中国的历史，使全国民众能对国耻发生的原因、过程、结果有一全面的了解，从而"振起民族之精神"，"人人怀抱为国家争存亡之心理"，万众一心，保家卫国；另一方面向全国民众传授最基本的军事知

---

① 实藤惠秀：《现代中国文化的日本化》，《国立华北编译馆馆刊》第 2 卷第 10期，转引自王奇生《民国时期的日书汉译》，《近代史研究》2008 年第 6 期，第 57 页。
② 田亮：《抗战时期史学研究》，人民出版社 2005 年版，第 35 页。

识，包括武器的使用、伤员的护理，以及防空、自救等知识，以期任何人在任何时候都能负起保家卫国的责任。1931 年 10 月 7 日《大公报》的"社评"《明耻教战》在历数了"自前清海通以还，门户洞开，迭遭外侮"的事实后写道："前事不忘，后事之师……今欲振起民众之精神，实宜普及历史之修养，使于历来国耻之发生，洞见本末，事后应付之方略，考其得失，然后核察现状，研讨利害……盖能知新旧国家耻辱之症结，洞察夫今昔彼我长短之所在，即可立雪耻之大志，定应敌之方策。"① 依据上述"明耻教战"的编辑方针，《大公报》随即采取了两项措施：一是出于"雪耻"的宗旨，指派汪松年、王芸生负责编辑甲午以来的日本侵华史，不久汪松年因不擅长于此项工作而退出，遂改由王芸生独立承担；二是出于"教战"的需要，特开辟《军事周刊》，并聘请著名军事理论家蒋百里主编，向国民传授军事、防空和护理等方面的知识。该《军事周刊》于 1932 年 1 月 8 日创刊，1933 年 12 月 30 日停刊，共出版 89 期。

王芸生编辑的甲午以来的日本侵华史，自 1932 年 1 月 11 日开始，以"六十年来中国与日本"为题，在《大公报》第一张第三版的显著位置上连载。《六十年来中国与日本》刊登后，引起社会的强烈反响。为满足社会需要，1932 年 4 月 30 日，天津《大公报》社出版部又出版了经王芸生补充增订的《六十年来中国与日本》单行本（第一卷），至 1934 年 5 月 4 日，全书共七卷陆续出齐。② 《大公报》主笔张季鸾在为《六十年来中国与日本》单行本所写的"序"中，对出版该书的宗旨作了如下论述："救国之道，必须国民全体，先真耻真奋，是则历史之回顾，当较任何教训为深

---

① 《明耻教战》，《大公报》（天津版）1931 年 10 月 7 日。

② 该书虽号称《六十年来中国与日本》，但实际上只涉及从 1871 年中日订约到 1919 年五四运动前夜凡 48 年的中日关系史或日本侵华史，至于其后到九一八事变凡 12 年的中日关系史或日本侵华史，王芸生因社务繁忙（主要是写《大公报》的"社评"）而未能完成。

切，因亟纂辑中日通商以后之重要史实，载诸报端，欲使读本报者，抚今追昔，慨然生救国雪耻之决心。……今为便于读者诸君保存之计，更加增补，印单行本问世。……愿全国各界，人各一编，常加浏览，以耻以奋。自此紧张工作，寸阴勿废，则中国大兴，可以立待。事急矣！愿立于兴亡歧路之国民深念之也。"① 其渗透于字里行间的民族主义和爱国主义情感是何等的浓烈！

九一八事变后文化民族主义高涨的另一表现，是对文化复兴问题的探讨。如前所述，文化民族主义的实质是以民族文化为民族和国家认同的核心依据，并期以民族文化的复兴来实现民族和国家的振兴或复兴。所以，九一八事变后，随着民族复兴思潮的兴起，学术界就文化复兴与民族复兴的关系，以及如何实现文化复兴并通过文化复兴实现民族复兴等问题进行了热烈的讨论。

首先，就文化复兴与民族复兴的关系而言，当时人们的一个基本观点，即是认为文化复兴是民族复兴的基础或前提。张君劢于九一八事变后出版有一本书，书名就叫作《民族复兴之学术基础》。他这里所讲的"学术"，实质上也就是我们所讲的文化。他在该书的"凡例"中写道：该书的各篇之间虽"鲜联络关系，自愧不如菲希德（即费希特——引者）之《对德意志国民讲演》，然反求诸己之精神，则与菲氏同"，"其要旨不外乎民族之自救，在以思想为主，文化为主为基础"，民族之复兴，在以文化之复兴为前提。譬如，他举例：大英帝国的发展，以莎士比亚、培根、密而顿为先导；法国大革命的爆发，以笛卡儿、孟德斯鸠、卢梭为前驱；德意志统一事业的完成，有赖于文学、哲学和科学的进步，歌德、席勒的文学，康德、费希特、黑格尔的哲学，哥丁大学的自然科学，孕育了德意志民族的独立精神，从而为俾斯麦完成德意志的统一大业创造了前提。我国民族复兴大业之所以迟迟不能取得成功，其原因

① 王芸生：《六十年来中国与日本》第一卷"序"，大公报出版社，1932年4月印行。

之一也就在于三四十年来，我国的维新派、革命派都自政治上下手以图建设国家，而在文化建设上——即合乎国家社会的独立的文艺、哲学和科学上的创作用力不够，政治上用力过多，必然会造成派别林立，内争不断，其结果是全国分崩离析，外敌乘之。如果移一部分全国之心力用于文艺、哲学和科学上的创作，这一定会有裨于民族国家的建立。张君劢还从四个方面论证了文艺上、哲学上和科学上之创作，对于民族复兴的重要意义。① 吕思勉认为，文化是一个国家、民族得以立足的根本。"国家、民族之盛衰兴替，文化其本也，政事、兵力抑末矣。"② 所以，天底下最可怕的侵略，"是文化的侵略。别种侵略，无论如何厉害，你自己总还记得是自己；一旦事势转移，就可以回复过来了。独有文化侵略，则使你自己忘掉自己。自己忘掉自己，这不就是灭亡么？民族是以文化为特征的。文化的侵略，岂不就是民族的危机么？"③ 有鉴于此，吕思勉要人们相信，只要中国文化不失坠，中国就永远不会亡国，即使一时为异族所征服，也有复国之一日。中华民族不复兴则已，要复兴，首先一定是文化的复兴，然后才是民族的复兴，民族复兴只有通过文化复兴才能实现。钱穆同样强调，文化复兴是民族和国家复兴的前提，因为"民族与国家者，皆人类文化之产物。举世民族、国家之形形色色，皆代表其背后文化之形形色色，如影随形，莫能违者。人类苟负有某一种文化演进之使命，则必抟成一民族焉，创建一国家焉，夫而后其背后之文化，始得有所凭依而发扬光大。若其所负文化演进之使命既中辍，则国家可以消灭，民族可以离散。故非国家、民族不永命之可虑，而其民族、国家所由产生之'文化'之息绝为可悲。世未有其民族文化尚灿烂光辉，而遽丧其国

---

① 张君劢：《民族复兴之学术基础·绪论》，再生社1935年版，第7—9页。

② 吕思勉：《柳树人〈中韩文化〉叙》，见《吕思勉遗文集》上册，华东师范大学出版社1997年版，第454页。

③ 吕思勉：《中国民族演进史》，亚细亚书局1935年版，第183页。

家者；亦未有其民族文化已衰息断绝，而其国家之生命犹得长存者"。① 贺麟更进一步明确指出："中国当前的时代，是一个民族复兴的时代。民族复兴不仅是争抗战的胜利，不仅是争中华民族在国际政治中的自由、独立和平等，民族复兴本质上应该是民族文化的复兴。"②

既然文化复兴是民族复兴的基础或前提，那么，怎样才能实现文化的复兴呢？受德国哲学家费希特之民族复兴思想的影响，人们认为，要实现民族和文化复兴，就必须树立国人对民族和文化的自信心。九一八事变发生不久，张君劢即着手翻译费希特（张译菲希德——著者）的《对德意志民族的演讲》节译本。他认为费氏在演讲中阐述了民族复兴的三个重要原则：第一，在民族大受惩创之日，必须痛自检讨过失；第二，民族复兴，应以内心改造为重要途径；第三，发扬光大民族在历史上的成绩，以提高民族的自信力。在这三原则中，提高民族的自信力又是原则中之原则。所以中国要实现民族和文化复兴，就必须提高民族的自信力。③ 瞿菊农在该书的"序"中写道："中国现在所处的国难，可以说是历史上向来没有的。但我们回顾我们伟大的文化，灿烂的历史，想到我们坚韧劳苦的国民，想到四千年来为民族扩大进展努力的先民，为民族生存努力而牺牲生命的先烈，乃至于在淞浦抵抗，在白山黑水间转战的国民所流的鲜血，我们应该激发我们的自知心，自信心，自尊心，努力创造我们的前途。我们要痛自检点我们的过失，改造内心，提高民族的自信力。这是君劢翻译这本摘要的主旨。我希望凡读到这本译文的读者，在未读本文之先，先想一想现在的国难。读本文的时候，不要忘记我们民族的灿烂庄严的过去，自

① 钱穆：《国史大纲·引论》，商务印书馆1996年版，第31—32页。

② 贺麟：《儒家思想的新开展》，《文化与人生》，商务印书馆1988年版，第4页。

③ 张君劢：《欧美派日本派之外交政策与吾族立国大计》，《再生》第2卷第1期，1933年10月1日。

信我们有光明灿烂的前途。"① 1934 年 5 月 15 日天津《大公报》发表了一篇题为《民族复兴之精神基础》的"社评",提出"今日欲救中国于危亡",首先应该打倒那种认为中华民族除了"拱手待亡"没有其他出路的悲观消极心理,而大力"培养民族自信精神",使全体中国人,尤其是那些"号为民族前驱之智识分子","不以艰危动其心,不以挫辱夺其气,共悬一鹄,努力迈进,要以复兴中国、光复故物为职志"。沈碧涛在《国人的危机》一文中认为:"自信力为民族最要之观念",但自中西交通以来,因中国的一败再败,中华民族的自信力受到沉重打击,这是"我们的最大的危机"之一。因此,我们要实现民族复兴,必须从"恢复自信力"做起。② 谢耀霆论民族复兴文章的题目就叫作《复兴民族须先恢复自信力》,他认为"中华民族衰落的原因,完全是因为失去了自信力的缘故。那么,我们要复兴中华民族,亦只有首先恢复自信力,然后始有复兴民族的可能"。③ 吴其昌在《民族复兴的自信力》一文中同样强调:我们"这个庞大的民族能不能复兴",关键是要看"我们的自信力了"。④

要复兴民族和文化,关键是提高民族的自信心,可以说这是九一八事变后知识界的基本共识。但怎样才能树立国人对民族和文化的自信心呢?人们认为,要树立国人对民族和文化的自信心,首先就必须尊重和表彰本国的历史和文化,否则,"便等于自己不相信自己,自己不相信自己,则不能为人,岂有一国人民不尊重自己文化而可以立国的?"据此,人们对当时思想界出现的那种数典忘

---

① 瞿菊农:《菲希德对德意志国民演讲节本序》,《再生》第 1 卷第 7 期,1932 年 11 月 20 日。

② 沈碧涛:《国人的危机》,《大公报》1931 年 11 月 3 日"读者论坛"。

③ 谢耀霆:《复兴民族须先恢复自信力》,《复兴月刊》第 1 卷第 8 期,1933 年 4 月 1 日。

④ 吴其昌:《民族复兴的自信力》,《国闻周报》第 13 卷第 39 期,1936 年 10 月 5 日。

祖，"视吾国所固有者皆陈规朽败"，全盘否认中国的历史和文化的现象提出了严厉批评。张君劢在《思想的自主权》一文中指出，中国文化的落后只是近百年的事，但我们切不可因近百年的落后而妄自菲薄，责骂我们的祖宗，更不可将中国历史文化说成一无是处，一团漆黑，好像都是陈旧朽败的东西，没有半点保留的价值，其实，"每天骂祖宗的，不是好子孙；看不起自己历史的，不是好民族"。一个民族"总得先有自尊心和自信心，然后才可以立国"，否则，"自尊自信之心不立，则万事都无从说起，不仅学术不能自主，即政治亦无希望"。[①] 在《中华民族文化之过去与今后之发展》一文中他又写道："文化之建立，犹之种树，不先考本国之地宜，则树无由滋长。"但自中西交通以来，尤其是五四新文化运动以来，"国中少数学者不特不能窥见前人制作之精意，专毁谤先人以自眩其新奇，冥冥之中，使国人丧失其自信力，实即所以摧毁其自己"。[②] 笔名叫"子固"的作者也一再强调：民族的自信力"决不能从骂我们的祖宗中得来！我们必须用过去的文化伟绩、人格典型来鼓励我们向前，来领导我们奋斗！我们不要发疯地夸大狂，但是我们却不能缺少自尊"。"我们应该纪念我们祖宗五千年来为我们民族屡次奋斗的艰难，我们应该发扬我们祖宗创造的文化的美点，从这种心理当中我们才能得到民族信心，得到勇气来破除目前的难关！"[③] "华生"把国家比作家庭，一个家庭没落了，要是子孙们"不知力自振作，而徒夸耀其过去的光荣，那当然是无所用的"，但要是子孙们"连过去的光荣也不知道，只知羡慕他人目前的隆盛"，那"这个家庭的存在，就更可危了"。国家也是一样，如果一个国家的国民连自己民族的历史文化也不知道，甚至因羡慕

---

① 张君劢：《思想的自主权》，《民族复兴之学术基础》（卷上），第 152 页。

② 张君劢：《中华民族文化之过去与今后之发展》，《明日之中国文化》"附录"，商务印书馆 1936 年版，第 158—159 页。

③ 子固：《怎样才能建立起民族的信心》，《独立评论》第 105 号，1934 年 6 月 17 日。

其他民族的历史文化而大肆"诋毁"自己民族的历史文化，以为自己民族"根本无文化之可言"，那么，这个国家不仅没有复兴的希望，相反还会进一步衰落下去。"所以，我们需要有适当的历史教育"，使国民对中华民族光荣的历史文化有一全面系统的了解，"以恢复民族的自信力"。①

　　这里需要指出的是，九一八事变后，人们虽然认识到了树立国人对民族和文化的自信心对于实现民族和文化复兴具有十分重要的积极意义，而要树立国人对民族和文化的自信心就必须尊重本国的历史和文化，并对那种否定中国的历史和文化的现象提出了批评，但人们并没有因此而失去反省意识，失去对本民族和文化之阴暗面的揭露和批判。1934年8月出版的《复兴月刊》第2卷第12期发表了解炳如的《民族复兴与民族性的改造》一文。该文开宗明义地写道："'九一八'案的发生，如迅雷不及掩耳般地霹雳一声给予中华民族的独立生存受空前的大威胁，几乎轧压得呼不出气来。自历史上观之，凡一民族在极危难的周遭中，必有一种深刻而沉痛的反省，进而有努力挣扎向上的态度与民族复兴的冀求。如一八〇七年为拿翁铁蹄蹂躏的普鲁士民族，裴希特在其《告德意志国民》演说辞中，痛论其民族的特性与复兴的必要。一八七一年败于普鲁士的法兰西民族，巴黎大学教授在所著的《法国民族性》一书中，详论其民族性与在法国文化上之影响。又如德意志民族在欧战后受着重大的威胁和压迫，蒙欣大学（Munchen）教授费希尔（Fisher）在教育年鉴里，复讨论德国民族性与教育的关系。中华民族现在所遭遇的厄运，与一八七一年的法兰西人，及一八〇七年或欧战后的德意志人所遭遇的厄运简直无异，所以我们深刻的反省，努力自新，是其时了。"作者认为，中华民族既有许多优良的民族品格，也有一些"民族的劣根性"。概而言之，民族的劣根性主要表现在

---

　　① 华生：《民族复兴与历史教育》，《文化建设》第1卷第9期，1935年6月10日。

三方面：一利己；二虚伪；三文弱。民族的这些劣根性是造成
"国家不振"、"社会堕落"和"民族萎靡"的重要原因。因此，
"在今日国难严森，民族危急之时"，我们要实现民族复兴的伟大
理想，则"舍民族性的改造"没有其他道路可走。"就是说，复兴
民族从任何方面着手，均须以改造民族的劣根性为依归，则民族复
兴始有希望。"① 蒋廷黻认为，要实现民族和文化复兴，必须改革
中国人那种圆滑、通融、敷衍，做什么事都消极、清高的人生观。
官可以不做，但事要做；别的可牺牲，唯独事业不可牺牲。否则，
民族和文化的复兴就不可能。② 笔名为"杯水"的作者承认，国人
身上有诸如"自私、怯懦、虚伪、不认真"等一些"恶习惯"，而
要实现民族和文化复兴，就应革除国人身上的这些"恶习惯"。周
佛海在《精神建设与民族复兴》一书中提出，要以"精神建设"
来实现民族和文化的复兴，而"精神建设"的内容，主要体现在
以下几个方面：第一，要扫除因私害公的风气，建设为公忘私的精
神；第二，要铲除敷衍、应付和虚伪的风气，建设忠于所事、忠于
职责的精神；第三，要铲除互相推诿、互相责难的风气，养成任
劳、任怨、任咎的精神；第四，要铲除冷淡的心理，养成狂热的风
气；第五，要铲除个人自由的风气，养成严守纪律的精神；第六，
要铲除卑鄙贪污的恶习，树立尚名节、重廉耻的风气。③ 周佛海所
要"扫除"或"铲除"的内容，也就是解炳如所讲的"民族的劣
根性"。赖希如认为，要实现民族和文化复兴，就需要对中华民族
的"民族性弱点"进行改造。在他看来，中华民族的"民族性弱
点"可以从以下几个方面加以观察。第一，是从活动力及发展力

---

① 解炳如：《民族复兴与民族性的改造》，《复兴月刊》第 2 卷第 12 期，1934 年
8 月 1 日。

② 蒋廷黻：《民族复兴的一个条件》，《国闻周报》第 11 卷第 28 期，1934 年 7 月
16 日。

③ 转引见朱国庆《"精神建设与民族复兴"（书评）》，《独立评论》第 218 号，
1936 年 9 月 13 日。

方面观察。中国的民族风尚，向来尊崇道德，而蔑视才艺，以守分安命、顺时听天为极则。"此种崇尚宁静无为，苟安天命之结果，于不知不觉中，遂逐渐养成安闲自适之民族惰性，而听天由命之宿命论，亦由是而深入人民之意识界。"第二，是从组织力及经营力方面观察。中华民族向来崇尚那种无拘无束之飞鸟式的自由，"缺乏秩序之观念，复无纪律之规范"，西方人视中国人为一盘散沙。"人民本身之组织如是，其他对于事业之经营，亦正同出一理"，中国人不擅于经济上的经营和竞争。第三，是从吸收力及理解力方面观察。在中华民族的意识中有两种消极元素，"一为唯我独尊，蔑视一切之'排他性'"；"一为述而不作，信而好古之'保守性'"，所以中国不善于吸收外来的先进文化，对外来文化往往不求甚解，"厌于讨论求详"。第四，是从伦理道德之消极倾向方面观察。中国的伦理道德，有积极的一面，也有消极的一面，就消极一面而言，比如"自私自利"，"人人但知有家庭，而不知有所谓社会；知有家族，而不知有所谓民族；家虽齐，而国不治"。第五，是从务虚名而轻实际方面观察。中国人比较尚虚名，重形式，爱好体面，比如"吾国社会婚寿丧祭之礼仪，其形式之繁重，殆为世界各国之所无"。[1]

　　没有因为尊重和表彰中国的历史和文化而失去对中国的历史和文化的反省意识，这是九一八事变后文化民族主义走向成熟的体现之一。九一八事变后文化民族主义走向成熟的又一体现，是人们在尊重和表彰中国的历史和文化的同时，又强调学习和吸收西方的历史和文化，"非谓吾国文化已臻绝顶，而无求于外人"。实际上自1840年以来，西方文化即已成为一种强势文化，无论是政治制度，还是科学技术，抑或学术方法，中国都远不能与西方相提并论。故

---

　　① 赖希如：《中华民族性弱点之改造论》，《建国月刊》第13卷第5期，1935年11月10日。

此，我们"欲复兴中华民族，无论如何，逃不出西方文明的影响"。① 换言之，要复兴民族和文化，就必须向西方学习。这可以说是九一八事变后思想界的共识。但这种学习要以思想自主、文化自主为原则，以保持民族的本来面目，或民族文化的独立性。张君劢在《中外思想之沟通》一文中再三强调，处于今日之落后地位，中国学习西方是"自为必然之趋势，无可逃避者也"。② 但这种学习要以思想自主为原则。与张君劢的主张相类似，1935 年 1 月 10 日，王新命、何炳松等十位教授联名在《文化建设》第 1 卷第 4 期上发表《中国本位的文化建设宣言》，提出要实现民族和文化复兴，"吸收欧美的文化是必要而且应该的"，但这种"吸收的标准，当决定于现代中国的需要"。在他们看来，"要使中国能在文化领域中抬头，要使中国和政治、社会和思想都具有中国的特征，必须从事于中国本位的文化建设"，"用文化的手段产生有光有热的中国，使中国在文化领域中能恢复过去的光荣，重新占着重要的位置，成为促进世界大同的一支最劲最强的生力军"。③

---

① 张君劢：《民族复兴运动》，《再生》第 1 卷第 10 期，1933 年 2 月 20 日。

② 张君劢：《中外思想之沟通》，《民族复兴之学术基础》（卷上），第 176 页。

③ 王新命、何炳松等：《中国本位的文化建设宣言》，《文化建设》第 1 卷第 4 期，1935 年 1 月 10 日。

第 三 章

民主宪政思潮的展开

在相当长的时期内，由于种种原因，学术界对民国时期的民主宪政运动少有研究。近年来，随着民国史研究的深入，尤其是研究禁区的突破，这种状况有了改变，相继发表和出版了一批研究成果。但就这些研究成果的内容看，主要集中于对孙中山的宪政思想及其实践、抗日战争时期的两次宪政运动以及共产党人的宪政思想及其实践的研究上，而于九一八事变后的民主宪政运动少有涉及，到目前为止，尚未发现有分量的论文发表。这种情况出现的客观原因是：九一八事变后的民主宪政运动，其思想深度不能与孙中山的宪政思想及其实践、与共产党人的宪政思想及其实践相提并论，其规模和影响又远较抗日战争时期的两次宪政运动逊色，所以有人称它为"微弱的宪政运动"。但这并不能说明九一八事变后的民主宪政运动就不重要，不值得研究，实际上，九一八事变后的民主宪政运动是在民族危机空前严重的历史背景下兴起的，有自己的特点和意义，而且就民国时期民主宪政运动的全过程来考察，抗日战争时期的两次宪政运动是九一八事变后的民主宪政运动的继续和发展，不仅内容基本相同，主要参加者也大多是九一八事变后发起民主宪政运动的那批人。

要探讨九一八事变后的民主宪政运动，首先必须对"宪政"和"宪政运动"作一界定。因为就目前学术界对民国时期的宪政运动的研究来看，由于研究者的知识背景、立论角度和使用方法不同，对

"宪政"和"宪政运动"的界定也莫衷一是。这直接影响着研究内容的选择。就笔者的认识而言，所谓"宪政"，顾名思义，即"宪法的政治"，亦即通过制定国家根本大法——宪法，来规定国家的基本制度，规定并保障人民应该享有的各种民主自由权利，所以人们有时又将"宪政"称为"民主政治"。而"宪政运动"，也就是追求、争取和实现"宪法的政治"的运动，或者称之为"民主政治"的实现过程。依据笔者对"宪政"和"宪政运动"的上述认识，九一八事变后的民主宪政运动包括两个方面的内容：一是要求国民党结束训政，还政于民；二是对"五五宪草"及其相关法律的批评。前者是要求实行"宪政"，后者是要求实行什么样的"宪政"问题。

一　要求结束训政的呼声高涨

国民党夺取全国政权后，依据先总理孙中山的遗教，宣布实行训政，并建立起了一套训政制度。但在理论上，它并不否认宪政。相反，它一再表示训政是为了给宪政作必要的准备。1929 年，国民党三届二中全会通过的《训政时期之规定案》甚至明确提出，"训政时期规定为六年，至民国二十四年完成"。因此，当 1928 年国民党开始实行训政的时候，虽有不少人批评，但是经历了十多年的动荡而渴望安定的多数国民，其中包括不少自由派知识分子"皆不反对"。① 然而，事实是，蒋介石借训政之名，行专制之实，一方面利用训政剥夺人民的种种权利，想方设法拖延被孙中山视为宪政之基础的地方自治的实施，并使之逐渐背离孙中山的设计；另一方面利用训政打击异己政治势力，实行个人独裁。其结果，训政也就越来越遭到有识之士的批评。

---

① 　吴贯因：《民国成立二十二年尚在讨论中之宪法》，《再生》第 1 卷第 11 期，1933 年 3 月 20 日。

九一八事变后，鉴于民族危机的日益加重，要求结束训政，还政于民，以便团结全国人民共同御侮的呼声日渐高涨，宪政运动也由此而兴起，用天津《大公报》的话说："自九一八以来，南北党外人士，发生宪政运动"。① 九一八事变发生后的第三天，上海光华大学教授王造时在"日本帝国主义侵略东三省"的演讲中，就指出了国民党的训政所造成的严重后果，要求国民党改弦更张，还政于民，实行民主政治。10 月中旬，他又在新月书店出版的《救亡两大政策》一书中提出了"对外准备殊死战争"和"对内取消一党专政"的救亡二策，要求国民党立即结束训政，放弃一党专政，实行民主政治，开放党禁，"集中全国人才，组织国防政府"。他并强调指出，只有国民党放弃一党专政，还政于民，切实恢复人民的言论、出版、集会、结社等种种民主权利，这样全国人民才可能万众一心，各党各派也才可能通力合作，团结一致，共同去战胜日本侵略者。不久，他又和沈钧儒等上海各大学教授 200 多人，联名致信参加宁粤和平会议的国民党全体代表，再次强调了实行民主宪政的重要性，指出"人民为国家之主人，党治以来，主人之权利剥夺殆尽"，只有切实保障人民的各种民主权利，"迅速集中贤能，组织国防政府，共御外侮"，才能挽救国家和民族的危亡。② 与此同时，青年党和中华职教社也于事变发生后不久，提出了国民党结束训政，还政于民的要求。1931 年 10 月 3 日，青年党发表《我们的主张》，提出"为应付国难起见，中国今日应废除一党专政，组织国防政府"的主张，而所谓的国防政府，由"各党各派联合组成"，并代表"各派意见"。12 月 9 日，在褚辅成、张耀曾、章太炎等国民党元老和马相伯、黄炎培、沈钧儒、左舜生、陈启天等人的发起下，来自全国 16 个省的 500 多名爱国人士，在上海成立"中华民国国

---

① 《熊希龄等请求两事》，《大公报》（天津版）1932 年 9 月 29 日"社评"。

② 以上参见姜平、姜伟《爱国君子·民主教授——王造时》，江西教育出版社1999 年版，第 90—91 页。

难救济会"，推举褚辅成等60余人组成理事会，并发表宣言，严厉抨击国民党的一党专政，认为国民党的一党专政是导致外患日益严重的一个重要原因，呼吁国民党当局立即"解除党禁，进行制宪"，首先切实保障人民集会结社及一切政治权利，还政于民，不能再"复袭训政之名，行专政之实"。① 12月下旬，诸青来、左舜生等人又在上海发起成立"民治协会"，主张立即实行民主政治。在致出席国民党四届一中全会的李烈钧等人的电报中，该会特别强调国民党应该允许人民自由组织政治团体或政党，因为"组党自由，为民主政治之最重要原素，否则一国以内，只许有一党存在，独行独断，蔽聪塞明，不能收他山攻错之效，人民亦无从发挥其不同之见解，民主政治，断难实现"②。这月底，青年党领导人曾琦在天津《大公报》上发表《一致对外与一党专政》的文章，公开提出要"一致对外"，国民党就必须废除"一党专政"。因为在一党专政之下，第一，"惟国民党始有公开活动之权"，而其他政党则被剥夺了活动的权利；第二，"惟国民党人始有领导民众之权"，而其他数万万民众只有接受国民党领导的权利；第三，"国民对于当局必多不满之处"，而这种不满没有地方表达，最后只有铤而走险；第四，"国民党人显然为一特殊的统治阶级"，类似于清贵族，与民众鲜有联系。就是向来以平和著称的天津《大公报》也连续发表"社评"，认为"国家受此奇耻大辱之后，训政制度，自应改革，在三省沦陷束手无策之时，而尚以诸葛亮阿斗之说，解释党治与人民之关系，是徒激动民愤，其危实甚"。③ 它要求国民党"今后公开大政，使国民有机会与闻国家政治"。④ 朱采真同样强调：大敌当前，首要的任务是团结全国人民共同抗日，但要是国民党不立即结束训政，

---

① 《申报》1931年12月12日。

② 《民治协会电李请坚持原案》，《申报》1931年12月27日。

③ 《目前政治上之需要》，《大公报》（天津版）1931年12月14日"社评"。

④ 《一中全会通过中央政制案》，《大公报》（天津版）1931年12月26日"社评"。

"交还中央统治于人民，则人民无从团结其救国之力量，亦无从发挥抗日之精神"①。

不仅一些知识分子和小党派领导人于九一八事变后呼吁国民党立即结束训政，还政于民，实行民主政治，就是在国民党内部也有同样呼声。1931 年 10 月 18 日，李烈钧等 118 人联署提案，要求"开放政权，准许人民自由组党"。11 月，在国民党召开的四全大会上，蔡元培提出了组织国难会议，以期集思广益，共济时艰的紧急动议。12 月，在国民党四届一中全会上，孙科、何香凝、李烈钧等人提出数个提案，要求提前结束训政，筹备宪政。据此，会议通过了"召开国难会议、国民救国会议及国民代表会，缩短训政，实行宪政案"。1932 年 1 月，上海、北京、天津等地 188 名社会名流，被国民政府聘请为国难会议会员。

为了推动国民党早日结束训政，实行宪政，上海、北京、天津的一些国难会议会员自动组织起来，成立"国难会议会员通讯处"，讨论国难会议的议题和提案，认为国难会议应该讨论三件事情，即：取消一党专政，制定宪法；对日采取抵抗主义；罗织人才，成立国难政府。他们以及其他一些地方的国难会议会员还联合一些知识分子，利用国民党同意召开国难会议之机，组织国难救济会、宪政促进会、宪政期成会、民宪协进会等团体，纷纷发表宣言或通电，要求国民党结束训政，还政于民。1932 年 2 月，黄炎培、左舜生等人以中华民国国难救济会的名义通电全国："诚以中国为全国人之中国，存亡与共，莫能自外。乃中央诸公犹守党治成见，剥夺人民政权。各地方党部不闻有救亡工作，反于人民救国各种集会结社干涉无所不至。似此歧视民众，拒绝合作，何以集全力而济大难？本会痛国亡无日，敢请惕然反省，实行五事。"即："（一）宣布废止一党专政；（二）文告不得用党国字样；（三）禁止各级党部干涉人民集会结社；（四）禁由公帑支结党费；（五）限期召

① 朱采真：《政治救国之一条和平途径》，《时事新报》1932 年 1 月 18 日。

集国民代表大会制宪。"① 3 月，王造时、黄炎培、沈钧儒、史量才等 62 人，又联名发表《救济国难之具体主张》，要求国民党对外"应以武力自卫"，不惜任何牺牲，以维护国家"领土及主权之完全无缺"；对内应实行民主宪政，切实保障人民的自由权利，开放党禁，允许其他政党公开活动，不得用公款支付党费，在宪法未实施前，应首先设立民选的国民参政会，监督政府，筹备宪政，限 8 个月内制定出宪法。同时，他们还提出了"筹备宪政程序案"，就制定宪法的有关问题向国民党建言献策。②

1932 年 4 月 1 日，国难会议在"行都"洛阳召开。此前，国民政府公布了《国难会议组织大纲》，以及《国难会议议事规则》。依据这两个文件，国难会议是国民政府召集一部分社会名流"共订救国大计"的咨询会议，其商议范围为御侮、救灾和绥靖（即"围剿"苏区），而国民党曾经承诺且舆论强烈要求的结束训政、返政于民的问题则被排除在了会议的议题之外。这自然引起了人们的强烈不满。北平、天津的国难会议会员集会，大多数会员主张不参加会议，他们发表通电声明不出席会议之原因：政府"明白限制会议范围为御侮，救灾，绥靖三项，同人以为国难所由来，正由国本有不定，凡政治窳恶，实为上述三项之酿因，倘赴议而默然，则与同人奔走国难之初衷适相违反"。③ 而在上海的同难会议会员马相伯、王造时、黄炎培、沈钧儒、史量才等 62 人也联名致电国难会议拒绝出席，内称：国民党"近数年来，更立一党专政之制，杜绝多数民众政治上合作之途，以致党员斗争于内，民众睽离于外，全国嚣然，戾气充溢，日人乘之，乃有九一八以来之奇辱。此而不变，沦亡可待，惶论御侮？"本来国难会议是"化除杜绝合作之党治，实现全民协力之宪政"的好机会，但不料政府严格限制

---

① 《中华民国国难救济会致全国各界通电》，《民声周报》第 20 期，1932 年 3 月 19 日。

② 《救济国难——沪一部人士之具体主张》，《益世报》1932 年 4 月 21 日。

③ 《国难会议情形不佳》，《国闻周报》第 9 卷第 14 期，1932 年 4 月 11 日。

了会议议题，使实施宪政案无提出之余地，因此，"思维再四，与其徒劳往返，无补艰危，不如谢绝征车，稍明素志"。①

尽管不少要求结束训政、实行宪政的国难会议会员没有与会，但是与会的一些国难会议会员，还是冲破了国民党对会议议题的限制，提出了一系列要求结束训政、实行宪政的提案，如杨瑞六提出、钱端升等联署的提案，要求召开国民大会制定宪法，国民大会召开之前，应于1932年8月1日前召集中央民意机构国民代表会；褚辅成提出、谢仲复等联署的提案，要求迅速制定宪法，召集国民大会，组织民选政府；如此等等。在他们的要求下，国民党虽然不同意提前结束训政，但表示将如期结束训政，所谓"如期"，指的是1935年，而在宪法未实行前，答应于1932年10月10日前组织中央民意机构国民代表会，国民代表会有议决预算、国债、重要条约之权。国难会议为此作出了决议。会议发表的宣言也强调："非全国国民合力同心，则救国御侮之效，仍不可得而见。"而欲"全国合力同心"，则"必须确立民主之政治，奠定民权之基础"。为此，在中央应有民意之机关，在地方应谋自治之促进，以使人民有实际行使政权之训练，同时必须保障人民的自由之权利。② 胡适在评论国难会议的这一决议时写道："最近几个月之中，宪政的运动颇有进展。国难会议开会之前，多数非国民党的会员都表示赞成早日结束训政，实行宪政。政府与国民党的领袖对于这一点颇多疑虑，所以把'内政'一类问题不列入国难会议讨论范围之内。许多会员因此不愿意赴会。然而国难会议开会时，居然也有一个'内政改革案'的产生与通过，决定于本年十月十日以前成立国民代表大会，由各大都市职业团体及各省区地方人民选出代表三百人以上组成之。"③

---

① 《国难会议沪会员不赴洛》，《申报》1932年4月6日。
② 《国难会议之结束》，《国闻周报》第9卷第15期，1932年4月18日。
③ 胡适：《宪政问题》，《独立评论》第1号，1932年5月22日。

　　应该说，如果国民党能依照国难会议决议，积极筹备宪政，并在宪法实施之前，组织国民代表会议作为中央民意机构，则有可能实现国内各种政治力量的团结，共同抵抗日本帝国主义的侵略。但国难会议之后，国民党不仅没有遵照国难会议决议召集国民代表会，一些领导人还相继发表言论，公开反对结束训政。国难会议尚未结束，国民党中委张道藩即在中央党部纪念周上发表演讲，谓参加国难会的会员，"份子复杂，情形紊乱，黄红黑绿，无所不有"，尤其是提出结束训政案的会员，"大抵为有党派背景之政客，或帝王军阀之走狗，平日摧残民治，根本上无谈政治资格"。[①]会议结束不久，国民政府监察院院长于右任在《申报》上发表《放弃训政与中国革命之危机》一文，说什么结束训政，就是"结束（国民）党之领导革命也"，是"毁党毁政"、对反革命分子"自除武装"的行为。他还攻击一些"超然之学者，在野之名流"，要求结束训政，提倡宪政，不过是别有用心。[②]国民政府行政院院长汪精卫在南京的一次演说中，公开批评要求结束训政的言论是错误的，因为实行宪政比实行训政会使国家的情况变得更糟糕。他说："如果说今日要取消党治，无异说要恢复十二年以前的状况，试问十二年以前的宪政的状况是怎么样呢？"便是袁世凯签字于"二十一条"和"北洋军阀的参战贷款"。[③]蒋介石也对提前结束训政，实行宪政的要求很不满意，说它"违背总理遗教"，并诬称提出这类要求的人是一班"只顾一己富贵利禄，不顾国家前途如何，常思予政府以不利"的"官僚政客"。[④]

　　在国民党官方的默许和鼓励下，一些国民党的御用文人和少数看好蒋介石的知识分子也纷纷发表文章，认为现在结束训政的

---

　　①　转引自"社评"：《国难会议与当局态度》，《大公报》1932年4月13日。

　　②　于右任：《对于孙科谈话之献疑：放弃训政与中国革命之危机》，《申报》1932年5月5日。

　　③　《时事新报》1932年4月1日。

　　④　《内政尚无曙光》，《国闻周报》第9卷第20期，1932年5月23日。

条件还不成熟，国民党还不能还政于民。如曾经参加过国难会议的朱经农在《结束训政的时间问题》一文中就认为："现在国内大多数的人民，知识实在不够，切实的训政工作实在少不得。日前偶然与梁漱溟先生谈到现在北方乡间的妇女依然人人缠足，假若不训练他们，使他们得到相当的知识，便给予投票之权，他们一定投票反对禁止缠足。缠足不过是一个例子……人民如果真正希望宪政实现，也应该容许政府再有一些训练民众的时间。"① 许持平在《宪政可以开始了吗?》一文中也写道："这样庞大而复杂的国家，具有这样深远的传统的病根，人民是这种缺少政治的素养，生产技术和组织是这样的落后，要想在几年里面，完成这样一件改造历史的事业，本来是属于奢望。国民党之定训政时期为六年，实在是不认清事实，不认清自己力量而错签了支票；到今天不能兑现，原是意料中事。平心说一句，训政要不是有二三十年确确实实有计划的努力，是很难望成功的。"② 马季廉甚至认为，无论是教育的进步，还是交通的发达，抑或政风的良好（他认为这是实行宪政至少具备的三个条件），目前还远不如民国十二年前，"在这样环境之下，要实现民主政治，设立议会，制定宪法，我们敢断言，一定要演比十二年前还要丑的滑稽剧。对于社会民生，国家大计不断毫无裨益，并且更增纠纷"。③ 陈之迈也一再强调，在目前条件尚不具备的情况下，便结束训政，实行宪政，"其势必然勾引起许多纷繁复杂的问题，无法解决"。因为，在陈看来，每一个国家必须要有一个中心思想才不致陷于混乱，凡信仰这个中心思想的政党或集团，就允许他存在，否之，则必须扑灭，政府决不能允许公开以打倒自己为目的的主义存在，就是最讲民主的美国，怀疑宪法者也得入狱。中国目前的中心思想

① 经农：《结束训政的时间问题》，《独立评论》第 7 号，1932 年 7 月 3 日。
② 许持平：《宪政可以开始了吗?》，《独立评论》第 176 号，1935 年 11 月 10 日。
③ 季廉：《宪政能救中国?》，《国闻周报》第 9 卷第 18 期，1932 年 5 月 9 日。

是国民党的三民主义，如果中国实行宪政，第一个问题是三民主义以外允不允许别的主义或政党存在？要是不允许存在的话，那实行宪政的结果与自己主张的"党外无党，党内有派"的主张并没有什么区别，何必冠之宪政？如果允许存在的话，那就放弃了国家的中心思想，结果国家会陷入混乱，共产党便是解决不了的一大难题。总之，陈之迈认为，"在目前状态之下，开放政权，实行宪治，是不可能亦可不必的改革"。[①]

国民党以及一些国民党御用文人和少数看好蒋介石的知识分子的上述种种言行，自然引起了广大知识分子的强烈不满，他们于是纷纷发表文章，阐述早日结束训政，实行宪政的好处，并对种种反对结束训政的言论进行了批驳，要求结束训政的呼声因此而更加高涨起来。

二　批判国民党训政理论

广大知识分子要求结束训政的理由，概而言之有三。首先，就理论本身而言，训政说不能成立。国民党主张训政的理论依据，是说民主政体之下的人民必须具备一定的政治经验和常识，但由于几千年的封建统治，中国人民尚不具备，所以需要国民党人如保姆之于婴儿那样加以教训。但在他们看来，上述理论依据不仅是对中国人民人格的一种污辱，而且在理论上也是不能成立的。张君劢等人指出："就中国人民知识能力不及格来说，倘使为事实，则必是全国的人民都如此。决不能有一部分人民被训，另一部分人民能训。被训的人民因为没有毕业，所以必须被训。试问能训的人民又于何时毕业过呢？何以同一人民一入党籍便显分能训与被训呢？可见训

---

① 陈之迈：《再论政制改革》，《独立评论》第 166 号，1935 年 9 月 1 日。

政之说真不值一驳。"① 王造时也认为，国民党的训政说是一种"贤人政治论"，但哪些人是"贤者"，哪些人又是"不肖"，这是过去主张贵族政体和今日主张训政的人都不能回答的问题。主张贵族政体的人，根据的是血统，即认为应该由少数世袭贵族去统治多数平民百姓；而国民党训政的根据是党籍，即认为国民党员应该去统治不是国民党的人，然而，如同贵族政体的理论是不能成立的一样，国民党的训政论也是不能成立的。事实上，"现在的国民党员，有许多在人格，学问，才能各方面都不高明"，甚至还不如一个普通的老百姓。②

除指出国民党的训政理论以是否加入国民党为标准，把一国人民划分为"贤"与"不肖"、"先知"与"后觉"、"能训"与"被训"之两部分的错误外，他们还从"训政"与"民主"的关系方面论证了训政说的荒谬性。根据国民党的训政说，训政是手段，而不是目的，训政的目的，是要通过对人民的政治训练，教会他们运用选举、罢免、创制、复决四权，从而使民主政治在中国得以最终建立起来。他们认为，既然讲训政，就不能再讲民主政治，因为，"民权"的发展是自动的，若是"被训出来的"，便不是民权了。就世界各国的历史来看，无论哪一国的民主政治，都不是由统治者"训"出来的。"训政说希望训政的统治阶级，训练一般人民去夺取他们独占的政权，由训政到宪政"，那只是"欺人之谈"。③ 应该说，他们的批判确实击中了训政理论的要害。

其次，从历史事实来看，国民党的训政已经完全失败，不能也不应该再继续下去了，否则，中国将永无实现宪政之日。这也是他们要求立即结束训政的主要理由和原因。吴贯因在解释他之所以要主张结束训政的理由时写道：本来民国十七年国民党始行

① 记者：《我们所要说的话》，《再生》创刊号，1932 年 5 月 20 日。

② 王造时：《对于训政与宪政的意见》，《再生》第 1 卷第 2 期，1932 年 6 月 20 日。

③ 东苏：《生产计划与生产动员》，《再生》第 1 卷第 2 期，1932 年 6 月 20 日。

训政的时候，"全国人民，喁喁望治"，"除二三好为高论之书生外，多数国民，皆不反对"。然而几年训政的事实则使国民大失所望，"一训：而发行公债库券十万万；再训：而增加杂税苛捐二三倍；三训：而同党年年挥戈相残，使国无宁日；四训：而盗贼遍地，四民失业，致以农业国反岁需外国米面一万万两以上；五训：而一夜丧失东三省；六训：而淞沪被毁于强敌；七训：而五日断丧热河"。据此，吴贯因认为，训政是无论如何也不能再进行下去了，如果要继续下去，"若再加以八训九训，以至十余训，恐中国之前途，将不堪设想"。①《申报》上的一篇文章评论国民党的训政："国民党主政今已六载，人民驯服受训亦已三年。训政之效果究安在乎？即就政府本身总揽之五权言，权势依庇，遑言考试，军阀横暴，几见监察，立法徒为纸上谈兵，司法犹为每况愈下，行政则黑漆一团。"②仅此而言，国民党的训政实已破产。

张东荪指出，国民党一再声张自治未办，不能实行宪政。"那么就赶办自治好了"，但实际上它一方面阳奉阴违，对办理地方自治采取消极的态度，另一方面又想方设法积极地限制人民已有的言论自由权利。"人民自由权即是宪政要素之一。国民党最后的目的既在宪政，为甚么现在必须先把这个已存在的要素的萌芽拔去了呢？按理应该对于已有的萌芽加以培植。可见国民党的训政是等于斩了已生出来的树苗而偏说另外可以种出新树来"，是一种与宪政南辕北辙的行为。如此训政下去，中国的宪政是永远也不能实现的。③张君劢在《国家民主政治与国家社会主义》一文中也写道："国民党以宪政为最后目的，其所采之手段为训政，意谓全国人民须经训政后，乃能进而实行关于宪政之权利，然自其近年之行为与

---

① 吴贯因：《民国成立二十二年尚在讨论中之宪法》，《再生》第 1 卷第 11 期，1933 年 3 月 20 日。

② 《由训政达到"真"宪政之质疑》，《申报》1932 年 4 月 6 日。

③ 东荪：《生产计划与生产动员》，《再生》第 1 卷第 2 期，1932 年 6 月 20 日。

其党义观之，则吾中华民族在国民党指导之下，永无达于宪政之一日。"①

最后，从现实需要来看，他们认为，要团聚人心，挽救国难，维护社会的安定，就必须结束训政，实行宪政。罗隆基在《训政应该结束了》一文中认为，今日中国最大的病症是人心不统一。由于人心不统一，民族在精神上就不能成为一个统一的团体，国家也从而失去了基础，国家失去了基础，什么改革内政，应付外交自然也就成了一句空话。所以，"设法统一人心，是目前中国一切问题的先决问题"。而要统一人心，舍废除党治，结束训政别无他法。因为，人心的不统一是国民党的训政造成的：训政不仅把一国人民分为统治与被统治，"施训"和"被训"两个阶级，而且也使政府与人民脱离了关系，政府是国民党的政府，不是人民的政府，人民被剥夺了参政权，他们对政府有一种冷淡和隔膜的心理。加上这几年的训政功少罪多，人民对训政产生了一种疲倦和厌恶的心理。在上述冷淡和隔膜的心理与疲倦和厌恶的心理的作用下，全国人心又怎能统一？胡适也认为，中国目前最主要的问题，是如何收拾全国人心，而收拾全国人心的方法，"除了一致御侮之外，莫如废除党治，公开政权，实行宪政"，把政权还给人民。②

在王造时看来，结束训政，实行宪政的最大好处，是可以避免武力革命，维护社会的安定。他在《我为什么主张实行宪政》一文中指出：大凡实行寡头专制政体的国家，则很容易发生革命。因为所谓寡头政体，不管它表面上采用什么样的统治形式，其实质不外是少数人依赖其武力包办全国的政权，使大多数人民没有参政的机会。由于寡头政体完全是以强权为基础的，谁有势力谁就可以发号施令，而希望发号施令又是人的本性，所以寡头政体之下不断发

① 张君劢：《国家民主政治与国家社会主义》，《再生》第1卷第2期，1932年6月20日。

② 胡适：《政制改革的大路》，《独立评论》第163号，1935年8月11日。

生内讧，引起革命。国民党的所谓"训政"就是这样一种寡头政体，与其他寡头政体一样，它也面临着发生革命的现实危险性，而在今日强寇已经入室，人民无以聊生的时候，理性告诉我们，革命是万万不能发生的，但要避免发生革命，维护社会的安定，就必须结束训政，开始宪政。否之，想用其他办法来避免革命，都是缘木求鱼。天津《益世报》的一篇名为《果不肯取消党治》的文章也认为，如果国民党不结束训政，取消党治，还政于民，那么，其结果只能"第一，为共产党造机会"；"第二，为内战造机会"；"第三，为一班民众造革命的机会"。①

对于国民党以及一些国民党的御用文人和少数看好蒋介石的知识分子以条件不具备为理由而反对立即结束训政，实行宪政，他们提出了反驳和批评。他们首先指出并非只有待地方自治完成和人民有能力直接行使四权之后才能开始宪政，实际上地方自治和直接民权之间并没有直接的因果关系。张君劢在《国民党党政之新歧路》一文中就这一问题作了详细的辨析。他承认地方自治的办理完善于人民之政治能力的提高大有裨益，但他同时指出，"若以地方自治为因，以中央宪政为果，若自治完成乃可语夫宪政者，则直以不相容之二物而视之为一种因果关系矣"。因为中央宪政之行施，在于有国会，在于国会有通过预算监督政府之权，而地方自治完成与否与国会的设立并无必然联系。且以世界上最早实行宪政的英国为例，中世纪英国就设立了国会，1832年进行了国会选举改革，但1835年才颁布市政条例，1836年才设立人口登记官，1851年地方教育才归政府监督（以前由教育监督）。可见，"地方自治之完善与国会设立之为绝然二事"。张氏认为，中国当前问题的关键，是如何使军权隶属于民治之下，如果这点做不到的话，"不独中央宪政为空谭（谈），即地方自治亦为具文，故以地方自治不备为延宕宪政之口实者，不啻与军人同恶相济而已"。至于说人民有能力直

---

① 转自《国闻周报》第10卷第13期"评论选辑"，1933年4月3日。

接行使所谓"四权"之后才能开始宪政，这在张君劢看来，就更荒谬不通了。首先就直接选举官员和直接罢免官员两权而言，如果说直接选举和罢免的官员指的是一县一乡之一切大小官员的话，那么，一县一乡之民则不胜其选举之繁；如果说所选举者只是一乡的县长，那么，县长之职掌不仅为地方自治行政，且负有行政之责，此种官员之进退，能否可以随便委之于民，这是一个值得研究的问题；如果说所选举者指的仅是一县一乡之议员，那么，此乃万国自然制度中当然应有之权利，不必标新立异，名之为直接选举与罢免权，并以此来反对马上实行宪政。其次就创制权和复决权来看，就是西欧宪政十分发达的国家也从未闻以此之权为地方人民必应行使之权利，"法英德市民之所不能行者，而必欲强四千年专制下之中国人民行之"，谓有待人民有能力直接行使创制、复决等四权之后，才能开始宪政，不过是国民党故意延缓宪政的一种借口罢了。①

张佛泉同样重点分析了四权与宪政的关系。他指出，孙中山所讲的四权，不过是他的一种远大理想，如果我们将孙中山的理想误当为现实，非要待人民有能力行使四权之后而开始宪政，那么，所谓"宪政"，"便不啻画饼充饥了"。因为四权之中的复决权、创制权和罢免权，就是在欧美各国也未能普遍运用，况且直接民权的使用也不见得就没有弊病。以创制权为例，征税是一个十分重要的问题，但是这个问题取决于民众的代表可，直接取决于民众则不可，因为人民必无自愿增税之理由。除此，遇到紧急情况、秘密案件时，也不容直接取决于人民。由此可见，把直接民权视为民治的最高理想，这本身就是一个值得商讨的问题。② 实际上，宪政不是悬于生活之外的一种理想化的公式，而是一种生活过程。既然宪政是

---

① 张君劢：《国民党党政之新歧路》，《再生》第 1 卷第 2 期，1932 年 6 月 20 日。

② 张佛泉：《几点批评与建议——再谈政治改造问题》，《国闻周报》第 12 卷第 38 期，1934 年 9 月 30 日。

一种生活过程，因此，我们应设法在可能的范围内能实行一分民治便实行一分民治，能实行两分民治便实行两分民治。据此，张佛泉宣称，"任何训政之说，都受不了我们这论证的批评。依我们的说法，宪政随时随处都可以起始"。开始的时候规模不妨小些，范围也不妨狭些，但只要做到"有了一点宪政力量，便容它发挥出来"，就算奠定了民治的基础。①

　　张佛泉的上述见解得到了胡适的赞同和补充。就在发表张文的那期《独立评论》上，刊登有胡适的《再谈谈宪政》一文。在此文中，胡适开章明义就指出：张佛泉反对把宪政看成是一种悬于人民生活之外的、高不可攀的理想，而认为宪政只是一种生活过程，因此"随时随处都可以开始"的观点，打破了向来学者把宪政看得太高的错误见解，具有非常重要的意义。② 不久，胡适又在《我们能行的宪政与宪法》一文中，进一步补充和发挥了张佛泉的观点。他指出，第一，所谓宪政不过是建立一种规则来做政府与人民政治活动的范围，在规定的范围内，凡有能力的国民都可参与政治，他们的意见都有正当的表现机会，并且有正当方式可以保证其意见发生政治效力，就如同下象棋的人必须遵守象棋的规则，打麻将的人必须遵守麻将的规则，参加田径赛的人必须遵守田径赛的规则一样，这种有共同遵守的规则的政治生活，其中也没有什么太玄妙的地方，我们既然能遵守下象棋、打麻将、参加田径赛的规则，也就能学会民主宪政的生活习惯；第二，宪政既然是一种政治生活习惯，那么，唯一的学习方法就是实地参加这种生活。犹如学游泳的人必须下水，学网球的人必须上场，宪政的学习方法就是实行宪政，民治的训练就是实行民治，"宪政是宪政的最好训练"。但是，"千里之行，始于足下"，这个"下学而上达"的程序是不能免的，

---

① 张佛泉：《我们究竟要甚么样的宪法?》，《独立评论》第 236 号，1937 年 5 月 30 日。

② 胡适：《再谈谈宪政》，《独立评论》第 236 号，1937 年 5 月 30 日。

换言之，宪政"必须从幼稚园下手，逐渐升学上去"。①

君衡也十分赞成张佛泉的观点，并且指出，"张先生说我们不能在达不到完美宪政理想的时候，'先过几天黑暗的政治生活'，真是十分明快透辟之言，大学'未有学养子而后嫁者也'一句话，也可以做一切'训政'论的答复"。他认为，国民党以及一些国民党的御用文人和少数看好蒋介石的知识分子的错误主要表现在两个方面，一是以为宪政是高程度的政治，低程度的人民不能尝试；二是把预备宪政和实行宪政打成两橛，以为先必有训政，然后始有宪政。张佛泉之所以正确，就在于他"主张宪政可以让低程度的人民去行，并不需要经过训政的形式"。在充分肯定张佛泉的观点和主张的前提下，他也对张的观点和主张提出了三条补充意见：其一，宪政随时可以开始，但比较完善的宪政需要经过相当时日的推广与进步；其二，由低度宪政到高度宪政实行的过程，在实质上包含一个学习的（也可以说是教育的）过程，而且学习的过程和实行的过程融为一片，没有先后之分；其三，宪政是过程，也是目标，由幼稚园的宪政"逐渐升学上去"是过程，大学的（或研究院的）宪政是目标，"从少数有政治能力的人做起"是过程，养成少数人的"民治气质"以达到"全民"普选是目标。②

张君劢也表达了与张佛泉、胡适、君衡等人的意见相类似的看法。他指出，宪政的关键在于人民自己组织政府，自己选举国会代表，自己发负责的言论，然后上自中央下至地方之行政，举而措之，而要做到这一点，就必须给人民以实际参与政治的练习机会。因为"宪政之习惯养成在乎实地练习"，只有组织内阁，然后人民才知和舟共济的必要；只有给予决定政策的权力，然后人民才知言论的责任；只有设立国会，然后人民才知发言盈庭的不可。否之，若像国民党以及一些国民党的御用文人和少数看好蒋介石的知识分

---

① 胡适：《我们能行的宪政与宪法》，《独立评论》第242号，1937年7月11日。

② 君衡：《宪政的条件》，《独立评论》第238号，1937年6月13日。

子所主张的那样，"而谓人民政治能力有增进之一日，窃未之见矣"。[①]

他们还批驳了汪精卫及一些国民党御用文人举 1923 年前因条件不具备而宪政成绩不佳为例证，反对马上开始宪政的观点。他们指出，由于袁世凯、段祺瑞、曹锟之流以及其他大小军阀、反动政客的反对和破坏，宪政并没有在中国真正实行过，如果实行了，也就不会有袁世凯的帝制自为，国会的被解散，军阀的相互火拼，以及孙中山在广东做非常大总统了。因此，1923 年前宪政成绩不佳的责任不在宪政本身，而在那些破坏和反对宪政的大小军阀、反动政客身上。由此不仅不能得出宪政不能马上开始的结论，相反它证明了立即开始宪政的必要性和紧迫性。[②] 有的人还进一步指出：1923 年前的宪政虽然成绩不佳，但比之于国民党的训政成绩，则"犹觉天堂乐园，非现在所能望其项背也"。例如：十二年以前之税捐，其额不及现制之半；当时所取诸民者，试问有如今日人苛重乎；十二年以前的军阀，虽有内争，然战期较短，且二三年始一见，而不象今日国民党的党内同志，同室操戈，年年相斫；民十二年前的战乱仅限于都市附近，村落小民，尚得宁居，不象今日之萑苻遍地，农村破产，国民须仰仓于外粮；民十二年前的巧宦兼差，仅限于同地的职务，不象今日一般达官，一身而兼中央及若干省份的差缺；民十二年前的军阀虽专横跋扈，然将军之外，尚有巡按使，督军之外，尚有省长，文官还分掌有部分权力，不象今日以军人兼省政府主席，政治全由武人把持垄断；民十二年前的全国兵力，未及百万，不象今日的兵额逾二百万以上，国民之脂膏，全供军阀之脱削。既然成绩不佳的宪政都比之训政成绩好得多，那么，汪精卫及一些国民党的御用文人又有什么理由反对立即结束训政，

---

① 张君劢：《国家民主政治与国家社会主义》，《再生》第 1 卷第 2 期，1932 年 6 月 20 日。

② 王造时：《对于训政与宪政的意见》，《再生》第 1 卷第 2 期，1932 年 6 月 20 日。

开始成绩佳的宪政呢?①

他们不仅认为能够马上开始宪政,而且还讨论了如何开始宪政的方法问题。胡适主张先从有限的选举权下手,从受过小学教育一年以上的公民下手,随着教育的普及再逐渐做到政权的普及。他并强调指出:这不是用教育来剥夺多数人的选举权,而是用选举权来鼓励人民读书识字。他也不赞成立即就实行创使、复决、罢免之权,因为这些民治新方式都是在久行民主宪政的国家用来补充代议制之不足的,"我们此时应该从一种易知易行的代议制下手,不必高谈一些不易实行的'直接民治'的理想"。②

和胡适一样,张佛泉也不赞成在宪政开始之时就实行普选,因为在张氏看来,选举既是一种政治权力,也是一种政治负担,只有在证明某人有相当政治能力时,才能将这种政治能力的负担压在他身上,否则,不是官方把持选举,就是土豪劣绅包办一切。而证明某人有无相当的政治能力的计量器,只能是教育程度。他认为,虽然"这不是最理想的办法,但大体上是可能范围内最好的办法"。并且深信,"中国几十年来的新教育,已经为我们贮存了很大的一份新政治力量,如能尽量容这力量发挥出来,便很可以打破现有政治的局势,很可以奠定下(宪政)'制度'的基础"。与此相一致,张佛泉主张自治应由城市起始,渐而推之于地方,而不赞同国民党的自治由地方下手的做法,因为,"受过比较完全的新式教育的人多半在都市,都市吸收西方文化最早,这里自然应是新政治的发起点"。③

罗隆基则认为,开始宪政须从以下五个方面的改革入手:第一,消除今日的在上者可以用命令代替法律管束别人,而自己却不

---

①　吴贯因:《民国成立二十二年尚在讨论中之宪法》,《再生》第 1 卷第 11 期,1933 年 3 月 20 日。

②　胡适:《我们能行的宪政与宪法》,《独立评论》第 242 号,1937 年 7 月 11 日。

③　张佛泉:《我们究竟要甚么样的宪法?》,《独立评论》第 236 号,1937 年 5 月 13 日。

受法律的管束的现象，使全国人民中没有任何人或任何一部分人能站在超越法律的地位，这是宪政能否实现的先决问题；第二，废止诸如有关党部人员可作审判反革命的陪审员、党部服务人员可以算作公务人员选官升级的资格的法律规定，使全国人民（无论是不是国民党党员）在法律上一律平等；第三，取消诸如政府供给国民党党费和以党义作文官考试的科目等对国民党的政治优待，使全国人民有参加统治的平等机会；第四，取消诸如宪稿第一条"中华民国为三民主义共和国"的条文规定，使全国人民能享有身体、思想、言论、信仰、集会、结社等各种自由权利；第五，改变诸如现役军人兼做中央领袖和地方长官，垄断政权的状况，变武力的政治为和平的政治。①

他们还针对国民党所提出的"党外无党"理论，要求开放党禁。所谓开放党禁，也就是除国民党外，还允许其他政党合法存在。《大公报》曾连续发表《论开放党禁》和《再论开放党禁》的"社评"，要求国民党开放党禁，认为宪政所以为人们拥护，原因就在于它"许各政党之存在，并许其为政治上之自由活动"。②当然，由于其身份和认识上的差异，他们的要求也有所不同。如胡适虽然主张开放党禁，但是对于政党政治他并不赞成，也不相信"民主政治必须经过政党政治的一个阶段"，"尤不赞成'党权高于一切'的奇谈"，并且表示，"如果此时可以自由组党，我也不会加入任何党去的"。胡适之所以主张开放党禁，既不是为了自己组党，也不是视此为实行宪政的应有之义，而是因为他"总觉得，为公道计，为收拾全国人心计，国民党应该公开政权，容许全国人民自由组织政治团体"。当然，开放党禁，容许全国人民自由组织政治团体，这并不意味着要"国民党交出政权，让其他政党来干"，相反，胡适认为，党禁开放之后，国民党可以也应该继续执

---

① 罗隆基：《我们要什么样的宪政？》，《自由评论》第 1 期，1935 年 11 月 22 日。
② 《论开放党禁》，《大公报》（天津版）1932 年 3 月 24 日"社评"。

掌政权，只是统治形式有所改变而已。在《政制改革的大路》一文中他强调指出："抛弃党治，公开政权，这不是说国民党立即下野。我的意思是说，国民党将来的政权应该建立在一个新的又更巩固的基础之上。那个新基础就是用宪法做基础，在宪政之下，接受人民的命令，执掌政权。"①《大公报》主张与胡适相似，认为开放党禁，"其意义只为承认国民党以外之可以有党，只为承认各党之公开存在，不发生政权问题，与现在训政制度之基础，亦不生影响。易言之，不过公开若干在野党，听其在不破坏公安秩序之范围以内，发抒政见而已"。②

和胡适、《大公报》不同，张佛泉、张东荪则认为，开放党禁后，国民党只能作为一般性政党而存。张佛泉在《建国与政制问题》一文中分析了现阶段国民党的"训政"与孙中山在理论上所计划的"训政"之间的异同，他认为，现阶段国民党的"训政"与孙中山在理论上所计划的"训政"一个最大的区别就在于：孙中山的训政论虽然没有极详细地说明，但我们可以推定，他绝没有不容许国民党之外的其他政党之存在与滋生，因为民治的基本条件，便须有一个以上的政党，互相角逐，互相砥砺。只有在国民党之外也有其他政党的存在，并经国民党的扶植而得到发展，然后由一个以上的政党互以政纲求决于民众，政党再互相竞选，这样才能够引起民众对政治的兴趣和关心，从而使他们获得越来越多的政党常识，和促使民众政治组织的发展时，才可以达到宪政时期。而现阶段国民党的"训政"，最基本的口号便是"党权高于一切"，"党外无党"，所以凡与国民党政见不同的政治组织，国民党都是凭借自己独擅政权的势力加以排斥打击，不容许其他政党也合法存在。张佛泉指出，如果国民党以一党专政为自己政治的最高理想，那么，这种"党外无党"的专政策略当然可以继续下去，相反，假

---

① 胡适：《政治改革的大路》，《独立评论》第 163 号，1935 年 8 月 11 日。
② 《目前政治上之亟务》，《大公报》（天津版）1932 年 4 月 3 日。

如要想遵循孙中山的遗教，以实现宪政为训政之最终目的的话，那么，就应该放弃这种"党外无党"的专政策略，允许其他政党也合法存在。否之，"则如非英雄欺人，便成缘木求鱼了"。① 不久，张佛泉在《政治改造的途径》中又对国民党的"党外无党"的专政策略提出了批评，他写道：根据孙中山和国民党的训政理论，训政不是目的，是实现宪政的一种途径，而要实现宪政就离不开人民的自由权与自治能力，为了培养人民的自由权和自治能力与习惯，"国民党即使不直接鼓励其他政党……亦不应在这时还高悬党外无党的旗号，不容任何异己的政党产生。一面以宪政为理想，希望人民懂得自治，能运用四权，同时却不许有政治活动，不许有政治组织，我实不明白这样如何能自圆其说"。故此，他要求国民党改变"党外无党"的策略，开放党禁，"凡有政治纲领，党员超过指定额数，并不拟以武力夺取政权的政党，政府全应正式承认"。②1935 年 11 月，张东荪在《自由评论》上发表《结束训政与开放党禁》一文，认为在普通的含义上来看，可以说结束训政即是取消党治。而所谓取消党治就是取消一党专政。取消一党专政就是同时开放党禁，允许其他政党合法存在。他特别强调，结束训政，开放党禁必须包括下列意义，一，由国库支给国民党党费应该停止；二，在法律上国民党有指导人民运动的特权应该取消。也就是，国民党只能作为一个普通政党而存在。③

这里尤需指出的是，有的人在讨论开放党禁的问题时，不仅主张开放党禁，而且认为开放党禁应包括共产党在内。如《大公报》的一篇"社评"指出：既然实行宪政，允许"各政党之存在，并许其为政治上之自由活动，诚如是，则共党本应在内。易言之，苟

---

① 张佛泉：《建国与政制问题》，《国闻周报》第 11 卷第 26 期，1934 年 7 月 2 日。

② 张佛泉：《政治改造的途径》，《国闻周报》第 12 卷第 34 期，1934 年 9 月 2 日。

③ 张东荪：《结束训政与开放党禁》，《自由评论》第 1 期，1935 年 11 月 22 日。

其不暴动及割据土地，应亦在开放党禁之列是也"①。

九一八事变后，尽管广大知识分子出于救亡图存的需要，呼吁国民党早日结束训政，还政于民，以便团结全国人民共同御侮，但国民党仍顽固坚持其一党专政的立场，坚持如期才能结束训政。所谓"如期"，指的是 1935 年。可是直到抗战爆发，国民党都没有履行其"如期"的诺言。就此而言，九一八事变后广大知识分子结束训政的呼声并没有取得任何实际的政治结果，但他们对国民党训政理论及实践的批判，尤其是对于如何开始宪政的论证和设想，剥夺了国民党一党专政的理论合法性，具有十分重要的思想意义。

三　"五五宪草"及其他

1936 年 5 月 5 日，国民政府公布《中华民国宪法草案》，简称"五五宪草"。不久，又公布了《国民大会组织法》及《国民大会代表选举法》。"五五宪草"和《国民大会组织法》、《国民大会代表选举法》公布后，引起社会舆论的广泛批评。这些批评是九一八事变后民主宪政运动的继续和发展。

（一）"五五宪草"的制定过程

如前所述，按照国民党自己许下的诺言，应于 1935 年召开国民大会，结束训政，开放宪政。1931 年九一八事变后，各界不满于国民党的对日妥协和专制独裁，纷纷要求国民党开放政权，还政于民，并迫使国民党于国难会议上通过了一个如期结束训政并在宪法未实行前组织中央民意机构国民代表会的决议。国难会议结束后的第三天，即 1932 年 4 月 25 日，立法院院长孙科发表了"抗日救国纲领"，主张"促进宪政，建立真正民主政治"。随后，他又向

---

① 《论开放党禁》，《大公报》（天津版）1932 年 3 月 24 日"社评"。

报界发表谈话，提出从速立宪，并主张立即由立法院起草宪法。他认为只有颁布宪法，结束训政，国民党才能受到全国人民的衷心拥戴，国民党政权也才能够真正巩固起来。同年 12 月，国民党四届三中全会在南京召开，会上通过了孙科等二十七人所提《集中国力挽救危亡案》，其中关于宪政的筹备，有下列三项决议：其一，为集中民族力量，彻底抵抗外患，挽救危亡，应于最近期间，积极遵行《建国大纲》所规定之地方自治工作，以继续宪政开始之筹备；其二，拟定 1935 年 3 月召开国民大会，议决宪法，并决定宪法颁布日期；其三，立法院应从速起草宪法草案，并发表之，以备国民的研讨。此为立法院起草宪法草案之由来。上述决议的通过，表明一直紧紧抱住训政体制不放的蒋介石，面对内外压力其态度不得不有所松动。

孙科自 1932 年 1 月 28 日辞去行政院院长职务，当天又被国民党中政会选任为立法院院长起，就因和蒋介石、汪精卫的矛盾，一直拒不就任，院务由副院长覃振代理。但在国民党四中全会通过了他的提案后，他即抵南京视事，并遵照国民党四届三中全会的决议组成了宪法起草委员会。委员会由 40 人组成，孙科自任委员长，副委员长由吴经熊、张知本担任，并聘戴传贤、伍朝枢、覃振和王世杰等为顾问。宪法草案的起草程序是：第一步，研究并提出 25 条原则，作为宪草起草的指导思想；第二步，由吴经熊草拟宪法草案初稿，于 1933 年 6 月以他个人名义在报上公开发表，供国人批评；第三步，在孙科的主持下，参照各方意见和张知本、陈长衡、陈肇英草拟的初稿，对吴经熊的宪法草案初稿进行修改，最后拟成《中华民国宪法草案初稿草案》。初稿共十章 160 条。1934 年 3 月 1 日，立法院将初稿在报上公布。至此，宪法草案起草委员会遂告结束，草案进入立法院审查阶段。

立法院的审查过程是：第一步，由立法院院长孙科指派 36 人为宪法草案初稿审查委员会委员，傅秉常为召集人。第二步，根据审查委员会审查意见，由傅秉常、吴经熊、梁寒操等七人执笔，拟成《中华民国宪法草案初稿审查修正案》。修正案分为十二章188条，并于条文之首，增刊弁言。7月9日，报纸刊布《修正案》，征求各方面的意见。但社会舆论反应冷淡。胡适曾就个中原因作过分析。他指出："我们猜想，全国对于这回制宪工作的冷淡，其原因有偶然的，也有根本的。偶然的原因是在这国难严重的时期，大家的注意力都在中日的问题，所以制宪事业在一般人的心目中反成了一种不紧急的点缀了。除了偶然的原因之外，还有一个更根本的原因：这就是人民对于宪法的效能的根本怀疑。我们读了报上用五号或六号小字登载的宪法草案委员会的新闻，或读了他们征求意见的广告，总不免微微苦笑，自己问道：'有了新宪法，能执行吗？这还不是和民国元年临时约法以来的许多种宪法同样的添一大堆废纸吗？现今不是已有了一部《训政时期约法》吗？有了和没有，有什么不同呢？那一部八十九条的约法，究竟行了几条没有呢？'"① 第三步，从1934年9月27日至10月16日，立法院先后开会7次，审议宪法草案修正稿，最后将草案重加修正、三读通过，同年11月，将草案呈报南京国民政府转送国民党中央政治会议审查。

国民党中央对宪法草案的审查过程非常漫长。自1934年12月召开的国民党四届五中全会决议对宪法草案交付审查，至翌年10月国民党中常会才将草案初步审查完竣，并提出了五项修改原则，交立法院重加修改，这五项基本原则是：

一、为尊重革命之历史基础，应以三民主义，建国大纲、及训政时期约法之精神，为宪法草案之所本。

二、政府的组织，应斟酌实际政治经验，以造成运用灵敏能集中国力之制度，行政权行使之限制，不宜有刚性之规定。

三、中央政府及地方制度，在宪法草案内应于职权上为大

① 胡适：《制宪不如守法》，《独立评论》第50号，1933年5月14日。

体规定，其组织以法律定之。

四、宪法草案中有必须规定之条文，而事实有不能即时施行、或不能同时施行于全国者，其实施程序，应以法律定。

五、宪法条款不宜繁多，文字务求简明。

立法院在接到此五项原则后，即指派傅秉常等七人为审查委员，就草案逐条修正（如删去原案中"军人非解职后不得当选总统"一条，原案中司法院和考试院院长"由总统提经立法院任命"，改为"由总统任命"），拟成修正案，并经立法院三读通过后，再次呈送国民党中央审查。1935 年 11 月召开的国民党四届六中全会经讨论，决定将草稿送国民党"五大"审查，由五届中央执行委员会"为较长时之精密讨论后，提请国民大会议决颁布之"。国民党"五大"决议接受草案，但应由中央执行委员会依据大会通过的各宪草提案重加修改。随后召开的国民党五届一中全会决议成立 19 人组成的宪法草案审议委员会，以叶楚伧、李文范为召集人。宪法草案审议委员会成立后，在分别征询国民党各"领袖"意见的基础上，将国民党五大发交的各宪草提案归纳为审议意见 23 项，其核心是进一步扩大总统职权，总统统率海陆空军的权力不仅不受法律的限制，而且必要时可发布紧急命令及执行紧急处分，有权召集五院院长会议，解决关于两院以上事项及总统交议事项，在过渡期间有任命半数立法委员和半数监察委员权，等等。1936 年 4 月 23 日国民党中常会通过了这 23 项审议意见，决议发交立法院依据这 23 项审议意见对草案再作修改。1936 年 5 月 1 日立法院再次三读通过了经第三次修改后的宪法草案。同年 5 月 5 日，宪法草案由国民政府正式公布，习称"五五宪草"。至此，宪法的制定工作暂告完成。

"五五宪草"从开始制定到最后完成前后经历三年半之久。如此漫长的过程说明国民党蒋介石缺乏结束训政、还政于民的诚意，他们害怕立宪削弱自己的统治地位，因此，他们要对宪草条文进行反复琢磨修改，以便最大限度地维持一党专政和个人独裁的局面不变，同时借此推延立宪日期。本来国民党四届三中全会决议于1935年3月召开国民大会，议决宪法，但至1936年的5月1日宪草才最终制定立毕。因此，国民党五届一中全会将国民大会召开的日期推迟到1936年11月12日。国民党蒋介石的所作所为，与清末清政府对立宪的拖延如出一辙。

（二）对五五宪草的批评

中华民国宪法草案公布后，颇受舆论的批评。这些批评主要集中在以下几个方面。

（一）对"三民主义共和国"之国体规定的批评。无论初稿、修正稿，或公布的正式宪草，其第一条都有"中华民国为三民主义共和国"的规定。尽管自初稿发表以后，此条规定就不断受到舆论的批评，但国民党方面仍坚持此条不变，因为在他们看来，第一，"民国为革命之产物，宪法又为保障革命基础之具：以三民主义名国，正所以示革命之义，而正立国之源"；[1] 第二，中国自有立国之特性，宪法上倘不以三民主义冠国体，而仅言"共和国"或"民主国"，就不能"显示吾国立国之特性"，只有"共和国"上冠以"三民主义"，世人才知中国是民族、民权、民生三合为一的共和国；[2] 第三，三民主义既不同于过激的共产主义和法西斯主义，也不同于落后的英美资本主义，而介于二者之间，这符合中庸之道，中庸之道是我们民族的特性。[3] 总之，国民党认为，"三民主义，如日经天，家喻户晓，于国于民，究何所不利，而乃必讳言

---

① 孙科：《中国宪法的几个问题》，《东方杂志》第31卷第21号，1934年11月1日。

② 孙科：《中国宪法的几个问题》，《东方杂志》第31卷第21号，1934年11月1日。

③ 吴经熊：《中华民国宪法草案的特色》，《东方杂志》第33卷第13号，1936年7月1日。

之于宪法中耶？"①

　　实际上，国民党之所以要坚持在宪草第一条中规定中华民国"为三民主义共和国"，其目的是为了维持自己的一党专制。具有国民党党员身份的萨孟武在《中华民国宪法草案之物质》一文中就毫不讳言地指出，"五五宪草"的特质之一是"一党专政"。因为，宪草第一条开宗明义就规定"中华民国为三民主义共和国"，把主义写进宪法这不是中国人的发明，而是苏联人的首创。1922年的苏联宪法就将其国体定为苏维埃社会主义联邦共和国，结果在苏联，因为国体为社会主义共和国，所以凡反对社会主义的政党概不许存在。"同样，《宪法草案》既把中华民国的国体规定为三民主义共和国，那末，凡积极的主张别个主义或消极的反对三民主义的政党，当然都可以视为违宪的政党，而不许其存在了。"据此，萨孟武认为，"在宪政开始之时，中国仍只有一个党，即只有中国国民党"。②

　　也许正是这个原因，"中华民国为三民主义共和国"的条文规定，颇受人们的批评。概括起来，人们批评的理由有以下几点。

　　第一，主义是有时间性的，而宪法虽然未必是"行之百世而不悖"的东西，但它毕竟是国家的根本大法，有相当的永久性，宪法所规定的国体，更不能轻易更改。所以，"以具有严切底时间条件的政治主义，附在国家根本大法的宪法之中，这种立法政策，是很可怀疑的"。③ 宪法固然应该显示立国特性，但立国特性并不是国中一部分人主观认定的特性，"用三民主义为立国特性，这是国民党人认定的立国特性，未必真是全体中国人立国的特性。用国

---

　　① 孙科：《中国宪法的几个问题》，《东方杂志》第 31 卷第 21 号，1934 年 11 月 1 日。

　　② 萨孟武：《中华民国宪法草案的特质》，《东方杂志》第 33 卷第 12 号，1936 年 6 月 16 日。

　　③ 林纪东：《关于"三民主义共和国"》，《独立评论》第 47 号，1933 年 4 月 23 日。

中一部分人信仰的主义，以显示立国特性，徒引起纠纷而已"。①

第二，三民主义是国民党一党的党义，国民党虽有信仰奉行的义务，国民党以外的国民并没有信仰奉行的义务。先草第二条规定"具有中华民国之国籍者为中华民国人民"。中华民国人民不一定非信仰三民主义，而宪法则是每一个国民无论他政治信仰如何都必须遵守的。更何况真正的宪政是多党政治，既然是多党政治，每一个党都有自己信仰的主义，有自己奉行的政策，如果以国民党的党义列入宪法，强迫国人共同信奉，从而使他人无组党之余地，"这仍是一党专政的局面"，结果不仅会引起国人的"反感"，而且与宪政的本质是相互冲突的，只能"证明国民党毫无还政于民的诚意"。②

第三，宪法草案设有人民权利章，其中规定人民有思想、言论、集会、结社、信仰等自由，但宪法草案第一条又规定"中华民国为三民主义共和国"，有了第一条的规定，其他有关人民权利的规定都成了一纸空文，因为以信仰奉行三民主义为前提的所谓思想、言论、集会、结社和信仰等自由，"纯属欺人之谈耳"。③

第四，三民主义解释分歧，就是国民党本身，对三民主义也没有统一的解释。孙中山本人虽对三民主义发挥甚详，但因时代环境的关系，内中矛盾之点也多。因此，如果把三民主义列入宪法，冠于国体之上，成为解释宪法的定本，那么，三民主义就可能随时发生不同的解释，政治上即可随时发生违宪问题。譬如，孙中山说过："民生主义就是共产主义"，这与国民党官方对民生主义的解释大异其趣，"那一种解释是合于宪法，那一种解释是违背宪法？"就很难回答。再如，"三民主义就是救国主义"，这也是孙中山本

---

① 尹思鲁：《"三民主义共和国"》，《自由评论》第 24 期，1936 年 5 月 16 日。

② 梁实秋：《宪法上的一个问题》，《自由评论》第 9 期，1936 年 1 月 17 日；王赣愚：《宪政与党治》，《益世报》1936 年 5 月 18 日。

③ 诸青来：《请看宪法草案第一条》，《再生》第 1 卷第 12 期，1933 年 4 月 20 日。

人的话。既然"三民主义就是救国主义"，那么这两个名词可以互用。倘若把宪法草案第一条"中华民国为三民主义共和国"，改为"中华民国为救国主义共和国"，这岂不成了天大的笑话。①

基于以上理由，批评者主张把第一条中"三民主义"四字删除。否则，他们警告当局说："一班人看到第一条，他们的反感是这样：这是一党制度的宪法，这是继续党治的宪法，人民有了这种成见，对国民大会，对总统选举、对实施宪政等等，当然是漠不关心，袖手旁观……人民有了这种消极的态度，五月五日所公布的宪草的前途命运，亦可想见了。"②

（二）对于宪草第二章"人民之权利义务"条文的批评。各国宪法关于人民权利自由之规定，主要有两种形式，一是采取直接保障主义，二是采取间接保障主义。前者由宪法规定各种自由权利的范围，宪法一旦实行，人民随即享有宪法规定的各种自由权利；后者则以普通法规定之，只有待有关法律颁布之后，人民才能享受所规定的自由权利，因此两者比较，直接保障主义比间接保障主义更有利于对人民各种自由权利的保障。且就各国的宪法来看，欧美等资本主义发达国家大多采用的是直接保障主义。然而，尽管国民党当局也知道，"为保障人民权利起见"，直接保障主义比间接保障主义"为佳"，③但宪法草案对人民各种自由权利的保障采取的都是间接保障主义，有关条文多有"非依法律不得限制之"的规定。立法院院长孙科曾对个中原因作过如下解释：

> 一曰法治国之通例，未有予人民以绝对之自由者；彼主张
> "人权"之说者，以为人民之自由，实与有生以俱来，则系十

---

① 尹思鲁：《"三民主义共和国"》，《自由评论》第 24 期，1936 年 5 月 16 日。
② 《宪草第一条》，《益世报》社论，1936 年 5 月 15 日。
③ 吴经熊：《中华民国宪法草案的特色》，《东方杂志》第 33 卷第 13 号，1936 年 7 月 1 日。

八世纪玄想之陈说，为当时市民阶级所持以抵抗强暴之具。近代社会组织，因产业革命而急变，昔之视自由为可贵者，今则视同劳苦民众之桎梏矣。主张"社会联立主义"之新说者，即释自由为发展个性以致力于社会之工具。此自由之新义，其应受合理的多方之限制，自无待言。总理亦尝谓"只有国家自由，更无个人自由"，其义正同。

二曰"法律"与行政命令不同，不容混为一谈。彼主张直接保障之说者，亦谓恶法将侵民权而无余，而等宪章于具文。不知过去民权之失保障，非法律之不良，行政机关实有以蹂躏之。且宪法颁行以后，法律由民意机关所决议，人民又得运用其创制与复决之权，即有恶法，又何患乎无制？至行政机关之不得擅行僭越，立法以病民，则又属正常之法治所应尔，无待深论已。

三曰直接保障之具体规定，挂一而漏万，有时竟陷于不可能。吾人讨论草案，于此亦屡经尝试，顾卒难称意。例如通信之自由，貌似殊少问题。有人即主张规定为："人民有通信秘密之自由，非因犯罪嫌疑，在侦查或处刑期中，不得侵犯"云云。惟学校当局之于学生，父母之于子女，往往有特需查阅其通信者，于此又将何说？诚以社会复杂万状，宪法上所应规定者，为自由保障之原则，其余则均待普通法为之补充，要非宪法条文所能巨细毕举故也。[1]

但是，批评者则不像孙科这样认为，他们指出，宪草第二章"人民之权利义务"规定的人民各项自由，"宪法列举，意重保障，此为各国之通则，今草案各条，均有非依法律不得停止或限制云云，是宪法所畀予之自由，皆得以普通法律剥夺之，宪法保

---

[1] 孙科：《中国宪法的几个问题》，《东方杂志》第31卷第21号，1934年11月1日。

障，不几等于虚伪乎"。①宪草第 25 条虽然规定"凡限制人民自由或权利之法律，以保障国家安全，避免紧急危难，维持社会秩序，增进公共利益所必要者为限"，然而，所谓"维持社会秩序，增进公共利益"是最无标准的，政府不仅完全可以借口维持社会秩序，增进公共利益而颁布新的限制、剥夺人民各项自由权利的法律，而且以前的一些限制、剥夺人民各项自由权利的法律，如《出版法》《危害民国紧急治罪法》也可以援宪草第 25 条的规定而继续存在。因此，"照现时宪草的规定，就是宪法公布之后，中国人的权利保障仍是一个零"。②譬如，宪法草案第 15 条虽然规定："人民有言论著作出版之自由"，但政府完全可以依据刑法第一百五十三条、第二百三十五条、第三百十条至三百十三条的规定，《危害民国紧急治罪法》之第二至第六条的规定，以及《出版法》将人民的言论、著作、出版的自由权利剥夺殆尽。实际上，批评者指出，宪草第二章人民之权利义务的条文，基本上是《中华民国训政时期约法》的抄写，个别条文甚至比训政约法的限制还严格一些。如宪草第 15 条"人民有信仰宗教之自由，非依法律不得限制之"，而训政约法则没有"非依法律不得限制之"的规定。

就历史经验来看，批评者指出，国民党正是利用训政约法有关"非依法律不得停止或限制"人民各项自由权利的规定，先颁布各种停止或限制人民各种自由权利的法律，而后又依法律限制或剥夺人民各种自由权利的。既然训政约法不能使人民的各种自由权利有任何保障，和训政约法类似甚至个别条文的限制还要严格一些的宪法草案难道就能保障人民的各种自由权利？据此，有的批评者写道，"过去的经验已够我们受了"，我们再不能放任当局利用宪草

---

① 王揖唐：《宪法草案之商榷》，《国闻周报》第 11 卷第 16 期，1934 年 4 月 23 日。

② 丘汉平：《对于宪法初稿的几个意见》，《东方杂志》第 30 卷第 14 号，1933 年 7 月 16 日。

的有关规定来"依法"限制和剥夺人民的各种自由权利了。①

　　为了保障人民的自由权利，批评者们要求对宪法草案第二章的有关条文加以修改，并提出了两种修改意见：一是采用直接保障主义，"在宪法中逐条明定可以干犯之具体事实"；二是将宪草第25条"凡限制人民自由或权利之法律，以保障国家安全，避免紧急危难，维持社会秩序，增进公共利益所必要者为限"中的"维持社会秩序，增进公共利益"两句话删去，"以免易为蹂躏自由者所藉（借）口"。② 当然，国民党当局是不会接受批评者上述之要求的。

　　（三）对第三章"国民大会"之条文的批评。"国民大会"是根据《建国大纲》第24条"宪法颁布之后，中央统治权则归于国民大会行使之，即国民大会对于中央政府官员有选举权，有罢免权，对于中央法律有创制权，复决权"的规定而设立的。按照国民党官方定的《中华民国宪法草案释义》的解释，国民大会与任何国家之代议机关不同，因为："（一）国民大会为'民权'之代行机关，而非'主权'之代行机关，故与英国之'巴力门'异。（二）国民大会只为'四权'之代行机关，而非'最高权力之机关'，故与俄国之'苏维埃大会'不同。（三）国民大会为政府机关以外之监政机关，而非政府之并立机关。故与美国之国会亦属相去甚远。（四）国民大会为五院政府责任所以出之机关，其自身则不掌有立法权，故又与法国之议会异其性质。总之，国民大会为代行政权之机关，且仅为代行政权之机关而已"。③

　　如果说宪法草案第一条和第二章"人民之权利义务"，无论是初稿，还是修正稿或最后公布之草案，都是如此规定的话，那么，关于国民大会，修正稿对初稿作了修正，正式宪草又对修正稿作了

---

　　① 丘汉平：《对于宪法初稿的几个意见》，《东方杂志》第30卷第14号，1933年7月16日。

　　② 涂允檀：《评宪草修正案》，《国闻周报》第11卷第36期，1934年9月10日。

　　③ 金鸣盛编著《中华民国宪法草案释义》，世界书局1936年版，第49页。

修正。初稿中的国民大会由每县市选出代表一人，及蒙古西藏代表，国外华侨代表组成，每三年开会一次，其会期以一个月为限。国民大会虽然具有①选举和罢免正副总统，立法院和监察院委员，司法院和考试院正副院长，罢免行政院长；②创制立法原则，复决法律，制定和修正宪法；③收受国民政府的报告和国民政府提交议决的事项权等职权，但其职权"于闭会之日终结"，闭会期间，设立国民委员会，置委员 31 人，委员虽由国民大会选举产生，但必须是四十五岁以上有特殊功德者才能担任，国民委员会不代行国民大会职权，只在平时接管大会秘书处，以及筹备下届大会，此外，得受理监察院对于立法委员、监察委员及各院院长、副院长的弹劾案和立法院对于行政院长的不信任案。

初稿公布后，有关国民大会的条文规定，颇受时论指责。胡适在《论宪法初稿》中认为，初稿中的国民大会人数多，会期短，三年才集中开会一次，而且闭会之日，职权就终结了，这些来自全国各县且平时素不相识、又无组织的一千几百名国民大会代表，"到了首都，真成了刘老老初入大观园！这一大群刘老老如何能负担那国民大会的极重大的职权呢？这岂不是在宪法里先就准备叫他们被少数伶俐的政客牵着鼻子跟人瞎跑吗？"据此，胡适建议，与其拘守《建国大纲》设立这样一个易为少数政客所操纵的国民大会，还不如叫各省人民选出他们本身的立法委员来组织一个代表全国的立法院。如果非要拘守《建国大纲》的规定不可，那就应该让代表每年在首都多待几个月，多得一点政治经验，多"参与中央政事"，假如担心各县代表每年来往奔波太困难，那就应该老老实实地承认这个"每县得选国民代表一人"的制度不能实行，而另谋别的制度。① 陈受康在《独立评论》上也表达了类似的意见。他指出，国民大会的职权看来似乎很大，但事实上，三年召集一次，每次一个月的规定，已使它成了一个纯粹的代选机关，每次召

---

① 胡适：《论宪法初稿》，《独立评论》第 96 号，1934 年 4 月 15 日。

集，除了选举一个新政府外，国民大会几乎没有别的事可办，也几乎没有办别的事的可能。而且一千多位素昧平生的代表在短短一个月里，选出三百五十六个性质不同的中央官吏、三十一个候选资格的国民委员来，这难免不被人利用，做人的傀儡。因此，陈受康主张，干脆将这样的国民大会取消，叫人民组织代选团，选出额定的立法委员组成立法院，使立法院成为政权和治权的沟通机关，也用同样的方法选举总统和监察委员。如果硬要保留国民大会以符合《建国大纲》，那就必须对宪法初稿的有关条文进行修改。一是改国民大会每三年召集一次为每年召集二次，每次会期由一个月延长为一个月以上。同时，将立法院拥有的立法、预算、决算、修约和宣战等权力收回交国民大会行使，立法院只是根据国民大会通过的有关议案具体起草有关法律的办事机关，总统和五院院长直接对国民大会负责。二是减少代表人数，提高代表质量，改按县市直接选举代表为先由"知识较高的法团代表"联席推选候选人，然后由全省人民从候选人中直接选举国民大会代表。如果硬要拘守《建国大纲》的规定，使各县市在国民大会中都有自己的代表，那就应该规定一个代表的数率，使人口众多的县市能按比率多选代表，而不是初稿规定的那样无论大小，每县市一人。①《大公报》在题为《读宪法草案初稿》的社评中，也对初稿有关国民大会的代表产生、职权以及国民委员会的组成提出了批评，主张取消国民委员会，改按行政区划为按人口比例选举国民大会代表。

也许是舆论批评的作用，修正稿对有关国民大会的条文作了如下一些修改：一是改国民代表完全按地域选举制为虽按地域选举，但以人口为比例，凡人口逾三十万者，每增加五十万人得增选代表一人；二是改国民大会每三年召集一次，每次一月，不得延长，为国民代表任期四年，每二年开会一次，每次一月，但必要时可延长

---

① 陈受康：《读宪法初稿》，《独立评论》第92号，1934年3月18日；陈受康：《宪法初稿的国民大会》，《独立评论》第99号，1934年5月6日。

一个月，经四分之一以上代表同意，国民大会得自行召集临时大会；三是明确规定国民大会有复决预算案、宣战案、媾和案、法律案、条约案、戒严案和大赦案等职权；四是扩大国民委员会的职权和人数，委员以省为单位、人口为比例由国民代表互送。

修正稿公布后，陈之迈发表了一篇题为《读宪法修正稿》的评论文章，他在肯定"修正稿对于原稿增益之处甚多，大部分都是一种进步"的同时，又对国民大会的召开日期提出了意见，他指出："国民大会每两年才开会一次，会期极为短促，将近二千人的大会又不是行使繁重职权的合宜机关，所以我以为不如令国民大会每四年开会一次，会期不妨较长，每次开会后即行改选。"他的理由是："（一）由国民大会所选举的政府官员的任期，修正稿均定为四年；（二）国民大会不开会时，它的职权可以由国民大会委员会代理；（三）遇到特别事件，可以召开临时国民大会；（四）四年改选一次的人民代表制机关时期不能算为太长；（五）我国幅员广阔，代表的旅行费用甚为浩大。"改二年开会一次为四年召集一次，可以"省去许多浪费"。①

与陈之迈意见相反，涂允檀则认为，修正案对国民大会会期的修改仍然嫌少、嫌短。因为在他看来，"以一国最高统治机关，负选官立法之重任，四年中只有少则两月多则四月之会期，而冀其能胜任愉快，不负人民期望，恐等于缘木而求鱼"。故此他主张："国民大会应改为每年开会一次，会期两个月，必要时得延长一月，庶易达提高政权，限制治权之目的"。除此，涂允檀还对修正稿有关国民代表的选举办法提出了批评。他指出，修正稿改初稿的完全按区域选举制为仍按区域选举而以人口为比例虽是一大进步，但是，"修正案未规定选出一名代表之最低人口额数。边徼荒凉县区，人口不过数千，选代表一人，而人烟稠密，人口达二十余万之县区，亦选代表一人，殊不公平，且有使乡村代表凌驾城市代表之

---

① 陈之迈：《读宪法修正稿》，《独立评论》第 112 号，1934 年 8 月 5 日。

可能，故条文应规定选出一名代表之最低人口额数，其不足此额的县区，则合并于邻近县区，组成一选举区。又修正案规定人口逾三十万者，每增加五十万人，增选代表一人，则逾三十万而不满五十万的县市，即不能增选，亦属不公"。故他建议，此规定应改为："人口满三十万之县市及其同等区域，选出代表一名，如逾此数，每增加三十万人，增选代表一人"。并认为"如此即可使人口与代表名额，有较公平之比例，又可减少代表总额，使国民大会不至成为人数太多不便议事之机关"。①

1936 年 5 月 5 日公布的正式宪草，没有采纳涂允檀的建议，仍然规定每县市选国民代表一人，但其人口逾三十万者，每增加五十万人，增选代表一人，并恢复了初稿有关国民大会每三年召集一次的规定，取消了修正稿"经四分之一以上代表同意，得自行召集临时国民大会"的条文。与初稿、修正稿比较，正式宪草的国民大会的职权也有所减轻，特别是取消了初稿和修正稿都有的"国民大会委员会"，据说是担心这个机关变成太上政府，使政府不能有权，人民不能有权，或者说国民大会即为人民之代表，而国民大会委员会又为代表之代表，将会造成职责不清，政权治权两失其效的弊病。对此陈之迈批评道："修正稿规定有一个国民大会委员会，在国民大会不开会时代行其一部分的职权，并随时质询总统。现在宪草把这个机关完全取消，我以为狠不妥当。第一，我们的政权在国民大会闭会期间将无从行使，显然与民权主义不合。第二，人民失去了监督政府的机关，虽然现在立法院及监察院都有质询政府（总统除外）的权力，但那是治权机关质询治权机关，享有政权的国民代表却没有此权。监督政府是民治国家里狠重要的权力，修正稿的一个优点亦即在此。第三，立法院及监察院的质询权上限于各院各部会而不及总统，因此总统是绝不受监督的。"根据

① 涂允檀：《评宪草修正案》，《国闻周报》第 11 卷第 36 期，1934 年 9 月 10 日。

上述三点理由，陈之迈认为"宪草对于修正稿的修改是不对的"。①

（四）对于中央政制的批评。犹如国民大会，初稿、修正稿和正式宪草有关中央政制的条文，前后也有修正。初稿采取的是一种变相的内阁制，总统任期六年，由国民大会选举罢免。作为国家元首，总统虽有发布法律、法令的权力，但必须有有关主管院院长副署，并且不负最高行政责任，负最高行政责任的是行政院院长，他由总统提经国民大会或国民委员会任免之。监察院和立法院可以弹劾或对行政院院长提出不信任案，如经国民委员会同意行政院院长必须解职，而行政院院长则没有解散监察院和立法院的权力。

修正稿则改初稿的变相内阁制为变相总统制。总统任期四年，由国民大会选举，他既是国家元首，又是享有实权的行政首领，向国民大会负全部行政责任。总统之下的行政院虽仍称为"中央政府行使行政权的最高机关"，但行政院院长由总统任免，只对总统个人负责。显然这是一种总统制。但它又与纯粹的总统制不同，国民大会委员会不仅可以召集临时国民大会罢免总统，国民大会委员会自身也具有随时质询总统的权力。此外，也许可总统由行政院向立法院提出法律案。故此，陈之迈认为："修正稿中的行政体制，实并美国的总统制及英法的内阁制而有之。我们叫它做总统制固无不可，叫它做内阁制亦无不可。但它是两者的变相，是制宪者所独具匠心制成的。"②

1936年5月5日公布的宪草，根据国民党中常会议决的修订宪案的五项原则和国民党宪法草案审查委员会拟定的修订宪草的二十三项意见，又对修正稿作了一些重大修改：取消了有质询总统权力的国民大会委员会，扩大了总统任免官吏的职权与范围，不仅行政院院长、副院长、政务委员以及行政院内各部会部长、委员长由总统自由任免，司法及考试院院长由总统代国民大会择任，而且过

---

① 陈之迈：《评宪草》，《独立评论》第129号，1934年12月2日。
② 陈之迈：《读宪法修正稿》，《独立评论》第112号，1934年8月5日。

渡时期的立法委员和监察委员之半数也由总统根据各该院院长之提请而任命，特别是增加了"国家遇有紧急事变或国家经济上有重大变故须为急速处分时，总统得经行政会议之议决，发布紧急命令，为必要之处置。但应于发布命令后三个月内，提交立法院追认"的条文。经过如此修改，宪草中的中央政制不仅成了纯粹的总统制，甚而成了总统独裁制。《益世报》的一篇社论就批评了那种认为宪草是五权宪法而非一权宪法，非总统独裁制的观点。文章指出，根据"五五宪草"，总统不仅是行政首脑，他的权力远在立法、司法、考试、监察各院之上。总统向国民大会负责。立法院既不能弹劾总统，总统任免官吏也无须征求立法院的同意。立法院制裁总统的权力在什么地方？总统任命司法院正副院长，但总统被弹劾时，司法院没有审判权，司法院制裁总统的权力又在什么地方？监察院虽可弹劾总统，但弹劾权只限于向国民大会提出弹劾案，这个制裁权确实有限。考试院正副院长为总统任命，他们不能对总统进行考试，考试院制裁总统的权力又在什么地方？再加上第四十四条规定的紧急命令权，总统对一切事务都可以"为必要的处置"，总统权力当然高高在上，总统当然可以做独裁者。据此，这篇社论得出结论："五月五日的宪草是一权宪法，不是五权宪法。是行政领袖独裁的宪法，不是行政、立法、司法、监察、考试五权分立的宪法。"[1] 罗隆基在《宪法草案中的总统》一文中也认为："倘五月五日公布的宪草将来成为中国的正式宪法，倘将来中华民国的总统真能享受宪法中给与的一切职权，那么，中华民国的大总统，是世界上最有权力的一位大总统。不止如此，他是全世界法律上权力最大的政治元首。'他'名义是总统，实际是个独裁者。"[2] 就是对"五五宪草"持完全赞成态度的萨孟武也承认，"五五宪草"的特征之一是"总统独裁"。因为宪草虽然规定总统发布命令须有行政

---

① 《五权宪法？一权宪法？》，《益世报》1936年5月19日"社论"。

② 罗隆基：《宪法草案中的总统》，《自由评论》第24期，1936年5月16日。

院院长副署（第三十八条），但由于行政院院长、副院长及政务委员是由总统自由任免，概对总统负责（第五十六条及第五十九条），所以总统可以罢免不肯副署的院长，而任命肯副署的院长，使其副署自己发布的命令，行政权在名义上虽归属行政院（第五十五条），然而事实上则归总统所有。再如宪草规定立法院之立法委员半数由立法院院长提请总统任命之（第一百四十三条第一款），总统既然可任命半数立法委员，则总统提出的一切议案当然在立法院容易得到批准。总统既有总揽行政的权力，又有支配立法的权力，这种制度当然是总统独裁制。①

对于"五五宪草"所采用的中央政制，除萨孟武、楼桐孙等少数主张独裁制的人表示赞同外，多数宪草评论者都提出了批评。陈之迈指出："修正稿里所规定的中央体制是变相的总统制。宪草把质询总统的国民大会委员会取消，走近了美国式的纯粹总统制。增加行政机关的权力，是近代政制一个普遍趋势，也是现时宪法原理所极端赞成的。然而纯粹的总统制，有许多缺点，不特在学理上不妥当，在实行上至少也有减低行政效率的弊病，否则全部宪法将因之牺牲。我不主张采行内阁制，因为我觉得中国目前没有充分实行内阁制的条件，但我也不主张纯粹的总统制。"②罗隆基则着重批评了宪草第四十四条的规定。他指出，条文中"发布紧急命令，为必要之处置"这两句话很厉害，这等于说中国将来的总统可以用命令变更法律，甚至废除宪法全部一百六十八条的其余一百六十七条。条文中固然有两个限制：一是"紧急事变或国家经济上有重大变故"；二是"经行政会议的议决"，但这种限制等于没有限制。因为什么是"紧急事变"，什么是"经济上重大变故"的解释权在总统；至于"行政会议的议决"，更不是限

---

① 萨孟武：《中华民国宪法草案的特质》，《东方杂志》第 33 卷第 12 号，1936 年 6 月 16 日。

② 陈之迈：《评宪草》，《独立评论》第 129 号，1934 年 12 月 2 日。

制，行政院正副院长和政务委员向总统负责，由总统任免，他们对总统的紧急命令，当然不敢拒绝通过。有关"发布命令后三个月内提交立法院追认"的规定，更是一句空话。紧急命令既已公布三个月之久了，"必要之处置"已成事实，三个月后的追认又能起什么作用？实际上，罗隆基指出，宪法草案的第四十四条是给总统"一种绝无限制的紧急命令权"，乃至废止宪法权，以便于他的专制独裁。[①]

除上述这几个方面外，舆论还对"五五宪草"有关中央政府与地方政府的关系、地方政府的组成，以及经济、教育、宪法的实施和修正的规定，也提出了批评。由于篇幅的关系，在此就不一一作介绍了。

（三）对国民大会组织法和选举法的批评

1935 年 12 月，国民党五届一中全会除了决定于翌年 5 月 5 日正式公布《中华民国宪法草案》以外，还决定于翌年 11 月 12 日召开国民大会，以审议通过该宪草。为此，立法院根据《宪草》第三十五条："国民大会之组织、国民大会之选举、罢免及国民大会行使职权之程序，以法律定之"的规定，起草了《国民大会组织法》和《国民大会代表选举法》，并经国民党中常会审议通过后，于 1936 年 5 月 14 日公布。犹如《中华民国宪法草案》、《国民大会组织法》和《国民大会代表选举法》公布后，也受到了舆论的批评。

第一，对于国民大会代表之选举制的批评。《国民大会代表选举法》规定：国民大会代表的选举并用区域选举和职业选举这两种不同的选举制度。如果说舆论对于"最自然、最简单"也"最为民治国家普遍采用"的区域选举制没有提出什么异议的话，那么，对于战后在西欧个别国家才开始采用的职业选举制则提出了尖

---

① 罗隆基：《宪法草案中的总统》，《自由评论》第 24 期，1936 年 5 月 16 日。

锐的批评。费巩指出：职业选举制的基础是要有组织良好，且经常活动的各种职业团体的存在，但就今日中国的情形而言，职业团体寥寥可数，就是这几个寥寥可数的职业团体也大都集中于都市，各职业团体间缺乏必要的联系，更谈不上有广泛而严密的组织，因此，中国根本不具备职业选举制的条件，假如像《国民大会代表选举法》所规定的那样，除区域选举外，还用职业选举，结果"徒增选举之麻烦，而殊难得职业代表制之好处"。① 张佛泉也认为，中国工业化程度极低，实际上并不存在什么工团或社团这些职业团体组织，虽然各大城市也有工会和商会，但以一种利害为单位的横断全国的组织却极少，即使有，也无活动，并且许多社团的组织都是零星的、散碎的，所以中国还没有达到采用职业选举制的程度。实际上就职业选举制本身而言，张佛泉指出，也不见得它是一种更理想的选举制度，采用职业选举制的意大利、德国和苏俄，不仅都是一党专政的国家，而且都没有取得令人满意的成绩。② 天津《益世报》的一篇题为《评国民大会选举法》的"社论"除了指出中国因缺乏集会结社自由，"所谓职业团体除少数都市中有此项名称外，中国又何尝有真实的职业组织"，因而不具备实行职业选举制之条件外，还着重批评了《国民大会代表选举法》对于职业代表人数的分配。《国民大会代表选举法》规定，各职业团体共选举代表 380 名，其中农会 110 名，工会 108 名，商会 104 名，教育机关 18 名。该社论认为，《国民大会代表选举法》对于职业代表人数的上述分配，"太欠斟酌"。因为并不存在，就是存在也不真正代表农民组织的农会在职业代表中人数最多，达 110 名，而"真有知识参加政治，真有兴趣参加政治的教育界，全国为十八人，每省平均不得一人。中小学教师占教育界服务人员的大多数，在自由

---

① 费巩：《评国民大会之选举法》，《国闻周报》第 13 卷第 44 期，1936 年 11 月 9 日。

② 张佛泉：《关于国民大会》，《国闻周报》第 13 卷第 15 期，1936 年 4 月 20 日。

职业中却无选举权与被选举权。这种法律，倘非另有用意，即根本抹煞中国社会的现实情形"。该社论特别对《国民大会代表选举法》没有分配给学生团体国民大会代表的名额提出了批评，指出："学生组织固非职业团体，似不应特别给以参加国民大会权利。然在今日中国特殊环境下，让学生团体参加国民大会，实有利无弊。孙中山先生在世时，有过一篇《学生当赞成国民会议》的演说，里面有这样一段：'我们国民党提倡的国民大会，主张用全国有组织的团体做基础。什么是全国已经有了组织的团体呢，就是：（一）实业团体；（二）商会；（三）教育会；（四）大学；（五）各省学生联合会；（六）工会；（七）农会；……'现在中央一切举措都严遵遗教。学生团体参加国民大会，既为孙先生遗教之一，这种遗教，似亦不应违背。进一步说，让学生参加国民大会，或是应付学潮的最善方法。一班青年学生果有正轨可以发表他们的政治意见，对政府行为自易谅解，学潮亦自可平息。"① 张佛泉就《国民大会代表选举法》对于职业代表的分配也发表了与《益世报》的"社论"相同的观点，他指出："此次国民大会的选举法……有一个最大的缺欠。国民力量的分配便不均匀。譬如说加在农民身上的责任，若比起自由职业团体来便过重。无疑地，农民是占我们人口的大部，为实现他们的利益，他们便应得到多数代表。但是我们要明白参与政治，如同选举，不只是一种权利，同时还是一种义务。如果他们没有尽选举义务的能力，表面上所得的权利亦不会给他们甚么实际利益的。质言之，在农民政治能力尚未发展到担负某种义务时，而必勉强其担负，则结果必成被劫持之局面。去年我曾遇见一位与国民党有相当关系的人，他说代表大会的选举，是要采取职业制的，因为这样容易控制。依此次选举法的规定，恐怕果然有这种嫌疑。区域代表大多数将为农民代表，同时职业代表中农民代表又占去三分之一，是农民代表已可得大会代表之过半数。这

---

① 《益世报》1936 年 5 月 6 日 "社论"。

样，表面上似是很公平，但实际却未必如此。"①

第二，对选举人资格规定的批评。《国民大会代表选举法》第二条规定："中华民国人民，年满二十岁，经公民宣誓者，有选举国民大会代表之权。"而所谓"公民宣誓"的誓词是："×××正心诚意，当众宣誓，从此去旧更新，自立为国民，尽忠竭力，拥护中华民国，实行三民主义，采用五权宪法，务使政治修明，人民安乐，措国基于永固，维世界之和平，此誓！"对此，《益世报》的"社论"指出：本来，除极少数被剥夺了公民权的犯罪分子外，凡中华人民都是公民，也都享有公民所应享有的一切权利。然而，《国民大会代表选举法》却规定，人民必宣誓"实行三民主义，采用五权宪法"，才能取得公民资格，才能参加国民大会选举。这规定显然与国民党一再声称要实行的宪政是不符合的。况且，对于绝大多数国民来说，他们是否肯在这样的誓词上签字，也大有问题。"倘百人中肯签字者只有一人，是否今后中华民国百人中九十九人被剥夺公权，而一人为公民？是否今后的国民大会即由中国人口百分之一的人民来选举？"其实，说百分之一还是从容计算的。国民党党员充其量不过一百万，而中国人口是四万万，党员只占全国人口的四百分之一。而且就是国民党党员，除举行党员宣誓外，也不见得人人都举行过公民宣誓。如此，举行过公民宣誓者所占人口的比例就更少了。② 张佛泉认为，如果选举人需要资格限制的话，那么其限制标准不是公民宣誓，而是所受"新式教育"的程度。因为，"只有受过新式教育的，方多少有新的人生观，有民族意识，有国家观念"。故此，张佛泉主张，"凡受过新式教育的全应享受选举权"，而无论他曾经举行过公民宣誓与否。③ 陈之迈则指出，国民党一方面要召集国民大会，制定宪法，"弼成全民政治"，但

---

① 张佛泉：《政治现状如何打开？》，《国闻周报》第 13 卷第 21 期，1936 年 6 月 1 日。

② 《评国民大会代表选举法》，《益世报》1936 年 5 月 6 日 "社论"。

③ 张佛泉：《关于国民大会》，《国闻周报》第 13 卷第 15 期，1936 年 4 月 20 日。

另一方面又通过《国民大会代表选举法》的第二条规定，使那些不肯为公民宣誓者丧失其公民权，这不仅"实令现在热心中国政治的人感觉悲观"，也使一般人——包括国民党党员在内——对于中国将来究竟要建立什么样的政制"缺乏清楚认识"；同时，由于"现在竞选者固然宣誓过信奉三民主义，选民也宣誓过信奉三民主义，因此关于中国政治，他们彼此间无话可谈，不能提出任何与竞选之对方不同的主张。试问参加竞选者除了自诩其本人'正人君子'自吹自擂外，有何方法去竞争？"据此，陈之迈认为，《国民大会代表选举法》的第二条规定，"是逼迫着中国人去尽量运用其本来便根深蒂固'对人不对事'的劣根性，是使得不便自夸的人裹足不前的方法"。①

第三，对选举程序的批评。根据《国民大会代表选举法》的规定，国民大会代表的产生须经三个程序：第一步，区域之候选人，由各选区内各县市之乡长、镇长、坊长等联合推选之，其名额是该选区应出代表名额的十倍（第十一条）；职业团体之候选人，由自由职业团体及各省市职业团体之执行机关人员推选之，其名额是各该团体应出代表名额的三倍（第二十、二十六条）。第二步，各选举区所推选的候选人，由国民政府就中指定三倍于各该区应出代表之名额为候选人（第十三条）；自由职业团体及各省职业团体所推选的候选人，由国民政府就中指定二倍于各该团体应出代表之名额为候选人（第二十二、二十六条）。第三步，由选民在指定的候选人中投票选出本选区或职业团体应出国民大会之代表（第十四、二十三和二十六条）。费巩指出：《国民大会代表选举法》所规定的上述国民大会代表之产生的程序，"使人民对开放党禁、实行宪政之诚意，殊不能无疑"。因为，按《国民大会代表选举法》之规定，国民大会代表之候选人先要由与官厅党部时常接触、受其

---

① 陈之迈：《从国民大会的选举谈到中国政治的前途》，《独立评论》第 232 号，1937 年 5 月 2 日。

支配和利用的乡长、镇长和坊长推选，继又要经国民政府的圈定，而且省政府对于各举行区所推选出来的候选人，在呈报国民政府指定前要签署意见（第十四条），这样经过一层层的"沙漏工夫，'不良分子'已被淘汰"，人民所能选举者，只限于指定之少数候选人，无自由选择之可言。"选举人既无自由表示意见之机会，在事前政府即能预断选之结果"，这显然违背了召开国民大会，使政权属诸人民的本意。实际上，费巩认为，《国民大会代表选举法》所规定的选举程序，"与义大利之候选议员千人，须经法西斯大评议会圈定四百，由人民投票之办法，殆相近似。但须知义大利所实行者，独裁政治也，一党专政之政治也，非可与揭示已久今日决心实行之'宪政'相提并论也"。如果国民党一定要坚持按《国民大会代表选举法》所规定的选举程序来产生国民大会代表的话，那么，不仅会使特立独行志行高洁之士根本不去参加竞选，而且也会减少人民对代表的信任，影响至巨。"夫以如此推出之千余人，而称为国民大会，其人既非真正出自民选，自候选以迄当选，恐始终出于被动，则其出席会议也，'势必劳大力者，代为组织而支配之，逢选举总统及各院院长时，预拟名单，分交书写。此千余人者，但唯唯否否，旋进旋退，以完成其出席之任务而已'。"[1]《自由评论》的一篇短评也写道，看了《国民大会代表选举法》，"我们的感想真不知从何说起！先由县乡镇一般小吏推荐，再由大官核减，再由中央圈定，然后发还给'曾举行宣民宣誓'的人去'选举'。……然而这是真正的'选举'吗？这是真正的'国民大会'吗？这是党政府将要还政于民的诚意表示吗？这是将入宪政时期的一个好朕兆吗？这是国难时期精诚团结的好现象吗？我们觉得有一点悲观"。[2]

---

① 费巩：《评国民大会之选举法》，《国闻周报》第 13 卷第 44 期，1936 年 11 月 9 日。

② "短评"：《国民大会前途之悲观》，《自由评论》第 15 期，1936 年 3 月 13 日。

本来，按照国民党五届一中全会的决定，国民大会应于 1936 年 11 月 12 日召集，但由于国民党根本没有召集国民大会、颁布宪法、还政于民的诚意，因此，不久它就以筹备不及为理由决定将国民大会延期一年至 1937 年 11 月 12 日召集，并于 1937 年 2 月，经国民党五届三中全会授权给中央常务委员会，对国民大会组织法和选举法作些修改。4 月底，立法院遵照国民党中常会议决的修改原则，将国民大会组织法和选举法修改完毕。概而言之，主要对国民大会组织法和选举法作了以下几个方面的修改。

第一，除特种选举外，取消由国民政府指定（或圈定）候选人的选举程序。陈之迈在分析取消由国民政府指定（或圈定）候选人之选举程序的原因时指出："这种圈定或指定的办法，在国民党内部组织中行之甚久，为一种有效的统制办法。立法院制定国民大会选举法时采用这种办法，其渊源也是从党内的选举来的。但是党里的办法，并未能施用于全国；在各地的十倍候选人推出之后，国府便看出这个办法之不妥，因为被推选为候选人而被淘汰的百分之七十的人必然对国府表示不满，而在国府指定时国府又必受种种的运动及钻营。这是这次废指定制的原因。"[1]

第二，缩小第一届国民大会的职权。按照国民大会组织法的规定，第一届国民大会行使宪法草案中国民大会的职权，任期六年，选举总统、副总统，立法院院长、副院长，监察院院长、副院长，立法委员、监察委员及中央其他官吏，并行创制、复决及修正宪法之权。此次修改则将其职权限于制定宪法及决定宪法施行日期，这两事完成后便"任务终了"。经此修改后的第一届国民大会就成了一个纯粹的制宪机关，而不再兼有国家机关的职能。据说缩小第一届国民大会的职权有两个好处：一是能使国民大会代表"集中精力专于制宪，俾求完善之宪法产生"；二是亦因国民大会职权的缩

_____

[1]　陈之迈：《从国民大会的选举谈到中国政治的前途》，《独立评论》第 232 号，1937 年 5 月 2 日。

小，可以减低竞争者的热烈情绪，少些钻营。①

　　第三，变更国民大会的内部组成：①国民政府主席不列席国民大会。据4月24日各报载某要人的谈话，内称，之所以要取消国府主席列席国民大会的规定，是因为"国民政府主席原有召集国民大会之权，国府主席当然可以参与，且主席为一国元首，国民大会中并特设主席座位，中常会将此条删去，实为崇敬主席之意"；②增国民政府指定之代表二百四十名；③特种选举的代表如无法举行选举，亦得由国民政府指定；④国民大会当然出席之代表不但包括国民党全体中执监委，而且也包括从前规定只能列席国民大会的全体候补中执监委；⑤列席人员中除国民政府委员及各部会长官外，以前国民大会主席团特许列席人员一项现被取消。

　　就对国民大会内部组成的上述变更来看，它实际上是国民党采取的一种"田里损失地里补"的措施。虽然由于社会舆论的激烈批评，修改后的《国民大会代表选举法》取消了国民政府指定国民大会代表候选人的选举程序，但通过对国民大会之内部组成的变更，国民党对国民大会的控制不但没有因取消指定选举程序而被削弱，相反得到了进一步的加强。因为按《国民大会组织法》的规定，国民大会有依区域选举方法选出者六百六十五名，依职业选举方法选出者三百八十名，依特种选举方法选出者一百五十五名，共一千二百名。修改后又添加经由国民政府指定的二百四十人，再加上当然出席国民大会的国民党中央执监委和候补执监委二百六十名，这样出席国民大会的人数总共达到了一千七百人。当然，就实际出席的人员而言，或许达不到一千七百人，因为中央执监委和候补中央执监委都有可能被选为国民大会代表。在列席的国民大会的人员中，国府委员几乎完全是国民党中央委员，各部会长官也大半是中央委员，而非中央委员的国府委员，各部会长官也极有被选举的可能。故所谓列席人员实际上是虚设。在这一千七百人中，国民

---

① 1937年4月24日《大公报》载某要人的谈话。

党可以把握得住的有全体中央执监委员和候补中央执监委员 260 人，指定代表 240 人，如果特选不能办理，又有 155 人由国民党指定，合计 655 人，再加上相当数目的各中委及下级党部人员以及政府现任官吏也会被推选和选举为国民大会代表，国民党就能完全操纵国民大会，使它成为自己的御用机关。所以，陈之迈在分析了国民大会组成人员的身份后指出："这次国民大会之极度受党及政府之拘束，则为显而易见的事实。"① 宋士英也认为，国民大会组织法"虽因多方责难而修正，但修正之结果，反而加重国民党特殊之地位"。② 对此，柳适中批评道：

　　组织法和选举法的最大的缺点也就在于没有充分表现民主的精神，两法规的修正并没有把这种缺点除掉。根据现在的选举法，国民大会的代表几乎有半数是党及政府所可确实把握的，另外的半数照现在的选举法和去年选举的结果看来，恐怕大部分也非是党及政府中人不可。这样利用组织法和选举法使国民党及国民政府在国民大会中占到绝大多数，无异表示政府对于"庶政公诸国民"一点并无充分的诚意。③

　　原定 1936 年 11 月 12 日召集的国民大会，因国民党缺乏立宪诚意而借口筹备不及推迟到 1937 年 11 月 12 日召集。但不料这年发生七七事变，中日战争全面爆发，召集国民大会一事只好不了了之，后来国民党又多次"郑重"宣布召集日期，但每次又被国民党自己借故推迟，直到 1946 年底国民大会才在隆隆内战的炮声中由国民党单方面召集。

---

① 陈之迈：《从国民大会的选举谈到中国政治的前途》，《独立评论》第 232 号，1937 年 5 月 2 日。
② 宋士英：《中国宪政之前途》，《独立评论》第 234 号，1937 年 5 月 16 日。
③ 柳适中：《关于国民大会告国民》，《再生》第 4 卷第 5 期，1937 年 5 月 15 日。

第 四 章

"苏俄热"的兴起及其影响

苏联恢复国内经济后，于 1928 年开始了第一个五年计划，工业、农业、科技、国防以及文化教育事业蒸蒸日上，至 1932 年"一五计划"提前完成，获得巨大成功，在一个很短的时期内，实现了把"苏联由一个任凭资本主义国家摆布的软弱的农业国家变为不受世界资本主义摆布而完全独立的强盛的工业国家"的目标。① 苏俄在社会主义制度下创造的计划经济模式，即在公有制基础上，国家运用行政命令的手段，集中一切人力物力财力，进行有计划的生产，是与资本主义的放任经济截然不同的一种经济模式，而资本主义的放任经济则发生了前所未有的深刻危机（即 1929 年爆发的经济大危机）。因此，苏联"一五计划"的顺利实施并提前完成震撼了世界，尤其是震撼了正陷于内忧外患的中国。当时，国内的主要报刊对苏联"一五计划"进行了及时详细的报道，对苏联人民的勤劳表示了高度的赞扬，对苏联经济建设取得的巨大成就羡慕不已。而反观国内则是政治混乱，战争频仍，经济残破，民生凋敝，中苏两国形成了鲜明的对比。于是，素以追求独立富强为己任的中国知识分子禁不住发出了学习苏联、实行计划经济的呼声。20 世纪 30 年代初，中国思想界兴起了一股关注和评价苏联的热潮，即所谓的"苏联热"。知识界介绍和评论苏联的目的，是希望

① 《斯大林全集》第 13 卷，人民出版社 1956 年版，第 157 页。

中国向苏联学习，从而像苏联那样迅速成为一个强大的国家。但长期以来，学术界对此缺乏深入系统的研究，不仅没有这方面的专论发表，就是涉及相关内容的文章也不多见。[①]

一 对"一五计划"的关注和评论

早在苏联"一五计划"开始之际，中国知识界便对它表现出了浓厚的兴趣，不仅大量翻译欧美报刊对"一五计划"的报道，而且撰写了许多有关"一五计划"的评论。首先人们认为苏联"一五计划"是社会主义经济建设的一次伟大试验。苏联作为世界上第一个社会主义国家，而且是在资本主义世界的封锁之下，如何建设经济，没有先例可循，只能独自开创，别无他途。因此，"苏俄的五年计划上的新经济生活，不单是该国的一大经济的试炼，实在是人类全体的经济生活之一大社会主义的试验"[②]。1931年4月10日出版的《东方杂志》第28卷第7号转载有美国人奥斯丁的一篇文章，其中论述到"五年计划的确是一个很伟大的计划，这个计划里包含着很多的事业，他的目的是在很短的时间内，使一个纯粹的农业国，变成一个工业国"[③]。坚冰在同一期《东方杂志》上发表的《英美人眼中之苏俄五年计划》一文则从与1929年爆发的资本主义世界经济大危机对比的视角肯定了这次试验，"举世正闹

---

① 主要文章有：黄岭峻：《30—40年代中国思想界的"计划经济"思潮》，《近代史研究》2000年第2期；黄岭峻、杨宁：《"统制经济"思潮述论》，《江汉论坛》2002年第11期；张连国：《20世纪30年代中国统制经济思潮与自由主义者的反应》，《历史教学》2006年第2期；郑会欣：《战前"统治经济"口号的提出及其实践》，《一九三〇年代的中国》上卷，社会科学文献出版社2006年版，第290—306页；郑大华、谭庆辉：《20世纪30年代初中国知识界的社会主义思潮》，《近代史研究》2008年第3期。

② 克己：《风靡世界的经济统制论》，《东方杂志》第30卷第9号，1933年5月1日。

③ Frederick A. Van Fleet，《一个美国人对苏俄近况的略述》，骏声译，《东方杂志》第28卷第7号，1931年4月10日。

失业问题，苏俄今竟免此。登记之失业工人在一九二九年四月最大数目达一百七十四万人，今已减至三十万，现又使此辈报名受工业训练"。"苏俄经济状况尚有一特象，即举世方苦市场充斥，货物滞消，而彼则无销售问题。其所苦非生产过剩乃生产不足。"他还对"一五计划"的创新之处进行了总结：第一，经济理论之大规模试验。"资本主义虽常受人批评，然常以为资本主义虽有过当，如不由利益动机而欲以名计画改革实业制度，则事功未建之前，人类能力先已摧毁，常以此自辨。苏俄今正作此企图。"第二，苏俄作为世界大国，试图在最短的时间内，以命令建设完备工业制度。第三，苏俄人民为实现"一五计划"，"振起全民精神，若对付战争然，牺牲目前利益，以战胜贫穷，愚昧，及混乱"。[1]　"一五计划"的实施在经济理论、建设方式、人民动员三方面都算得上一次伟大的试验。

在"一五计划"的实施过程中，人们热切地期望它能成功，并对"一五计划"的实现充满了信心。九一八事变后，日本侵华的步伐逐渐加快，中华民族面临着空前危机，为了抵御日本侵略，国人要求国民政府停止内战，加快经济建设，增强国防，做好战争准备。于是，围绕经济建设问题中国知识界展开了一场大讨论，由于政治立场和文化背景的不同，讨论中提出的方案也各式各样。知识界对经济问题的关注自然要引起对苏联"一五计划"的关注。同时，由于1929年爆发的资本主义经济大危机沉重打击了资本主义各国，人们对资本主义的弊端有了更加清醒的认识。中国经济建设怎么才能避免重蹈资本主义经济大危机的覆辙呢？这是知识分子们迫切需要思考的问题。人们普遍希望苏联"一五计划"能够成功，好为中国经济建设提供有益的经验。在当时的西方世界流行有这样一种论调：即认为"五年计划是乌托邦的理想，苏俄政府已

---

[1]　George Soule：《英美人眼中之苏俄五年计划》，坚冰译，《东方杂志》第28期第7号，1931年4月10日。

走上经济失败之途"。① 但与这种论调相反，中国的知识界则认为
苏联"一五计划"能够成功，至少也会有部分的成功。骏声在
《一个美国人对苏俄近况的略述》一文中写道："就是那些没有能
仔细观察他的真象的人们，也很容易得着一个结论，就是无论五年
计划能否完全成功，但终有一部分的成功。依照苏俄政府的野心计
划，俄国可以在五年之中，由中世纪一跃而至二十世纪，但是无论
如何，至少可以有一部分的进展。"② 坚冰在《英美人眼中之苏俄
五年计划》表示出了同样的看法，"苏俄如能集其财力人力以施行
其计画，即不能于四年内成功，而成于六年或十年，社会主义已算
有所建树矣"。③ 曾到苏联进行过实地考察的曹谷冰也认为"一五
计划"的成功是无疑问的，"据我个人观察所得，如果今后两三年
中，没有意外的阻碍发生，俄国重工业建设的成功，是没有疑问
的，不但可以成功，而且平均计算起来，还会超过五年计划里面所
预期的成绩。轻工业建设呢？自然没有如期完成的希望，或者竟会
和预期的成绩相差十分之二三，也不可知。不过我们眼看俄国的基
本工业不待五年便要成功，在俄国的美德各国工程专家也说到了一
九三三年，俄国重工业一定可以超过预期之目的，所以我不愿意因
为俄国轻工业建设的不能如期完成，便说五年计划没有成功的
可能"。④

　　人们不仅相信苏联"一五计划"能够成功，而且对"一五计
划"能够成功的原因进行了深入分析。社会主义制度消灭了剥削
与压迫，消除了贫富悬殊，人们在生产与分配上是平等的，这就充

---

　　① Leon Trotski：《脱洛斯基的五年计划谈》，杜若译，《东方杂志》第 28 卷第 18
号，1931 年 9 月 25 日。

　　② 骏声：《一个美国人对苏俄近况的略述》，《东方杂志》第 28 卷第 7 号，1931
年 4 月 10 日。

　　③ 坚冰：《英美人眼中之苏俄五年计划》，《东方杂志》第 28 卷第 7 号，1931 年
4 月 10 日。

　　④ 曹谷冰：《苏俄视察记》，天津大公报社 1941 年版，第 193 页。

分调动了劳动人民的积极性，激发了他们的建设热情。同时计划经济体制能够短时期内集中全国的人力、物力、财力优先发展急需事业，这对苏联迅速摆脱落后面貌有着巨大的进步作用。杜若所译的《苏联的科学与政治》一文认为苏联"一五计划"能够成功有两个方面的原因：一是无产阶级以主人翁精神投入经济建设。"苏联的无产阶级，因为他们明白他们自己的统治阶级的地位，他们遂如是的施展他们的精力，如是的表示他们对社会主义的忠诚，并如是迅速地发展他们政治工程文化的意义。"二是苏联的"一五计划"经济体制的优越性。"不问是内部的还是外部的情形，不问是自然环境的还是社会环境的情形，不问是工程方面的还是经济方面的情形"，苏联的"一五计划"都有着充分科学合理性。因此，他认为"苏俄将借用有计划性质的经济，有日渐扩大范围的科学研究，科学与物质的逐渐联合的生产方法，群众大量施展他们贮藏的精力。用这一切力量，以进行她的工作，不久以后，在世界史上，将有新的一页出现"。[1] 除以上这些原因之外，苏联官员的廉洁勤政也是"一五计划"能够成功的有力保障："俄国的领袖能够和民众共同享受他们一切所有的，这是历史上从来未有的。一切的财产，利润，收入；一切的文化，音乐，艺术；一切的闲暇，娱乐与游戏——他们一切所有的，或者只除了权力以外，都与人共享的，他们并不要求特殊的权利，却反使他们自己担负非常的牺牲工作；他们并不请求特别的宽恕，却要得到党员中最重要的处罚。"[2] 苏联领袖和党员的这种为民众自我牺牲奋斗的精神，必然会激发起人民对社会主义制度的热爱，从而以极大的热情投身于"一五计划"的建设。这与国内官吏们的争权夺利、道德沦丧、鱼肉百姓形成了鲜明的对照。

---

①　N. Bukharin：《苏联的科学与政治》，杜若译，《东方杂志》第 28 卷第 22 号，1931 年 11 月 25 日。

②　韬奋：《读〈苏俄的真相〉》，《生活周刊》第 7 卷第 14 期，1932 年 4 月 9 日。

1932 年，当世界资本主义经济危机日益加深的时候，苏俄的"一五计划"却取得了巨大成功，提前一年完成。这震惊了整个世界，也轰动了中国，志远在《东方杂志》第 30 卷第 1 号《苏俄第二届五年计划之鸟瞰》中，以一种惊讶而又欣喜的语气写道："第一届五年计划在四年中完成的理想，现在居然实现了。接着就是进一步的实行第二届五年计划"。苏联"一五计划"的中心任务是将苏俄由农业工业国变为工业农业国，其中重工业是工业的中心。"一九三二年度底工业总生产量达三七、五〇〇、〇〇〇、〇〇〇卢布；工业底新投资达一二、〇〇〇、〇〇〇、〇〇〇卢布；重工业中作用最大的机器制造业，四年来新投资增加到十倍之多，而机器底总产额在同一时期中增加了三倍半。许多极重要的工业部门，在三年中就完成了五年的计划。"①苏联重工业品已基本满足全国的需要，大大减轻了对外国的依赖。在农业方面所取得的成绩，"如果用简单质朴的言语来形容，那就是苏联农业已在社会主义的基础上改造过，从前小规模的技术落后的旧农业，一变而为大规模的技术进步的新农业了"。② 在社会生活方面，"苏联的工农群众，没有颓丧，消沉，失望和堕落的情绪，他们都是活泼的，勇敢的，坚决的，耐劳的，团结在苏维埃政府的周围，孜孜矻矻，以建设新社会为前提，向着他们所祈望的目标热烈地从事建设"。③

当然，中国知识界在赞扬苏联"一五计划"、肯定其成就的同时，也对其暴露的弊端提出了善意批评，而批评的重点主要集中在农业集体化上。1929 年，为了满足工业建设对原料的需求，完成农业社会主义改造，苏联开始了农业集体化运动。在资本主

① 志远：《苏俄第二届五年计划之鸟瞰》，《东方杂志》第 30 卷第 1 号，1933 年 1 月 1 日。

② 啸秋：《苏联农业的集体化成绩》，《东方杂志》第 30 卷第 2 号，1933 年 1 月 16 日。

③ 克多：《苏联工农生活的素描》，《东方杂志》第 30 卷第 2 号，1933 年 1 月 16 日。

义世界经济封锁的环境下，苏联要想由一个落后的农业国迅速地变为先进的工业国，需要农业为工业建设提供资本积累，因此农业集体化对"一五计划"的顺利实施起的作用巨大。但是苏联在推行集体化运动的过程中，违背了自愿的原则，采取行政命令的方式，甚至不惜使用暴力威逼农民加入集体农庄，并对富农实行消灭的政策。对此，中国知识界进行了报道和批评："俄国近发生铲除中农阶级运动，雷厉风行，各地骚然，至少有五百万人将失其生活之途，以是反抗之势甚炽，流血之事颇多。"① "在北高加索，去年秋天反抗谷粮征收最力的地方，把整个村子的人都放逐到远荒的地方去了。这样整村子的放逐人民，近年来在苏联是不罕见的事情，而且至今这种手段，对于凡是直言无忌的反抗集团化和谷粮征收的富农或是农人，随时仍在准备实行。"苏联采取的这种粗暴方式，引起了农民直接或者间接的反抗，"所谓富农曾用种种方法，拼命和苏俄政策相周旋，以抗拒土地的集中并集体的生产方法。他们竟将自己的牛、羊等家畜，扫数屠尽，省得被征发到集体农场，并且把一些马也屠杀了，他们还教其他农民也采取同样的行动，因为被屠的家畜，既可出卖，又可充饥，比较被征发到集体农场，于农夫们确属有利益的"。② 农民屠杀家畜的最直接的后果则是带来农耕动力的不足，造成生产力的巨大破坏。笔名为"警愚"的作者认为，1932 年苏联发生的粮食恐慌主要原因在于苏联的集体化运动。他除了谴责集体化运动中的暴力行为外，还从人的私有观念的角度出发，认为集体化严重损伤了农民的生产积极性，因为"一般农人只要有了私有的观念，便有一种自动的奋斗力量，而努力工作，这种努力的工作是在集合农场所见不到的"。"现在农人加入了在完固的经济的而且有时是

---

① 《俄国铲除中农阶级运动》，天津《大公报》，1930 年 3 月 18 日。

② William Henry Chamberling：《苏联的粮食恐慌》，警愚译，《国闻周报》第 10 卷第 34 期，1933 年 8 月 28 日。

行政上强制之下的集合农场来，就没有，那农场的马匹或是那农场的谷粮是属他的观念了。他工作也容易成了懒慢的而无所关心的了。"①《大公报》 篇社论则从生产力与生产关系发展规律的角度，认为农业集体化难以达到其国民经济发展的目标，"盖政治改造易，而经济革命难。君主民主，不难期月而易，日暮推翻，独国民经济生活之改革，非有数十年之涵育蜕化，不能实现其理想之什一。此其说列宁尝亲言之"。② 从这些批评中不难看出，中国知识界对苏联农业集体化的观察是细致的，提出的批评也较为客观中肯。

二 "苏俄热"的兴起

1917 年十月革命取得成功，中国知识界开始对苏俄表现出浓厚的兴趣，李大钊先后发表《法俄革命之比较观》《庶民的胜利》《布尔什维主义的胜利》等文章，阐述十月革命的重要意义。1919 年和 1920 年苏俄两次对华宣言更是赢得了知识界的好感，国内报刊纷纷报道苏俄革命后的情形，"走俄国人的道路"成了那时先进知识分子的共同呼声。1924 年，在苏联与共产国际的推动下，孙中山领导的国民党与共产党实现合作，确立了"联俄、联共、扶助农工"的三大政策，掀起了第一次国内革命高潮。孙中山逝世后，蒋介石和汪精卫先后发动"清党"运动，坚持反共反苏立场，中苏关系迅速恶化。知识界的"苏俄热"也随之沉寂。1927 年 8 月，因中东路路权争执，苏联与东北地方当局爆发冲突，苏军凭借强大的武力，向中国境内侵犯，东北

---

① William Henry Chamberling：《苏联的粮食恐慌》，警愚译，《国闻周报》第 10 卷第 34 期，1933 年 8 月 28 日。

② 《俄国铲除中农阶级运动》，天津《大公报》，1930 年 3 月 18 日。

军战败，损失惨重。12 月，东北地方当局被迫签订《伯力协定》，恢复中东路原状，战争结束。同月，中苏断交。这就是震惊中外的"中东路事件"。尽管中东路事件的背后有着复杂的原因，但中东路是帝俄侵华的产物，东北地方当局收回中东路，从本质来说是维护国家权益的正当行为。在该事件中，苏联的大国沙文主义和民族利己主义行为使中国的国家利益受到严重损害，这引起了广大知识分子的强烈愤慨，"仇苏"情绪在知识界中滋生蔓延开来。查阅这一时段的报纸杂志我们便可以发现，中东路事件后，知识界多以批判的态度看待苏联，对苏联的认识大多是负面的。

然而，当历史进入 30 年代后，苏联"一五计划"的成功再次引起了中国知识界对苏联的关注。继十月革命之后中国知识界出现了新的一轮"苏俄热"。那时，以苏联为主题的报刊书籍如雨后春笋般地涌现。如 1930 年《俄罗斯研究》月刊创刊，1931 年 10 月《苏俄评论》月刊创刊，1934 年《中国与苏俄》创刊。《读书杂志》第 3 卷第 7 期设"统制经济特辑"（1933.9.1），《申报月刊》第 2 卷第 8 号设"苏联研究"专题。就连一向保守，以"无偏无党"为宗旨的《申报》也刊登了许多有关苏俄的文章，并于 1932 年 1 月 25 日开始在"专论"一栏中连载了数篇《苏联论》。恪守"不党、不卖、不私、不盲"之"四不主义"训条的《大公报》也大谈苏联，还把《苏联五年计划成功史》誉为"记者不可不读"之书。《东方杂志》《益世报》《时事月报》《独立评论》《国际》《国闻周报》和《生活》周刊等影响较大的报纸杂志均连篇累牍地刊登关于苏联的专论。30 年代初几乎没有哪种刊物不谈论苏俄，不发表有关苏俄的文章，谈论苏俄已成为一种时尚。据笔者对当时影响较大的 18 种刊物的不完全统计，有上百的学者在这 18 种刊物上发表过介绍和评论苏联的文章（包括译文）371 篇（详见下表，具体篇目和作者见附录）。

刊物名称	篇数统计	刊物名称	篇数统计
《东方杂志》	95	《独立评论》	32
《国闻周报》	66	天津《大公报》	19
《益世报》	40	《申报》	4
《读书杂志》	13	《复兴月刊》	19
《生活》周刊	3	《大道》	13
《国际》	4	《国际译报》	19
《社会杂志》	3	《时事新报》	5
《中国杂志》	6	《生存》月刊	6
《行健月刊》	20	《申报月刊》	4

概而言之，这些介绍和评论苏联的文章主要集中在以下三个方面：

首先，是对苏联政治制度的介绍和评论。有人认为苏联是一个自由、民主、平等的国度，与资本主义少数财阀垄断的民主不同，苏俄实现了一种最大多数人的民主，劳动人民在辛勤劳动的同时，享受着最广泛的自由、平等的权利，"占据苏维埃全人口百分之九十五的工人与农人却获得在革命前从未准许的许多权利与自由"。[①]《东方杂志》一篇文章把苏联的政治制度看成是"世界历史上最彻底最真实的民主"。[②]《国闻周报》认为苏联政治制度的目的在于"努力造成一种社会环境，使各个人有平等之机会，发展其个性之可能"，这是苏联一切政治的中心。[③] 有的人还进一步指出：社会主义政治体制的优越是苏联"一五计划"取得成功的重要原因之一。《东方杂志》的一篇通讯对苏联做了更全面的肯定性评说："苏联自实行五年计划之后，较帝俄时代，已经跑前了一百年。从一个农业落后的国家，成为工业化，而能独树一帜于世界，实非偶然所能奏效的。"概而言之"政权统一""领袖清明""人才集中"

① Louis Fisher：《苏俄到底是什么》，冢寒译，《东方杂志》第 29 卷第 4 号，1932 年 10 月 16 日。

② 沈华生：《苏联之政治组织》，《东方杂志》第 30 卷第 2 号，1933 年 1 月 16 日。

③ Sidney Webb：《苏俄是否民主政治?》，刘震东译，《国闻周报》第 10 卷第 10 期，1933 年 3 月 13 日。

"有计划""有毅力"等五点"构成苏联成功的要素"。① 就连自由主义知识分子的代表人物胡适也认为苏联社会主义是民主政治的新发展，是一条与英美民主主义不同的民主政治发展道路。② 在《个人自由与社会进步》一文中他又写道："难道在社会主义的国家里就可以不用充分发展个人的才能了吗？难道社会主义的国家里就用不着有独立自由思想的个人了吗？难道当时辛苦奋斗创立社会主义共产主义的志士仁人都是资本主义社会的奴才吗？我们试看苏俄现在怎样用种种方法来提倡个人的努力（参看《独立》第一二九号西滢的《苏俄的青年》，和蒋廷黻的《苏俄的英雄》），就可以明白这种人生观不是资本主义社会所独有的了。"③

饱受内忧外患之痛的中国知识界对苏联政治体制的赞美不是偶然的，它有着深刻的思想背景。30 年代初，在世界资本主义经济危机的冲击下，资本主义政治制度也受到人们的普遍质疑，用《东方杂志》一篇文章的话说，人们"对于民主政治的信仰，是已死亡了"，没有人现在还"愿为议会制度而捐躯"。④ 而与此同时，苏联"一五计划"却取得了惊人的成功，这也增强了世人对苏俄政治体制的关注。在资本主义黯淡、社会主义彰显的思想背景下，对部分知识分子来说，苏俄的政治制度比欧美的政治制度更具有它的吸引力。

其次，是对苏联外交政策的介绍和评论。为了给经济建设创造一个和平稳定的国际环境，以便顺利实现"一国可以建设社会主义"任务，苏联在外交上大力推行和平外交政策，努力缓和与主要资本主义国家的紧张关系，并相继签订互不侵犯条约。30 年代

---

① 毛起鵕：《一个中国人眼光中的苏俄（苏联通讯）》，《东方杂志》第 31 卷第 11 号，1934 年 6 月 1 日。

② 胡适：《一年来关于民治与独裁的讨论》，《东方杂志》第 32 卷第 1 号，1935 年 1 月 1 日。

③ 胡适：《个人自由与社会进步——再谈五四运动》，《独立评论》第 150 号，1935 年 5 月 12 日。

④ J. Barthélemy：《欧洲民主政治的危机》，《东方杂志》第 26 卷第 23 号，1929 年 12 月 10 日。

苏联的和平外交所取得的每一成就，如美俄复交、俄法互不侵犯条约的签订、苏联加入国联等都受到中国知识界的密切关注和高度评价。英法主导下的国际联盟为了缓解经济危机于1933年6月召开伦敦世界经济会议，因英法美等国矛盾重重，会议并没有达到预期目标，而社会主义苏联则借这次会议的机会，大力宣传"一五计划"成绩与和平外交政策，取得了很好的效果。《东方杂志》对此予以赞扬："各国代表虽将在伦敦会议中毫无所获的怅然回国，但有一国却完全例外，而反满载归去，这一例外的国家就是实行社会主义的苏联。在伦敦会议中，苏联代表非惟解除了这几个月来英苏间的极端紧张关系，开启了美苏复交谈判之门，而且还与其西邻诸国缔成多边的不侵略公约，筑成坚固的保安防线，使中东欧的浓密战云暂时消散，这后者的成功，实更在苏联和平外交史上增添光辉的一页。"① 对于苏联和平外交取得巨大成就的原因，《东方杂志》主编胡愈之有着深刻见解：一方面由于"资本主义国家内部冲突的加深，使他们的反俄联合战线不得不破裂"；另一方面是由于"俄国内部改造的成功，使资本主义国家不敢轻视苏联"。正是这两方面的原因促使资本主义国家对苏联的态度"从仇视一变而为联络"。② 随着综合国力的增强，苏联利用资本主义国家内部的矛盾，瓦解了资本主义反苏联合阵线，确保了本国安全。知识界深刻地认识到苏联和平外交成功的最主要原因还是苏俄"一五计划"的成功，"苏联五年工业化计划四年就完成了，她的经济与国防的力量，比五年计划未实施前几乎增加了一倍。这实力的增进，使苏联在世界政治中的地位提高，她的和平政策，也突然开展了"。③

---

① 良辅：《苏联和平外交政策的成功》，《东方杂志》第30卷第15号，1933年8月1日。

② 愈之：《苏联和平外交的进展》，《东方杂志》第29卷第8号，1932年12月16日。

③ 斐丹：《最近苏联和平外交的进展》，《东方杂志》第30卷第16号，1933年8月16日。

只有国力充实，才能有强大的外交，弱国无外交。中国的贫穷落后才是导致外交上处处受制于人的根本原因。

30 年代初，德日两国实行法西斯专政，奉行武力扩张政策，国际局势骤然紧张，苏联和平外交政策对于缓和紧张国际形势具有重要作用。基于这一认识，知识界称赞苏联是维护世界和平的支柱，这种观点于媒体对美苏复交与苏联加入国联两事件的报道中充分体现出来。《东方杂志》认为"美苏的复交本是普通的外交关系的恢复，无可惊奇的，不过在国际形势极行严重，远东战争不能避免之际，此举是极重要的关系的，远东形势也许能因美苏复交而暂时和缓一下"。① 《益世报》对美苏复交表示欢迎，"夫此一东一西，代表世界两种极不相容之主义之美俄两大国，邦交之断绝，迄今已十六年。自东三省事变发生之后，此两大国者，均同有不安之感，于是复交声浪，随即起于双方，宣传近两年矣，迄至今日，乃告厥成。吾人姑不问两国人民之欢欣如何，就史家之立场观之，此实为世界一大事，不容不大书特书者"。② 胡适也对美苏复交大加赞赏，他认为美俄两大国的携手，"在全世界和平的保持上，确有很大的权利；因为这两个国家各有他们的理想主义，他们互相用精神上的援助来维持和平，应该可以使野心的军阀国家稍稍敛戢他的暴行"。③ 人们热烈地期盼美苏复交能够制止日本的侵略行为。至于苏联加入国联，知识界称赞其为是 30 年代世界和平事业的盛事。《东方杂志》连续发表文章对其进行全方位的报道，其中有《苏联与国联》《苏联加入国联》《苏联加入国联的检讨》《苏联加入国联的意义及其影响》《苏联入盟与国际形势》等，这些文章对苏联入盟一致赞扬，"酝酿很久的苏联加入国联问题，现在

---

① 张明养：《美苏复交与远东和平》，《东方杂志》第 30 卷第 22 号，1933 年 11 月 16 日。

② 《美俄宣告复交之意义》，1933 年 11 月 19 日《益世报》"社论"，第 1 张。

③ 胡适：《世界新形势里的中国外交方针》，《独立评论》第 78 号，1933 年 11 月 26 日。

已成为事实了；占地球六分之一的面积，拥有人口一万万八千万人的苏联，现在是成为国联会中维持和平的柱石了"。① "现在举世注目的唯一大问题，莫过于苏联加入国际联盟这回事了。这不仅是苏联与国联的直接关系，实是整个世界的安危关系，自然影响于欧洲各个国家，更直接影响于亚洲的我们的强邻——日本。"② 知识界希望苏联加入国联能够稍稍缓解远东紧张局势，限制日本侵华的野心。早在苏联加入国联前夕，胡适便乐观地认为苏联加入国联能够把"新鲜的理想主义和新鲜的勇气灌输进那个最近受了重伤的国联，使他重新鼓起精神来，使那个十三年的世界共主不至于一蹶不振，使那个本来规定有制裁的盟约不至真成为废纸"。③

复次，是对苏联社会生活的介绍和评论。30 年代初，知识界对苏联社会生活的报道与评价多持赞美之词。例如：在妇女生活方面，知识界认为苏联妇女的地位较十月革命前有了较大的提高。十月革命后，苏联妇女权益受到法律和宪法的保护，享有与男子同样的教育权利、工作权利。更为重要的是苏联妇女政治地位有了显著提高，"妇女一过十八岁便立刻有选举权，条件和男子一样……并且有与男子平等的参加工会及合作社的权利，和平等的被选举权。一切职业和地位对两性同样开放"。④关于儿童，"世界上任何一国对于儿童所负责任的程度，没有像苏联的重大。儿童物质上的供给，概由社会保险法定一范围。儿童的训练则可由托儿所学校担任"。这种训练儿童的制度"赐与儿童本身更丰满，更健

① 华源：《苏联加入国联的意义及其影响》，《东方杂志》第 31 卷第 21 号，1934 年 11 月 1 日。

② 慕萍：《苏联入盟与国际形势》，《东方杂志》第 31 卷第 21 号，1934 年 11 月 1 日。

③ 胡适：《看了裁军会议的争论以后》，《独立评论》第 104 号，1934 年 6 月 10 日。

④ Sidney Webb：《苏俄的家庭》，林风译，《国闻周报》第 10 卷第 19 期，1933 年 5 月 15 日。

全的生活"。① 关于家庭生活，苏俄"绝大多数的家庭，都充满了美满的，愉快的家庭生活，夫妻各能独立谋生，智识程度亦相差无几。有了婴儿，可交托儿所，幼稚园代为抚育，吃饭有公共饭厅，洗衣有洗衣公司，这些家庭杂务，已渐趋社会化，无需妇女操作了"。② 关于苏联的青年，曾被鲁迅批评的陈西滢在《独立评论》发表文章进行专门介绍，说苏联的青年"是苏俄的新贵族"，"在物质的方面，他们享受许多优先权，在精神方面，他们自命为新国家的柱石"，"他们的头脑里没有饭碗问题。他们进学校是学某种技能，而且常常是某一个工厂或某一种职业为了某种需要而送他们进学校的"。③ 关于苏联的教育，有文章称苏联教育是"计划着去迎合苏联人民的需要的"，刚刚从旧社会摆脱出来的苏联人民"统统都是这伟大的社会主义者的改造计划中的一份子。他们每个人都怀着有热烈的求智欲，全体在追求着一个较高的教育程度"。④ 就连莫斯科的夜生活也受到知识界的关注和赞誉，"夜里路灯花盖的回光，焕彩辉煌，如同白昼；雄纠纠的工人，活泼泼的姑娘，塞满街道，多如过江之鲫。一出门口就可以看到崭新的电车和汽车。蹒跚不前的马车，现在已经完全淘汰了。醉醺醺酒汉之叫喊，已为乐融融的音乐跳舞团所代替了"。⑤ 在中国知识分子看来，苏联的社会生活是那么的和谐，人民安居乐业，各项事业都在有序开展，到处散发着勃勃生机。而反观国内战乱无休，自然灾害频繁发生，土匪侵扰不断，农民失去了生计，颠沛流离，到处呈现出一副破败的景象。这种巨大的反差，更增加了广大知识分子对苏联的钦佩和羡慕。

---

① 克多：《苏联妇女生活的面面观》，《东方杂志》第 30 卷第 7 号，1933 年 4 月 1 日。

② 克多：《苏联妇女生活的面面观》，《东方杂志》第 30 卷第 7 号，1933 年 4 月 1 日。

③ 西滢：《苏俄的青年》，《独立评论》第 129 号，1934 年 12 月 2 日。

④ 邵德润译《苏联的教育》，《独立评论》第 172 号，1935 年 10 月 13 日。

⑤ 冰清：《赤都的新景象（莫斯科通讯）》，《东方杂志》第 30 卷第 5 号，1933 年 3 月 1 日。

三 学习苏联呼声的高涨

知识界介绍和评论苏联的目的，是希望中国向苏联学习，从而像苏联那样迅速成为一强大的国家。他们往往把落后的中国与刚刚通过"一五计划"而走上富强道路的苏联进行对比，借以增强人民的忧患意识，促使国人停止内争，励精图治，建设强大国家。1931年10月10日，《大公报》登载的《民国二十年国庆辞》中论道："吾人回首二十年来之民国，深痛夫今日之严重国难，皆过去不努力之所致。夫二十年之岁月，不为短矣。不观夫欧战受创之各国，不十年而恢复，而充实！不观夫苏联，五年之间，建成国防工业！二十年来之中国，一言蔽之，虚度而已。"所以知识界在大力地介绍、评论苏联时，介绍、评论得最多的是苏联取得成功的法宝——计划经济。"近来国内的学者们，又由宪法与约法的请求转到计划经济与统制经济的献议了"，由此可见"计划经济与统制经济又变为时髦标语了"。[1] 不仅民间讨论计划经济，就是国民党上层人物也十分注意计划经济，1933年，宋子文自欧美考察回国，提出"以国民经济为中心，厉行统制经济"的主张。[2] 用丁文江的话说："现在最流行的口号要算是'统制经济了'！左倾的也好，右倾的也好，大家都承认放任经济的末日到了；统制经济是人类走向极乐世界的大路。"[3] 30年代初，国内兴起了一股声势浩大的计划经济或统制经济思潮。

当然，除苏俄"一五计划"的成功外，计划经济或统制经济思潮在30年代初的兴起还与各主要资本主义国家为了摆脱经济危

---

[1] 有心：《计划经济与统制经济》，《东方杂志》第29卷第5号，1932年11月1日。

[2] 腾雪和：《中国统制经济问题》，《新中华》第1卷第15期，1933年8月10日。

[3] 丁文江：《实行统制经济的条件》，《独立评论》第108号，1934年7月8日。

机、加强经济干预有关。中国知识界对这一情形也有着敏锐的观察。笔名为"克己"的作者认为，现代的计划经济或统制经济有两种类型：一是苏联式的社会主义制度下的经济统制，它以社会为中心，依据预定计划，统制国民的生产与消费的一切生活。二是意大利式的资本主义制度下的经济统制，它是以营利经济为基本，依据国家权力的发动实行总体的经济统制。无论是苏联，还是资本主义各国都在实行统制经济，只是所实行的前提不同，前者是在社会主义制度下，而后者是在资本主义制度下。尽管事实已经证明苏联式的统制经济取得了巨大成功，但它却很难成为资本主义救治经济创伤的灵丹妙药。[①] 另一位名叫"叶作舟"的作者也同样认为，资本主义下的计划经济或统制经济非但不能缓解资本主义经济危机，反而会加速资本主义的灭亡。"计划经济在社会主义下是积极的，但在资本主义下却是消极的。……资本主义国家的所以竞施计划经济，即为弥补资本主义内部的矛盾所发生之缺陷，头痛医头，脚痛医脚，全是一种消极的救济策罢了。"因而，资本主义实行计划经济或统制经济只能带来两种相反的结果，即"（一）抛却了从前的自由主义，而代以干涉或保护主义，积极采取自给自足主义。（二）因自给自足主义的发展，促进世界经济的瓦解，于是复有自由主义的抬头（如关税休战运动等）。资本主义国家想用计划经济的手段，以挽救其垂危的历史命运，结果反而促进这历史的命运之早日到临"。[②] "克己"进一步指出：资本主义经济危机的根源在于个人主义，不去除个人主义，只是"在无意识底社会机构内，只依社会成员之个体底意识的计划，以营利为目的所运行的总辖底'经济统制'"是注定要失败的。[③] 无论是"克己"，还是"叶作舟"，都

---

① 克己：《风靡世界的经济统制论》，《东方杂志》第30卷第9号，1933年5月1日。

② 叶作舟：《资本主义"计划经济"的检讨》，《东方杂志》第30卷第9号，1933年5月1日。

③ 克己：《风靡世界的经济统制论》，《东方杂志》第30卷第9号，1933年5月1日。

是从资本主义生产社会化与生产资料私人占有这一根本矛盾出发，认为计划经济或统制经济不能挽救资本主义。从当时知识分子的语境可以看出，一方面是个人主义或自由主义的破产，另一方面是社会主义与社会主义下的计划经济的成功，人们对于意大利式的统制经济信心不足，而更倾向于苏联式的计划经济。

中国知识界在指出计划经济或统制经济不能挽救资本主义的同时，也对中国能否实行计划经济或统制经济进行了探讨。按照进化论的原则，不管赞同中国实行计划经济的人，还是认为中国尚不具备实行计划经济的人，都认为计划经济是一种先进的经济模式，是物质文明进一步发展的产物，它的效果已被苏联的试验所证实，"物质文明发达之结果，当然是需要统制经济的，因为自由经济，实不足应付物质文明构成之环境也"。[①] 就是向来倾向资本主义自由竞争的马寅初，这时在苏联"一五计划"成功的影响下其思想也发生了转变，认为资本主义的自由竞争是经济危机的根源，"我们应舍短取长，采行第三途径。即一面作有计划之生产，一面保留私产制度"。[②] 马寅初在认识到资本主义生产力与私人占有的根本弊端后，认为中国应在保留私有制的前提下，仿行苏联的计划经济。犹如马寅初，张君劢也主张在保留资本主义的私有制的前提下，采纳社会主义的有计划按比例发展的经济政策，"工业上所需之资本几何？人才若干？农业应需之公私资本与人才又几何？农工两业应孰先孰后？一切由国家通盘打算"。[③] 江公怀则认为只有采用计划经济，才能"廓清旧时各种不生产的制度及维持此制度的人，使生产可以增加，而大家不至挨饿灭亡"。在他看来，实行计划经济有三大好处：一是免除资本主义带来的"富源

---

① 前溪：《统制经济问题——为上海银行学会讲》，《国闻周报》第 10 卷第 39 期，1933 年 10 月 2 日。

② 马寅初：《资本主义欤共产主义欤》，《东方杂志》第 28 卷第 24 号，1931 年 12 月 25 日。

③ 张君劢：《立国之道》，1938 年桂林版，第 241 页。

上与时间上的浪费"，二是"抵御帝国主义的经济侵略"，三是消灭"资本主义制度上之各种分配上之不平"。① 1933 年 10 月 3 日的《大公报》社论也敦促国民政府采取苏俄的计划经济："当局果能具有魄力与决心，审度国势，博访周谘，自拟一博大深宏之整个统制经济计划，昭示民众，征求合作，一脱向来琐碎支离之建设计划窠臼，固吾人所馨香祷祝，而不敢漫存此奢望者也。"② 尽管在实行计划经济的具体方式上知识界还存在着不少分歧，然而，学习苏联，实行计划经济，建设强大国家，以抵御日本帝国主义的侵略已经成为知识界中不少人的共识。

值得称赞的是，知识界对计划经济并非只是泛泛而谈，而且对中国如何实行计划经济提出了具体的建议。"守愚"认为实行计划经济的初步工作应该做到：一是征集国内工商学界可以贡献的工商事实统计和计划，由政府审核，先行拟一草计划；二是多请专家作实际计划上的指导，使国人得模仿练习的机会；三是改良中央税制和地方捐税。③ 翁文灏从地质学家的视角提出：实行计划经济不能照搬外国成法，必须对中国的实际情形作长时期的测量调查和研究，"五年建设，必须先有五年的测量调查和研究。所以俄国五年建设计画比较可能，因为他们预备功夫究竟比我们开始得早了许久"。④ 罗敦伟则建议政府设立一个统制经济最高委员会，形成强有力的中心机关，"然后，才能够把全国上下的人力，技术，资本集中起来，树立一个国内经济建设力量的中心"。⑤ 事实上，南京国民政府从未实现真正的政令统一，租界的存在、国民党内部派

---

① 江公怀：《中国经济路向的转变》，《东方杂志》第 29 卷第 5 号，1932 年 11 月 1 日。

② 《美国统制经济的难关》，天津《大公报》，1933 年 10 月 2 日"社论"。

③ 守愚：《统制经济与全国经济委员会》，《独立评论》第 70 号，1933 年 10 月 1 日。

④ 咏霓：《建设与计划》，《独立评论》第 5 号，1932 年 6 月 19 日。

⑤ 罗敦伟：《国难出路与统制经济》，《国闻周报》第 10 卷第 38 期，1933 年 9 月 25 日。

系林立、地方军阀的盘踞等因素使南京国民政府不可能建立强有力的统一的计划机关，更严重的是某些地方军阀（如山西军阀阎锡山）借经济建设之名闭关自守，以达到对抗中央的企图。在这种情形下，计划经济在中国是很难推行的，对这一问题知识界已有充分的认识，例如：丁文江指出实行计划经济必须具备三项基本政治条件：一是要有真正统一的政府；二是收回租界，取消不平等条约；三是行政制度先要彻底的现代化。而中国不具备这些起码的政治前提。① 尽管在中国实行计划经济有着种种难以逾越的障碍，但知识界仍期望南京国民政府能够作出实行计划经济的尝试，哪怕是部分的计划经济。1933年，"前溪"在为上海银行学会的讲演中指出：在统治力薄弱和经济社会组织散漫的社会环境下，中国可以"分别事业，斟酌程度，拟定一种可能的具体计划，逐步推行"，"譬如以水利交通农业为先，而以工商及金融等事业次之，只要统制程度，斟酌得宜，我想绝不致有大害的"。② "前溪"的主张可以算得上部分的渐进的计划经济。

知识界在总结苏联"一五计划"成功经验的基础上，还建议国民政府学习苏联走优先发展重工业的工业化道路。重工业包括钢铁、冶炼、电气、化学等，它是一切工业的基础。只有具备坚实的重工业基础，才能建立独立完整的工业体系和形成完善的国防体系。洋务运动时期，洋务派创办了中国第一批军工企业和民用企业，开启了艰难的工业化历程，但直到1949年中华人民共和国建立前中国并没有建立起完备的重工业基础，这是导致中国在抵抗外国侵略的战争中屡战屡败的重要原因。30年代初，在日本侵略日益严重的紧要关头，知识界对于如何抵御强敌进行了苦苦的思索，不少人认识到日军的武器的确比中国军队先进得多，单凭血肉之躯

① 丁文江：《实行统制经济的条件》，《独立评论》第108号，1934年7月8日。
② 前溪：《统制经济问题——为上海银行学会讲》，《国闻周报》第10卷第39期，1933年10月2日。

难以抵挡日军侵略的步伐，只有痛定思痛，加快以军事工业为中心的重工业建设才是救国的良策。正当知识界在努力寻求如何实现工业化时，苏联"一五计划"的成功给人们带来一线曙光。1934年1月30日《大公报》社评认为，苏俄当今敢与列强争锋，是基于五年计划完成，国防工业进步，红军实力充足。"苏俄实力，基于重工业之勃兴。"因此作为工业基础薄弱的国家，中国应积极学习苏俄一五计划建设经验，埋头苦干，尽快建立国防工业基础，"凡重要工业，应积极国营，此可学习苏联"。[1] 曹谷冰在结束苏联考察之后，"深深地盼望国人效法俄国，不用外货"，并"盼望政府及早确立经济建设的方案，快把基本工业建设起来"，只有这样才能实现"经济的自救"，有效地抵御帝国主义经济的入侵。[2]

苏联"一五计划"运用高度集中的政治权力，将全国人民和资源纳入统一的计划经济范围之内，举全国之力优先发展重工业和国防工业，使苏联在很短的时期内一跃成为工业化强国，这种明显的成效无疑对中国知识界产生了强烈的震撼。1933年，丁文江在结束苏联旅行之后，放弃了原来基于自由主义立场所坚持的民主政治主张，开始鼓吹"新式的独裁"，"我以为假如做首领的能够把一国内少数的聪明才德之士团结起来，做统治设计的工作，政体是不成问题的。并且这已经变为资本主义共产主义国家所共有现象"。[3] 在他看来，在内战不断，外患严重，人民政治文化素质低下的现实境遇下，"新式的独裁"也许是中国走向现代化的有效手段，苏联就是榜样，苏联的"一五计划"的成就是在高度集权的政治体制下实现的，丁文江将统一国家、独裁政治、计划经济看作苏联经济建设成功的三项条件。后来在民主与专制或独裁的争论中，丁文江明确提出了"新式独裁"的四条标准："一，独

① 《读日俄工业参观记感言》，天津《大公报》，1931年6月4日。
② 《目前时代谁与弱者讲理?》，天津《大公报》，1934年1月30日"社评"。
③ 丁文江：《我的信仰》，《独立评论》第100号，1934年5月13日。

裁的首领要完全以国家的利害为利害;二,独裁的首领要彻底了解现代化国家的性质;三,独裁的首领要能够利用全国的专门人才;四,独裁的首领要利用目前的国难问题来号召全国有参与政治资格的人的情绪与理智,使他们站在一个旗帜之下"。① 丁文江所期待的国家领袖是一位具有强大的感召力与凝聚力、能够带领全国知识分子致力于民族独立与国家富强的复合型人才。很显然,他是受到苏联的启发,是以列宁和斯大林为原型而提出上述四条标准的:列宁领导俄国人民打退外国武装干涉,斯大林则带领苏俄走上了实现工业化的道路。丁文江在另外一篇文章写道列宁如何力排众议与德奥布土单独讲和并签订《布列斯特条约》。该条约虽然使俄国丧失了大片领土,但列宁依然是值得赞扬的,因为他"以国家利害为利害",从而为巩固苏维埃政权赢得了时间。他号召国民党领袖向苏俄领袖学习,以国家利害为利害,对日暂时妥协,为战争准备赢得时间,"华北是我们的乌克兰;湖南,江西,四川是我们的乌拉尔—古士奈次克,云贵是我们的勘察加。我愿我们的头等领袖学列宁,看定了目前最重要的是那一件事,此外都可以退让。我们的第二等首领学托洛茨基:事先负责任,献意见;事后不埋怨,不表功,依然的合作。我愿我们大家准备到勘察加去!"② 就是以自由主义知识分子的代言人著称的胡适,在30年代初也发表了不少称赞苏联的政治体制、要求国民党领袖诸公向苏俄学习的言论。

30年代初,苏联通过"一五计划"一跃成为世界强国的事实对中国知识界的触动是巨大的。国难时期广大知识分子对"强国梦"的追求比以往任何时候更加迫切,他们努力地从苏联身上寻找着可以挽救民族危亡的手段。因此,在国难期间每一次思想争论

---

① 丁文江:《民主政治与独裁政治》,《独立评论》第133号,1934年12月30日。
② 丁文江:《苏俄革命外交史的一页及其教训》,《独立评论》第163号,1935年8月11日。

中，我们总能发现有关苏联的话语，例如 30 年代现代化道路的讨论、民主与专制或独裁的争论，争论者常常以苏联的相关史实作为论据。虽然知识界对苏联所实行的社会主义制度不一定完全赞同，也不一定主张完全照搬苏联的经验，但苏联所追求的目标以及为实现目标所采取的手段则成了他们学习的对象。

附录 20 世纪 30 年代初 18 种刊物发表的有关苏俄文章的篇目及作者（部分）

刊物名称	文章标题	著/译者	刊登期、号、时间
东方杂志	《苏俄经济政策的变动及其最近的概况》	颂华	27 卷 6 号 1930.3.25
	《苏俄教育上宣传五年计划的方法》	途	27 卷 6 号 1930.3.25
	《苏俄所谓五年计划及其目前的成就》	George H. Ceplland	27 卷 6 号 1930.3.25
	《苏俄的五年大计划》（纽约通讯）	李惟果	27 卷 10 号 1930.5.25
	《俄国粮食不足之根本原因及其前途之推测》	汤德衡	27 卷 10 号 1930.5.25
	《苏联农民的反抗左倾农业政策》	颂华	27 卷 10 号 1930.6.10
	《苏俄式之新农场》	L. Strong	27 卷 18 号 1930.9.25
	《苏俄扰乱世界市场的计划和影响》	育干	27 卷 22 号 1930.11.25
	《苏俄的新经济政策观》	C. B. Hoover	28 卷 1 号 1931.1.10
	《苏俄农村经济组织的改革》	颂华	28 卷 3 号 1931.2.10
	《一个美国人对苏俄近况的略述》	F. A. Van Fleet	28 卷 7 号 1931.4.10
	《英美人眼中之苏俄五年计划》	G. Soule	28 卷 7 号 1931.4.10
	《苏联的不断工作制度》（伦敦通讯）	程瑞霖	28 卷 15 号 1931.8.10
	《苏俄与世界棉市之关系》	Stephen J. Kennedy	28 卷 16 号 1931.8.25
	《脱洛斯基的五年计划谈》	Leon Irotaki	28 卷 18 号 19.31.9.25
	《苏俄最近的西方外交》	杜若	28 卷 20 号 1931.10.25
	《斯太林政策的变迁》	J. P. Manderille	28 卷 22 号 1931.11.25
	《苏联的科学与政治》	N. Bukharin	28 卷 22 号 1931.11.25
	《苏俄新建之一模范都市》	哲生	28 卷 23 号 1931.12.10
	《资本主义欤共产主义欤》	马寅初	28 卷 24 号 1931.12.25
	《苏俄到底是什么》	冢寒	29 卷 4 号 1932.10.16
	《关于苏俄教育新原理的检讨》	范寿康	29 卷 4 号 1932.10.16
	《计划经济与统制经济》	有心	29 卷 5 号 1932.11.1
	《中国经济路向的转变》	江公怀	29 卷 5 号 1932.11.1
	《最近的日俄关系》	作舟	29 卷 6 号 1932.11.16
	《苏联和平外交的进展》	愈之	29 卷 8 号 1932.12.16
	《苏联教育劳动者的组织》	静山	29 卷 8 号 1932.12.16
	《苏联和平外交的胜利》	冰清	30 卷 1 号 1933.1.1
	《苏联电影的趋势》	秀侠	30 卷 1 号 1933.1.1
	《苏俄第二届五年计划之鸟瞰》	志远	30 卷 1 号 1933.1.1
	《国人对于苏联应有的认识》	胡愈之	30 卷 2 号 1933.1.16
	《苏联工业建设现状》	志远	30 卷 2 号 1933.1.16
	《苏联农业的集体化成绩》	啸秋	30 卷 2 号 1933.1.16

续表

刊物名称	文章标题	著/译者	刊登期、号、时间
东方杂志	《苏联国富的来源及其分配》	伍迁耀	30 卷 2 号 1933.1.16
	《苏联的军备与国防》	张耀华	30 卷 2 号 1933.1.16
	《苏联工农生活的素描》	克多	30 卷 2 号 1933.1.16
	《苏联国际关系之过去与现在》	叶作舟	30 卷 2 号 1933.1.16
	《苏联之政治组织》	沈华生	30 卷 2 号 1933.1.16
	《苏联的军备与国防》	张耀华	30 卷 2 号 1933.1.16
	《苏联法律的哲学基础》	郑竞毅	30 卷 2 号 1933.1.16
	《苏联工农生活的素描》	克多	30 卷 2 号 1933.1.16
	《苏联的文化革命》	胡仲持译	30 卷 2 号 1933.1.16
	《苏联妇女职业的发展》	愉	30 卷 3 号 1933.2.1
	《苏联的反宗教法律》	郑竞毅	30 卷 5 号 1933.3.1
	《苏联的生育节制》	吕鉴莹	30 卷 5 号 1933.3.1
	《赤都的新景象》	冰清	30 卷 5 号 1933.3.1
	《苏联的政治组织》	胡愈之	30 卷 7 号 1933.4.1
	《苏联生活面面观》	克多	30 卷 7 号 1933.4.1
	《资本主义"计划经济"的检讨》	叶作舟	30 卷 9 号 1933.5.1
	《美俄邦交》	允恭	30 卷 9 号 1933.5.1
	《风靡世界的经济统制论》	克己	30 卷 9 号 1933.5.1
	《苏联妇女儿童保护理论》	赵涵川	30 卷 9 号 1933.5.1
	《苏联的银行与货币制度》	张敏之	30 卷 11 号 1933.6.1
	《俄捕英侨与英俄关系》	方钟征	30 卷 12 号 1933.6.16
	《苏联的联邦刑事法院》	郑竞毅	30 卷 13 号 1933.7.1
	《苏联之家庭观》	周新	30 卷 13 号 1933.7.1
	《苏俄的青年》	李青崖译	30 卷 13 号 1933.7.1
	《苏联国外贸易国营十五年》	作舟译	30 卷 13 号 1933.7.1
	《苏俄最近新生产教育学说之概要及其批判》	常导之	30 卷 14 号 1933.7.16
	《苏联集团农业的现在》	陈此生	30 卷 15 号 1933.8.1
	《苏联和平外交政策的成功》	良辅	30 卷 15 号 1933.8.1
	《最近苏联和平外交的进展》	斐丹	30 卷 16 号 1933.8.16
	《苏联的音乐生活》	邵灵芬	30 卷 17 号 1933.9.1
	《苏联预算的特点与本年度预算》	林荷生	30 卷 17 号 1933.9.1
	《苏联合作运动之猛进》		30 卷 18 号 1933.9.16
	《苏联建设中的妇女》	月棋	30 卷 19 号 1933.10.1

续表

刊物名称	文章标题	著/译者	刊登期、号、时间
东方杂志	《苏俄与意大利师范教育之比较》	熊洁	30 卷 20 号 1933.10.16
	《苏联两次五年计划之比较的观察》	萧百新	30 卷 22 号 1933.11.16
	《美苏复交与远东和平》	张明养	30 卷 22 号 1933.11.16
	《美苏关系与美苏复交》	郑林庄	30 卷 22 号 1933.11.16
	《日苏战争的威胁》	良辅	30 卷 23 号 1933.12.1
	《现阶段日苏关系的分析》	张明养	30 卷 24 号 1933.12.16
	《美俄复交之面面观》	潘楚基	30 卷 24 号 1933.12.16
	《伯仲德之计划经济观》	张梁任	31 卷 1 号 1934.1.1
	《苏联与国联》	国纲	31 卷 9 号 1934.5.1
	《日苏战争之预测》	陈敬之	31 卷 9 号 1934.5.1
	《苏联的托儿所》	顾志坚	31 卷 9 号 1934.5.1
	《苏联儿童读物之新趋势》	冈山	31 卷 10 号 1934.5.16
	《一个中国人眼光中的苏联(苏联通讯)》	毛起鹏	31 卷 11 号 1934.6.1
	《苏联对于娼妓问题的解决》	念馨	31 卷 11 号 1934.6.1
	《苏联的学前教育》	高构译	31 卷 14 号 1934.7.16
	《日苏战机的观察》	作舟	31 卷 18 号 1934.9.16
	《苏联的计划经济有什么成绩》	樊季子译	31 卷 19 号 1934.10.1
	《苏联加入国联》	良辅	31 卷 19 号 1934.10.1
	《苏联加入国联问题检讨》	彭革陈	31 卷 19 号 1934.10.1
	《苏联加入国联的经过》	良辅	31 卷 20 号 1934.10.16
	《苏联加盟及其和平外交的演进》	张良辅	31 卷 21 号 1934.11.1
	《苏联加入国联的意义及其影响》	华源	31 卷 21 号 1934.11.1
	《苏联入盟与国际形势》	慕萍	31 卷 21 号 1934.11.1
	《最近苏联的劳工问题》	高谦	31 卷 23 号 1934.12.1
	《苏联的男女同学问题》	卢兰	31 卷 23 号 1934.12.1
	《计划经济之理论的检讨》	宋斐如	32 卷 1 号 1935.1.1
	《苏联五年计划与国防之关系》	黄其钲	33 卷 17 号 1936.9.1
	《计划经济的现在地位》	张素民	33 卷 20 号 1936.11.1
国闻周报	《苏维埃联邦之实相》(上)	大藏公望著 读秋楼主人译	7 卷 15 期 1930.4.21
	《苏维埃联邦之实相》(中)	读秋楼主人译	7 卷 16 期 1930.4.28
	《苏维埃联邦之实相》(下)	读秋楼主人译	7 卷 17 期 1930.5.5
	《苏俄工业化之新实验》(上)	Bruce C. Hopper 著 鲍幼申译	7 卷 21 期 1930.6.2

刊物名称	文章标题	著/译者	刊登期、号、时间
国闻周报	《苏俄工业化之新实验》（下）	Bruce C. Hopper 著 鲍幼申译	7 卷 22 期 1930.6.9
	《苏俄国有农场和集体农场的一瞥》	白华译	7 卷 50 期 1930.12.22
	《新俄建设事业之猛进》	周宗莲	8 卷 8 期 1931.3.2
	《苏俄财产继承权问题》	白帆	8 卷 11 期 1931.3.23
	《苏联五年计划发展真相》	蓑妻准二著 吉人译	8 卷 21 期 1931.6.1
	《苏俄有计划生产之经济组织》	腾霞	8 卷 30 期 1931.8.3
	《苏俄五年来演变的观察》（一）	海斯克尔作 历樵译	8 卷 37 期 1931.9.21
	《苏俄五年来演变的观察》（二）	历樵译	8 卷 38 期 1931.9.28
	《苏俄五年来演变的观察》（三）	历樵译	8 卷 39 期 1931.10.5
	《苏俄五年来演变的观察》（四）	历樵译	8 卷 40 期 1931.10.12
	《苏俄五年来演变的观察》（五）	历樵译	8 卷 41 期 1931.10.19
	《苏俄的无名伟人》	介西译	9 卷 5 期 1932.1.25
	《世界经济恐慌中一个没有失业的国家》	全鋆译	9 卷 6 期 1932.2.1
	《苏俄与各国之不侵条约》（上）	吉人译	9 卷 10 期 1932.3.14
	《苏俄的体育》	陈乐桥译	9 卷 10 期 1932.3.14
	《苏俄与各国之不侵条约》（下）	吉人译	9 卷 11 期 1932.3.21
	《新俄的艺术和罗曼斯》	历樵译	9 卷 16 期 1932.4.26
	《苏联红军总司令费罗西洛夫》	敬慈	9 卷 18 期 1932.5.9
	《苏俄外交之纵横》	敬慈	9 卷 21 期 1932.5.30
	《日俄外交关系》	敬慈	9 卷 24 期 1932.6.20
	《苏俄眼中的远东战争》	历樵译	9 卷 29 期 1932.7.25
	《俄美之商务危机》	仲公译	9 卷 30 期 1932.8.1
	《斯他林谈话记》	艾秀峰	9 卷 31 期 1932.8.8
	《日苏战争的预测》	孙尚宾译述	9 卷 34 期 1932.8.29
	《托洛斯基的世界革命论》	恩源译	9 卷 41 期 1932.10.17
	《现今日俄关系论》	陈菱君译	9 卷 44 期 1932.11.7
	《日俄不易谅解》	沈学傅译	9 卷 49 期 1932.12.12
	《资本主义能否施行计划经济》	马季廉	10 卷 6 期 1933.2.13
	《苏俄社会之骨干》	希健译	10 卷 8 期 1933.2.27
	《苏俄是否民主政治?》	刘震东	10 卷 10 期 1933.3.13
	《美俄日的三角关系》	杨敬慈译述	10 卷 18 期 1933.5.8
	《美俄邦交之展望》	仲珊译	10 卷 19 期 1933.5.15
	《苏俄的家庭》	林风译	10 卷 19 期 1933.5.15
	《苏俄诗文坛》	张绪鸿	10 卷 19 期 1933.5.15

续表

刊物名称	文章标题	著/译者	刊登期、号、时间
国闻周报	《美国承认苏俄之检讨》	仲珊译	10 卷 20 期 1933.5.22
	《苏联的粮食恐慌》	William Henry Chamberlin 著 警愚译	10 卷 34 期 1933.8.28
	《苏俄外交政策理论与实际的检讨》	丕士	10 卷 36 期 1933.9.11
	《国难出路与统制经济》	罗敦伟	10 卷 38 期 1933.9.25
	《苏俄与美国——一个尖锐的对照》	William Henry Chamberlin 著 高殿森译	10 卷 38 期 1933.9.25
	《统制经济问题——为上海银行学会讲》	前溪	10 卷 39 期 1933.10.2
	《日俄在东北对峙之实况》	生人	10 卷 39 期 1933.10.2
	《美国与苏俄市场》	王庚尧译	10 卷 43 期 1933.10.30
	《美俄复交与日本》	记者	10 卷 47 期 1933.11.27
	《日俄战略论》	王庚尧译	10 卷 47 期 1933.11.27
	《苏联军备的鸟瞰》	漂浮	10 卷 47 期 1933.11.27
	《美俄复交的回顾与前瞻》	历樵	10 卷 48 卷 1933.12.4
	《美俄复交文件全文》	历樵译	11 卷 3 期 1934.1.8
	《苏联与国联》	樵	11 卷 12 期 1934.3.26
	《甚嚣尘上之日俄战争谈》	竹村译	11 卷 15 期 1934.4.16
	《苏联的妇女与儿童》	献书译	11 卷 24 期 1934.6.18
	《苏联与国联》	胡道维	11 卷 25 期 1934.6.25
	《苏联的妇女与儿童》(续)	献书译	11 卷 25 期 1934.6.25
	《实行统制经济制度的条件》	丁文江	11 卷 27 期 1934.7.9
	《苏联与国联在人道事业上的合作》	胡道维	11 卷 28 期 1934.7.16
	《苏联加入国联》	晦	11 卷 29 期 1934.7.23
	《苏联与军缩》	胡道维	11 卷 30 期 1934.7.30
	《苏联与国联之经济事业的合作》	胡道维	11 卷 32 期 1934.8.13
	《战时之经济统制》	尹以瑄	11 卷 34 期 1934.8.27
	《苏俄外交关系与第三国际》	胡道维	11 卷 38 期 1934.9.24
	《法俄联携下的东欧公约》	历樵	11 卷 41 期 1934.10.15
	《苏俄远东建设近况》	历樵	11 卷 49 期 1934.12.10
	《三种主义的世界竞争》	蒋廷黻	12 卷 38 期 1935.9.30
大公报（天津）	《俄国铲除中农阶级运动》社评		1930.3.18
	《读日俄工业参观记感言》社评		1931.6.4
	《民国二十年国庆辞》		1931.10.10
	《五年计划四年完成》		1931.10.24

续表

刊物名称	文章标题	著/译者	刊登期、号、时间
大公报（天津）	《五年实业救国计划》（读者论坛）	张翰臣	1931.11.8
	《苏俄五年计划与远东之关系》（读者论坛）	张毓宾	1932.1.15
	《美俄日之三角关系》社评		1932.6.2
	《苏俄第二次五年计划》（续）	大炎译	1932.11.5
	《苏联十五周年》社评		1932.11.7
	《法俄互不侵犯协约成立》社评		1932.11.18
	《共产主义与社会主义》	胡宜斋	1933.2.8
	《共产主义与社会主义》（续）	胡宜斋	1933.2.11
	《美国统制经济的难关》社评		1933.10.3
	《生产建设之前途》社评		1934.2.22
	《山西经济统制问题》社评		1934.6.11
	《小协约与苏俄复交》社评		1934.6.12
	《苏联将入国联》社评		1934.7.18
	《最近日苏关系之动向》社评		1934.8.22
	《读苏联宪法草案感言》社评		1936.6.17
独立评论	《掀天动地的苏俄革命》	哲	2 号 1932.5.29
	《建设与计划》	咏霓	5 号 1932.6.19
	《赤色面包》	衡哲	5 号 1932.6.19
	《一九三一年中苏俄的农业》	奥哈根著 道邻译	11 号 1932.7.31
	《苏俄五年计划的结算》	张伯伦原著 丁文治译	50 号 1933.5.14
	《苏联的报纸》	学浚译	69 号 1933.9.24
	《苏俄与美国之对照》	秀莹节译	74 号 1933.10.29
	《苏俄旅行记》（五）	丁文江	109 号 1934.7.15
	《苏俄旅行记》（六）	丁文江	114 号 1934.8.19
	《苏俄旅行记》（七）	丁文江	116 号 1934.9.2
	《苏俄旅行记》（八）	丁文江	118 号 1934.9.16
	《苏俄旅行记》（九）	丁文江	119 号 1934.9.23
	《苏俄旅行记》（十）	丁文江	122 号 1934.10.14
	《苏俄旅行记》（十一）	丁文江	126 号 1934.11.11
	《欧游随笔》（四）	蒋廷黻	128 号 1934.11.25
	《欧游随笔》（五）	蒋廷黻	129 号 1934.12.2
	《日俄冲突之可能》	孟真	116 号 1934.9.2
	《苏俄的青年》	西莹	129 号 1934.12.2

续表

刊物名称	文章标题	著/译者	刊登期、号、时间
独立评论	《苏俄外交的一个观察》	叔永	130 号 1934.12.9
	《欧游随笔》(六)	蒋廷黻	132 号 1934.12.23
	《欧游随笔》(七)	蒋廷黻	133 号 1934.12.30
	《苏俄旅行记》(十二)	丁文江	134 号 1935.1.6
	《苏俄旅行记》(十三)	丁文江	135 号 1935.1.13
	《欧游随笔》(八)	蒋廷黻	138 号 1935.2.17
	《欧游随笔》(九)	蒋廷黻	139 号 1935.2.24
	《苏俄旅行记》(十四)	丁文江	146 号 1935.4.14
	《苏俄旅行记》(十五)	丁文江	152 号 1935.5.26
	《苏俄旅行记》(十六)	丁文江	156 号 1935.6.23
	《苏俄旅行记》(十七)	丁文江	168 号 1935.7.7
	《苏俄旅行记》(十七)(续)	丁文江	169 号 1935.7.14
	《苏联的教育》	邵德润译	172 号 1935.10.13
	《苏俄旅行记》(十八)	丁文江	174 号 1935.10.27
益世报	《苏维埃的末路》		1931.1.11
	《苏俄之运命将终》社论		1931.1.13
	《苏俄五年计划对欧洲之威胁》		1931.7.14
	《杜洛斯基有返俄说》		1932.4.7
	《社会主义之城市计划》		1932.4.15
	《日正诱发对俄战争》		1932.4.19
	《苏俄劳工大会开幕》		1932.4.22
	《美俄之合作》		1932.4.23
	《苏俄对日实行报复》		1932.4.24
	《俄与日本终将一战》		1932.4.27
	《苏俄之少女心理的分析》		1932.5.31
	《远东风云与日美俄》		1932.6.1
	《苏俄备战》		1932.6.7
	《苏俄五年计划中之远东建设》		1933.1.10
	《苏俄军备》		1933.2.8
	《重女轻男之新俄婚姻法》		1933.2.10
	《苏联艺术家又弱一个》		1933.2.10
	《朴列汗诺夫及其艺术理论》	程慎吾	1933.4.29
	《苏俄的劳动妇女》		1933.5.1
	《苏联剧团活跃之新姿态》	郑桂泉	1933.7.5

续表

刊物名称	文章标题	著/译者	刊登期、号、时间
益世报	《苏联儿童剧运》	郑桂泉	1933.7.12
	《俄罗斯的电影事业》	石质译	1933.8.9
	《经济国家主义之兴起》	勒温松著 纪文动译	1933.8.18
	《经济国家主义之兴起》（续）	勒温松著 纪文动译	1933.8.19
	《苏俄经济总检讨》（上）	纪文动译	1933.9.4
	《统制经济的先要条件》社论		1933.9.5
	《苏俄经济总检讨》（中）	道尔登原著 纪文动译	1933.9.5
	《苏联戏剧漫谈》	郑桂泉	1933.9.6
	《苏俄的法制》（一）	石毓符译	1933.9.15
	《苏俄的法制》（二）	石毓符译	1933.9.16
	《苏俄的法制》（三）	石毓符译	1933.9.17
	《苏俄的法制》（四）	石毓符译	1933.9.18
	《统制经济与中国》	穆藕初	1933.9.26
	《苏俄之广播、报纸、及其出版》		1933.10.9
	《苏俄革命十六周年》社论		1933.11.7
	《远东红军之强化》		1933.11.11
	《美承认苏联问题》		1933.11.17
	《美俄宣告复交之意义》社论		1933.11.19
	《莫斯科舞台转向莎士比亚》	殷沉译	1933.11.22
	《一九二八——一九三三史泰林治下之苏俄》	任齐	1933.12.11
申报	《苏联论》（一）专论		1932.1.25
	《为苏联考察团进一言》	穗	1933.2.15
	《论统制经济》	伟	1933.9.24
	《经济制度与经济社会》	汤崑	1933.12.18
读书杂志	《苏俄五年计划》	浩徐	1卷1期 1931
	《托洛茨基自传》	陈衡玉	1卷6期 1931
	《托罗斯基论苏俄革命与国际形势》	澄宇译	2卷10期 1932
	《史达林与苏俄》	白草译	2卷10期 1932
	《最近苏联之文学哲学与科学》	徐翔译	2卷10期 1932
	《我看俄德将有战争》	托洛斯基著 澄宇译	2卷5期 1932
	《苏联文学之现阶段与创作方法之问题》	徐翔穆译	3卷6期 1933
	《由自由主义经济到统制主义经济》	道明	3卷7期 1933
	《统制经济与布洛克经济论》	克己	3卷7期 1933
	《资本主义"统制经济"的理论与批判》	陈碧生译	3卷7期 1933

续表

刊物名称	文章标题	著/译者	刊登期、号、时间
读书杂志	《社会主义的计划经济——苏联计划经济》	陈豪君编译	3 卷 7 期 1933
	《法西斯蒂的统制经济》	胡雪	3 卷 7 期 1933
	《两个五年计划的面面观》	竞东	3 卷 7 期 1933
复兴月刊	《苏俄之速写》	旭初译	1 卷 7 期 1933.3.1
	《苏俄第一次五年计划的成果与第二次五年计划的展望》	张水淇	1 卷 7 期 1933.3.1
	《统制经济与计划经济》	张素民	1 卷 20 期 1933.8.1
	《统制经济之基本概念》	张素民译	2 卷 1 期 1933.9.1
	《经济国家主义之崛起》	高承元	2 卷 1 期 1933.9.1
	《统制经济与中国》	穆藕初	2 卷 2 期 1933.10.1
	《经济统制历史之回顾》	张素民	2 卷 2 期 1933.10.1
	《统制经济之两大原则》	穆藕初	2 卷 3 期 1933.11.1
	《中国统制经济问题》	张素民	2 卷 3 期 1933.11.1
	《1933 年英美之统制经济运动》	张素民	2 卷 5 期 1934.1.1
	《统制经济在中国》	荫甫	2 卷 5 期 1934.1.1
	《苏俄计划经济的鸟瞰》	郑独步	2 卷 5 期 1934.1.1
	《美俄复交之经济分析》	康鲁宾	2 卷 5 期 1934.1.1
	《苏俄计划经济的批判》	郑独步	2 卷 6 期 1934.2.1
	《苏俄的农业政策》	张培均译	2 卷 6 期 1934.2.1
	《法西斯统制经济的认识》	郑独步	2 卷 7 期 1934.3.1
	《个人主义思想之嬗变与没落》	胡善恒	2 卷 8 期 1934.4.1
	《走向计划经济之路》	赵福基译	2 卷 8 期 1934.4.1
	《苏联之社会生活》	张素民	2 卷 8 期 1934.4.1
生活周刊	《苏俄五年经济计划》	新生	6 卷 22 期 1931.5.23
	《五年计划的成果》	伏生	8 卷 3 期 1933.1.21
	《苏俄的工人生活近况》	都佩	8 卷 1933
大道	《统制经济与民族复兴》	汤鸿庠	1 卷 1 期 1933.11.20
	《苏俄对日军备的扩张》	王今野	1 卷 1 期 1933.11.20
	《统制经济的资金问题》	王今野	1 卷 2 期 1933.12.20
	《所谓李维诺夫和平外交之索隐》	马仲楷	1 卷 2 期 1934.1.20
	《俄日战争论》	黄心白	1 卷 4 期 1934.2.20
	《第二次日俄战争的预测》	叔涛	1 卷 5 期 1934.3.20
	《苏俄外交政策之基础(待续)》	拉狄克著 叔涛译	1 卷 6 期 1934.4.20
	《苏俄外交政策之基础》	拉狄克著 叔涛译	2 卷 1 期 1934.5.20

刊物名称	文章标题	著/译者	刊登期、号、时间
大道	《统制经济之新财源》	江锋	2 卷 2 期 1934.6.20
	《颇局线上的俄日关系》	郝玲星	2 卷 5 期 1934.9.20
	《苏联加入国联的意义》	蔡次薛	2 卷 6 期 1934.10.20
	《苏联加入国联后国际关系的动向》	向金声	3 卷 1 期 1934.11.20
	《苏联加盟之回顾及其展望》	徐英	3 卷 1 期 1934.11.20
国际	《苏俄之备战观》	邝耀坤译	1 卷 1 号 1932.8.1
	《日俄战争之可能性》	邝耀坤	1 卷 4 号 1932.9.16
	《苏联农业计划与发展》	育之	1 卷 10 号 1933.1.15
	《苏俄五年计划之成功（史丹林演说）》		1 卷 11 号 1933.2.15
国际译报	《统制经济之进展》	戈奇	创刊号 1932.9.10
	《苏俄第二次五年计划之准备》	素曼	创刊号 1932.9.10
	《苏联农业政策之进展》	圣律	创刊号 1932.9.10
	《苏联对战争的准备》	圣律	九一八号 1932.9.17
	《日俄开战与列强的向背》	素曼	九一八号 1932.9.17
	《俄报论日本与苏俄》	素曼	九一八号 1932.9.17
	《苏联红军之组织与实力》	健郎	九一八号 1932.9.17
	《苏俄红军在远东之驻扎与防御设施》	伊岛	九一八号 1932.9.17
	《苏俄农业与农民》		世界农业与现代农村号 1932.9.24
	《五年计划与农业》		世界农业与现代农村号 1932.9.24
	《苏俄红军与社会主义建设》	戈奇	1 卷 4 号 1932
	《苏俄之共产党与共产党员》	戈奇	1 卷 4 号 1932
	《苏联共党之内讧》	费尼斯	2 卷 7 期 1933
	《最近苏俄国防工业的重视》	东京朝日新闻	2 卷 8 期 1933
	《世界革命与苏联外交政策》	陈维干译	2 卷 8 期 1933
	《世界经济上的两个世界》	平健	3 卷 5、6 期合刊 1933
	《苏联电气化之进行》	华波译	3 卷 5、6 期合刊 1933
	《苏联农业的缺陷》	史大林	3 卷 5、6 期合刊 1933
	《苏俄共营农制之成绩不良》	日日新闻	3 卷 5、6 期合刊 1933
社会杂志	《苏俄第二个五年计划》	郭垣译	4 卷 1 期 1932.11.10
	《苏俄五年计划社会规程之评价》	程光铭	4 卷 1 期 1932.11.10
	《苏俄经济的种种真相（下）》	介西	4 卷 1 期 1932.11.10

续表

刊物 名称	文章标题	著/译者	刊登期、号、时间
时事 新报	《苏俄建设》社评		1934.1.3
	《史太林演词之批评》社评		1934.1.10
	《德波缔约与俄德形势》社评		1934.2.2
	《日俄谁欲速战》社评		1934.3.7
	《苏俄加入国联问题》社评		1934.3.27
中国 杂志	《苏俄经济组织缺陷》	武桀	1卷1期1931
	《苏俄经济组织缺陷》(续)	武桀	1卷2期1931
	《由俄国布尔什维克谈到中国共产党》	汇同	1卷3期1931.10.20
	《苏俄军备现状》	茹超逸译	1卷3期1931.10.20
	《新俄的社会生活》	茹超逸译	1卷4期1931.11.5
	《新俄的社会生活》	茹超逸译	1卷4期1931.11.5
生存 月刊	《苏联的新兴音乐运动》	何连译	4卷3号1933.7.1
	《苏联建设中的哲学观》	吴连楚译	4卷7期1933.11.1
	《苏联的红军生活》	易克	4卷7期1933.11.1
	《十五年来的苏联文化》	曹亮	4卷7期1933.11.1
	《日本对苏俄战争之准备》	齐非我	4卷10期1934
	《一九三四年终日苏关系之总结算》	齐平	4卷12期1934.12.15
行健 月刊	《苏俄国防设施与其陆军军备》	曹重三	2卷1期1933
	《计划经理论与实际》	周天放	2卷3期 计划经济专号 (上)1933
	《计划经济之限度与可能》	贾丽南	
	《苏俄计划经济之概貌》	陈述言	
	《苏俄第一五年计划之检讨》	白世昌	
	《计划经济与社会改造》	贾丽南	2卷4期 计划经济专号 (下)1933
	《苏联计划经济底基本原理》	岳光	
	《苏联第二次五年计划之展望》	石竹	
	《欧美各资本主义国家之计划经济运动》	穆仁	
	《中国对外贸易与计划经济》	滕鸿凯	
	《说到计划经济结合经济概论》	徐鸿驭	
	《苏俄民族复兴运动之考察》	白世昌	2卷5期1933
	《苏俄之世界革命及其外交政策》	滕鸿凯	2卷6期1933
	《计划经济与统制经济》	周天放	3卷5期统制经济问 题1933
	《中国统制经济问题》	滕鸿凯	
	《统制经济在中国实施问题》	汤鸿庠	
	《中国可以实施统制经济么?》	方秋苇	
	《统制经济与财政问题》	徐鸿驭	

刊物名称	文章标题	著/译者	刊登期、号、时间
行健月刊	《左右夹攻中的苏俄》	篱秋	5 卷 2 期 1934. 8. 15
	《近代国防观念与苏俄》	徐闲六	5 卷 2 期 1934. 8. 15
申报月刊	《世界经济会议的前夜》	胡愈之	2 卷 5 号 1933. 5. 15
	《苏联劳动民众的生活》	白苹	2 卷 6 号 1933. 6. 15
	《苏俄计划经济之理论与实际》	张耀华	2 卷 7 号 1933. 7. 15
	《论中国现代化》	杨幸之	2 卷 7 号 1933. 7. 15

第　五　章
法西斯主义思潮的出现

　　法西斯主义是 20 世纪上半叶出现的鼓吹种族主义、专制和扩张的政治理论、运动和政权形式。用"铁"与"血"的手段实行专制独裁，奴役国内人民，对外发动侵略战争，是法西斯主义的实质。法西斯主义在 1920 年代传入中国，中共成立初期将反对"阶级革命"视为法西斯主义的标志并对其进行了批判。[①]国民党于 20 年代末在形式上统一全国后，以蒋介石为核心的统治集团开始寻找为其统治服务的理论，他们公开打出法西斯主义的招牌，鼓吹并推行法西斯主义理论和主张，而且动员国家政权的力量，组织法西斯主义的许多组织，尤其是"中统"和"军统"两大法西斯特务组织，在三四十年代的中国社会中，其势力无孔不入。数以百计的宣传法西斯主义的书籍、成千上万鼓吹专制独裁的文章先后出笼。蒋介石集团还把宣扬法西斯主义与宣扬封建伦理道德结合起来，其目的均为欺骗民众认同专制独裁，两者结合形成了中国的封建法西斯主义。法西斯主义思潮兴起后，受到了中国共产党和进步思想界的批判。

---

　　①　参见张文涛《一九二○年代中国共产党人对中国"法西斯"的批判》，《党史研究与教学》2018 年第 3 期。

一　法西斯主义在中国的出现

法西斯主义是第一次世界大战后出现的一种最反动的国际性社会政治思潮。第一次世界大战后期俄国爆发了十月革命，在世界上建立起第一个社会主义国家，西方世界出现了资本主义和社会主义两大阵营的对垒；第一次世界大战后，西欧主要资本主义国家的无产阶级革命汹涌澎湃，德国爆发了十一月革命，匈牙利成立了苏维埃共和国，英国、意大利、美国、日本也爆发了大规模的工人起义，战胜国因分赃不均而矛盾重重，战败国和自觉分赃太少的国家内部局势动荡不安。正是在这种背景下，法西斯主义首先在意大利出现。1919 年 2 月，墨索里尼组织了"战斗的法西斯团"，以打倒自由主义政府、反对共产党、国家强权化和再现意大利辉煌为纲领。此后，法西斯势力在意大利迅速发展，墨索里尼 1922 年 10 月31 日进军罗马，终于执掌了国家政权，在意大利初步建立了法西斯政权。由于法西斯掌权后意大利经济恢复较快，这对于急于摆脱战后国内和国际局面困难重重的德国是一个巨大的刺激，所以德国以希特勒为首的法西斯分子，极力效仿意大利，成立德国国家社会主义工人党（简称"国社党"，音译"纳粹"），建立军事武装，组织暴动。由于魏玛共和国的软弱无能，法西斯势力得隙以乘，希特勒终于 1933 年 3 月当选为德国元首，开始在德国全方位地实行法西斯统治。第一次世界大战后日本政党政治获得短期发展而夭折，军部法西斯势力逐渐控制了日本政局。经过一系列政变，1936年法西斯统治正式确立。20 世纪二三十年代，除意、德、日三国法西斯建立政权外，西班牙也建立起了法西斯政权，拉美国家法西斯势力也十分猖獗，英、美、法等国内法西斯势力也有相当影响。这样，法西斯主义成为第一次世界大战后世界范围内的政治思潮和政治力量。

法西斯主义无固定的理论体系和哲学思想。墨索里尼在《法西斯主义论》中是这样阐述的：第一，否认和反对和平，不相信永久和平之可能；第二，否认和反对马克思主义，反对唯物史观和阶级斗争，深信英雄创造历史；第三，否认和反对民主政治，否认群众可倚仗其多数的力量指挥人类，认为民主政治容易形成政治低效能和不负责任；第四，否认和反对自由主义，认为无论政治、经济，还是文化、社会诸方面，专制主义才是世界潮流；等等。为应付1929—1933年世界经济危机，法西斯主义在各国有不同的发展，但大致具有下列共同点：第一，民族沙文主义。鼓吹对外扩张和种族优越论，如希特勒宣称要用德国的剑为世界上最优秀的日耳曼民族的犁开辟疆土。第二，国家机能主义。以政治万能和集权为信条，强调国家权力万能和至高无上，国民应无条件为之牺牲。第三，反对议会主义和民主政治。认为议会政治不能应付严重的局势，容易形成党派之争，只有集权和独裁才能有效地行使权力。第四，唯力主义。行动能证明和解决一切，而行动需要力即集团的暴力作基础，所以要造成一种慑服一切、超越一切的力。第五，反对阶级斗争。宣扬整体利益超越阶级利益。

法西斯主义作为一股世界范围内的政治思潮于20世纪20年代初传入中国，蔡和森注意到"欧战后意大利一班退伍的军官，受了段农迪阿（D'annunzio）的爱国行动的激刺，组织了一个小小团体，叫仿法西斯党，专以屠杀罢工工人为事，不法横行，政府无敢干涉，这样的猖獗有了两年，至去年底居然用武力取得意大利的政权"，"法西斯主义颇有推广全世界之势，日本，中国亦有法西斯党的足迹，法西斯行为亦日益加厉"[①]。陈独秀注意到"反动的意大利的法西斯蒂党不独握了意大利的政权，而且成了国际运动；他们已在法、德做君主复辟的运动，美国也都有他们的组织，日本也

---

① 太雷：《法西斯主义之国际性》，《前锋》创刊号，1923年7月1日。

有了他们的运动，中国上海也有他们的党员了"①；一些报刊如《东方杂志》1921 年 7 月刊出《意大利新选举之经过》介绍过墨索里尼领导的法西斯运动，次年又发表了《意大利政潮之剖析》《意国政界之变革》等文，介绍墨索里尼生平等情况；胡愈之 1923 年在《东方杂志》发表了《意国伟人慕沙里尼的生平》《德国也有棒喝团革命》《棒喝主义与中国》《西班牙的棒喝团革命》《棒喝主义的一年》等介绍意大利、德国、西班牙法西斯主义的报道。但总的说来，其影响不大。1927 年南京国民政府建立后，中国思想界出现了一股宣扬法西斯主义的热潮。蒋介石不仅宣扬和肯定法西斯主义思想，而且力图在中国建立起法西斯独裁统治。

中国法西斯主义的出现有其深刻的社会背景。

第一，从国内政治形势看：（1）尽管蒋介石对共产党采取了残酷无情的镇压政策，中国共产党势力也遭到削弱，但中国共产党势力不仅存在，而且在广大农村建立了革命根据地，同国民党进行武装对抗，开展土地革命，建立红色政权，中国共产主义正呈现"星星之火，可以燎原"之势，如何"剿灭"中国共产主义势力成为蒋介石的头等难题。于是，他期望法西斯主义这种强权、独裁的政治思潮能够助其一臂之力。（2）1927 年蒋介石在南京建立了国民政府，1928 年东北张学良易帜，表面上蒋介石统一了中国，但实则不然，经常受到国内不同派别和政治势力的挑战。在军事上，蒋介石虽拥有全国力量最强大的中央军，但各地方军事实力派并不心甘情愿向其俯首称臣，因为李宗仁、阎锡山、冯玉祥等都有强大的军事实力。南京国民政府建立后，先后爆发了蒋桂战争、蒋冯战争、蒋唐战争、中原大战，国无宁日，生灵涂炭。在政治上，有所谓汪精卫派、胡汉民派、蒋介石派和西山会议派，各挟持部分国民党中央执监委员，或称"非常会议"，或称"特别会议"，甚至公

---

① 陈独秀：《关于社会主义问题——在广东高师的讲演》，《陈独秀文章选编》中册，三联书店 1984 年版，第 298 页。

开各立中央，互不相让。蒋介石自视为孙中山的合法继承人，汪精卫以其国民党元老资格指责蒋介石叛党叛国；胡汉民则试图制定大批法律以束缚蒋介石手脚，造就中国的基马尔，但也与将介石不欢而散。总之，南京国民政府无论是政治还是军事都是互不统属的派别，如何改变这种局面，各派有各自的主张，以蒋介石为代表的一部分人认为只有"三民主义＋法西斯蒂"才能拯救中国，企图借助法西斯主义的国家权力至上、独裁集权统治消除内部纷争。

第二，从当时国际环境看，南京国民政府建立后，中国不仅仍遭到列强的压迫，而且日本帝国主义步步进逼，民族危机日益严重。先是蒋介石1928年"二次北伐"时，在济南遭日军抵抗，日军制造了"五三惨案"；接着日本帝国主义发动九一八事变，侵占东三省，并进而成立伪满洲国；接着发动一·二八事变，侵略热河、华北。在严重的民族危机面前，蒋介石虽无力鼓吹民族沙文主义，但也期望借助法西斯主义，宣传他的民族复兴的理论，认为民族危机的时候，"实在就是我们最好的一个成功立业的机会"，"如果我们现在从新赶紧来澈底研究……我们一定可以研究一个挽救危亡的正当的至理出来！再照此至理去努力实行，一定能够完成我们革命的任务"①。这个"至理"便是法西斯主义。

第三，从思想渊源和社会基础看，平心而论，孙中山的"训政"论给蒋介石实行法西斯主义提供了某种借口。孙中山设计中国革命的步骤分"军政"、"训政"和"宪政"三步。在"训政"时期由国民党训导国家政治，待国民素质提高后，再实行宪政。当然，蒋介石和孙中山二人的训政思想是有本质的区别的。蒋介石上台后对孙先生的"训政"理论加以改造，使其成为适合自己口味的法西斯主义独裁理论。东北易帜后，蒋介石就宣布"军政"结束，"训政"开始。这样使其法西斯主义找到了一个正当的借口和冠冕堂皇的外壳。中国是一个有几千年封建历史的国家，封建君主

---

① 蒋中正：《怎样完成复兴中国的使命》，《前途》第2卷第1号，1934年1月1日。

专制主义思想根深蒂固，缺乏民主传统，这为蒋介石行使法西斯主义独裁和宣传法西斯主义理论提供了温床。另外，传统专制主义的影响、近代民族主义思潮的兴起与西方非理性主义思潮的传入，也是法西斯主义在中国传播的重要思想基础。

中国共产党人在法西斯主义传入中国不久，"很快就将'法西斯蒂'这一名词用到对国内敌对势力的批判之中"[①]，包括以"法西斯蒂"、法西斯主义指责国民党，早在 1924 年 8 月至 10 月广州发生商团叛乱时，蔡和森等人即将参与其中的国民党右派视为中国的法西斯，称"这次事变的教训：第一是证明国民党右派为反革命的法西斯蒂"[②]。但实际上，国民革命时期国民党并未宣传法西斯主义。胡秋原曾指出："莫索里尼于民国十一年（一九二二）以法西斯蒂组织取得政权，早为国人所知，此在当时译为棒喝团，并不受重视。民国十八年世界经济大恐慌后，希特勒声势日大，始为国人所注意。最早受其影响者，是九一八前一年为对抗左翼文艺而起的民族文艺运动。九一八后，留学义德两国之青年军人鉴于日本之侵略及共党之猖獗，多欲效法德义政体以救国。"[③]

蒋介石起初对法西斯主义并没有给予太多关注，在南京国民政府成立时还尽量撇清与法西斯主义的关系，后来公开谈论法西斯主义也并不多。在 1931 年 5 月 5 日的"国民会议"上，蒋介石首次公开谈论法西斯主义，被认为第一次亮出法西斯主义旗帜。他在会议开幕词中指出当今世界有三种政治理论：一种是共产主义之政治理论，主张阶级斗争，"不适于中国产业落后情形及中国固有道德，中国亦无需乎此"；二是自由民治主义之政治理论，"主张民治高唱自由者，各据议席，任其论安言计，动引西人，亦不过非疑

---

① 张文涛：《一九二○年代中国共产党人对中国"法西斯"的批判》，《党史研究与教学》2018 年第 3 期。

② 和森：《商团事件的教训》，《向导》第 82 期，1924 年 9 月 10 日。

③ 胡秋原：《一百三十年来中国思想史纲》，（台北）学术出版社 1983 年版，第134 页。

满腹，众难塞胸，今岁不征，明年不战，使共产党军阀坐大于中原"。以上两种理论均不可取。三是法西斯之政治理论，"本超象主义之精神，依国家机体学说为根据，以工团组织为运用，认定国家为至高无上之实体，国家得要求国民任何之牺牲"。他认为中国"今日举国所要求者，为有效能的统治权之行施"，以"解除民众痛苦"，"完成中国统一"，所以法西斯理论正适合于今日之中国。①从上述言论中，可以看出蒋介石之法西斯主义有三个方面的含义：第一，国家至上；第二，民族至上；第三，效能至上。效能不完全是指行政效率，其中也包含消灭共产党。蒋介石还说自己的统治与法西斯有区别，因为它是有限的，"训政"结束，法西斯主义也就结束。蒋介石发表此次谈话以前，还未见蒋介石有其他公开谈论法西斯的言论。但以此为契机，国民党出现了一股法西斯主义的狂潮，他们在官方的默许下，成立"文化""学术"团体，开设书局，出版报刊，据不完全统计，1932—1936 年间，以出版法西斯书籍和墨索里尼、希特勒、蒋介石言论和传记为主的书局就达几十家之多，如提拔书店、正中书局等，出版了夏含华的《法西斯蒂与莫索里尼》（光华书局 1933 年）、萧文哲的《日本法西斯蒂运动》（光华书局 1933 年）、萧文哲的《法西斯蒂及其政治》（神州国光社 1933 年）等图书。宣传法西斯的报刊先后发行百余种，主要有《中国日报》《晨报》《中国革命》《社会主义月刊》《前途》；其中，《前途》是 30 年代国民党内秘密团体三民主义力行社宣传法西斯主义的最重要出版物之一。② 这些报刊鼓吹只有法西斯主义才能救中国，一些亲国民党的知识分子也以《文化建设》《时代公论》为主要阵地，加入到了宣传和主张法西斯主义的行列。

---

① 《国民会议开幕盛况》，《申报》1931 年 5 月 6 日。
② 参见徐有威《从〈前途〉杂志看德国法西斯主义在战前中国之影响》，《近代中国》1999 年。

二　中国法西斯主义的内容和特点

一个主义、一个政党、一个领袖是中国法西斯主义的基本内容和灵魂。早在1928年7月，蒋介石就提出了"一个主义""一个政党"的口号。他说，"现在主义的派别很多，有狭隘的国家主义，有在中国不适合的共产主义，有在千万年以前或能实现的无政府主义；这些主义，都不合于中国建设之用"，"我们中国要在二十世纪的世界谋生存，没有第二个适合的主义，只有依照总理的遗教，拿三民主义来做中心思想，才能统一中国，建设中国；如果中国各派的思想不统一，中国的建设定是非常困难的。因此，我们现在只有研究总理的三民主义，拿来作建设的方针。至于共产主义、国家主义、与无政府主义等都是外国的宣传，不适合中国的需要，我们绝不能盲从附和，害己害人"，"我们要确定三民主义是中国最适用的一个中心思想，要拿三民主义来统一全国的思想"，"要确定总理三民主义为中国唯一的思想，再不许有第二个思想，来扰乱中国"。他又指出"我们要建设健全的一个国家，要在国际上得到平等的地位，我们必须以党治国"。① 他在1929年发表的《我们为什么入党和以党治国》的演说中明确主张"以党治国，就是国民党治国"，其他党派出来，"国民党就要失败"。很明显，蒋介石搞一个主义、一个政党，其目的就是反对共产主义和共产党，所以，具体说来蒋介石法西斯主义的内容之一就是反共。"一个领袖"是指针对国民党内部派系纷争而言的。孙中山先生去世后，国民党四分五裂，多次公开分道扬镳，蒋介石、胡汉民、汪精卫、

---

① 蒋介石：《中国建设之途径——1928年7月18日在北平招待各界讲》，中共中央党校中共党史教研室：《三民主义历史文献选编》，中共中央党校科研办公室，1987年印行，第297—298页。

孙科等各派争夺中央权力，国民党各派互相争斗，水火不容。蒋介石希望以法西斯主义的"一个领袖""领袖独裁"为其实现个人独裁服务。1933 年 7 月 18 日，他在庐山军官训练团讲课时宣称："军队的信仰一定要集中"，"第一就是要使全军信仰唯一的主义，第二就要使全军信仰唯一的最高统帅"，"大家要知道，今天并不是因为我做了统帅，就要大家信仰我，就是政府叫任何人来做统帅，大家也要一样的信仰他！总之，我们全体士兵和各级官长，对于自己的上官，尤其是统帅必须绝对的服从！"① 稍后，他又一次来到军官训练团讲课，这次他强调国民党全体党员要服从领袖，他说："革命团体的一切，都要集中于领袖；党员的精神，党员信仰要集中，党的权力以及党的责任，也要集中，党员的所有一切都要交给党，交给领袖；领袖对于党的一切，党员的一切，也要一肩担负起来！所以每个党员的精神和生命，完全是与领袖须臾不可分离的。因此，所有的党员和领袖当然要同患难，共生死，领袖生命就是全体革命党员的生命，全体革命党员的生命就是领袖的生命！"② "这两篇讲话虽然没有直接提到法西斯主义，但蒋介石要树立个人权威，建立个人独裁的野心与法西斯极权主义的精神基本上是一致的"。③ 一些鼓吹法西斯主义的人也纷纷借法西斯主义"领袖独裁"的理论，为树立蒋介石独裁统治大造舆论。蒋介石本人虽然公开谈论"一个领袖"的时候不多，并表示过这个"领袖"并不必是自己担任。但实际上，他支持鼓吹法西斯分子的人制造"领袖独裁"的舆论，并默许他们把自己视为这个"独裁领袖"的当然唯一人选。所以，具体说来，实行专制独裁统治是蒋介石法西斯主义的又一个内容。总之，蒋介石法西斯主义的内容就是要在中国实行他个

---

① 蒋介石：《剿匪军官须知》，张其昀编《蒋总统集》第 1 册，（台北）"国防研究院"、中华大典编印会，1968 年，第 646—647 页。

② 蒋介石：《革命的心法——诚》，张其昀编《蒋总统集》第 1 册，第 722 页。

③ 崔之清主编《国民党政治与社会结构之演变（1905—1949）》中编，社会科学文献出版社 2007 年版，第 702 页。

人独裁统治，消灭国民党内的派系之争和铲除中国共产党。

"力行哲学"和封建的伦理政治是中国法西斯主义的理论支撑。1932年5月淞沪停战协定签订后，蒋介石纠集几十万兵力对红军进行第四次"围剿"。5月16日，他发表了《自述研究革命哲学经过的阶段》，6月6日又发表《要抵抗日本帝国主义先要抵抗日本武士道精神》，提出"力行哲学"。他说："古往今来宇宙之间，只有一个行字才能创造一切。"因此，"行的哲学为唯一的人生哲学"，蒋介石之"行"字是孙中山的"知难行易"之消极发展，又将王阳明的"知行合之""致良知"等糅合进去。孙中山的"行"字有两个方面的含义：一是"以行求知"；二是"因知以进行"，"能知必能行"。孙中山所强调的是革命道理难以知晓，一旦明白应该力求实行。蒋介石的"所谓行，是天地间自然之理，是人生本能的天性"。他把"行"先天化、神秘化了。既然"行"是本性，"知"就不必去探求了，只要有先知先觉者指教后知者即可了。蒋介石说"行就是人生"，行的目的是"行仁"，"力行就是革命"。要"行"必须要有智、仁、勇三达德的革命精神，其原动力是"出乎大公，本乎至诚"，"行的极致就是杀身成仁"。总之，蒋介石"行"的哲学并没有什么深奥的哲理，只不过是他在搬弄中国传统哲学来蒙混过关，使之显得深奥无穷。实际上，其基本内容和目的就是要人们不辨真伪，盲目地跟随蒋介石，为其政权卖命，正如周恩来所指出的，"蒋介石提倡力行哲学，其中心是要人民于不识不知之中，盲目地服从他，盲目地去行"①。蒋介石有时又把其哲学叫作"诚的哲学"，其"诚"就是王阳明"致良知"的翻版。他说诚"起于心意，而著于事物"，"诚就是一切事业的原动力"，"诚是修己治人的根本"。又说"诚则无物"。总之，人们对任何事物——对于蒋介石统治当然不例外，只有一个"诚"字就行了，有了"诚"字作原动力，就像虔

---

① 周恩来：《论中国的法西斯主义——新专制主义》，《周恩来选集》上卷，人民出版社1980年版，第146页。

诚的宗教教徒一样，就会有了用之不竭的原动力，就敢于向最危险的方向去"实干、硬干、快干"，"不成功，便成仁"。如同"力行哲学"一样，"诚"的哲学同样是要求人民不要怀疑蒋介石的统治，只管为其效命就行了。这同样是一种地道的愚民哲学。

封建的伦理政治是蒋介石法西斯主义的政治哲学。蒋介石主要以儒家经典《大学》和《中庸》为思想统治的工具。蒋介石自称继承了尧舜孔孟以来的道统，他给自己的部属亲自讲授"《大学》之道"和"《中庸》之要旨"，尤其推崇《大学》，视其为修己治人的法宝，称"《大学》为古今中外最精微博大完美高尚之政治哲学"[1]；"《大学》一书，不仅是中国正统哲学，而且是现代科学思想的先驱，无异是开中国科学的先河"[2]。蒋介石将《大学》概括为"三个纲领"（在明明德、在亲民、在止于至善）、八个条目（格物、致知、诚意、正心、修身、齐家、治国、平天下）。蒋介石在极力推崇《大学》之道后，把孙中山先生的三民主义曲解为《大学》之道的现代翻版，而且用封建的政治学说、伦理学说为其法西斯主义制造理论依据。

封建性是中国法西斯主义的基本特点。蒋介石法西斯主义渗透着封建专制主义的政治思想和伦理观念。例如关于国家观，蒋介石根据法西斯的"国家是伦理的、绝对的、统一的、万能的精神实体"说法，声称"国家是一个有生命的超乎一切的集体组织。他的全部机构，就是一个完整的生命体，每个国民就是构成这个生命体的细胞"[3]。所以，人民只有尽义务而无权利，民主是国家的敌人。蒋介石利用这种国家理论提倡"中国魂"，所谓"国魂"就是"四维"（礼义廉耻）、"八德"（忠孝仁爱信义和平），把中国陈旧的伦理道德同法西斯主义结合起来。蒋介石法西斯主义的封建性还

---

① 蒋介石：《大学之道（上）》，张其昀编《蒋总统集》第1册，第80页。
② 蒋介石：《大学之道（下）》，张其昀编《蒋总统集》第1册，第94页。
③ 蒋介石：《中国魂》，张其昀编《蒋总统集》第1册，第775页。

表现在对封建思想的继承上，特别是在伦理思想和教育思想中反映最为明显。他提倡恢复所谓中国固有文化、传统思想，提倡读经。总之，蒋介石法西斯主义中散发出一股陈腐的中国封建文化臭味。

中国法西斯主义的另一个特点是欺骗性。蒋介石深知孙中山在中国人民心中有着崇高的地位，所以虽然他十分欣赏法西斯主义，但他却不敢公开抛弃孙中山亲手制定的三民主义，不主张公开提"三民主义法西斯"的口号，而赞赏"三民主义之复兴""三民主义为体，法西斯主义为用"的提法。这样悄悄地在孙中山三民主义中加进了法西斯主义货色，从而使得法西斯主义能够蒙骗一部分人。

蒋介石虽然十分推崇法西斯主义，其党羽也形成了一股势力，法西斯主义在中国也有了一定的市场，但仅此还不够，蒋介石又从各个方面采取了一系列措施，以保障其法西斯主义政策的推行。中国法西斯主义的保障体系，大致说来有以下几个方面：

第一，在中央建立一党专制和个人大权独揽的政治制度。在1928年2月2日召开的国民党二届四中全会上，蒋介石当选为国民党中央常务委员会和军事委员会主席。同年10月国民政府公布了《训政纲领》，用法律形式确认了国民党的一党专政。纲领规定，训政时期，由中国国民党全国代表大会代表国民大会领导国民行使政权，闭会期间，政权即由国民党中央执行委员会行使。同时，在国民党中央执行委员会内设一个"中央政治会议"，作为全国实行"训政"的最高指导机关，指导监督国民政府的活动，而由蒋介石就任中央政治会议主席，这就不仅使其控制了中央政治会议，从而也控制了国民党和国民政府。1929年3月，国民党"三大"进一步规定，由国民党领导全体国民，人民只有服从国民党，才能享受国民之权利，这样孙中山提出的人民的选举、罢免、创制、复决四种政治权利就被剥夺了。接着国民党又颁布了《中华民国国民政府组织法》《行政组织法》，规定国民政府由行政、立法、司法、考试、监察五院组成，分别负责各项治权，但是国民政府委员、主席和五院院长是由国民党中央委员会决定的。这样，孙中山设想的人民的"政权"和政府的"治权"完全被国民党独揽，最后由蒋介石一人决定。在1931年5月召开的国民会议上，又制定了《中华民国训政时期约法》，把国民党的一党专政作为一种政治制度，用"国家大法"的形式肯定下来，成为"法统"，但《约法》还没有规定蒋介石个人独裁的条文。这并非蒋介石不愿意这么做，而是因为当时他还无力这样做，但个人独裁一直是他所追求的目标，并在抗战时期得以实现。

第二，在地方上推行封建的保甲统治。保甲制度源于西周，明清时期有很大发展，民国成立后，保甲制度逐渐告终，具有地方自治性质的间邻制开始在农村兴起。南京政府建立初期也曾遵照孙中山"地方自治"遗训，从1929年6月起，在全国推行县—区—间—邻的基层政权建设。但由于中国共产党在农村势力的发展，蒋介石又搬出中国传统的保甲制度，对基层社会进行严密控制。1931年6月首先在江西修水等43县率先试行"编组保甲，清查户口"，接着将保甲制推行到江西全省。次年8月又颁布了《剿匪区内各县编查户口条例》，极力推行保甲制度：以户为单位，设户长；十户为甲，设甲长；十甲为保，设保长。保甲实行"连坐法"，规定一户"犯罪"，各户均受株连。这样就把人们禁锢起来，使人民处于白色恐怖之中。保甲制的初衷是要反对共产党，配合国民党对苏区和红军的军事"围剿"。但后来保甲在全国范围内推行开来，成为国民党奴役和压迫人民的残酷手段。由于地方政权的变更和赋税的加重，士绅逐渐退出权力圈子，基层政权出现流氓化、地痞化倾向，基层官吏凭借权力任意鱼肉百姓，而国民政府也借以实行恐怖政策，达到其实行法西斯专制独裁的目的。

第三，建立特务组织，实行白色恐怖政策。蒋介石特务组织主要是"中央俱乐部"（即CC系）和复兴社，后来二组织发展为"中统"和"军统"。CC系亦称"中央俱乐部"。1927年8月，蒋介石指使陈果夫纠合潘公展、程天放等人为骨干，秘密建立。1928年1月，陈果夫任国民党中央组织部副部长代行部长职务，CC的秘密组织与活动得到了公开合法的保护。它们不仅控制着国民党中央党部，而且还控制了一部分省党部。CC 系成员多系党棍、政客、流氓和反动知识分子，后来"中央俱乐部"内部成立了"中央调查统计局"，隶属于国民党中央组织部，称为"中统"。CC 系和中统采取绑架、暗杀等恐怖活动，一大批中国共产党人和国民党内部不同政见人士死于 CC 之手。九一八事变后，为加强其法西斯独裁统治，蒋介石又于 1932 年以"民族复兴"为名，成立了复兴社。复兴社又称"蓝衣社"，是国民党军事系统的特务组织，其前身是原黄埔同学会中的蒋介石嫡系和"南昌行营谍报科"，其骨干有贺衷寒、邓文仪、康泽、戴笠等。复兴社的组织原则是下级绝对服从上级，牺牲个人自由，绝对服从领袖。为推动国民党法西斯化，复兴社的活动从三大运动入手。一是"新军建设运动"，即"派干部到部队监视军官，使士兵法西斯化"。二是"党的建设运动"，即"以断然手段扫荡党内一切反动分子，收容杂色势力置于本社势力之下，使各级党部法西斯化"，然后"一切权力集中于领袖"。三是所谓"基金建设运动"，即"没收军阀政客财产归本社"，并向英、美借款。蓝衣社的中心纲领在于建立"领袖独裁"，奉蒋介石为领袖，由蒋介石担任其组织最高职务，而其社员对于蒋介石，则强调蒋介石个人的"绝对权威"，要"秉承领袖意志，体会领袖甘苦"。在决定斗争方式时，应"基于拥护并扩大本会会长的政治主张及威信"。1932 年后 CC 系和复兴社势力迅速膨胀，如复兴社由开始时的 40 余人，发展到抗战前约 10 万人，并形成不同派系，主要有戴笠的特务系、陈诚的军事系、康泽的别动系和贺衷寒的政训系。他们彼此明争暗斗，互相排挤。由于 CC 系和复兴社渗透到军队、文教、财政各个系统，所以有很大的势力，凡是与其政见不合者，他们就采取盯梢、恐吓、绑架、监禁和暗杀等手段，消除异己分子。总之，CC 系和复兴社这两大特务组织成为蒋介石推行法西斯主义政策的强有力的工具。

第四，在文化上推行法西斯的文化专制主义。它大体上体现在两个方面，一是文化"围剿"，一是法西斯教育。30 年代无产阶级左翼文化得到了迅速发展，蒋介石在与之进行笔墨斗争的同时，还借助法西斯特务组织，查禁进步书刊，捣毁进步文化团体，对进步作家、革命学生，使用跟踪、恐吓、绑架、暗杀等卑鄙手段，进行拘捕、监禁和杀害。在文化"围剿"的同时，蒋介石还竭力推行法西斯教育，如军队精神教育、党化教育、尊孔读经等。

　　第五，在社会生活上推行所谓"新生活运动"。1933 年复兴社分子邓文仪等向蒋介石建议，复兴民族应从革命生活做起，于是1934 年蒋介石在南昌发起了"新生活运动"。2 月 19 日，蒋介石在南昌行营扩大纪念周上发表《新生活运动之要义》的演讲，提出"今后全体国民应开始实践合乎礼义廉耻的新生活运动"。此后，又作了《新生活运动之中心准则》《新生活的意义和目的》等演讲。5 月 15 日，他向全国发布修订的《新生活运动纲要》。按蒋介石的解释，"新生活运动，就是提倡'礼义廉耻'的规律生活。以'礼义廉耻'之素行，习之于日常生活——'食衣住行'四事之中"，用所谓"社会教育"的方式，使一般国民能够"整齐""清洁""简学""朴素""迅速""确实"，达到生活军事化、生产化和艺术化。① 新生活运动发端于抗战前，抗战期间又有新的积极的发展，战后基本消失。新生活运动是在"新"的名义下，打着"民族复兴"的旗号，披着三民主义的外衣，用封建主义伦理纲常规范人民言行，抵制和肃清共产主义，推行法西斯主义的社会教育运动。其本质一是"新生活"借"新"之名行封建主义之实。"新生活"本是"五四"新文化运动健将们为冲决封建罗网而倡导的。但蒋介石的新生活却反其道而行之，要求恢复固有道德，提倡礼义廉耻，用封建的伦理道德去规范人们的日常生活。二是新生活运动打着民族复兴的旗号，推行法西斯主义。蒋介石

---

　　① 蒋中正：《新生活运动纲要（附新生活须知）》，《大公报》1934 年 5 月 15 日。

的"民族复兴"思想和运动在一定程度上受了德国的影响，成立"力行社""复兴社"等法西斯团体，企图借以改造国民党，并实行国民生活军事化，具体推行新生活运动军事训练，强化国民党地方基层组织，重整保甲制度。三是新生活运动是为了配合蒋介石剿共、反共，防止和清除共产主义思想在中国传播。他要"以礼义廉耻去击破共匪奸盗邪浮，以简朴整洁之人生活方式，击破赤匪非人生活"。四是用封建之伦理道德规范和禁锢人民言行，巩固和强化统治秩序。如新生活运动对人们的服装、娱乐都有一些无谓的要求。总之，新生活运动就是要国民老老实实、规规矩矩地遵循中国传统伦理道德，心甘情愿地接受蒋介石法西斯独裁专制统治。当然，客观地说，新生活运动也还有其他一些积极含义，比如，新生活运动曾列入"国防计划"，并与国民精神建设运动相结合，在一定程度上为抗日做了精神上和物质上的准备。

三　思想界对法西斯主义思潮的批判

早在 1920 年代，中国共产党人、进步思想界对当时传入中国的法西斯主义就进行过批判，重点是批判了法西斯主义仇视社会主义、反对阶级斗争的观点。1922 年 10 月，尚一在《东方杂志》撰文认为，法西斯主义出现是因为"社会主义共产主义无政府主义的势力实在澎湃得太利害了，才有这个反动"①。同年 11 月 8 日，蔡和森对墨索里尼夺得政权进行评论，称之为"在资本主义世界的政治状况中，现出一种特别凶恶的变形"②。1923 年 6 月，瞿秋白在《新青年》季刊撰文，分析、批判了意大利法西斯主义，称

---

① 尚一：《破坏主义的棒喝团》，《东方杂志》第 19 卷第 19 号，1922 年 10 月 10 日。

② 和森：《法西斯蒂与意大利资产阶级专政》，《向导》第 9 期，1922 年 11 月 8 日。

意大利法西斯夺权"尤其是资本进攻之政治方面最显著的现象"①。同年 7 月，张太雷在《前锋》创刊号发表的《法西斯主义之国际性》一文中，指出"法西斯党完全是资产阶级的工具而无疑"②。同年 12 月，萧楚女在《中国青年》第 11 期发表《教育界的法西塞蒂"国学"!》，指责当时的国学运动"是一般教育界底老朽流氓和野心军阀相勾结的'法西塞'运动"③。1924 年 7 月针对法西斯主义分子在上海从事宣传活动，中国也有人组织"醒狮社""大江社"等具有法西斯主义色彩的团体，陈独秀在《向导》第 72 期发表《法西斯党与中国》一文，指出"意大利法西斯党穷凶不法，世界上那一国不知道"④。同年 9 月，蔡和森在评论广州商团事变时指出："这次事变的教训：第一是证明国民党右派为反革命的法西斯蒂"⑤。彭述之随后撰文提出，广州商团"是在中国历史上法西斯蒂的武装反革命之第一次出现，并且是在远东历史上法西斯蒂的武装反革命之第一次出现"⑥。1926 年 2 月，胡愈之在《东方杂志》撰文，指出"棒喝团是近年在意大利新兴的一种秘密组织，在意大利文的原名叫 Fascis ti。这个名字有三种译名：一，'棒喝团'，是译义的；二，法西斯太，是译音的；三，泛系党，是音义兼译的"，他列举了法西斯主义的特征：极端的国家主义；武力主义；反民主、反议会政治；反共产主义、反阶级斗争；拥护资产阶级；以党治国；英雄主义。他还指出"现在全世界对于共产主义

---

① 瞿秋白：《现代劳资战争与革命（共产国际之策略问题）》，《新青年》季刊 1923 年第 1 期，1923 年 6 月 15 日。

② 太雷：《法西斯主义之国际性》，《前锋》创刊号，1923 年 7 月 1 日。

③ 楚女：《教育界的法西塞蒂"国学"!》，《中国青年》第 11 期，1923 年 12 月 29 日。

④ 陈独秀：《法西斯党与中国》，《陈独秀著作选读》第 2 卷，上海人民出版社 1993 年版，第 724 页。

⑤ 蔡和森：《商团事件的教训》，中共中央文献研究室、中央档案馆编《建党以来重要文献选编》第 2 册，中央文献出版社 2011 年版，第 121 页。

⑥ 述之：《广东商团事变之根本原因及其对中国国民革命上所与之教训》，《向导》第 88 期，1924 年 10 月 22 日。

反动非常猛烈，棒喝团是想利用这种反动心理，以造成国际的反革命组织，与第三国际对抗"。① 随着国民党南京政府的建立，在 20 年代后期，国人对法西斯主义的关注有所升温，中国共产党人开始将蒋介石集团视为中国的法西斯并进行批判。1927 年 3 月，《中国青年》杂志撰文称蒋介石为"'墨索里尼是吾师'的国货法西斯蒂"②。

　　1927 年蒋介石发动了四一二政变并建立了南京国民政府，随后汪精卫集团制造七一五政变，很快引起了中国社会、中国共产党对其走向法西斯主义的担忧、警觉与批判。③蒋介石公开谈论在中国实行法西斯主义的言论并不多，以往一般认为其 1931 年 5 月 5 日在南京召开的国民会议上第一次公开"亮出法西斯主义旗号"④。但在蒋介石背叛革命后，中国共产党人即迅速指责其行为是效仿法西斯主义，"显而易见，共产党人对中国法西斯的批判，其标准不在对方是否宣传法西斯主义，而在其是否反对中共所归趋的革命道路及其主张（包括思想文化上的主张）"⑤。1927 年 5 月 1 日，《中国共产党第五次全国代表大会为"五一"节纪念告中国民众书》提出了"工农商学兵一致联合起来打倒蒋介石""反对法西斯蒂的恐怖"等口号。⑥ 5 月 8 日，尹宽在《向导》发表《资产阶

　　① 胡愈之：《棒喝运动——国际问题研究之三》，《东方杂志》第 23 卷第 3 号，1926 年 2 月 10 日。

　　② 《国货"法西斯脱"》，《中国青年》第 160 期，1927 年 3 月 26 日。

　　③ 参见张文涛《"借魂还尸"与"清党"反共——也论 20 世纪 30 年代中国法西斯主义的兴起》，《河北师范大学学报》（哲学社会科学版）2012 年第 4 期。

　　④ 陶鹤山认为，蒋介石 1931 年 5 月 5 日在南京召开的国民会议上第一次公开"亮出法西斯主义旗号"的说法，值得推敲，"这个结论是断章取义的结果或完全是政治批判性的结论，在那篇讲话中，蒋介石虽然对法西斯主义作了比较广泛的分析和考察，但他是把它作为当时统治世界各国政府的理论之一来分析的"。（陶鹤山：《关于二、三十年代法西斯主义在中国传播的几个问题》，《南京大学学报》1996 年第 2 期）

　　⑤ 张文涛：《"借魂还尸"与"清党"反共——也论 20 世纪 30 年代中国法西斯主义的兴起》，《河北师范大学学报》2012 年第 4 期。

　　⑥ 《中国共产党第五次全国代表大会为"五一"节纪念告中国民众书》，《中共中央文件选集》第 3 册，中共中央党校出版社 1989 年版，第 114—115 页。

级叛逆后的中国时局》一文，认为蒋介石"背叛革命后"，"另立党部及政府与武汉国民政府对抗"，"利用不觉悟的游民无产阶级造成法西斯运动"。5 月 30 日，瞿秋白在《向导》刊文，指出蒋介石等"镇压革命的手段"，"完全是法西斯蒂主义"[①]。8 月 7 日，中共中央八七紧急会议发布了《中国共产党为汉宁妥协告民众书》，指出"武汉的所谓国民政府及所谓国民党中央，已经公开的和南京、上海的反革命党以至于蒋介石妥协了"，"他们并且学蒋介石一样用法西斯蒂的办法来摧残工农群众"。[②] 12 月 21 日，《大公报》发表题为《反俄与清共》的社评，担忧国民党"由苏俄式一变而为意大利式"，称"今虽反共之声，洋溢南北，而国民党干部人物之思想，与其各部机关之组织，依旧汲苏俄共产党理论之糟粕，尚无振刷之表示，且恐一转移间，由苏俄式一变而为意大利式。则同一画虎不成，适足成为反动统治"。[③] 12 月 24 日，《大公报》发表题为《从共产党到法西斯蒂》的社评，担心国民党反共之后，"形式上仍类于共产党，而精神上又仿佛法西斯蒂党"[④]。1929 年 7 月，瞿秋白在共产国际执行委员会第十次全体会议上发表演说指出："南京政府热烈的欢迎意大利的法西主义，聘请意大利顾问到南京来。我不晓得这些事实有什么意义？是法西主义不是？称这个为法西主义，在科学观点上也许是错误的；但这并不重要。重要的，是民族资产阶级，不仅在中国而且在其尚未拿到政权的印度，已经开始以民族和社会的虚伪名义拿恐怖和专政的方法来压迫工农运动。我们必须注意，既然知道在德国在英国在美国等垄断资本的统治，已开始变成'社会法西主义'之公开专政，那么帝国主义的政权，垄断的财政资本的政权，在殖民地，

---

① 秋白：《五卅二周纪念与国民革命联合战线》，《向导》第 196 期，1927 年 5 月 30 日。

② 《中国共产党为汉宁妥协告民众书》，《前锋》第 2 期，1927 年 9 月 12 日。

③ 《反俄与清共》，天津《大公报》，1927 年 12 月 21 日。

④ 《从共产党到法西斯蒂》，天津《大公报》，1927 年 12 月 24 日。

必将由确定的方式表现出来。"①

　　1931 年九一八事变后，由于国民党的借重与推崇，法西斯主义逐渐形成一种社会思潮，而中国共产党人对国民党政权的法西斯主义宣传及其统治行为继续进行批判。1933 年 6 月 20 日，在上海出版的中共中央理论刊物《斗争》发表了《共产国际执行委员会为建立反对法西斯蒂的统一战线告各国工人》，指出"法西独裁在德国的公开成立，向全世界千百万的工人提出了建立反对资产阶级法西斯蒂进攻的统一战线的必要问题"，"鉴于法西斯蒂正在团结全世界反动势力来对付德国无产阶级，所以号召各国共产党，就再试试经过社会民主党的关系，与社会民主党的工人群众建立统一战线。共产国际执行委员会坚决的相信，这样做去，建立在阶级斗争上的无产阶级的统一战线，足以抵抗资本家与法西斯蒂的进攻，特别加速一切资本主义剥削的必然没落"。②中国共产党根据共产国际指示，对中国法西斯主义进行谴责、批判，并号召建立国际反法西斯统一战线。《斗争》刊物发表了《法西斯在中国》《中国法西斯土地政策》等文，对当时中国的法西斯主义宣传进行批判。同年 10 月，中共中央宣传部撰文指出："法西斯蒂的纲领和基本政策，不外是投降帝国主义，反对苏联，准备帝国主义强盗战争，实行白色恐怖的法西斯蒂专政，镇压共产党及其所领导的一切革命运动，首先是苏维埃与红军，以加深经济的浩劫、民族的危机，使中国完全殖民地化"。③ 11 月 7 日，中共中央发布《为十月革命十六周年纪念宣言》，指出："革命学生们，

---

　　① 瞿秋白：《共产国际在目前殖民地革命中的策略》，黄修荣主编《共产国际、联共（布）与中国革命文献资料选辑（1927—1931）》下册，中央文献出版社 2002 年版，第 53 页。

　　② 《共产国际执行委员会为建立反对法西斯蒂的统一战线告各国工人》，上海《斗争》第 45、46 期合刊，1933 年 6 月 20 日。

　　③ 《中共中央宣传部关于中国法西斯蒂的提纲》，中共中央文献研究室中央档案馆编《建党以来重要文献选编》第 10 册，中央文献出版社 2011 年版，第 491 页。

城市贫民们！你们的失学，贫困，灾难，法西斯蒂的恐怖，使得你们再不能忍受了。怎样办呢？和工农群众一块儿去斗争吧，反对国民党拿教育经费去进攻红军，反对关闭学校，反对法西斯蒂教育。"① 1937 年 5 月 15 日，毛泽东在延安代表中国共产党、中国工农红军和中华苏维埃政府致信西班牙人民，对西班牙政府和人民反对德意法西斯及西班牙法西斯势力的斗争，表示支持和声援，他指出西班牙人民现在所进行的战争是世界上最神圣的战争，"中国共产党现在以反对日本法西斯蒂的斗争来帮助和鼓励你们西班牙的人民"，"我们相信，最后的胜利一定是你们的"。②

九一八事变后，以《东方杂志》和《国闻周报》为代表的中国新闻界以各种形式的评论、报道刊登了大量关于法西斯主义的著作及文章，成为中国社会了解法西斯主义的重要窗口和平台。他们秉着自由民主的精神，先后对意大利和德国法西斯主义进行引进研究、再到实际借鉴的探讨，通过他们的介绍和评析，使得国人对法西斯主义这种政治思想体制及其本质有了进一步的了解和认识，从而对社会政治局势产生了重要的影响。大多数撰稿人认为，意大利和德国的法西斯独裁制犹如吗啡等药剂，虽然能在短暂时间内给人以强大的幻境，但实际上不过是一时得逞的暂时现象，其背后隐藏着巨大的危机，他们进而发出了"法西斯主义不能救中国，中国不需要法西斯主义"的呐喊。③

---

① 《中国共产党中央委员会为十月革命十六周年纪念宣言》，上海《斗争》第 57 期，1933 年 11 月 5 日。

② 共产国际《国际通讯》1937 年 12 月"中国抗日战争"专号。

③ 郑大华、邹小站主编《中国近代史上的自由主义》，社会科学文献出版社 2008 年版，第 248 页。

第 六 章
乡村建设运动的兴起

早在清末民初就有人开始在农村从事普及教育、提倡自治、改良农业、移风易俗的活动，如定县米鉴三、米迪刚父子在其家乡翟城村创办"模范村"，但这些活动不仅时间短，而且规模小，影响不大，没有形成为一种社会运动。乡村建设真正成为一种社会运动是在 20 世纪 20 年代末 30 年代初。

一 乡村建设运动的兴起和发展

（一）从乡村教育到乡村建设

中国的近代教育，产生于西学东渐之后，尤其是 1906 年科举制的废除，使中国的近代教育得到了比较快的发展，新式学堂如雨后春笋般在全国各地设立。但那时的新式学堂大多设置在城镇，直至民初，中国并无真正的乡村教育，甚至没有人重视乡村教育。乡村教育引起人们的重视是在五四时期。傅葆琛在 1934 年出版的《乡村教育纲要》一书中就明确指出："废除科举改设学校之时，无人知乡村教育应当特别研究。乡村教育最初的呼声，始于民国五四运动"①。

---

① 傅葆琛：《乡村教育纲要》，北平辅仁大学 1934 年夏令讲习会印，第 16 页。

为什么会在五四时期开始重视乡村教育呢？分析起来，大概有以下几个方面的原因：

第一，民主思想的发展，使人们认识到对广大民众其中包括农民进行教育于实现民主的重要意义。1919 年 2 月，李大钊先后发表《劳动教育》和《青年与农村》两文，指出"Democracy 的精神，不但在政治上要求普遍选举，在经济上要求分配平均，在教育上、文学上也要求一个人人均等的机会，去应一般人的知识要求"。他要求青年和知识阶级到农村去，"耕田也好，当小学教师也好"，去开发农村，运用教育去解除农民的黑暗。因为"中国农村的黑暗，算是达于极点"，"农村的教育机关，不完不备"，而"我们中国是一个农国，大多数的劳工阶级就是那些农民。他若是不解放，就是我们国民全体不解放"。同年 4 月，教育调查会召开第一次会议，在《教育宗旨研究案》中，提出以"养成健全人格，发展共和精神"为宗旨的教育。所谓"共和精神"，含有两个方面的内容："一、发挥平民主义，俾人人知民治为立国根本。二、养成公民自治习惯，俾人人能负国家社会之责任"。[①]

第二，推行义务教育的失败，使人们认识到要实现义务教育的普及就必须重视乡村教育。中国推行义务教育始于清末。1904 年，清政府颁布奏定学堂章程，规定义务教育年限为 5 年。1906 年，清政府学部颁布《强迫教育》10 条规定："幼童 7 岁须令入学"，否则，"罪其父兄"。这是中国实行强制义务教育的第一道正式法令。此后，从清末到五四运动，历届政府又颁布了不少有关推行义务教育的法令或规定，但事实上义务教育并未普及。据 1916 年统计，全国只有小学 120103 所，学生 3843555 人。[②] 推行义务教育的失败，引起了人们的反思。不少人认为推行义务教育失败的原因，是由于以前的教育只注重城市，而忽略了人口占 85% 以上的乡村。

① 《教育宗旨研究案》，《教育杂志》第 11 卷第 5 号，1919 年。
② 熊明安：《中华民国教育史》，重庆出版社 1997 年版，第 70 页。

古楳在 1939 年编纂的《乡村教育》一书中写道："因为中国以前的教育走错了路，忽略了百万个乡村，直到民国八年，才有些人觉得义务教育的重要，不仅在少数的都市城镇，而尤重在这百万个乡村。由于这样一个觉悟，乃正式的起来提倡乡村教育运动。"①

第三，五四时期人们对乡村教育的重视，除上述这两个原因外，与西方国家，尤其是美国重视乡村教育对中国的影响也有密切关系。清末民初派往美国的留学生这时纷纷回国，其中不少人学习的是教育学甚至是乡村教育专业，如陶行知、赵叔愚、傅葆琛等，他们回国后便积极提倡乡村教育。同时，中国这时还多次派遣教育代表团到美国和其他西方国家考察教育，代表团回国后不少代表也大力宣传乡村教育的重要性。

随着对乡村教育重要性认识的加深，全国教育界开始行动起来，"下乡去"成为教育工作者的行动口号，不少大专院校纷纷到农村设立分校或乡村小学，从事乡村教育工作，如江苏省有 5 所师范学校下乡办农村分校，北京高等师范学校在城外设立乡村小学，山西国民师范学校也开办了农村分校，等等。一些从事职业教育、平民教育的教育家和教育团体，如晏阳初领导的中华平民教育促进会（以下简称平教会）、黄炎培领导的中华职业教育社（以下简称职教会）和陶行知任总干事的中华教育改进社等。也开始将办学重点从城市向农村转移。一时到农村办学蔚然成风，并逐渐汇集成为乡村教育运动。

乡村教育运动大约形成于 1927 年前后，但就在乡村教育运动形成不久，乡村教育便开始向乡村建设的方向发展。乡村教育之所以会向乡村建设的方向发展的原因主要是，农村经济的衰落，使人们认识到救济乡村的刻不容缓。中国自古以来就是一个农业国家，农村经济的好坏对整个国民经济有着至关重要的影响。但在 20 年代末 30 年代初，由于帝国主义的侵略、封建统治者的掠夺和天灾

---

① 　古楳：《乡村教育》，长沙商务印书馆 1939 年版，第 60 页。

人祸的打击，农村经济出现了严重衰落。随着农村经济衰落程度的加深，人们开始感觉到农村问题的严重性，因此当时"救济乡村""复兴乡村"的呼声特别高涨。这正如孔雪雄在 1933 年所写的《中国今日之农村运动》一书中开宗明义指出的那样："最近，在'农村经济破产''农村崩溃'的呼号中，'乡村建设''农村复兴'的口号弥漫于全国。"① 而乡村教育的实践表明：要"救济乡村""复兴乡村"，仅靠乡村教育还不行，还必须进行乡村建设。因为乡村教育的内容，主要是兴办乡村小学和成人学校，教乡村学龄儿童和成年农民，尤其是青年农民读书识字，而不能解决农民的生计、卫生以及组织训练等问题。如中华平民教育促进会在开展乡村教育工作的初期，是以设立平民学校为起点，辅以二三种土产土法的农业改良研究。在劝说农民参加平民学校时，有的农民就提出说："看见某某人读过书还是没有饭吃"。有的农民甚至说道："你老的好心肠，饱不了我的饿肚皮"。平教会同人因此意识到：识字教育之外，尤应普及改良农业生产的工作，以增加农民收入。当农业产品增产以后，又发现另一问题，即高利贷剥削问题。因为农民贫困，每当播种时就只有靠高利贷购买种子和其他生产资料，利息高达 4 分以上，农民不等收获，就已被高利贷者剥削一空。这又使平教会同人认识到将农民组织起来，成立信用合作社的重要性。平教会同人还发现，不少农民因农村缺医少药，有病得不到治疗，完全丧失了生产能力，或每天只能劳动 3—4 个小时，所以农村急需通过乡村建设建立公共卫生保健制度。故此，平民教育促进会干事长晏阳初指出："在农村办教育，固然是重要的，可是破产的农村，非同时谋整个的建设不可"。② 无锡江苏省立教育学院院长高践四在《民众教育》中谈到"为甚么有了民众教育，乡村教育，

---

① 孔雪雄编著《中国今日之农村运动》，中山文化教育馆 1934 年版，第 1 页。

② 晏阳初：《中华平民教育促进会定县工作大概》，宋恩荣主编《晏阳初全集》（一），湖南教育出版社 1989 年版，第 246 页。

还要有乡村建设"的原因时也写道："一般办理民众教育者，乡村教育者，虽知积极改进乡村，改善农民生活，但终不免枝枝节节的帮忙农民，给他们一点好处，而不知组织农民，训练农民，使他们自觉发生力量，解决自身问题。所以令人不满意而发起乡村建设运动"。① 具体来说，他认为：第一，在政治上要养成团体意识，培起民众力量；第二，在经济上要解决民生问题，抵制经济侵略，就必须进行乡村建设，或以乡村建设为民众教育、乡村教育的中心工作。

乡村教育向乡村建设的方向发展虽然在乡村教育运动形成不久，但"乡村建设"一词的出现则在1931年。最早使用这一词的是山东乡村建设研究院。据山东乡村建设研究院首任院长梁耀祖的解释，山东乡村建设研究院之所以用"乡村建设"一词，是由于山东乡村建设研究同人认为，当时乡村遭到持续破坏，而全国80%以上的人口住在乡村，因此，"不谈建设而已，欲谈建设，必须注重乡村建设"②。"乡村建设"一词使用后，即为大多数人所认同和采用。如1933年7月14—16日、1934年1月10—12日、1935年10月10—12日连续三年召开的"全国乡村工作讨论"年会所出版的会议专集，其书名就叫作《乡村建设实验》。

随着乡村教育向乡村建设的方向发展，原来一些在农村已设立实验区、从事乡村教育的教育机构、学术团体和大专院校，开始逐渐将工作重心从乡村教育转移到乡村建设上来。据晏阳初报告，平教会在定县实验区的工作，1929年以前主要是开展"广泛的识字教育"，但从1929年开始则"转移到乡村生活的深刻研究方面"，亦即乡村建设方面。③ 另外一些以前没有到农村设立实验区的教育机构、学术团体、大专院校以及个人，这时都纷纷到农村设立实验

---

① 高践四：《民众教育》，上海商务印书馆1934年版，第40页。

② 梁代院长仲华讲、晏升东笔记《本院创刊之旨趣——代发刊词》，《乡村院刊》第1卷第1期。

③ 晏阳初：《定县的乡村建设实验》，《晏阳初全集》（一），第257页。

区。据南京国民政府实业部的调查，20 年代末 30 年代初全国从事乡村建设工作的团体和机构有 600 多个，先后设立各种实验区 1000 多处，较为著名的有燕京大学社会学系设立的清河实验区、金陵大学农学院设立的乌江实验区、齐鲁大学乡村服务社设立的龙山实验区、北平中法大学设立的温泉实验区、北平大学农学院设立的罗道庄实验区、江苏省立教育学院设立的无锡实验区、中华职业教育社设立的徐公桥实验区、中华平民教育促进会设立的定县实验区、中华教育改进社创办的晓庄学校、中华社会教育社与河南省教育厅和洛阳县政府合作设立的洛阳实验区、山东乡村建设研究院设立的邹平实验区、江苏省立南京民众教育馆设立的汤山实验区、山东省立民众教育馆设立的祝甸实验区，其中定县实验区、邹平实验区和无锡实验区影响最大，也最有名，号称乡村建设运动的三大中心。

（二）从实验区到县政建设实验县

1927 年后，尤其 1930 年后，各种实验区如雨后春笋般在全国各地涌现，但这些实验区大多是由民间教育机构和学术团体创办的，缺少官方尤其是国民党中央背景，所以在较长一段时期内，没有引起国民党中央的注意和认可。据梁漱溟说，山东乡村建设研究院成立时，山东省政府向国民党中央报告说，在山东成立了一个乡村建设研究院，并划邹平为实验区。国民党中央同意成立乡村建设研究院，不同意设立实验区，认为全国除了国民党已故总理孙中山的故乡广东中山县特别划为实验县外，不得再有第二个实验县的名称。[①] 但随着乡村建设工作的进一步开展，尤其是作为乡村建设运动三大中心的定县、邹平和无锡实验区影响的日益扩大，国民党中央开始注重起乡村建设运动来。[②] 1931 年春，蒋介石邀晏阳初南下，了解定县的乡村建设实验情况。据晏后来说，他和蒋介石夫妇

---

① 梁漱溟：《我们在山东的工作》，《梁漱溟全集》（五），第 1012 页。
② 梁漱溟：《我们在山东的工作》，《梁漱溟全集》（五），第 1013 页。

"说了三个下午三个晚上，有一天谈到夜深十二时，蒋先生虽然疲倦上楼休息，还留蒋夫人和我续谈到很晚的时候才得辞出"①。蒋对定县的四大教育实验很感兴趣，当即决定自溪口选派人员赴定县训练。翌日，晏应邀对革命军人遗族学校的教职员讲述定县实验，旋即又被请到中央军校高级班演讲，蒋介石不仅亲临会场听讲，而且还于晏讲完后发表了长达 45 分钟的致词，赞许定县实验是三民主义的基本工作。此后不久，中央军校教官毛应章受蒋介石的派遣赴定县考察。毛应章"居定经月，农村中之实际成绩，周览无遗"②。毛应章回中央军校后，即写成长达近 10 万言的报告书上呈蒋介石，不久又奉命将考察定县报告摘要呈阅。大约在邀请晏阳初南下的同时，蒋介石也通过齐鲁大学校长朱经农带口信，邀请梁漱溟南下武汉见他。不久，梁漱溟有事去南京，通过时任南京市长石瑛的安排，与蒋介石见了一面，谈了一个多小时。蒋介石不仅详细询问了津浦铁路沿线的水灾情况，还询问了乡村建设的一些问题。当时南京国民政府内政部正积极推行所谓"地方自治"，而地方自治是乡村建设的内容之一。因此随着对定县、邹平实验了解的增多，内政部认为乡村建设运动对于地方自治很有帮助。于是，1932年南京国民政府下令河北、山东、江苏和安徽各省成立地方自治筹备委员会时，指定晏阳初担任河北省地方自治的指导员，山东地方自治指导员则由梁漱溟担任。梁漱溟后来说，指定晏阳初和他担任地方自治的指导员，是中央看重他们的乡村工作、愿意同他们接近的表现，这给他们扩大工作提供了机会。③

是年 12 月 10 日至 15 日，第二次全国内政会议在南京召开。这次会议的目的，在于完成地方自治，整理"匪区"善后，奠定国防基础，统一内务行政。定县平教会的晏阳初、李景汉，邹平乡

---

① 晏阳初：《平民教育运动的回顾和前瞻》，《晏阳初全集》（二），湖南教育出版社 1992 年版，第 295 页。

② 毛应章：《定县平民教育运动考察记》，拔提书店，1932，自序，第 3 页。

③ 梁漱溟：《我们在山东的工作》，《梁漱溟全集》（五），第 1013 页。

村建设研究院的梁漱溟、梁耀祖、王怡柯，无锡江苏省立教育学院的高践四等人不仅应邀出席了此次内政会议，而且还对"地方自治""县政改革"等几个重要议案的起草和通过贡献了意见。据梁漱溟说，第二次全国内政会议召开之前，内政部特别先行电约定县和邹平，请这两个地方帮助内政部参酌几个重要提案，如《地方自治案》《县政改革案》等。在县政改革的提案内，内政部提出的所要设立的实验区，叫作"县政实验区"。梁漱溟和晏阳初的意见，以为用县政实验区的名义，太注重地方行政了。他们认为当真要改革县政，就要从社会方面入手，求社会的改进。而要求社会改进，就必须先从扫除文盲、改良农业、组织合作社、改善人民生活以及提高文化入手，因此这些工作是最根本、最紧要的工作。所以他们建议不要叫"县政实验区"，最好改称为"建设实验区"，以一县为实验的范围。他们把自己的意见呈述给了内政部。内政部部长黄绍竑看后认为可以将内政部的意见和晏阳初、梁漱溟的意见调和一下，两个名字同时并用，于是乃决定改用"县政建设实验区"①。

第二次全国内政会议通过的《县政改革案》，于1933年7月经国民党中央政治会议批准，下发各省遵照执行。至是年秋，先后有5个县政建设实验县宣告成立，它们是河北的定县，山东的邹平、菏泽，江苏的江宁和浙江的兰溪，统称"五大县政建设实验县"。

（三）从分散走向合作

各地实验区的设立，标志着乡村建设运动的兴起。但从事乡村建设实验的各教育机构和学术团体相互很少联络，故用力虽大而收效甚少。随着各种实验的逐渐推展，各方都越来越感到相互间有加强联络的必要。中华职业教育社镇江黄墟乡村改进实验区首先倡

---

① 梁漱溟：《我们在山东的工作》，《梁漱溟全集》（五），第1013页。

议：拟于 1932 年 1 月 15 日在黄墟召开有关乡村工作会议，并致函征求各方面的意见，得到二十多个单位的复函同意。但临开会前，职教社的江恒源到山东邹平与山东乡村建设研究院的梁耀祖、梁漱溟等共同商议有关问题，梁耀祖、梁漱溟等人认为，召开乡村工作会议的时机还不成熟，还需再做充分准备。此次会议于是没有如期召开。1932 年 7 月，中华职业教育社在福州开年会，拟同时召开"全国农村改进机关联合会"。和拟议中的黄墟会议一样，这次会议也因时间过于仓促，多数团体代表未能到会而没有开成。同年 12 月，南京国民政府在南京召开第二次全国内政会议，山东乡村建设研究院的梁耀祖、梁漱溟、王怡柯，定县平教总会的晏阳初、李景汉，无锡江苏省立教育学院的高践四等人应邀出席会议。会议期间，上述诸人就有关问题交换了意见，他们认为，从事乡村工作的同志有彼此加强联络的必要，"但不必注重组织的形式，应该偏重精神的团结，所以组织不宜庞大，宜注意运动本身的亲切联络"①。会后，梁耀祖、梁漱溟等继续在北平讨论进行办法，并邀中国华洋义赈救济总会的章元善，燕京大学的杨开道、张鸿钧、许仕廉等人参加。讨论结果，遂由王怡柯、李景汉、梁耀祖、梁漱溟、晏阳初、高践四、章元善、许仕廉、张鸿钧、杨开道、严慎修等 11 人联名，发起成立"乡村建设协进会"，并决定于 1934 年 7 月召开协进会成立暨第一次会议。随即他们向全国乡村工作者发出开会通知，得到各地乡村工作者的热烈响应。不久，发起同人再次集会，讨论会议的有关问题。经过讨论，他们决定，第一次会议于 1933 年 7 月 14 日在邹平山东乡村建设研究院举行。

　　1933 年 7 月 14 日至 15 日，"乡村建设协进会"第一次会议如期在邹平山东乡村建设研究院召开。出席会议的代表共 63 人，分

---

　　① 晏阳初：《关于出席乡村建设学会会议等经过情形的报告》，《晏阳初全集》（一），第 374 页。

属 35 个团体，一些从事乡村建设历史较长、影响较大的教育机构和学术团体如中华平民教育促进会总会、山东乡村建设研究院、中华职业教育社、中国华洋义赈救济总会、燕京大学、齐鲁大学、中法大学、金陵大学、实业部中央农业实验所等都派有代表与会。会议推举梁漱溟、晏阳初、黄炎培、章元善、江恒源和许仕廉等 6 人为主席团成员，轮流主持大会。会上先后有 14 人代表所在团体做工作报告，与会代表就有关乡村建设问题进行了认真讨论，并达成如下共识：乡村工作不能急于求成，欲速而不达；乡村工作不能专法欧西，须注意到本国国情，因地制宜；乡村建设不能偏重一方面，须以整个社会为对象，才有整个的办法。① 这三点共识后来成了不少乡村工作者的指导思想。1934 年 4 月，第一次"乡村工作讨论会"工作报告经整理后由中华书局出版（收入其中的 11 篇），取名为《乡村建设实验》（第 1 集）。

1934 年 10 月 10 日至 12 日，"乡村工作讨论会"第二次年会在定县平教总会所在地举行。出席此次年会的共 150 人，代表单位 76 个，分属于 11 省市，较邹平第一次年会，其到会的人数和单位都增加近一倍。到会者除从事乡村工作的教育机构和学术团体外，南京国民政府各部会，如行政院农村复兴委员会、全国经济委员会、实业部，以及青岛市、河北省等地方政府亦多有代表参加。这说明"乡村工作讨论会"的影响在日益扩大，已引起朝野的广泛重视。

和邹平"乡村工作讨论会"第一次年会一样，此次年会亦主要是交流各地乡建经验，讨论共同关心的有关问题。会议的前两天半是大会发言，除 27 个单位在会上分别报告其工作外，晏阳初、梁漱溟、高践四、章元善、陈志潜、孙廉泉等各地乡建运动领袖还分别发表了题为《乡村建设旨趣》《中国教育改造与乡村建设》《乡村建设成功之基本条件》《合作经济与乡村建设》《乡村卫生实

---

① 《乡村建设实验》第 1 集，中华书局 1934 年版，第 6 页。

验》《县政改革与乡村建设》的演讲。会议的后半天是小组讨论，讨论分"农民负担""自治保卫""乡村卫生""经济建设""合作事业""乡村教育"和"人才训练"等7组进行。这次会议也由中华书局于1935年9月出版了一本《乡村建设实验》（第2集），共收工作报告30篇，附录3篇，约35万字。

"乡村工作讨论会"第三次年会于1935年10月10日至12日在无锡江苏省立教育学院举行。出席此次年会的人数达171名，他们来自全国19个省市，代表99个单位，并有美国教士2人，无论就到会的人数还是代表的单位而言，都超过了前两次年会。根据乡村建设所涉及的内容，会议分为4组，即（甲）政治组；（乙）教育组；（丙）经济组和（丁）其他组，与会者可以自由选择一组参加讨论。由于经济问题是一切社会问题的核心，也是乡村建设能否取得实效的关键，因此，讨论会中的分组会议，每次出席的人数以经济组为最多，讨论的内容也以经济组最丰富。和前两次年会一样，各单位提交给此次年会的工作报告会后也经整理编辑成书，1937年2月由中华书局出版，即《乡村建设试验》（第3集），内收工作报告27篇。

无锡第三次"乡村工作讨论会"是该会的最后一次年会。本来，无锡第三次年会闭幕时，曾宣布下一次年会在西安、重庆和广州三地，斟酌大势，择一举行。为此，由一些共产党员和进步经济学者组织的中国农村经济研究会联合生活教育社和妇女生活社，并针对前三次"乡村工作讨论会"年会都没有讨论如何抗日救亡这个压倒一切的中心任务，而起草了一份《本会应以全力使全国乡村工作人员一致团结共赴国难案》，准备提交第四次年会讨论，并得到了广泛热烈的响应和支持，但"年会的召集人在'救国有罪'的岁月，根本不敢提抗日救国，结果是借口'事忙'停开了这届年会"①。

---

① 《〈中国农村〉论文选》（上），人民出版社1983年版，第271页"题要"。

二　乡村建设运动的内容及其成效（上）

（一）兴办教育

乡村建设运动的一项重要内容是兴办教育。这既与从事乡村建设运动者大多来自教育和学术团体以及大中专院校、兴办教育是他们的本业有关，也和他们受"教育救国"思潮的影响、特别重视教育的作用有联系。而教育的目的，是要扫除文盲，尤其是学龄文盲和青壮年文盲。因此，尽管各实验区的措施、方法和侧重点不完全相同，但都比较重视乡村小学和成人学校的建设工作，这包括设立乡村小学和成人学校，完善教育行政管理制度，改革教材和教学方法，以及实行征学制，强制学龄儿童和青年农民就近入乡村小学或成人学校学习等措施。以龙山实验区为例：据齐鲁大学农村服务社龙山服务处向全国乡村工作讨论会年会提交的工作报告介绍，1933 年 7 月前，该实验区成立平民学校 10 所，学生 200 人左右；[①]1934 年又兴办乡村小学 4 所。[②] 后鉴于公立学校数量质量逐渐增益，农民对新式教育的认识有一定程度的提高，齐大龙山服务处乃将 3 所小学交归地方政府接办，另 1 所则改为社会中心小学。同时实验区还将原有的 4 所乡村私塾改良成为平民实习学校。平民实习学校设日校班和夜校班，日校班收少年儿童，夜校班收青壮年农民，日校如普通乡村小学常年开学，而夜校冬春农暇季节开学，秋夏农忙季节停止。夜校开设的课程有千字课、珠算、四书（讲述四书以做道德教育）、常识、演讲（包括历史名人故事、公民常识等）。日校除开设夜校的全部课程外，另加作文、习字、自然、历

---

① 《乡村建设实验》第 1 集，第 198 页。
② 《乡村建设实验》第 2 集，中华书局 1935 年版，第 138 页。

史童话和故事等。①

　　各实验区所采取的建设乡村小学和成人学校的措施，对于扫除文盲，尤其青壮年农民文盲起了一定的积极作用。如无锡的黄巷实验区经过 3 年的实验，到 1932 年 6 月，全区非文盲已由 1929 年的 9.23% 增至 46.5%，而文盲和半文盲则由 1929 年的 67.81% 和 23.96%，分别降至 49% 和 4.5%。② 徐公桥实验区的文盲人数 1934 年比 1930 年减少了近 50%。祝甸实验区未成立之前的 1932 年，文盲人数占总人口数的比例为 89.2%，实验区成立后第二年（1934 年），降至 72.9%，成立后第三年（1935 年），降至 53.6%，若就成年文盲而言，减少得更多，1932 年时为 79.53%，1935 年仅为 28.19%。③ 定县实验区经过数年努力，到 1934 年时，全县小学已经普及，成人教育有了很大发展，文盲人数大幅度减少。据小陈村（小）、西平朱谷（中）和东建阳村（大）3 个不同规模的自然村的抽样调查，学龄儿童入学率已分别达到 85.1%、85% 和 89.9%。另据 1930 年统计，定县总人口为 397000 人，7 岁以上的人数为 330300 人，其中文盲为 274150 人，占 83%，12—15 岁的青少年有 95800 人，其中文盲为 70890 人，占 74%。到 1934 年 6 月，全县 14—25 岁的青少年 82000 人中，文盲 32550 人，约占 40%，比 1931 年减少 34 个百分点，其中男青年文盲 4406 人，约占 10%。到 1935 年，男青年文盲已经除尽。④ 邹平至 1937 年 1 月，全县有各类学校（包括乡村小学、乡学高小部、村学儿童部、成人部、妇女部和二部制小学）566 所，在校学生21789 人，共学处 472 处，在处学生 5468 人，总计 27257 人。⑤ 当

---

　　① 《乡村建设实验》第 3 集，中华书局 1937 年版，第 306 页。
　　② 甘导伯：《三年来之黄巷试验区》，《教育与民众》第 3 卷第 9、10 期合刊，1932 年 6 月。
　　③ 屈凌汉：《祝甸乡试验区第三年》，《乡村建设实验》第 3 集，第 322 页。
　　④ 李景汉：《定县社会的各方面》，《民间》第 1 卷第 24 期，1935 年 4 月 25 日。
　　⑤ 超然、天培：《对邹平教育现状的巡视》，《乡村建设》第 6 卷 11、12 期合刊，1937 年 3 月 1 日。

时邹平全县人口约 16 万，在校学生（包括共学处）几乎占人口总数的 1/5。这是一个相当不小的比例。尽管邹平没有对实验区文盲人数的变动做过调查，但就以上数据来看，其文盲人数的比例肯定有明显的降低。

尤其需要指出的是，在兴办教育的过程中，一些乡村建设者还提出了不少值得重视的乡村教育思想：第一，乡村教育必须适合中国国情和乡村需要，既不能照搬欧美教育的模式，也不能再步城市教育的后尘，走"为教育而教育，与社会需要完全脱节"的死路，乡村教育的目的是为乡村建设培养人才，以解决农村的基本问题；第二，乡村教育必须与改良农业、发展经济相结合，实行"富教合一主义"，以解决农民的温饱问题，因为"衣食足而知礼节"，只有经济得到发展，农民有了饭吃，普及教育才有可能；第三，乡村教育的重点是要扫除文盲尤其是学龄儿童和青壮年农民的文盲，因为前者是义务教育的对象，而后者是乡村建设的中坚。

在上述乡村教育思想的指导下，许多实验区采取了一些比较切合中国农村实际情况的扫除文盲、普及教育的方法：如陶行知的"小先生制"，以及脱胎于"小先生制"的"导生传习制"（定县）和"共学制"（邹平）；各种缩短学制、改革教材教法的实验和强迫征学制等，都值得认真总结和借鉴。

当然，在充分肯定乡村建设运动中兴办教育所取得的成绩的同时，也应看到它的不足和缺陷，不能对其成绩估计过高。首先，各实验区成立的乡村小学尤其是成人学校数量虽多，但质量普遍不高，有的甚至有名无实。究其原因，主要是师资极端缺乏，不少成人学校，甚至包括定县的平民学校，其教师多由乡村工作者兼任或由私塾先生代课，而对私塾先生，只有江宁、兰溪和下蜀等少数实验区进行过业务训练。其次，除定县等少数实验区外，多数实验区未能解决成年农民尤其是青年农民从成人学校毕业后的继续教育问题，因此不少农民除文盲后不久，又因所学的字长期得不到应用而再度成为文盲。再次，各实验区发展不平衡，如定县、邹平、无锡等实验区的乡村教育工作开展得较好，成立的乡村小学和成人学校也多，而有的实验区则进展缓慢。最后，尽管经过几年的实验，一些实验区的文盲人数有所下降，甚至较大幅度的下降，但其文盲人数占总人口的比例仍然很大，如定县青年妇女在 1934 年时仍有 73% 是文盲。[1] 尤其是不少贫雇农子弟，因其家庭经济极端贫困而没有进入学堂，就是乡村教育相对办得较好的定县，1935 年统计，全县 6—12 岁学龄儿童 52000 人，失学者占 60%，其中男童入学者占 65%，失学者占 35%，女童入学者占 16%，失学者占 84%。[2] 邹平 1935 年时仍有 10650 名儿童失学，其失学儿童人数比在校儿童人数还多 606 名。上述情况说明，各实验区距离扫除文盲、普及教育的目标还有很长的一段路要走。

（二）改良农业

乡村建设运动的另一重要内容是改良农业。改良农业的措施之一是改良和推广优良品种。在改良品种方面，不少实验区（县）都设有试验农场，进行农作物和家禽家畜品种的改良试验。设有农场的实验区（县）有定县、邹平、无锡的北夏和惠北、徐公桥、乌江、江宁、兰溪、西善桥、下蜀、万家埠和河北省立实验乡村民众教育馆实验区等。试验的品种包括稻、麦、棉、蚕、大豆、玉米、高粱、各类蔬菜、各种水果以及猪、鸡、羊、牛、兔等家禽家畜。经过反复的试验比较，一些实验区（县）的农场培育出了一批有很高经济价值和推广前途的优良品种，如定县农场的"114 号中棉""平教棉""72 号白麦""38 号红麦"和"22 号大谷"，邹平农场的杂交猪、杂交鸡等。

培育优良品种的目的是为了推广。各实验区（县）对优良品种的推广工作都非常重视，不仅推广自己农场培育的优良品种，也

---

[1]　李景汉：《定县社会的各方面》，《民间》第 1 卷第 24 期，1935 年。

[2]　李景汉：《定县社会的各方面》，《民间》第 1 卷第 24 期，1935 年。

推广大专院校和科研单位培育的优良品种，据统计，仅推广的优良稻种、麦种、棉种、蚕种和猪种、鸡种就达数十种之多。在推广优良品种的过程中，不少实验区（县）还摸索和创立了一些行之有效的程序和方法。主要包括以下几个方面：第一，凡计划推广的优良品种，一般都要先在实验区农场进行试验，取得成功后，由"表证农家"或"特约农家"小范围种植，"表证"给附近农民看，待农民对优良品种有了信心后，再在一般农民中大面积推广。第二，推广优良品种之前举办各种技术培训学校（如定县的生计巡回训练学校）、训练班（如邹平的棉蚕训练班）、演讲会（如无锡的养蚕演讲会和清和的农业演讲会），对农民进行训练，使他们懂得并掌握优良品种的栽培养殖技术和方法。第三，利用乡村已有的各种组织形式，推广优良品种。如邹平自始即坚持与合作社联成一气的原则，唯有合作社社员才能领取改良品种，成为"表证农家"；无锡的惠北实验区为迅速普及改良品种，采用"农业推广保甲制度"，先由保长、甲长依次"表证"，然后及于普通农民。第四，与大专院校和科研单位合作，充分利用学术研究部门的研究成果和人才力量。当时与大专院校和科研单位建立了合作关系的实验区（县）有定县（与金陵大学农学院合作）、邹平（与齐鲁大学、青岛大学农学院合作）、无锡（与江苏省立教育学院农场和苏州省立稻作试验场、无锡县农业推广所合作）、徐公桥（与金陵大学农学院合作）、乌江（为金陵大学农学院创办）、江宁（与中央大学农学院合作）、兰溪（与中央大学农学院合作）、龙山（与金陵大学农业推广系和华北农产研究改进社合作）等。这些程序和方法，对于今天推广优良品种的工作仍有积极的借鉴意义。

改良农业的措施之二是防治病虫害。20 世纪的二三十年代，农作物的病虫害十分严重，经常造成农作物大面积减产，甚至绝收。如 1935 年的螟害，给各地造成的损失极大，就是灾情较轻的无锡，据江苏省立教育学院昆虫实验室的调查，平均损失 13.18%。无锡作物面积的总数为 120 万亩，除去其他作物占地 20 万亩外，水稻种植为100万亩左右。以13.18%的损失计算，就要少收白米263600石，每石市价为法币10元，即损失法币2636000元。[①] 因此，各实验区对防治病虫害都很重视，包括预防稻瘟病、黑穗病和防治蝗虫、螟虫等。在防病治虫工作开展得好一些的实验区（如定县、邹平、无锡、徐公桥、江宁等），病虫害造成的损失明显减少。

改良农业的措施之三是提倡副业。农村副业是中国农村经济的重要组成部分，是农民收入的来源之一。据中央研究院调查，无锡36户农家经济来源，平均农产占64%，副业占36%。[②] 然而在20年代末30年代初，由于帝国主义廉价商品（包括工业品和农产品）的冲击，农村副业普遍呈现衰落的趋势，农民收入大幅度减少，生活更加贫困。有鉴于此，不少实验区（县）都把提倡副业作为乡村建设的一项重要工作。提倡副业的项目主要有养猪、养羊、养蚕、养蜂和经营手工业。当然，由于所处地理位置、客观环境以及历史传统的不同，各实验区的具体措施也不完全一致，如同是经营手工业，在无锡是编织美术草地毯，在镇平是改良丝绸和编织草帽草辫，而在徐公桥则是纺织土布。

改良农业的目的，"是为增高农民的收入，间接提高其生活程度"。[③] 以推广优良品种而论，其经济效益就十分明显。据统计，在定县，推广的优良麦种每亩平均要比原来土种增产18%—20%，稻增产18%以上，棉花增产56%，白菜增产25%，梨树增产24.3%，猪每头多产肉18.6%，鸡每只每年多产蛋60—190个。[④] 在邹平，推广的优良棉种不仅每亩要比土种增产20斤以上，而且

① 童润之：《乡村民众教育机关如何促兴农业生产》，《教育与民众》第7卷第4期，1935年12月28日。

② 徐公鉴：《从挽救农村经济说到民众教育的功能》，《教育与民众》第5卷第5期，1934年1月28日。

③ 《十年来的中国乡村建设》，《晏阳初全集》（一），第566页。

④ 《定县的实验》，李济东编著《晏阳初与定县平民教育》，河北教育出版社1990年版，第217—222页；《定县试验区工作概略》，《晏阳初全集》（一），第411—412页。

棉质也要比土种好得多，每担能多卖 10—16 元；猪每头多产肉 50 斤，按当时最低市价每斤猪肉 1 角 6 分折算，同样饲养一头猪，饲养优良猪种的农民可多收入 8 元；鸡每只每年产蛋是土种鸡的 2—3 倍。以此计算，1932—1934 年邹平共推广优良棉种 46364.5 亩，可增收棉花 927280 斤，现金 92720—149080 元；1933—1934 年共推广优良猪 12423 头，可增产肉 621150 斤，现金 99384 元。[①] 在无锡，推广优良稻种每亩平均要比土种增产 3—6 斗，麦种增产 1—5 斗，蚕种不仅产量比土种高，而且茧价每石要比土种多卖 20 元以上，以此计算，仅黄巷实验区 1929—1931 年的 3 年期间，农民从推广优良蚕种上就增加收入 3490 元。[②] 其他实验区（县）推广的各类优良品种，也都比土种有幅度不等的增产和增收。另外，如防治病虫害、提倡副业、植树造林、推广新式农具、举办农产品展览会等改良农业的措施，对于减轻病虫害的损失，增加农民收入，促进农业进步，也有一定的积极作用。

　　然而，如同评估兴办教育一样，对改良农业的成效及其作用的评估也不能过高。童润之在《乡村民众教育机关如何促兴农业生产》一文中就认为，作为乡村建设运动的一项重要内容，改良农业存在着四个大的问题：第一，乡村工作者很少是农业专门人才，没有改良农业的经验和知识，因而他们只知道改良农业的重要，而对于农业如何改良知之甚少，缺乏引起农民自动改良农业的力量；第二，一些实验区或乡建团体把改良农业与推广优良种子视为一事，以为优良种子推广以后，农业即可改良，而对于耕种方法是否合理，经营方法是否有利，则漠不关心；第三，不少实验区未能根据实际需要，只知道抄袭他人；第四，未使农民自动改良农业，换句话说，农民对改良农业积极性不高，"未能踊跃参加"。[③]

---

① 《山东乡村建设研究院概览》，山东乡村建设研究院 1934 年编印，第 59 页。
② 《江宁县政概况·建设》，江宁自治实验县县政府 1934 年编印，第 62 页。
③ 童润之：《乡村民众教育机关如何促兴农业生产》，《教育与民众》第 7 卷第 4 期，1935 年 12 月 28 日。

在上述这四大问题中，"未使农民自动改良农业"的问题最为严重。分析起来，造成农民改良农业积极性不高的原因主要有四个：

一是土地分配不均。20 年代末 30 年代初中国农村经济衰落的一个突出表现是土地高度集中，不少农民失去土地成为无地或只有少量土地的雇农、佃农或半佃农。而改良农业的必要前提是土地，因此从改良农业中得到好处的只能是占有大量土地的地主、富农或比较富裕的自耕农，广大无地或只有少量土地的雇农、佃农和半佃农则得不到任何好处。据曾任邹平实验县县长的徐树人回忆，当时邹平为了解决棉粮争地的问题，山东乡村建设研究院和县政府规定，只能在核定的限度内植棉，超过限度的不提供优良棉种，也不借给贷款。所谓"限度"，就是除了种粮食够吃外，多余的土地才准种棉。这样不仅无地的农民没有资格种优质棉，就是有少量土地的半佃农甚至大部分自耕农也没有资格种优质棉，"只有富农和富裕中农才有资格种棉"，其结果"使贫者益贫，富者益富，更加深了农村的阶级矛盾"。①广大无地或只有少量土地的雇农、佃农、半佃农甚至部分自耕农既然从改良农业中得不到什么好处，他们也就不会对改良农业产生积极性。用童润之的话说："农民若是耕种自己的田，田中收获有一分增加，则生活上可有一分的改善，他们是愿意改良农业的；若农民耕种的田是地主的，那田中收获虽多，只能优裕地主的生活，于农民自身毫无帮助，这样他们为何要设法改良农业呢？所以自耕农的数目愈少，则对于改良农业冷淡的农民愈多；耕地的面积愈小，则不谋促兴生产的农民愈众。"②

二是农产品价格下跌。20 年代末 30 年代初中国农产品价格

---

①　徐树人：《我担任邹平实验县县长的前前后后》，《梁漱溟与山东乡村建设》，山东人民出版社 1991 年版，第 103 页。

②　童润之：《乡村民众教育机关如何促兴农业生产》，《教育与民众》第 7 卷第 4 期，1935 年 12 月 28 日。

呈现出逐年下跌的趋势，而农产品价格的下跌使农民增产不能增收，或者增收不多。因为农产品价格下跌的幅度往往大于因农业改良而增收的幅度。前述推广优良品种使农民增产增收，是比较同年的土种收入而言，实际上与前一年或前几年的优良品种甚至土种相比，许多品种不仅没有增收，相反是减收。以苏州一带的蚕茧价格为例。1930 年良种茧每担最高价 70 元，最低价 60 元，土种茧每担最高价 60 元，最低价 45 元，良种茧每担要比土种茧多收入 10—15 元。1932 年良种茧每担最高价 32 元，最低价 26 元，土种茧每担最高价 28 元，最低价 20 元，与当年土种茧比较，良种茧每担要多收 4—6 元；但如果与 1930 年的蚕茧价格比较，每担良种茧价不仅比 1930 年的良种茧价减少了 38—34 元，甚至比土种茧价也减少了 28—19 元。①再如定县 1933 年各种主要农作物的平均价格都比 1930 年下跌了 40%—60%，而优良麦种和稻种每亩只比土种增产 18%—20% 和 18% 以上，其增产幅度远远低于价格下跌的幅度。农民增产不能增收，或增收不多，就不能不使他们改良农业的积极性受到影响。中央大学农学院的邹树文在《如何使中国农民改良农业》一文中就一针见血地指出，由于农产品价格的下跌，农民"一担谷子卖不到两块钱，一担茧子卖不到二十块钱，我们拿他的出产数量与他出产的成本算一算，这种价钱他们还是够本，还是不够本呢？农民终岁辛勤，盼望秋收，收获以后，拿去换钱，本总捞不起来，你想他能够踊跃改良吗？"②

三是天灾人祸频仍。20 年代末 30 年代初中国农村的天灾人祸连年不断，而一场大水，或一场大旱，或一场战争，都能使农民一年辛辛苦苦改良农业的成果付之东流。如 1931 年无锡的黄巷实验

---

① 吴晓晨：《蚕桑衰落中的吴兴农村》，《东方杂志》第 32 卷第 8 号，1935 年 4 月 16 日。

② 邹树文：《如何使中国农民改良农业》，《教育与民众》第 7 卷第 4 期，1935 年 12 月 28 日。

区推广优良稻种 80 亩，但是年长江大水，洪水泛滥，稻田被毁，颗粒无收。也是这一年，乌江实验区大面积推广优质棉种，然不料大水为患，棉种出苗不齐，尽管补种四次，仍是减收十之六七。"农民深觉自然能力大于人力，对于改良农业的态度"，就自然"冷淡"而不积极。①

四是农民生活贫困。改良农业需要资金投入。推广优良品种，农民要拿钱购买种子；预防病虫害，农民要拿钱购买农药；提倡副业，农民要拿钱购买材料；而当时农村金融枯竭，农民生活十分贫困，不少农民已负债累累，连最起码的生活都无法维持，又哪里有钱买种买药买材料？因此，虽然有的农民知道种植良种比种植土种能增加收益，预防病虫害可减少农作物的损失，但经济困难只能使他们望洋兴叹。

农民尤其是占农村人口绝大多数的贫苦农民的积极性不高，严重地影响了改良农业的工作，尽管不少实验区都把这一工作作为乡村建设的一项重要内容，但取得的实际成绩则很不理想。以推广优良品种为例。据平教会的调查，定县约有耕地 1561000 亩，1936—1937 年共推广优良棉种 125473 亩，为耕地总面积的 8%。无锡的黄巷实验区有耕地 360 亩，1929—1931 年共推广优良稻种 153 亩，为耕地总面积的 42.5%；北夏实验区有耕地 430588 亩，1933 年推广优良稻种 79 亩，为耕地总面积的 0.02%；惠北实验区有耕地 28276 亩，1934—1935 年共推广优良稻种 375 亩，麦种 300 亩，为耕地总面积的 2.4%。定县、无锡与邹平一起作为乡村建设运动的三大中心，是改良农业开展得较好的实验区，其推广优良品种的面积占耕地总面积的比例都如此之低，就更不用说其他实验区了。至于改良农业的其他措施，如预防病虫害、提倡副业、推广新式农具等，其成绩还不如推广优良品种。

---

① 童润之：《乡村民众教育机关如何促兴农业生产》，《教育与民众》第 7 卷第 4 期，1935 年 12 月 28 日。

（三）流通金融

乡村建设运动的又一重要内容是流通金融。20 年代末 30 年代初，由于外贸逆差扩大、白银大量外流和农民现金收入减少，农村出现了严重的金融枯竭。农民无钱使用，只好借高利贷，因此，当时高利贷活动在农村十分猖獗，结果使本来就十分贫困的农民更加贫困。有鉴于此，各乡建团体和实验区（县）都非常重视流通金融问题，其主要措施是成立借贷处和信用合作社，向农民发放贷款，以帮助他们解决生产生活上的困难。除借贷处和信用合作社外，有的实验区还成立有信用庄仓合作社（如邹平）、合作仓库（如无锡）、农村抵押仓库（如江宁）和农产品抵押仓库（如兰溪）等机构，这些机构也从事放贷业务，如江宁的农村抵押仓库，自 1933 年秋创办到是年 11 月底，仅 2 个月时间就押款 10 余万元；无锡的北夏实验区，仅东周巷和大桥头 2 个合作仓库 1934 年就放款 780 元。[①]

借贷处和信用合作社给农民的贷款，月息一般在一分到一分五厘之间，最少的仅七厘至八厘。如邹平的贷款一般为月息八厘，最高不超过一分五厘；无锡的贷款一般为月息一分，有时为九厘；徐公桥的贷款月息仅七厘；乌江的贷款平均是一分五厘。这要比各地高利贷的利息（一般在三分至四分之间）低得多。同时，借贷处和信用合作社的贷款条件也不像高利贷那样苛刻，一般只需要社员负连带责任，或以衣物、粮食、牲口做抵押，而不必以土地、房屋甚至人身做抵押。

在农村金融枯竭的背景下，各实验区组织农民成立借贷处和信用合作社，给他们提供相对来说利息较低的贷款，这无疑对解决他们生产生活上的困难，减轻高利贷的剥削程度，发展农业生产，或

---

① 《北夏第三年（上）——本院北夏普及民众教育实验区第三年度工作报告》，《教育与民众》第 7 卷第 3 期，1935 年 11 月 28 日。

多或少有所帮助。据统计，1934 年度祝甸乡实验区各信用合作社贷款用途为：买肥料 13.8%，买豆饼 64.2%，买猪 2.3%，买种子 5.4%，买工具 3.1%，买牲畜 3.5%，做生意 7.7%。[①] 另据清和实验区 1933 年的统计，信用合作社贷款的 71.79% 用于生产，28.21% 用于非生产，非生产主要包括还债、买牲口、婚丧、续房、租房和典房。[②] 乌江信用合作社的贷款，用于还债、买口粮、买种子、买牛、买肥料、买农具、还利息和其他的百分比，分别是41%、29%、14%、8%、3%、2%、2% 和 1%。[③] 其他实验区借贷处和信用合作社的贷款用途，也不外购买生产生活资料、发展生产和偿还欠债等方面。

当然，对借贷处和信用合作社的贷款在解决农民生产生活困难，发展农业生产方面所起的作用不能估计过高。借贷处和信用合作社的贷款有两个明显特点：一是借期短，多数在一年左右，有的甚至是半年或几个月。如邹平为一年，只有清还旧贷放款才为 2—3 年，无锡多为半年，最多也没有超过一年的，徐公桥一般以 5 个月为限，乌江是 10 个月到一年，其他实验区（县）也多为半年至一年；二是数额小，一般都在 50 元以下，少的只有几元或十几元，超过 100 元的甚少。

借贷处和信用合作社贷款的这两个特点与其资金来源有关。借贷处的资金主要来源于各城市银行和其他金融机构或团体的贷款，如无锡借款处的资金主要由江苏省农业银行无锡分行贷给，江宁农民抵押贷款处的资金主要贷自上海银行南京分行。合作信用社的资金从理论上讲由社内和社外两方面供给，社内供给的资金，即为合作社本身的股金、存款和公积金；社外供给的资金，即为合作社向各城市银行和其他金融机构或团体的借款。由于农村经济的衰败，

---

① 《乡村建设实验》第 3 集，第 323 页。
② 《乡村建设实验》第 1 集，第 76—77 页。
③ 蒋杰：《乌江乡村建设研究》，金陵大学农学院农林新报社，1935，第 122 页。

当时农民已经没有多余钱缴纳股金，或作为存款储于信用合作社，所以信用合作社的社内资金极为有限，向农民发放贷款主要依靠社外资金。如定县，1935 年 4 月底全县合作社的储蓄总数为 5398.76 元，借入贷款数为 44745.05 元，后者是前者的 8 倍多。① 无锡实验区附设于信用合作社的储蓄会，其存款余额更少得可怜，1934 年度北夏 12 个储蓄会只有储蓄金 258.45 元。② 相对于其他实验区而言，邹平合作社是办得比较好的，1934 年该县共有信用合作社 21 所，社员人数 314 人，股金总数 870 元，贷款总数 6600 元，是股金总数的 7 倍多。1936 年该县的信用合作社发展到 48 所，社员人数 1095 人，股金总数 3807 人，贷款总数 23626 元，仍是股金总数的 6 倍多。③

借期过短，农民借到钱后，很难将钱用到改进农业生产尤其是见效期较长的项目上。金额过小，根本不能满足农民用钱的需要，解决不了他们生产生活上的困难，他们还不得不向当地钱庄、典当和地主、富农及商人借钱，继续遭受高利贷者的剥削，加上各实验区加入信用合作社的农民只占农民总数的很少一部分（详见下一节），绝大多数未加入信用合作社的农民如果发生生产生活上的困难只能向高利贷者借款，因此，高利贷仍是农民借款的主要来源。据实业部中央农业实验所 1933 年 12 月在江浙陕甘等省举行的全国农民借款来源调查的结果，合作社贷款只占农民现金借款总数的 1.3%，亲友借款占 8.3%，其他占 10.1%，其余 80.3% 的农民借款来自高利贷者。④就此而言，乡村建设运动流通金融的目的并没有实现。

---

① 《乡村建设实验》第 3 集，第 253 页。

② 赵步霞：《北夏第二年（上）——本院北夏普及民众教育实验区第二年度工作报告》，《教育与民众》第 6 卷第 6 期，1935 年 2 月 28 日。

③ 柴向清、夏文禄整理：《邹平乡村建设时期的金融业》，《梁漱溟与山东乡村建设》，山东人民出版社 1991 年版，第 158 页。

④ 骆耕漠：《信用合作事业与中国农村金融》，《中国农村》第 1 卷第 2 期，1934 年 11 月 1 日。

三　乡村建设运动的内容及其成效（下）

（四）提倡合作

乡村建设运动的第四项重要内容是提倡合作，组织农民成立各种合作社。中国的合作社事业开始于五四运动时期，知识分子在介绍各种社会思想时，将合作社思想也介绍了进来，并随着合作社思想的介绍，出现了中国第一个农村合作社。中国农村合作社虽然出现在 20 年代初，但其迅速发展在 1928 年，尤其是 1930 年以后。如果以 1928 年全国农村合作社的指数为 100，那么 1931 年为 274，1932 年为 427，1933 年为 732，1934 年为 1850，1935 年为 2811。[①]

1928 年后，尤其是 1930 年后合作社所以会迅速增多，有两个原因，一是南京国民政府建立后，为缓和农村社会危机，对合作社采取扶植的政策，并先后制定和颁布了《农村合作社暂行规程》（1930 年内务部颁布）、《合作社原则》（1932 年 9 月 28 日中央政治会议通过）和《合作社法》（1934 年 3 月 1 日国民政府公布）等法规；二是 1927 年后随着乡村教育向乡村建设的方向发展而逐渐兴起的乡村建设运动，以提倡合作、组织农民成立各种合作社为其内容之一，推动了农村合作事业的迅速发展。1937 年商务印书馆出版过一本名为《十年来的中国》一书，晏阳初在为该书所写的《十年来的中国乡村建设》一文中就明确指出：中国农村"合作事业之突飞猛进，是近十年来的事，与乡村建设运动有密切的关系"[②]。表 1 是部分乡村建设实（试）验区（县）的合作社数量统计。

[①]　狄超白：《对目前合作运动之评价》，《中国农村》第 3 卷第 2 期，1937 年 2 月 1 日。

[②]　晏阳初：《十年来的中国乡村建设》，《晏阳初全集》（一），第 567 页。

表 1 部分乡村建设实（试）验区（县）合作社数量

实验区	指导机关	合作社(个)	社员(人)	统计时间	资料来源
定 县	平教会	约 120	2844	1935.4	《乡村建设实验》第 3 集,第 252—253 页
邹 平	山东乡村建设研究院	307	8828	1936.12	《乡村建设》半月刊第 6 卷,第 67 页
无 锡	江苏省立教育学院	40	1070	1934 年度	《乡村建设实验》第 3 集,第 67 页
清 和	燕大社会学系	17	285	1934 年度	《革命文献》第 84 辑
徐公桥	中华职教社	1	467	1931	《三周岁之徐公桥》,第 46 页
乌 江	金大农学院	36	1520	1934.6	《乌江乡村建设研究》,第 115—121 页
镇 平	镇平县十区自治办公处	76	未详	1935.6	《乡村建设实验》第 2 集,第 350 页
江 宁	江宁试验县政府	133	4730	1934.8	《江宁县政概况·建设》,第 44 页
兰 溪	兰溪实验县政府	102	3599	1934.9	《乡村建设实验》第 2 集,第 313 页
龙 山	齐鲁大学	7	未详	1935.9	《乡村建设实验》第 3 集,第 303 页
祝 甸	山东省民众教育馆	7	1801	1934.6	《乡村建设实验》第 2 集,第 321 页
洛 阳	中国社会教育社	5	131	1935.6	《乡村建设实验》第 3 集,第 416 页
西善桥	江苏省立乡村民教馆	8	未详	1935.9	《乡村建设实验》第 3 集,第 416 页
下 蜀	同上	20	356	1935.9	同上书,第 149 页
湖 塘	武进县农村改进会	14	977	1935.9	同上书,第 206—208 页
栖 霞	栖霞乡师	6	106	1935.9	同上书,第 213 页
万家埠	江西省农村合作委员会	79	930	1935.9	同上书,第 425 页

各实验区（县）和乡建团体把提倡合作、组织农民成立合作社作为乡村建设的主要内容之一，这对于解决农民生产生活上的困

难，促进农业生产，增加收入起了一定的积极作用。

首先，给农民提供了一定数量的贷款。合作社依其性质而分，有信用合作社、运销合作社、生产合作社、购买合作社和兼营合作社等，而信用合作社在当时各类合作社中数量最多。如1935年4月，定县合作社约90个，而信用合作社就有78个；1934年度，无锡北夏实验区有合作社18个，其中12个是信用和信用兼营合作社；这一年乌江36个合作社中，信用合作社占了33个。其他除邹平以外的各实验区，信用合作社占合作社总数的比例也多在70%—80%，有的甚至达到90%以上。各实验区和乡建团体成立信用合作社的目的，如上一节中已指出的那样，是为了缓解因金融枯竭而造成的农村资金短缺，给农民提供一定数量的贷款。

其次，部分解决了农产品的运销困难。20年代末30年代初，由于外国农产品的大量进口，极大地冲击了国内农产品市场，造成农产品价格的大幅度跌落，再加上一些不法奸商压级压价，贱买贵卖，坑害农民，致使农民种田不仅无利可图，而且还往往亏本，这就极大地挫伤了农民生产的积极性。针对这种情况，一些实验区组织农民成立运销（或产销）合作社，将农民生产出来的农产品（主要是棉花和蚕茧）集中起来，直接卖给用户或厂家，以免除非法奸商对农民的中间剥削。以邹平美棉运销合作社和无锡蚕业运销合作社为例。邹平美棉运销合作社的棉花，1932年每百斤要比市价多卖6.3元，1933年每百斤要多卖3—4元，1934年每百斤要多卖14元。1933—1934年度无锡北夏实验区组织蚕户进行鲜茧运销合作，将所收鲜茧按高出市价4—5元的价钱全部卖给丝厂，仅此一项，农民就比自己到市场出售多收入4000多元。

最后，有利于农业改良。20—30年代中国农业十分落后，一个重要原因是一家一户的小生产严重地束缚着生产力的发展，因为如兴修水利、防洪抗旱、使用大型新式农具、大面积植树造林、推广优良品种等，都是只有几亩或十几亩土地的农民所无法做到的。加上农民又十分贫穷，连最起码的简单再生产都难以维持，又哪里有力量改良农业，扩大生产呢?! 所以把农民组织起来，由一家一户变成几户或几十户的联合，是改良农业的重要途径。梁漱溟在《乡村建设理论》中对此曾有所认识，他指出："农民散漫的时候，农业推广实不好做。乡村有了组织，大家聚合成一气，农业改良推广的功夫才好做"。①

当然，乡村建设运动在提倡合作、组织合作社过程中也还存在着严重问题。

问题之一是各类合作社发展极不平衡，信用合作社所占比例太大，而生产、运销合作社所占比例太小，多数实验区不到合作社总数的10%。信用合作社的业务主要是办理贷款，其他业务如储蓄、汇兑等没有怎么开展。所以当时有人戏称信用合作社为"信用合借社"。这种情况说明，各实验区和乡建团体提倡合作、组织农民成立合作社的目的，主要是解决因农村金融枯竭而造成的农民借钱难的问题，而不是为了改良农业、发展生产。所以除邹平外，其他各实验区最先成立的都是信用合作社，而不是生产或运销合作社。

问题之二是只有很少一部分农民（主要是地主、富农和自耕农）入社，绝大多数农民（主要是贫雇农）则被关在了合作社大门之外。如定县人口总数40万，1935年4月合作社社员2814人，为人口总数的0.7%；邹平人口总数16万，1936年底合作社社员8828人，为人口总数的5.5%；无锡北夏和惠北人口总数303369人，1934年度合作社社员1070人，为人口总数的0.3%；徐公桥人口总数3535人，1931年合作社社员467人，为人口数的13.2%；清和人口总数22500人，1934年合作社社员285人，为人口总数的1.2%。其他实（试）验区（县）的合作社社员占人口总数的百分比也非常低，一般在人口总数的0.3%—0.5%之间。

绝大多数农民之所以被关在了合作社大门之外，有以下几方面的原因：第一，根据各种合作社法规或章程，社员入社每人至少须

---

① 《梁漱溟全集》（二），山东人民出版社1990年版，第426页。

认购社股 1—2 股，每股股金为 1—2 元。在当时的情况下，广大农民（主要是贫雇农）早已负债累累，连最起码的生活都难以维持，又哪里有钱缴纳股金?! 因此他们"虽明知合作社之利益，但为股金所限制，不能不趑趄于合作社之门外"①。能成为合作社社员的主要是那些缴得起股金的地主、富农和比较富裕的自耕农。据 1935 年 10 月调查，邹平的美棉运销合作社社员中，自耕地在 20 亩以下的仅占 30%，而在 20 亩以上的占 70% 还强。② 第二，当时各种合作社都实行所谓连带保证责任制，即某一社员通过合作社向银行或其他城市金融机构借款，其他社员都要出具保证书，如果借款社员届时无力归还所借款项，同社社员则要承担连带责任，负责归还；如果合作社遭到意外损失，全体社员也都有责任赔偿。由于担心贫雇农连累自己，那些有钱的地主、富农和比较富裕的自耕农则歧视甚至反对贫雇农入社。当然，作为新生事物，合作社还不为一些农民所认识，加上各实验区（县）宣传组织工作不十分到位，这也是合作社社员人数占人口总数百分比很低的原因之一。

由于合作社社员人数只占农村人口总数的很小一部分，因此它所起的作用就非常有限，对于广大被关在合作社大门之外的贫雇农来说，他们并没有从乡村建设运动提倡合作、组织农民成立合作社中得到多少好处。曾主持邹平合作社事业的张国维告诉千家驹说："现在合作社似乎不能解决贫农的痛苦，因为组织合作社的天然即为中农分子，贫农根本没有资格加入的，他们自然享受不到合作社的利益。"③ 能享受合作社利益的主要是有钱的地主、富农以及一部分比较富裕的自耕农。

问题之三是合作社的领导权相当一部分掌握在土豪劣绅手里。各实验区和乡建团体组织农民成立合作社时，非常重视发挥那些能

---

① 喻育之：《关于改进农村合作社的几点意见》，《教育与民众》第 7 卷第 3 期，1935 年 11 月 28 日。

② 《乡村建设》第 5 卷第 16、17 期合刊，1936 年 5 月 1 日。

③ 千家驹：《我所见的邹平》，《中国农村》第 3 卷第 3 期，1937 年 3 月 1 日。

识字读书、家庭富裕、在本地有一定的威望（或势力）的"乡村领袖"的作用，让他们担任合作社的理、监事。而这些所谓"乡村领袖"基本上都是地主或富农。"乡村领袖"中虽然不乏热心公益事业之士，但也不容否认，其中土豪劣绅不少，结果有相当一部分合作社的领导权被土豪劣绅所掌握。华洋义赈救灾总会的章元善在谈到他们举办合作社事业的经验和教训时就曾指出："土豪劣绅是任何乡村都有的。土劣的知识，较一般乡人为高，最好出风头管事。他们骨子里虽然埋藏着自私与险恶，但是在表面上看起来，好像他们识大体明大义似的，与公正士绅几乎没有什么分别。我们办合作的人走到乡村，最先出来接头的就是这辈土劣。因为这种人最善逢迎，会讲话，夸张他们的能力威望，示意你要到乡村办事，非找他们不可。但是事情一到他们的手，便无往而不糟。我们所希望的，本来是乡村的好人出来做合作社的中坚分子，但……出头的，反而是以剥削好人为职业的土豪劣绅。"① 他们"常借名组织合作社，向农民银行借得低利之贷款，用之转借于农民，条件之酷，实罕其匹"②。

（五）地方自治

中国的地方自治始于清末。1927 年国民党建立南京国民政府后，为巩固其统治，拖延自己所许诺的还政于民的时间，继续推行所谓地方自治，并依据孙中山的遗训，确定以县为自治单位，立法院先后制定了《县组织法》《县组织施行法》《区自治施行法》《市组织法》《乡镇自治施行法》《乡镇坊自治职员选举及罢免法》《乡镇间邻选举暂行条例》《县参议会组织法》及《县参议会选举法》等。对于自治事务，定有户口调查、土地调查等 21 项。同时内政部还根据立法院有关规定拟定了一份《训

---

① 章元善：《中国合作实际问题》，《乡村建设》第 6 卷第 1 期，1936 年 8 月 16 日。

② 狄超白：《对目前合作运动之评价》，《中国农村》第 3 卷第 2 期，1937 年 2 月 1 日。

政时期完成县自治实施方案分年进行程次表》，经国民党中央第207 次政治会议通过，由行政院颁布，期于 6 年以内，于 1935 年完成所定各项自治事业。因国民党的大力鼓捣，自治空气，一时弥漫全国。

在此背景下，地方自治就很自然地成了乡村建设运动的内容之一，不少实验区（县）根据国民党有关自治事务的规定，开展过调查户口（如定县、邹平、无锡、徐公桥、清和、镇平、龙山、江宁、兰溪）、测量土地（如邹平、无锡、镇平、江宁、兰溪）、整顿税收（如镇平、江宁、兰溪）、修筑道路（如无锡、徐公桥、镇平、江宁、兰溪）、改革政制（如江宁、兰溪、邹平、菏泽）、编制保甲（如定县、无锡、徐公桥、镇平）、办理民团或警察局（如邹平、徐公桥、镇平、江宁、兰溪）及成立自治团体组织（如东乡的自治会、定县的公民服务团、徐公桥和无锡的乡村改进会、乌江的乌江农会）等工作。

和当时其他地方的自治工作比较，由乡建团体所主持的各实验区（县）的自治工作要认真扎实得多。如调查户口，根据国民党的有关要求，这是办理自治最重要、也应最先完成的工作。但各地调查户口的情形，"一半凭空口询问，一半由臆想估量，草草填就，呈报塞责为完事"。更有一些区长、村长，"竟虚空填报，闭户造册"，而县政府也为应付公事起见，从不过问下面呈报的户口真实与否。所以各地所谓的户口调查及其得来的数字，"除应付公事，作官样文章外，毫无其他用处"。[①] 与此不同，由乡建团体所主持的各实验区（县）的户口调查较为认真。以邹平为例，在调查工作开始之前，实验县于 1934 年 10 月 10 日成立了户口调查委员会，作为全县户口调查之最高机关。调查委员会成立后，即依照该会规程条文，拟定工作计划大纲，作为进行程序的纲领，并将全

---

① 周葆儒：《推行民众教育培养民众自治能力》，《教育与民众》第 7 卷第 4 期，1935 年 12 月 28 日。

县 14 个乡划为 14 个巡查区，每区各设巡查员 1 人，指导员 2—8 人。巡查区内各设固定向导、联络员若干人。联络员由联庄会会员担任，向导由各区的村长、村理事、闾邻长和村学、村小学教师担任，他们都要听从巡查员、指导员和调查员的调遣，担任领路、介绍、递送文件、传达信息的任务。调查员由训练部的学生担任，他们不仅在乡下实习居住达 3 个月之久，对乡村情况比较熟悉，而且还接受过户口调查的业务训练，有一定的专业知识。为了便于调查，全县还不分普通住户、机关、商店、寺院等，一律编贴县政府新印的门牌，并精心设计和制作了大量调查表格。由于准备工作做得充分扎实，调查进行得比较顺利，得到的数据也较为真实。这次调查的结果，后来以《邹平实验县户口调查报告》的书名，由中华书局于 1935 年冬正式出版，受到国内外有关部门和专家的关注。①

由乡建团体主持的各实验区（县）的地方自治工作虽然较为认真，但并没有给地方带来自治，农民更没有从中得到任何权利，他们仍然处于被压迫被奴役的境地。以地方自治组织的建立和改革为例。根据国民党颁布的有关自治法规的规定，县以下各级自治组织的构成人员，或由县署委任，或由地方推举。县署委任以不得罪巨室为原则，故地主土豪当然在被委任之列。至于推举，实际上亦等于地主土豪自举，用周谷城的话说，"原来土豪地主，经济能力本在他人之上；又因垄断教育，智识技能，组织能力，乃统驭才干，均超人一等，贫苦农民经济几等于零，又因未受教育，蠢如鹿豕，对土豪地主，向来尊为神圣"，推举区、镇、乡、村、里、闾、邻、保、甲长及其副职，当然只能唯地主土豪的马首是瞻，推举他们。② 梁漱溟 1929 年在考查山西村政后也认为，村长由村民

---

① 田慕周：《我参加邹平实验县户籍工作的情况》，《梁漱溟与山东乡村建设》，第 162—167 页。

② 周谷城：《农村社会新论》，第 123—124 页，转引自杨翼心《当代中国各种乡村运动在地方自治上之评价》，《教育与民众》第 5 卷第 7 期，1934 年 3 月 28 日。

选举，结果只能是土豪劣绅当选。[①] 各实验区（县）也不例外。据对无锡 518 个村长中的 104 个村长的经济状况调查，其中 91.3% 的人为地主，7.7% 的人为富农，1% 的人为小商人；地主中有43.77% 的人为中等地主，56.73% 的人为小地主；平均占地 44 亩的有 59 人，占地 224 亩的有 45 人。[②] 村长都是地主豪强占绝对优势，就更不用说乡长、镇长和区长了。所以，尽管各实验区（县）的地方自治组织的建立和改革，不像其他地方那样"因循敷衍，奉行故事"，但无论是江宁、兰溪的废除闾邻制，实行村里制，废除区制，实行县—镇乡二级制，还是邹平的裁区并乡，将全县划为14 乡、365 个行政村，抑或无锡的保甲编制与实验，镇平的所有区、镇、乡、闾、邻正副长官的选举产生，都没有改变作为地方政权机构的所谓自治组织是"地主土豪用以镇压农民括削农民之工具"这一基本事实，[③] 它们的权力仍然掌握在地主阶级的手里。

当然，这并不是说各实验区（县）地方自治作为乡村建设运动的内容之一毫无意义。实际上如调查户口，使不少实验区（县）的人口数量第一次有了较为精确的统计；修筑道路，一定程度上解决了当地农民行路难的问题；尤其是定县的公民教育，定县、徐公桥、无锡和乌江的自治团体，对于培养农民的公民和团体意识，激发他们投身乡村建设，还是起了一定的作用的。

（六）公共卫生

旧中国农村的卫生条件极差，缺医少药的现象十分严重，农民因病得不到及时治疗而死亡或失去劳动能力的不少。本来广大贫苦

---

① 梁漱溟：《北游所见记略》，《梁漱溟全集》（四），山东人民出版社 1993 年版，第 897 页。

② 陈翰笙：《现代中国的土地问题》，黄汝骧译，《中国经济》第 4、5 期合刊，1933 年。

③ 周谷城：《农村社会新论》，第 123—124 页，转引自杨翼心《当代中国各种乡村运动在地方自治上之评价》，《教育与民众》第 5 卷第 7 期，1934 年 3 月 28 日。

农民就生活在水深火热之中，疾病更加重了他们的经济负担和痛苦。为了改变这种状况，各实验区（县）都比较重视乡村公共卫生工作。

第一，是设立乡村医院（或卫生所或保健所或医药室），为农民看病治病，其中一些面积较大的实验区（县）还在此基础上建立了一套乡村卫生保健制度或组织。如定县，县设保健院，区设保健所，村设保健员；邹平县，县设卫生院，乡设卫生所；无锡的北夏和惠北实验区，区设卫生所，分区设卫生分所，各民众学校施教区设特约卫生员；江宁县，县设卫生院，中心乡镇设卫生所，一般乡镇设卫生分所。鉴于不少农民因生活贫困而无钱看病的情况，一些实验区（县）还实行免费看病制度，对于那些特别困难的农民甚至免收药费。

第二，防治结合，以防为主，为农民布种牛痘和注射预防霍乱、脑膜炎、白喉等传染疾病的预防针。如定县 1930—1936 年布种牛痘 141397 人，无锡惠北 1934—1937 年布种牛痘 4355 人，注射预防针 2644 人；徐公桥 1931—1932 年布种牛痘 1161 人，注射预防针 1800 人。

第三，重视学校卫生，宣传卫生常识。据定县 1934 年下半年至 1935 年上半年的小学卫生实验统计，该县在 42 所小学中进行过卫生实验，接受实验的学生有 2850 人；举办卫生班 996 次，听讲人数 49349 人；清洁检查 996 次，接受检查者 49349 人；体格检查 3008 人；治疗沙眼 95570 人次；治疗头癣 26162 人次；牙齿检查 1529 人；矫正牙疾 433 人；水井改良 14 口；厕所改良 6 处。①

第四，试行新法接生。鉴于传统的接生方法既不科学，也不卫生，容易引起产妇和新生儿的感染，甚至死亡，不少实验区提倡并试行新法接生。试行新法接生的实验区有定县、邹平、无锡、徐公桥、清和、龙山等。如清和实验区从 1932 年 7 月起，聘用助产护

---

① 晏阳初、陈筑山：《定县实验区工作概略》，《乡村建设实验》第 3 集，第 259 页。

士 1 人，专门负责此项工作，包括孕妇婴儿检查、产婆调查、新式接生和助产教育。实验区医院设有产床 4 张，遇有生产者，助产护士得到通知后，即前往接生。为了推广新法接生，实验区还举办过产婆训练班，凡 35 岁以上 75 岁以下的产婆，一律都要接受 2 个星期的训练，内容包括上课和在助产护士的指导下实习新法接生。①

　　第五，举行清洁运动，如发动农民进行大扫除，拉走堆放在路边的垃圾，消灭大道旁的粪坑等。在这方面搞得好的实验区有徐公桥、无锡和清和。无锡的黄巷实验区基本上每月要搞一次大扫除，每次都要进行清洁评比；徐公桥实验区夏季每周大扫除一次，发动群众打扫屋内和街道卫生。

　　除以上措施外，有的实验区还经常举办卫生展览，利用宣传挂图，对农民进行卫生常识教育；或组织巡视医疗队，下乡为农民看病治疗。

　　各实验区（县）对乡村公共卫生工作的重视，对改变农村落后的卫生状况起了一定的积极作用。比如，乡村医院（或卫生所或保健所或医药室）的设立，使农村缺医少药的状况有了初步改善，农民生了病能在实验区内得到及时治疗。以定县为例，该县农民医治常见的感冒发烧可以不出村，一般病可以不出区，大病可以不出县。在 1934 年 10 月至 1935 年 9 月的一年内，定县共有189352 人次接受治疗或用药。又如，定期为农民布种牛痘和注射预防针，有效地控制了天花、霍乱、脑膜炎、白喉、猩红热等传染病的流行。据各实验区（县）向全国乡村工作讨论会年会提交的报告介绍，此项工作开展得较好的定县、邹平、无锡、徐公桥、清和等实验区（县），曾肆虐农村、造成成千上万人死亡的天花、霍乱，在实验区（县）内已基本绝迹，其他传染病也没有发生过暴发性的流行情况。另外，各实验区（县）的卫生教育、新法接生和群众性

---

　　① 张鸿钧：《燕京大学社会学系清和镇社会实验区工作报告》，《乡村建设实验》第 1 集，第 87—88 页。

的清洁运动，也有助于提高农民，尤其是儿童的卫生意识，养成良好的卫生习惯，改善农村的卫生环境。如邹平在未实行新法接生之前，新生儿的死亡率达50%，实行新法接生之后，降到10%。①

尤其需要指出的是，一些实验区在重视乡村公共卫生工作的过程中所创造的一些制度和经验，对于今天的农村卫生工作仍有借鉴价值和意义。如定县的村设保健员、区设保健所、县设保健院的三级卫生保健制度，无锡惠北实验区在小园里村实验的农村合作医疗制度，邹平和徐公桥实行的为贫苦农民免费治疗制度，以及定县的学校和妇婴卫生工作经验，无锡和徐公桥的清洁卫生运动经验，邹平的新法接生经验等，都值得认真地总结和借鉴。

除以上6个方面外，移风易俗也是乡村建设运动的一个重要内容，像定县、邹平、无锡、徐公桥、镇平、江宁、兰溪、清和、龙山、乌江等不少实验区（县）都开展过群众性的移风易俗运动，其措施不外剪发辫、禁缠足、禁吸毒、禁赌博、禁早婚、禁溺女、改革婚丧陋习等，有的取得了一定的成效。禁止和革除旧的风俗习惯，有利于社会改良和进步。所以，对于乡村建设运动的这一内容，应该给予充分的评价。当然在禁止和革除旧的风俗习惯的过程中，有的实验区（县）也出现了一些这样或那样的问题，如镇平以浪费为由不许农民演戏和看戏，这自然是不对的，但瑕不掩瑜，各实验区（县）移风易俗的成绩要大于它的失误。

四　乡村建设运动的历史评价

（一）复兴农村经济的失败

前面已经指出，乡村建设运动是在中国农村经济日益走向衰落

---

①　梁漱溟：《我们在山东的工作》，《梁漱溟全集》（五），第1020页。

的背景下兴起的，其主要目的就是要阻止这种衰落，并使之出现复兴，从而实现"民族再造"或"民族自救"。但乡村建设运动的结果，复兴农村经济的目的不仅没有实现，相反各实验区（县）经济的衰落程度在乡村建设运动期间有了进一步地加深。下面让我们来看看作为乡村建设运动三大中心之一的定县的一组数据：

主要农产品价格：1933 年比 1930 年跌落了 40—60 个百分点；田地价格：1934 年比 1928 年普通有井田地从每亩 120 元下跌为 50 元，普通旱地从每亩 55 元下跌为 25 元；农民借债：1931 年比 1929 年借债户数增加了 78%，借债次数增加了 117%，借债数额增加了 133%，1934 年借债户达到 46000 户，占全县总户数的 67%；农民生活状况：1929 年前定县的乞丐很少，到 1933 年冬增至 3000 人，1933 年冬定县吃不起盐的约占人口总数的 20%，1931 年因还不起债而被债主没收家产的不过 50 户左右，1933 年达到 2000 户之多；农民流离：1930 年前每年约在 700 人左右，1934 年前 3 个月就超过了 15000 人。①

定县在所有实验区（县）中实验的时间最长（1926—1937 年），投入的资金和人力最多（据晏阳初报告，仅 1933 年，平教会的经费就达 386422 元，职员 224 人②），影响最大，成绩也最突出。定县尚且如此，就更不用说其他实验区（县）了。

乡村建设运动复兴农村经济的目的所以未能实现，是它没能解决以下三个对复兴农村经济有着重大影响的问题。

第一，帝国主义农产品的倾销问题。20 年代末 30 年代初中国农村经济衰落的一个突出表现，便是帝国主义农产品的大量倾销，造成中国农产品价格的大幅度跌落，而农产品价格的大幅度跌落，又导致了田地价格大幅度下跌和农产品的严重萎缩。因此，制止帝

---

① 李景汉：《定县农村经济现状》，《民间》第 1 卷第 1 期，1934 年；《农村高利贷的调查》，《民间》第 1 卷第 14 期，1934 年；《定县人民出外谋生的调查》，《民间》第 1 卷第 7 期，1934 年。

② 《晏阳初全集》（一），第 200 页。

国主义农产品的大量倾销，是复兴农村经济的必要前提。制止帝国主义农产品大量倾销的最好办法无非两个：一是取消帝国主义强加给中国人民的种种侵略特权包括关税协定权，由国家根据国际惯例和本国利益，制定合适的农产品进口税税率，以保护本国农产品市场；二是大力发展本国农业，尤其是规模、高效农业，加大科技和资金投入，提高农业生产效率，以增强本国农产品的竞争能力。而这两点都只有在一个代表人民根本利益、并能独立行使国家主权的中央政府的领导下才能实现。但当时的国民党政府显然还不具有这样的资格和能力，它不仅没有采取措施制止帝国主义农产品的大量倾销，相反还先后与美国达成"美棉借款"和"美棉麦借款"协定，使美国的小麦和棉花通过政治贷款的方式如潮水般地输入中国，从而导致了中国农产品价格的进一步跌落。

各乡建团体在从事乡村建设实验的过程中，虽然也感受到了因外国农产品的大量输入所导致的本国农产品价格大幅度跌落给农民带来的危害，如兰溪实验县的乡建工作者就曾认识到："第一，手工业无论如何提倡，总敌不了外来货物的倾销，则手工业还有什么前途？第二，外来农产品倾销到农村，有什么方法可以把洋米洋面赶出去？如果赶不出去，则改良农业生产，增加收获，岂非更将使农产品价格跌落，农民愈不能维持……"[1] 无锡教育学院的俞庆棠也曾指出："从事于乡村工作者费了九牛二虎之力，使每亩农作物的田地增加半担以上的收获，这是了不起的成绩了。如果一旦洋米倾销，或棉麦大量进口，每担农作物的价值，立刻可以跌到原有价格的半数。"[2] 但乡建团体所能采取的措施只是组织农民成立运销合作社，以免除中间商人对农民的坑害，从而使合作社社员的农产品相对于当地市价而言卖一个好价钱，而没有提出任何能从根本上解决外国农产品大量倾销的方案，甚至没有向国民党提出建议，要

---

① 李紫翔：《农村建设运动应有的转变》，《中国农村》第 2 卷第 10 期，1936 年。
② 余霖：《乡村工作的理论和实践》，《中国农村》第 2 卷第 1 期，1936 年。

求国民党采取措施，减少农产品的进口，以保护本国农产品市场。就目前所见到的材料而言，尽管梁漱溟、晏阳初、高践四等人多次被国民党邀请参加有关会议，或和国民党党国要人经常会晤，但都没有向国民党提出过减少外国农产品进口、保护本国农产品市场的要求，全国乡村工作讨论会三次年会也没有讨论这一问题。

　　第二，土地分配不均问题。20年代末30年代初中国农村经济衰落的另一个突出表现便是土地高度集中，不少农民失去土地而成为无地或只有少量土地的贫雇农。其结果，一是两极分化更加严重，广大失去土地的农民生活更加贫困；二是无地或少地的农民对改良农业积极性不高，严重影响着农业进步。因此，抑制土地集中，使失去土地的农民重新获得土地，是复兴农村经济的又一必要前提。不少乡建工作者尤其是他们的领袖人物不仅对土地分配不均有一定的认识，如号称乡村建设理论家的梁漱溟就认为在土地上存在着三个问题：一是耕地不足，人多地少；二是使用不太经济，没有做到合理使用；三是分配不均，"有的地方且相当严重或很严重"。[1] 晏阳初也承认："农村经济问题中最严重的，莫如土地问题"[2]，他们还提出过各种各样的解决方案。梁漱溟提出的方案是实行土地公有，他认为，"土地分配不均，是从土地私有制来的流弊；私有土地的结果就难免不均。要想根本免于不均，只有土地全归公"[3]。一位名叫许公鉴的乡建工作者也认为，孙中山提出的"耕者有其田"的政策，"是解决我们土地问题的一种好方法"。[4] 全国乡村工作讨论会第三次年会在讨论土地问题时，不少与会者赞同"土地国有原则"，并提出"土地分配最好以劳动力为标准，不

---

① 梁漱溟：《乡村建设理论》，《梁漱溟全集》（二），第530页。

② 晏阳初：《十年来的中国乡村建设》，《晏阳初全集》（一），第567页。

③ 梁漱溟：《乡村建设理论》，《梁漱溟全集》（二），第530页。

④ 许公鉴：《从挽救农村经济说到民众教育的功能》，《教育与民众》第5卷第5期，1934年1月28日。

以两性为界限"①。

乡建工作者虽然主张土地国有，实行孙中山的"耕者有其田"政策，但他们反对以暴力手段剥夺地主土地，并无条件地分配给少地或无地的农民。如梁漱溟主张通过政府立法形式，"从法律上设为种种限制，裁抑地主，终使其土地出卖"，同时，建立起"完整的农业金融系统"，给农民提供长期贷款，鼓励并帮助他们购买土地，从而"达到土地利用的合理化，农业经营的合理化"。② 李景汉也认为："中山先生的平均地权办法实为由土地私有变为土地农有，再由土地农有变为土地国有的和平办法。若能早日实行平均地权，同时亦能节制资本，则土地问题则可彻底解决。"③ 从理论上讲，用政府立法的形式，迫使地主出卖土地和国家通过"照价纳税"和"照价收买"，将土地收归国有，的确不失为解决土地问题的好方法，但从操作上说，在当时国民党政府不代表农民的根本利益和农民极端贫困的条件下，这又是行不通的，而且实际上也从来没有实行过。因此，直至乡村建设运动结束，各实验区（县）的土地问题都没有得到解决，土地集中不仅没有缓解，相反呈现出进一步加剧的趋势。如无锡每户地主占有的土地，1933 年就比 1929 年扩大 160 亩，从平均的约 54 亩增加到约 214 亩。

第三，农民负担过重问题。20 年代末 30 年代初，农民负担特别沉重，主要包括三个方面：一是地租负担。当时的地租额平均都在收获量的 50%—80% 之间，有的甚至超过了 100%，再加上押租、预租和附加租等种种名目的剥削，佃农的地租负担甚是沉重，要求减租或抗租的事件层出不穷。但就目前所发现的资料来看，和全国绝大多数地区一样，各实验区（县）并没有实行过减租。个

①　《乡村建设实验》第 3 集，第 45 页。

②　梁漱溟：《乡村建设理论》，《梁漱溟全集》（二），第 531—532 页。

③　《中国农民问题》，商务印书馆 1937 年版，第 129 页。

别实验区虽然提出过要求，但因地主的反对，最后是不了了之。[①]

二是赋税负担。当时农民除要缴纳高额的田赋外，还要负担名目繁多的苛捐杂税。赋税负担的苛重是造成农村经济衰落的一个重要原因。但由于田赋和各种苛捐杂税是中央和省、县三级政府的主要收入来源，并且只有这三级政府才有权决定田赋和各种苛捐杂税的税额及征收或减免权，因此，尽管一些乡建工作者认识到"赋税繁重，民不堪命"[②]；"农民生活愈困，则于农业生产愈无力；所以（农民）负担之重，是农业生产的致命伤。这个问题若得解决，则裨益生产者甚大"[③]，也对农民的赋税负担做过一些调查，并在乡村工作讨论会上提出要"改革非法征收"，但他们无权决定赋税的减免，因此，除江宁、兰溪等少数实验区（县）对田赋和捐税的征收进行过整顿外，绝大多数实验区（县）没有涉及田赋和捐税问题。而江宁、兰溪等少数实验区整顿田赋和捐税征收的主要目的，不是要减免农民的赋税负担，而是简化征收手续，革除征收过程中存在的诸如贪污中饱等种种弊端，从而使田赋能如数如期征收归仓。

三是债务负担。20年代末30年代初农民因生活困难而借债的现象十分普遍。1933年河北定县借债户就占全县总户数的67%。由于农村金融的枯竭和现代金融业的不发达，农民主要借的是高利贷，而高利贷的最主要特点就是利率高，而且多是利滚利。农民一旦借了高利贷，其利息往往使他们不堪重负，甚至家破人亡。所以，解决债务问题是复兴农村经济的又一必要条件。这应包括三个方面的措施：减轻或取消农民已借高利贷的利息；对今后高利贷利率作出限制；尽量使农民不再向高利贷者借款。就第一、二个方面来看，没有一个实验区（县）实行过减息，也没有一个实验区

---

① 秦柳方：《农村破产现况下民众教育应有之努力》，《教育与民众》第7卷第4期，1935年12月28日。

② 《江苏省立教育学院乡村民众教育实验工作报告》，《乡村建设实验》第3集，第63页。

③ 梁漱溟：《乡村建设理论》，《梁漱溟全集》（二），第516页。

（县）严格限制过高利贷的利率。第三个方面，各实验区（县）虽然采取过一些流通金融的措施，但向农民提供的贷款十分有限，根本不能满足农民解决生产生活困难的需要，农民仍需向高利贷者借贷，遭受高额利息的剥削。

正因为乡村建设运动没能解决外国农产品的大量倾销、土地分配严重不均和农民负担过于沉重这三个问题，其复兴农村经济的目的自然也就无法实现。

（二）"乡村不动"的原因分析

乡建工作者尤其是他们的领袖人物认识到，乡村建设运动要想取得成功，其关键是要使广大农民起来投身乡村建设运动并成为其主力。晏阳初在《十年来的中国乡村建设》一文中也指出："乡村问题的解决，天然要靠乡村人为主力。我们组织乡村的意思，就是要形成这解决问题的主力。"[1] 中华职业教育社所揭示的从事乡村建设的"主旨"，其第一条是："重要在启发本地农民自动，扶植农民自主自立自治"。[2] 然而，乡村建设运动的结果却出现了梁漱溟称之的"号称乡村运动，而乡村不动"的难局。他在一篇题为《我们的两大难处》的讲演词中说道：

> "号称乡村运动而乡村不动"这个话，差不多是一个事实。在无锡我们开的乡村工作讨论会，乃至去年在定县的一届年会，都可以看出其间乡村农民的代表差不多没有。放宽点说：即令有，为数也太少；最多的，还是教育界的人。其他如农业家、公共卫生家，这样的技术人才倒有；政府的人也很不少，地方政府、中央政府，都有人出席；可是从乡村来的，代表农民的，真是凤毛麟角。即此可见乡村之不动。仿佛乡村工作讨论会和

---

① 晏阳初：《十年来的中国乡村建设》，《晏阳初全集》（一），第562页。
② 江恒源：《徐公桥》，中华职业教育社1929年版，第10—11页。

乡村没大关系，乡下人漠不关心，只是乡村以外的人瞎嚷嚷。不但如此，我们试以乡村工作的几个重要的地方说：头一个定县平教会，在定县人并不欢迎。本来最理想的乡村运动，是乡下人动，我们帮他呐喊。退一步说，也应当是他想动，而我们领着他动。现在完全不是这样。现在是我们动，他们不动；他们不惟不动，甚且因为我们动，反来和他们闹得很不合适，几乎让我们作不下去。此足见我们未能代表乡村的要求！我们自以为我们的工作和乡村有好处，然而乡村并不欢迎；至少是彼此两回事，没有打成一片。①

为什么会出现"号称乡村运动而乡村不动"这种难局呢？梁漱溟在同一篇讲演词中对此做过分析。他认为造成"乡村不动"的根本原因，"是农民偏乎静，我们偏乎动；农民偏乎旧，我们偏乎新……总之，从心理上根本合不来"②。

把"号称乡村运动而乡村不动"的根本原因归结于乡村建设运动与农民"从心理上根本合不来"，这显然是皮相之见。中国共产党领导的农民运动的成功已经证明，农民并不像梁漱溟所说的那样天生就"偏乎静""偏乎旧"，他们中间蕴藏着巨大的积极性和创造力，一旦被动员起来，就能成为埋葬旧世界、创造新世界的主力军。15年后，亦即在参加了50年代初期的土地改革运动后，梁漱溟对这一问题有了新的认识，认为只要抓住农民的痛痒而启发之，"他还是要动的"③。

乡村建设运动与农民"从心理上合不来"不是造成"号称乡村运动而乡村不动"的根本原因，造成"乡村不动"的根本原因是，乡村建设运动在经济上没能减轻农民的沉重负担，满足他们对

---

① 梁漱溟：《我们的两大难处》，《梁漱溟全集》（二），第574—575页。
② 梁漱溟：《我们的两大难处》，《梁漱溟全集》（二），第581页。
③ 梁漱溟：《两年来我有了哪些转变？》，《梁漱溟全集》（六），山东人民出版社1993年版，第873页。

土地的要求；在政治上没能推翻地主阶级的统治，使农民获得翻身解放。

关于乡村建设运动在经济上没能减轻农民的沉重负担，满足他们对土地的要求的问题，上节中已有讨论，此不赘述。这里需要指出的是，乡村建设运动在经济上不仅没能减轻农民的沉重负担，相反在一些实验区（县）农民的负担因乡村建设运动而有所加重。

乡村建设需要大量人力和财力的投入，而当时各乡建团体的经费，或主要来自国外（如定县），或主要来自政府（如邹平），或主要来自自筹（如徐公桥），但无论来自何方，对于大多数乡建团体来说，其经费都比较紧张，就是中华平民教育促进会，因得到美国一些大公司和财团的捐助，算得上是财大气粗，然而有时也会捉襟见肘。据晏阳初报告，1932 年度平教会的经费预算是 38 万元，但实际上 90% 尚未实收，所以他要求平教会职员"不可以为有现款存下，以用完为快"[1]。

一方面是经费有限，另一方面举办乡建事业又要经费投入，为了解决经费的困难，不少实验区（县）便采取"羊毛出在羊身上"的措施，向农民摊派乡建经费。如邹平的村学乡学的经费就以地方自筹为主，县政府酌量予以补助。其自筹办法，按各村各乡丁银多少摊收。再如镇平的自治经费也主要依靠摊派来筹集，仅 1931 年度该县就共向农民摊派小麦 7194820 斤。乌江实验区有一段时间，因中央农业推广委员会停止经费供给，农民不得不负担实验区工作人员的生活费用。[2] 农民负担的苛捐杂税等本来就已相当沉重，现在又加上摊派的乡建经费，无疑雪上加霜，使他们的生活更形困苦。

除负担乡建经费外，一些实验区（县）的农民还要无偿出工出

---

① 晏阳初：《在周会上的讲话》，《晏阳初全集》（一），第 233 页。

② 孙友农：《安徽和县乌江乡村建设事业概况》，《乡村建设实验》第 1 集，中华书局 1934 年版，第 103 页。

力，为乡村建设运动服务。比如不少实验区（县）都成立了民团或保卫团，并且一般都采取瑞士义务征兵制，凡18岁以上45岁以下的壮丁都是民团或保卫团团员，有接受抽调训练和执勤的义务。接受抽调训练的时间十几天或几个月不等，其间不仅没有工资，不少实验区（县）还要自带武器和伙食。另外，各实验区（县）的修桥筑路、开挖渠道等建设工程，也都抽调农民义务工。

如果说乡村建设运动能给广大农民尤其是贫苦农民带来利益，那么农民为此出钱出力是值得的，也是应该的。但事实与此相反，广大贫苦农民从乡村建设运动中得到的利益甚微，得到利益的主要是地主、富农和一部分比较富裕的自耕农。以民团或保卫团为例，一些实验区（县）成立民团或保卫团的主要目的是为了维护社会秩序，保护地方免遭土匪抢劫。但广大贫苦农民已一贫如洗，他们没有什么需要保护的，所以是否成立民团或保卫团对他们来说无关紧要，只有有钱的地主、富农和富裕的自耕农才怕土匪抢劫，需要保护。既然除增加负担外，广大贫苦农民从乡村建设运动中并没有得到什么利益，那么他们理所当然地也就会对乡村建设运动抱冷淡态度。

和经济上一样，政治上乡村建设运动也没有给广大贫苦农民带来什么好处，他们仍处于受压迫受奴役的地位。如前所论及的，地方自治组织的建立和改革，就没有改变地方政权的性质，各级权力仍然掌握在地主阶级手中。其他如合作社、借贷处、民团或保卫团、自治团体或乡村组织，其领导权也大多为地主豪绅所掌握。以邹平的村学乡学为例。邹平的村学乡学主要由三种人组成：一是乡村领袖，他们充任村学乡学的"学董"、"理事"和"学长"；二是成年农民，他们充任村学乡学的学众；三是乡建工作人员，他们充任村学乡学的"教员"和"辅导员"。村学乡学的最高权力机构是"学董会"，"理事"负责日常工作，"学长"起"监督训导的作用"。所谓"乡村领袖"，也就是有田产、受过教育、在本地有一定威望或势力的人，这些人实际上大多是当地的地主豪绅。所以尽管梁漱溟否认农村存在着阶级和阶级斗争，但实际上村学乡学的权力掌握在地主豪绅手中，广大贫苦农民，即所谓"学众"只能服从他们的领导。邹平的民团也是如此。根据山东乡村建设研究院和实验县政府的规定，只有高小毕业并有身家财产的人，才有资格被各乡理事推选为民团乡队长的候选人，最终通过考试和训练成为乡队长。在当时乡村教育不普及、广大农民生活极端贫困的条件下，能读到高小毕业的人，只能是地主、富农的子弟。

实际上，乡村建设运动自始走的就是一条依靠地主阶级推动乡村建设的政治路线。因此，尽管各实验区（县）的乡村建设的方法、措施和侧重点有所不同，但有一点是一致的，即都特别重视发挥所谓"乡村领袖"的作用，力争获得他们对乡村建设运动的支持。如定县，据晏阳初介绍，无论是从事社会调查，还是成立平民学校，平教会职员都要先与本地"领袖"（村长、村副和德高望重的长老）"接洽"，征求他们的意见，让他们出面领导。① 邹平的村学乡学设立的第一步，是山东乡村建设研究院派到各地的工作人员访问各村乡的"领袖"；第二步，是组织"学董会"，把各村乡的"领袖"纳入"学董会"之中；第三步，是由学董会推选"学长"和"理事"（又称"常务学董"）；第四步，是迎接教员；第五步是召开学众大会，宣告村学乡学的成立。广大学众只有到村学乡学成立的那一天，才知道村学乡学是怎么一回事。中华职业教育社干事江恒源在介绍徐公桥试验区推进乡村建设运动的经验时承认，"他们皆是仗着地方诸位领袖，热心帮助，才能使会务（指乡村改进会会务——引者）进行不懈，略有一些事业可言"②。

毋庸否认，不是所有的地主都是鱼肉乡里的恶霸，"乡村领

---

① 晏阳初：《有文化的中国新农民》《中华平民教育促进会定县实验工作报告》，《晏阳初全集》（一），第 147—148、314—315 页。

② 江恒源：《徐公桥》，中华职业教育社 1929 年版，第 11 页。

袖"中也不乏热心公益事业之士，但也必须承认，地主中不少人确实是土豪劣绅，是南霸天、胡汉三式的人物。各实验区（县）依靠他们来推进乡村建设运动，让他们掌握合作社、借贷处、民团或保卫团、自治组织或乡村组织的领导权，这就给他们进一步提供了掠夺、欺压和奴役广大贫苦农民的机会和权力，从而既加重了广大贫苦农民的痛苦，同时也使乡村建设运动失去了广大贫苦农民的参与和支持。其结果与乡村建设者的初衷相反，依靠地主阶级的政治路线不仅没能推进乡村建设运动，相反导致了"号称乡村运动而乡村不动"的局面出现。

（三）"深入民间"的历史意义

乡建工作者尤其是他们的领袖虽然特别强调农民成为其主力对于乡村建设运动的重要意义，但同时他们又认为，乡村建设运动要想取得成功，仅有农民成为其主力还不够，还必须要有外来的知识分子"深入民间"，与农民结合，起提倡、辅导和推动乡村建设的作用。晏阳初在《十年来的中国乡村建设》一文中就明确指出："有了乡村人为解决问题的主力就够了吗？不够！单是乡村人解决不了乡村问题，因为乡村人对于问题只能直觉地感觉到，而对于问题的来源，他们不能了解认识……所以乡村问题的解决，第一固然要靠乡村人为主力，第二亦必须靠有知识、有眼光、有新方法、新技术（这些都是乡村人所没有的）的人与他们结合起来，方能解决问题。"① 因此，有成百上千的知识分子，其中还有不少人是取得过硕士、博士学位的归国留学生，或是大学校长、教授和著名专家、学者，抛弃了他们在城市的优厚工作和生活条件，来到各方面都比较艰苦的农村，从事乡村建设的实验工作。仅以平教会为例，1926 年到定县的工作人员是 66 人，以后随着平教会在定县工作的开展而年年增长。1928 年，82 人；

---

① 晏阳初：《十年来的中国乡村建设》，《晏阳初全集》（一），第 562 页。

1929 年，204 人；1932 年，224 人；到 1935 年时达到 500 人。山东乡村建设研究院仅自己研究部和训练部培养的学生，留在实验区工作的就有近千人之多。

毋庸否认，在这成百上千人之中，正如有的批评者所指出的那样，有个别或一小部分人投身乡村建设运动，或是因生活所逼，在城市找不到称心的工作，暂以乡建为栖身之所；或是沽名钓誉，想投机取巧；但就大多数人而言，他们投身乡村建设运动，"不是为着个人的金钱或地位，而是为着追求光明，追求自己的空洞理想"①，真心实意地想为农民做一点好事。有一位叫徐宝谦的乡建工作者在谈到"深入民间"的问题时就指出："我们知识分子，几千年以来，既然犯了欺压民众的大罪过，现在自然应该忏悔，定志为他们去服务。"②

当然，"深入民间"，走与农民相结合的道路，说起来容易，但要真正做到并且做好不是一件容易的事。这首先要克服生活上的种种困难，使自己逐渐适应农村的艰苦环境。李景汉晚年曾回忆他初到定县时的情况："从北京到定县现在只需要三个多小时，而那时的火车没个准钟点，要行相当长的时间，有时要二十四小时。记得我坐着敞棚车，天还下着雨，浑身湿透。火车走走停停，一天多才到。到定县后离翟城村（当时平教会的办事处设在该村——引者）还有三十里路，当夜宿在定县的旅店里。夜里，我虽然十分疲乏，却翻来覆去睡不着觉，觉得身上奇痒难耐，我换到桌子上去睡，仍是无法入眠。后来我才知道那是臭虫在咬。在去定县之前，我的生活一直比较优越，对农村生活并无体验。来到了定县，无异于是一个极大的变化。第二天雇了一辆大车来到翟城村，平教会在那里已开始工作，办公室宿舍设在几间破旧的草房里，条件尽管很

---

① 薛暮桥：《关于中国农村经济研究会及白区工作问题——给少奇同志的报告》，《〈中国农村〉论文选》（上），第 23 页。

② 徐宝谦：《乡村建设运动的精神基础》，《乡村建设》第 6 卷第 3 期，1936 年 9 月 16 日。

艰苦，但是平教会的同仁们情绪都十分高涨。"① 那时平教会工作人员和老百姓住一样的房子，只是墙壁上多开了几扇窗户，以便通风，居室内的设备也非常简陋，连冬季洗澡问题也不能解决，要洗澡就得跑30多里路到县城的澡堂去洗，因此那些在城市生活和工作时已习惯每天或隔天洗一次澡的工作人员，有时一个星期或几个星期才洗得上一次澡。后来随着定县工作的开展，平教会总会迁至定县县城内，洗澡问题才得到解决。由于生活过于艰苦，一些工作人员不能适应，因而做了一段时间后不得不离开。其次要在思想上、作风上以及学术研究的观念和方法上来一个根本的转变和突破，使自己逐渐地适应新的工作需要。到农村工作的乡建工作者许多是大学教授或科研机构的研究人员，已习惯于课堂讲授或实验室研究，不是大学教授和研究人员的，也多是归国留学生或本国大学毕业生，也早已习惯于自己的工作和学习方法。来到农村后，面对的是自己既不了解，甚至从来没有接触过的农民生活，一下子感到很难适应，有的人不知道如何运用自己的知识去寻求实际问题；有的人虽然碰到或发现了问题，但不知道如何从农民的实际生活中去研究和解决问题。山东乡村建设研究院主办的《乡村建设》杂志曾开辟过一个专栏，叫作"乡运者的话"，专门刊登乡运者的经验报告、工作写述、问题讨论、对于整个乡运或一地工作的主张或批评，及其关于国事与社会的种种意见。

尽管"深入民间"，从事乡村建设工作十分不易，甚至有不少人或因不能吃苦、过艰苦的生活，或因夫人孩子的不理解、不支持，或因不能适应乡村的工作对象和环境而离开乡建队伍（如平教会就有1/3的工作人员先后离开定县），但仍有很多乡建工作者坚持了下来，并不断有新人充实到乡建队伍之中，"他们为自己的理想而喜悦，又为自己艰苦工作中所获得的结果（农村破产）而

---

① 李景汉：《回忆平教会定县实验区的社会调查工作》，《晏阳初与定县平民教育》，第447—448页。

苦闷，他们在矛盾中生活着，工作着，斗争着"①，从而使定县、邹平、无锡等地的乡村建设实验工作坚持达十余年或数年之久，直到 1937 年后因日本的侵略才被迫中止。

在"深入民间"的过程中，晏阳初、陶行知等人还提出过"农民化"的口号，要求乡村工作者从外表到思想，从衣食到语言，都要和农民保持一致。陶行知在介绍其晓庄经验时就曾指出："我们开始就立了一个信念：要化农民，须受农民化。"② 晏阳初也强调过这个问题。他们还身体力行，为其他乡建工作者的"农民化"起表率作用。如陶行知自晓庄一开办，就脱了西装、马褂，穿起了粗布衣，打起了草鞋。有一次，江宁师范请他去演讲，他天不亮起来，徒步而去，走到镇上饥肠辘辘，便买了油条在街上一边走一边吃。该校徐校长特派学生到镇头迎接，久候不至。迎接的人以为像陶先生那样颇有名气的大教授一定举止阔绰，不曾想到他会身着农民衣服，和当地农民一样边走边啃油条。回到学校一看，曾从他们身边走过的人便是大名鼎鼎的陶先生、陶教授。③ 陶行知还经常走村串户，和农民交朋友。当地农民有事也喜欢和他商量，讨个主意。无论多忙，只要农民来找他，他都热情接待，耐心听他们叙说一些琐碎小事，并且眯着眼睛笑嘻嘻地给他们以满意的回答。由于陶行知能和农民知心、交心，深得当地农民的尊敬和爱戴，农民在路旁碰见他，无论老人小孩，还是男子妇女，都要亲热地喊他一声"陶叟"（乡村土语，即"陶先生"）！晏阳初也是如此。他是最早将全家迁移到定县与农民共同生活的平教会领导人之一，也经常骑着小毛驴下乡，深入农家，和农民交朋友。在陶行知、晏阳初等人"表率"作用的影响下，不少乡建工作者放下知识分子的

---

① 薛暮桥：《关于中国农村经济研究会及白区工作问题——给少奇同志的报告》，《〈中国农村〉论文选》（上），第 23 页。

② 陶知行：《晓庄试验乡村师范的第一年》，《教育研究》第 4 期，1928 年 5 月。

③ 见袁振国、张癸编著《伟大的人民教育家——陶行知》，江苏教育出版社 1991 年版，第 105—106 页。

架子，和农民同生活，同劳动，尽量使自己"农民化"，有的甚至
到农村安家落户。

　　知识分子"深入民间"，走与农民相结合的道路，这首先是对
传统的"学而优则仕"观念的超越或否定。几千年来，文人读书
的主要目的，就是为了应试科举，以期一朝登科，拜相封侯。尽管
科举制度早在1906年就已废除，封建王朝也于1911年辛亥革命后
成为历史，但这种传统的"学而优则仕"的观念在不少人的思想
中仍根深蒂固。然而和那些"自命为优秀分子的旧士大夫"相反，
投身于乡村建设运动的知识分子则选择了"深入民间"，与农民相
结合的道路，有的人甚至是辞官不做。如平教会卫生教育部主任陈
志潜，加入平教会之前，是南京行政院卫生署公共卫生处主任。平
教会干事长晏阳初曾多次谢绝当局要他出山做官的邀请，也放弃过
不少发大财的机会，安心率领平教会同人身居定县，从事乡村建设
实验，过着清苦、简朴的乡间生活。在当时的社会环境下，知识分
子能超越传统的"学而优则仕"观念，心甘情愿地到农村走与农
民相结合的道路，这是非常难能可贵的。

　　其次，知识分子"深入民间"，走与农民相结合的道路，有利
于发挥他们的聪明才智，更好地实现自身价值。由于农村条件差，
生活艰苦，城市的知识分子都不愿到农村去工作，就是农村出来的
大中专学生毕业后也都想方设法留在城市。其结果，一方面是城市
里知识分子成堆，有许多人甚至找不到事做；另一方面是农村知识
分子尤其科技人才奇缺，农民急需有文化、懂科学的人去帮助。乡
村建设运动中，成百上千的城市知识分子来到农村，或当民众学校
的教师，为农民上课，扫除文盲；或任农民医院的医生、护士，为
农民看病治病，解除他们的痛苦；或在田间地头，指导农民防病治
虫，种植优良品种……他们找到了能实现自身价值的用武之地。如
参加定县实验的农业工程专家刘拓博士，经过6个月的观察和反复
研究实验，发明了一种经济方便、深受农民欢迎的新水车。再如美
国威斯康星大学毕业的陆燮钧博士，到定县后负责家畜改良工作。

为了寻找优良鸡种，他差不多走遍了全县的村村寨寨，终于在一户农民家里发现了一只好的鸡种。后来他将这只鸡种与国外鸡进行杂交，培育出了定县自己的优良鸡种。他还对猪进行同样的实验，使定县的猪种得到了改良。[①] 陆燮钧博士培育出来的优良鸡种和猪种，今天仍是定县农民饲养的主要鸡种和猪种之一。[②] 乡村建设运动中知识分子"深入民间"，走与农民相结合的道路所取得的成绩说明，农村确实是一个广阔天地，知识分子在那里是可以大有作为的。

　　总之，乡村建设运动中广大知识分子"深入民间"，走与农民相结合的道路，其历史意义应该给予充分肯定。

---

　　① 晏阳初：《有文化的中国新农民》，《晏阳初全集》（一），第 156—157 页。

　　② 邵芳：《寄给晏阳初先生的信》，《河北文史资料选辑》第 11 辑，河北人民出版社 1983 年版，第 101—108 页。

第 七 章

关于政治出路的争论

进入 30 年代后，国际国内形势发生了重大变化。先是 1929 年秋，资本主义各国陆续卷入经济危机和由此引起的政治危机。为了应付危机，各主要资本主义国家都加强了国家对经济生活和社会生活的干预。当然由于各国的具体情况不同，所采取的对策也不完全相同。有的是在资产阶级民主范围内，实行某些改革措施，如美国"罗斯福新政"；有的是抛弃资产阶级民主，实行独裁统治和疯狂的对外侵略政策，如德国、日本和此前已经实行法西斯统治的意大利，尤其是前两个国家，它们先后成了新的世界大战的策源地。在中国，1931 年日本制造了举世震惊的九一八事变，并于 1932 年初占领了中国东北全境。日本帝国主义的侵略激起了全中国人民强烈的民族义愤。然而与中国人民积极开展反日斗争相反，国民党和南京国民政府却置国家民族安危于不顾，实行"攘外必先安内"的反动政策，一方面连续调集军队对苏区进行围剿；另一方面则对侵略日军采取不抵抗主义，从而使中华民族面临着亡国灭种的现实危险。1932 年 1 月 28 日，日本侵略者在上海制造了一·二八事变，尽管中国守军英勇抗敌，但以避战为目的的国民政府却与日本签订《淞沪停战协定》，撤退中国守军而允许日军驻留上海。国民政府的避战政策不仅没有使日本侵略者停止侵略，相反还进一步刺激了日本的侵略胃口。1933 年 1 月，日军又向山海关发起进攻，相继侵占山海关、承德，并攻占长城各口，5 月 31 日中日之间签订

《塘沽协定》，协定实际上承认了日本对东三省以及热河的占领，并将绥东、察北和冀东置于日军的监视之下。之后，日本又把侵略魔爪伸向华北。与此同时，国民党内部的权力纷争也越演越烈。南京国民政府建立后，蒋介石虽然凭借其掌控中央政权的有利地位，先后经过数次战争打败了桂系、冯玉祥、阎锡山等地方实力派，但国家并没有实现真正的统一，除华东、华中外，其他地区仍然控制在地方实力派手中，在中央也有胡汉民派系、汪精卫派系和他明争暗斗，从1931年到1933年间，中央各派系之间、中央与地方实力派之间，不断有政争发生，如蒋介石非法囚禁胡汉民事件、广州另立中央事件以及福建事变等。在此情况下，国内阶级关系随着民族危机的空前严重而发生了变化，1927年后曾一度跟随国民党蒋介石反对革命的上层小资产阶级和民族资产阶级及其知识分子开始改变政治态度，对国民党和南京国民政府的对日妥协政策以及所实行的一党专制制度表示出强烈不满，要求国民党进行政治、经济和教育改革，而国民党蒋介石则为了巩固自己的独裁统治，鼓吹在中国实行法西斯主义。

面临变化了的国际国内形势，一向以天下之忧为己忧的知识分子不能不再次思考中国政治的出路问题，亦即建立一种什么样的政治制度才能使中国摆脱严重的民族危机，缓和尖锐的社会矛盾，实现国家的统一，从而保证中华民族能在激烈的国际竞争中，尤其是在即将爆发的世界大战中生存下来。一些原本信仰民主政治的自由主义分子，"感觉到中国过去二十年的空名共和的滑稽，和中国将来试行民主宪政的无望，所以也不免对于那不曾试过的开明专制抱着无穷的期望"。[1] 1933年12月，亦即福建事变发生后不久，蒋廷黻在《独立评论》第80号上发表《革命与专制》一文，认为中国现在的局面是"不革命没有出路，革命也没有出路"，中国还不是一个民族国家，而要使中国成为一个民族国家，就得像英、法、俄

---

[1]　胡适：《再论建国与专制》，《独立评论》第82号，1933年12月24日。

等国一样经过一个专制时期，以"个人专制"作为向民族国家过渡的方法。[①] 接着《东方杂志》又刊出了钱端升的《民主政治乎？极权国家乎？》的文章，认为民主政治"缓不济急"，不能用来应付中国当前的需要，中国需要的"是一个有能力、有理想的独裁"。[②] 蒋、钱的文章发表后，立即遭到胡适的批评，争论由此展开。除蒋、钱、胡三人外，其他一些在学术界和舆论界比较有影响的人物如丁文江、吴景超、陈之迈、张佛泉、张熙若、胡道维、张君劢、张东荪、陶孟和、陶希圣、罗隆基、常燕生、肖公权等人也先后投入了这场争论。争论涉及的问题虽然很广泛，但主要争论的是民主政治与独裁政治的价值比较、民主政治与独裁政治的现状分析和中国应行民主抑或独裁这三个问题，从中可以看出国难中自由主义知识分子的两难选择。

一 民主政治与独裁政治的价值比较

民主政治与独裁政治的价值比较是 30 年代民主与独裁之争的主要问题之一。在一些争论者看来，与独裁政治比较，民主政治具有不可克服的严重弊病。张弘在《专制问题平议》一文中就指出："民治主义的本身确有不能讳言的缺点。"具体而言，民主政治的缺点主要表现在三个方面：一是道旁筑室、效率太低，而有些事情是非当机立断不可的，不容许从容讨论；二是一人一票、一票一值的假定错误，抹杀了人与人之间智慧和政治经验的不平等；三是真正的民意不能实现。表面观之，民主政治取决于投票，是多数人的政治，但实际上，"所谓多数，实是少数"。因为投票

---

① 蒋廷黻：《革命与专制》，《独立评论》第 80 号，1933 年 12 月 10 日。
② 钱端升：《民主政治乎？极权国家乎？》，《东方杂志》第 31 卷第 1 号，1934 年 1 月 1 日。

者在总人口中常常只占少数，加上选票中贿赂、收买、威吓、讲情面之风盛行，这就更使得真的民意无从表现出来。① "忧患生"则以美国为例，揭露了所谓民主政治的虚伪性。他说："美国是民主政治的始祖，民主政治的要塞"，"生而平等"的口号也是美国革命先辈最早提出来的。然而，美国人虽然把"生而平等"的口号喊得震天响，但事实上在美国不仅白人和黑人、华人以及其有色人种之间是不平等的，后者受到前者的种族歧视，而且就是白人之间，也没有实现真正平等，"大王的穷奢极欲，小工的烂额焦头，一样的亚当子孙，而有两种社会的阶级"。据此，"忧患生"得出结论："民主政治根本上就是一个骗人的公式，一个迷人的幻梦"。② 既然民主政治本身具有不可克服的严重弊病，张弘和"忧患生"主张放弃民主，实行独裁。

对于张弘、"忧患生"所指出的民主政治的这些缺点，多数争论者并不避讳，他们承认"凡是一种制度，都有它的优点和劣点，民主政治也是一样的"，③ 但相对于其他政治尤其是独裁政治来说，民主政治"更为合理"一些。④ 吴惟平在《论民主》一文中承认现在的民主政治有人民代表违反民意、议会政党争权夺利和行政效率低下等"弊病"，但他同时又认为，这些弊病并无损于民主政治的原则，民主政治的原则非但"对此实无须负担连带的责任"，相反，它们都可以在民主的原则上加以有效的纠正。因为那种种弊病，完全出自民主政治的运用上，并非出自民主政治的原则上，"民主主义的原则上，并无容许人民代表可以违反民意的规定，亦无容许政党互相对立互相争夺的一条，更无不许行政敏活，不许政府有力的一回事"。和民主政治不同，独裁政治的"劣点"不仅"实在太多"，而且都是些"不可救药的大缺点"。概而言之，一是

---

① 张弘：《专制问题平议》，《独立评论》第 104 号，1934 年 6 月 10 日。
② 忧患生：《民主政治乎?》，《独立评论》第 135 号，1935 年 1 月 13 日。
③ 吴惟平：《论民主》，《再生》第 2 卷第 5 期，1934 年 2 月 1 日。
④ 邹文海：《选举与代表制度》，《再生》第 2 卷第 3 期，1933 年 12 月 1 日。

独裁领袖来历不明，不能取得人民长期的信任；二是独裁领袖的健康有限，一旦死亡或残废，则后继无人；三是独裁领袖非万能之人，不可能驾御一切；四是独裁领袖作为个人，其思想必有所偏，事事凭他一人的好恶，难免流为专制和暴虐。据此，吴惟平强调指出："民主主义的原则是颠扑不破的。无论它过去曾经发生何等不良的现象，我们都只能从那民主主义的运用上去谋补救，断断乎不能因噎废食，对整个的民主发生怀疑"，而主张什么独裁政治。①
邹文海在《选举与代表制度》一文中也认为，"民主政治虽有它的缺点，但仍不失为今日比较适宜的制度"。因为，第一，它能激发人民的爱国心。卢梭说过，要人民爱国，首先要使人民觉得这个国家有所可爱。实行民主政治的国家，人民在政治上虽不能发号施令，但有充分的力量制裁政府，自由的思想，公开的言论，能时时给野心家以警告，使他们不敢逾越职权范围。定期的选举和不定期的创制和复决，能时时提醒统治者，使他们知道治权是从人民这一方面来的，"不特不能为人民之害，反且以增进全体福利为职志"。这样的国家，当然是最可爱的，生在这样国家的人民，自然也最知道如何爱护他们的国家。第二，它能增进人民的知识能力。民主政治需要于国民的知识是很多的，同时它亦能给国民以增加知识能力的机会，使他们从不晓得选举到会选举，从不知道参政到会参政，所以有人认为民主国家是一所大学校，每个国民都能在这所学校中得到多量的知识。第三，民主政治是最合正义的政治。因为，它是最合理的，能够给任何个人、任何团体和任何阶级以平等竞争的机会，使其各尽所能，各取所需；它是最有用的，能够容纳任何个人、任何团体和任何阶级的优点，既反对阶级专政，也不搞个人独裁。基于上述三点理由，邹文海相信，民主政治"虽然是阶级独裁和一党专政所讥笑的对象，但它是公正的，无私的，不做一阶级的朋友亦不做一阶级的仇敌，它虽不能永生，但亦不致今日就完毕

---

① 吴惟平：《论民主》，《再生》第 2 卷第 5 期，1934 年 2 月 1 日。

它的生命"。① 吴景超同样认为，尽管民主政治有种种弊端，但就价值而言，它是各种政治制度中最好的一种政治制度。因为：第一，民主政治是理智的政治，谁能说服大众，谁就能取得政权；第二，民主政治是自由的政治，无论是反对言论，还是赞成言论，都有充分发表的机会；第三，民主政治是和平的政治，政权的更替取决于选票的多少，而不取决于武力；第四，民主政治是大众的政治，凡是公民都有选举和被选举的权力。②

罗隆基则通过对民主政治与独裁政治的理论比较，充分肯定了民主政治的价值。他指出：民主与独裁在它们的理想上有个基本的不同点，那就是对人的态度问题。民主承认各个人有各个人的个性、人格和价值，承认各个人的幸福就是团体的幸福，团体的幸福是各个人幸福的总和。因此，民主政治的理想是拿人做出发点的。而独裁政治却与此相反，它视人为达到团体目的工具，为了团体的利益而主张牺牲个人的个性、人格和价值。因此，独裁政治的理想的出发点不是人，而是团体（国家或民族）。而所谓团体的幸福，实际上也就是作为团体之主人的独裁者的个人幸福。由于其理想的出发点不同，所以无论在人生哲学上，或在他们所形成的各种制度上，民主政治与独裁政治都具有以下三个不同的原则：

（一）民主政治承认个人的平等，独裁政治不承认个人的平等；

（二）民主政治承认个人的自由，独裁政治不承认个人的自由；

（三）民主政治承认个人的幸福，独裁政治不承认个人的幸福。

---

① 邹文海：《选举与代表制度》，《再生》第 2 卷第 3 期，1933 年 12 月 1 日。
② 吴景超：《中国的政制问题》，《独立评论》第 134 号，1935 年 1 月 6 日。

　　以教育为例，罗隆基对民主政治与独裁政治上述三个不同的原则作了进一步的分析。他指出，民主承认个人的平等，所谓平等不是指的天赋人权派的"人生而平等"，或生物学上的人人平等，而是个性的平等、人格的平等，或者说是做人的机会和权利的平等。因此，民主国家的教育以普及为原则，天才高的人有了教育，固然"成其至善之我"；天才低的人有了教育，亦能"成其至善之我"。"至善之我"虽不必有同样的价值，但彼此都有进步，胜于无教育的我，这就是民主教育的理想和目的。独裁政治不承认人的平等，结论自然是有些人配受教育，有些人不配受教育，教育的机会和权利在人与人之间是不平等的。民主承认个人的自由，所谓自由指的也不是天赋人权派的"生而自由"的自由，或轻视法律、随心所欲的自由，而是个性发展、人格培养的自由，人有个性，人有人格，人有自己不同的思想，而思想在主观上很难判定是非曲直。因此，民主教育的目的在训练思想的方法，却不强迫配置思想的内容。而独裁则不然，它认定有些人天生有思想，有些人天生无思想，认定思想在主观上有是非曲直，并且以为独裁者的思想为是为直，以被独裁者的思想为非为曲，教育的目的就在强非以从是、强曲以从直。因此，独裁教育强调的是思想统一、言论统一和文化统一。民主和独裁虽都讲幸福，但民主讲的是个人幸福，而独裁讲的是团体幸福，判定团体幸福的又是独裁者自己。因此，在教育上，民主教育的目的和方法在于增加个人谋取个人幸福的能力，或者在质上、量上增加普通人的幸福；独裁教育的目的和方法是制造适宜合用于团体幸福的工具，从而使团体的分子更好地为独裁者个人服务。①

　　张君劢在比较民主政治与独裁政治的价值之前，首先确定了三条立国准绳："第一，国家政事贵乎敏活切实；第二，社会确立平

---

　　① 罗隆基：《民主与独裁之理论的比较》，《自由评论》第 12 期，1936 年 2 月 21 日。

等基础；第三，个人保持个性自由"。① 依循这三条准绳，张君劢判定民主政治和独裁政治是瑕瑜互见，各有利弊。就民主政治而言，其优点在于：第一，人民的基本权利受宪法保障，所以能自由发表意见，而无被压迫之痛苦；第二，政府的大政方针和预算，皆须预先向民众表示，或取决于民众的同意，政府无法妄作非为；第三，政府有不法之举动，人民有权依法提出弹劾；第四，政府的行动、法律的变更，皆须根据宪法，唯其如是，人民所享有的权利与保障，不会因领导人或执政党的上台、下台而被取消或变更；第五，人民有思想信仰等自由，学问家、政治家与技术家能致力于新学说、新理想与新发明；第六，各党各派不论其所代表的是贵族资本家，还是平民百姓，大家皆可自由地发表意见或提出议案，至于这些意见或议案能否被实行，取决于它能否为人民所同意；第七，实行地方自治，人民自治能力因此养成；第八，民主政治以和平方式解决政见之争，而不诉诸武力；第九，民主政治富有伸缩性；第十，民主政治靠宪法和其他种种法律维系一切，没有"人存政举、人亡政息"之虞。一句话，民主政治的好处是给人民以参政权，保障思想、言论和个性发展之自由。民主政治的缺点则在于：政出多门，有筑室道谋，三年不成之弊端。独裁政治与民主政治相反，它的优点是权力集中，国家行政统一，施政敏捷灵活，而缺点则在牺牲了个人自由。

在 30 年代民主与独裁的争论中影响最大、引起批评也最多的是胡适对于民主政治与独裁政治的比较：民主政治是"幼稚园的政治"，独裁政治是"研究院的政治"。他在《再论建国与专制》一文中写道："我有一个很狂妄的僻见：我观察近几十年的世界政治，感觉到民主宪政只是一种幼稚的政治制度。"② 不久，在《中国无独裁的必要与可能》一文中胡适又进一步指出："民主政治是幼稚园的政治，而现代式

---

① 张君劢：《国家民主政治与国家社会主义（上篇）》，《再生》第 1 卷第 2 期，1932 年 6 月 20 日。

② 胡适：《再论建国与专制》，《独立评论》第 82 号，1933 年 12 月 24 日。

的独裁可以说是研究院的政治。……英美都是民主政治的发祥地，而专家的政治却直到最近期才发生，这正可证明民主政治是幼稚的，而需要最高等的专门技术的现代独裁乃真是最高等的研究科政治"。①

就"幼稚园的"民主政治与"研究院的"独裁政治之价值的比较而言，胡适指出，首先，"幼稚园的"民主政治是"常识的政治"，"研究院的"独裁政治是"专家的政治"，"常识的政治"易得，而"专家的政治"难为，因此，民主政治比起独裁政治来说，"最适宜于训练一个缺乏政治经验的民族"。其次，"幼稚园的"民主政治较"研究院的"独裁政治的另一好处，"在于给多数平庸的人（阿斗）有个参加政治的机会"，使他们每逢时逢节都得到选举场里想想一两分钟的国家大事，"画个诺、投张票"；而"研究院的"独裁政治与此不同，它只允许少数"阿斗专政"，却"不让那绝大多数阿斗来画诺投票"，不给他们以任何参加政治的机会和权力。与此相联系，胡适认为，"幼稚园的"民主政治较"研究院的"独裁政治的第三个好处是，"民治国家的阿斗不用天天干政，然而逢时逢节他们干政的时候，可以画'诺'，也可以画'NO'"。而"独裁政治之下的阿斗，天天自以为专政，然而他们只能画'诺'而不能画'NO'"。所以，民主国家有失政时，还有挽救的法子，法子也很简单，只消把"诺"字改作"NO"字就行了。独裁国家的阿斗无权说一个"NO"字，一切取决于独裁者的个人意志，即使独裁者残民以逞，他们也只能听之任之。②

胡适的文章发表后，受到了不少人的批评。首先起来批评胡适的是他的老朋友、主张独裁的丁文江。丁氏在《民主政治与独裁政治》一文中批评胡适的民主政治是"幼稚园的政治"的理论"是不可通的"。因为事实已经证明，民主宪政有相当成绩的国家，

---

① 胡适：《中国无独裁的必要与可能》，《独立评论》第 130 号，1934 年 12 月 9 日。

② 胡适：《答丁在君先生论民主与独裁》，《独立评论》第 133 号，1934 年 12 月 30 日。

都是政治经济最丰富的民族。反过来说，政治经济比较缺乏的民族，如俄、如意、如德，都放弃了民主政治，采用了独裁制度。民主政治虽然只要有选举资格的选民好好地使用他的公权，但这是世界上最难做的一件事，到目前为止，所有实行民主政治的先进国家都还没有做到这个地步。①

丁文江对胡适的批评，得到了另一位独裁论者程天放的响应。程在《时代公论》第 3 卷第 46 号上发表的《民主与独裁》一文中，批评胡适对民主政治和独裁政治的价值比较，犯了一个很大的错误，而犯错误的原因，是由于他拿 18、19 世纪的英美式的民主政治，来和近十年中出现的新式独裁政治做比较。18、19 世纪时候的民主，国家对经济完全采取放任政策，也不需要多少专家，但是现在不同，现在政府所管的事务一天比一天复杂，经济统制的范围一天比一天扩大，民族间经济竞争一天比一天剧烈，在这样的情况下，无论是独裁，还是民主，都需要特别的英杰和多数专家，才能够胜任愉快。就此而言，民主政治和独裁政治一样，也是专家政治。应该说，丁文江和程天放的批评确实击中了胡适的要害，胡适的目的是要证明实行民主政治比实行独裁政治更容易些，更适合中国这样国民缺少政治经验的国家，但他把民主政治说成是"幼稚园的政治"，则只能得出民主政治在程度上还不是如独裁政治的结论。

正因为胡适对民主政治和独裁政治的上述比较在理论上存在着明显的漏洞，因此，除受到丁文江、程天放等独裁论者的批评外，也受到了一些赞成民主政治的人们的批评，如王希和在一篇题为《论建国与专制》的文章中就写道："我赞同胡适之先生所主张的民主宪政，但我不十分相信民主宪政乃是最幼稚的政治制度。……国家大事固然要取决于民众，然而这般民众乃是智识分子，而不是器量狭小，而又下愚的。民主社会里，固然不必有特出的英才，然而最有才能的须放在最适宜的地位。再者，民主政治之下，社会的

---

① 丁文江：《民主政治与独裁政治》，《独立评论》第 133 号，1934 年 12 月 30 日。

原则是平等与自由，各人虽有职务的不同，但没有阶级的差别。在民主社会里，人民智识大约都是平均的发展，而不是畸形的偏在，所以在表面看来，民主政治就好像是最幼稚的政治制度了。民主政治一方面，固然可以训练民众，但另一方面，有相当训练的民众也是民主政治所以成功的最必要的条件"。① 朱亦松也批评胡适对民主政治与独裁政治的比较，使人认为民主政治还劣于独裁政治；使人认为民主政治程度低些，独裁政治程度高些，现代的民主国家都要发展到独裁政治那里去；主要是受了民主政治等于议会政治之学说的影响。②

在当时众多的批评胡适者中，真正有分量有水平的批评者是清华大学政治学教授张熙若。他认为胡适对民主政治的认识至少犯了两个方面的错误。第一，逻辑不通：民主政治有各种程度的不同，如果说它程度低时可称为"幼稚园的"政治制度，那么，等它发展到很高程度时，是否又称它为"大学的政治制度"？胡适说："我们不妨从幼稚园做起，逐渐升学上去"，试问升学后所升之"学"是高度的民主政治呢？还是专制与独裁？若是高度的民治，那时是否还能算为"幼稚园的政治"？如果是专制与独裁，难道在胡适的心目中民主政治在程度上竟比专制和独裁还低，其用处只是为后者作预备工具？第二，与事实不合。如丁文江等人所批评的那样，需不需要"出类拔萃"的"专门技术人才"，并不是由政治（民主或独裁）决定的，而是由国家的现代化程度决定的，现代化程度越高，所需要的"专门技术人才"就越多，反之，则越少。除此，张熙若认为，胡适的"民主政治"最适宜于训练缺乏政治经验的民族的说法，"也不见得正确"。就全日欧美各国的实际而言，德意俄是缺乏政治经验的民族，但它们却行的是独裁政治，相反具

① 王希和：《论建国与专制》，《再生》第 2 卷第 5 期，1934 年 2 月 1 日。
② 朱亦松：《关于民治与独裁的一个大论战（下）》，《再生》第 3 卷第 4、5 期合刊，1935 年 7 月 15 日。

有丰富的政治经验的英美法各国，行的倒是民主政治。①

实际上，张熙若指出，民主政治不仅不是"幼稚园的政治制度"，相反，"在原则上及大体上，乃是人类的聪明，至现时止，所发明的最高明的政治制度"。因为：第一，民主政治的最高精神便在于它以所谓"被治者的同意"作一切政治设施或活动的根据。这包含积极与消极两方面的含义：从积极方面来讲，治者的一切政治设施或活动需得到"被治者"的同意；从消极方面来讲，治者又有容忍并接受被治者的不同意见。而独裁政治则只许人民同意，而不许人民持反对的意见。用通俗的话说，民主政治"以理服人"，而独裁政治"以力服人"。第二，由于第一个原因，实行民主政治需要两个条件，一是一般人民须有相当的知识和了解普通政治的能力；二是一般人民对政治制度有极大的兴趣和关心；而"政治的知识与兴趣"都是教育的结果，都不是本能的表现，都不是幼稚的反应，所以民主政治需要有相当的政治训练才有实现的可能。第三，现代的民主政治离不开代议制度，但是代议制度若要运用得宜，使它达到代表民意的目的，则是很不容易的，至少不是幼稚的简单方法所能解决的。总之，张熙若指出，"在政治原理方面，在实现条件方面，在实际运用方面……民主政治并非如胡适之先生所说是一种幼稚的政治制度；反之，它实在是一种极高明极高等的政治制度"。②

二 民主政治与独裁政治的现状分析

和比较民主政治与独裁政治之不同价值相联系的是对民主政治

---

① 张熙若：《民主政治当真是幼稚的政制吗？》，《独立评论》第 239 号，1937 年 6 月 20 日。

② 张熙若：《我为甚么相信民治》，《独立评论》第 240 号，1937 年 6 月 27 日。

与独裁政治之现状的分析。在一些争论者看来，由于经济、社会的变迁和国际间竞争的加剧，民主政治正走向衰颓，而独裁政治则开始兴盛起来，并将取代民主政治而成为世界政治制度的发展潮流。钱端升在《民主政治乎？极权国家乎？》一文中就以大部分篇幅讨论了这一问题。他写道：20世纪初年是民主政治的时代，那时稍具进步眼光的人们都认民主政治为绝对良好的制度，然而第一次世界大战的结局，却成了"民主政治最后一次的凯旋"。从此，民主政治开始衰颓了下去。他认为，民主政治之所以会衰颓，有两个最大原因：一是无产阶级的不合作，二是民主政治不能应付现代经济问题。如果说无产阶级的不合作还不能算为民主政治本身的弱点的话，那么，民主政治不能应付现代经济问题则是它本身所具有的无法补救的致命弱点。因为现代国家的经济职务是相当繁重的，加上现在又是经济的民族主义汹涌澎湃的时代，国与国的经济战至为激烈，这就要求国家能够根据情况的变化采取一些敏捷迅速的紧急措施。然而，在民主国家，国家的权力受到种种限制，这就造成民主国家的生产和消费不能维持应有的均衡，从而导致生产力的发展迟缓，结果民主国家在国与国的经济战中往往处于不利的地位。

与民主政治的衰颓相反，独裁政治在第一次世界大战后则成了不少国家竞相采用的政治制度。其中有影响的就有苏俄、意大利、土耳其和德国。由于独裁国家的国家权力是无限的，所以它们能够采取一些民主国家无法采取的经济、社会和文化措施，国家既可以经营民主国家所从未经营的事业，也可以限制民主国家所绝不敢限制的个人权利。因此，独裁政治对内可以消除各职业及各阶级间无谓的纷扰及自相抵制，对外则可以举全国的力量以应付国际间的经济竞争。他进一步指出：民主政治的衰颓和独裁政治的兴盛绝不是一时的偶然现象，而是现代经济制度所造成的一种必然趋势，他并且断言，由于近年来经济的民族主义的空前发达，"第一，民主政治是非放弃不可的"；"第二，紧接民主政治而起的大概会是一种独裁制度"；"第三，在民族情绪没有减低以前，国家的权力一定是无所不包的——即极权国家"。①

张金鉴也以第一次世界大战的结束为民主政治由盛转衰和独裁政治突飞猛进的标志。他在《民主主义在今日》一文中写道，第一次世界大战不少人认为是英美法之民主主义对德奥俄之专制主义的决战，但其结果却使所谓民主主义的胜利，成了独裁政治的突飞猛进。战后，不仅苏俄、意大利、土耳其、德国和东方日本建立起了独裁统治，就是以民主主义旗帜自溢的美国，其民主党登台后，也一反该党一向主张的州权主义，而采取极度集权的专制政策。曾经风靡世界、被人视为政治最高理想的民主主义，在独裁政治的打击下，出现了"崩溃分解不可收拾之惊人局面"。他认为民主政治的"崩溃"，有其社会、政治和经济诸方面的原因。

首先就社会原因而言，张氏指出，现代民主政治是建立在"自由主义"基础之上的，而自由主义的基础是所谓"平等"，自由主义能否成功，关键要看组成社会的分子是否能立于一律"平等"的地位。如果人民在社会上不能获得平等的机会与地位，则"自由主义"的美名必为在社会上占优势的分子或阶级所借假利用，以满足其私人利益，使所谓自由平等的民主主义发生根本动摇。"平等"的实现与否虽然对民主政治的命运关系至大，但在过去或现在那些所谓民主国家里，"平等"并没有真正实现过。既然"平等"没有实现，以平等为基础的自由主义和以自由主义为基础的民主政治也就不能不因此而土崩瓦解。其次，就政治原因而论，张金鉴认为，"今日民主主义之崩溃，实国际政治之无政府状态有以促成之"。他指出，近年以来，各帝国主义国家为争夺国外市场，竞相扩军备战，"国家观念荡激入云，国际贸易一落千丈，国际金融风翻云涌"，于是形成了国际政治的无政府状态。国际政治的不合理竞争和无政府状态的形成，又使各资本主义国家内部发生

---

① 钱端升：《民主政治乎？极权国家乎？》，《东方杂志》第 31 卷第 1 号，1934 年1 月 1 日。

了经济大恐慌。各国为了对内谋经济的恢复和社会秩序的稳定，对外谋国际间的竞争和海外市场的维持，就不得不采取一些"有力"、"有效"且"迅速"的紧急措施，首先就必须放弃"多言"、"群愚"和"自由"的民主政治，实行敏捷灵活的独裁政治，于是民主政治土崩瓦解，而独裁政治则应运兴盛起来。最后，从经济原因来看，"今日独裁政治之汹涌澎湃，实经济的国家主义有以助长促进之"。张氏写道，自欧战以后，各国皆高唱经济的国家主义，以谋经济上的自给自足。一方面高筑关税壁垒，采取"比额制度"，以防止外货流入；一方面则鼓励对外贸易，实行"倾销政策"，以谋出口增加。这种以"出超"为国家唯一利益的国家经济主义，不仅足以造成国际贸易的不振和混乱，也使国内经济因此而反蒙不良的结果，加上资本垄断所形成的大量生产过剩，从而导致了世界经济的大萧条。各国为了挽救危机，摆脱萧条，纷纷在"为应付经济的战争"的口号下，放弃民主政治，而采行独裁政治。张金鉴最后指出，民主政治的崩溃和独裁政治的兴盛，从根本上来说，实是资本主义制度发展的必然结果。因为资本主义的实质是"营利经营"和"自由竞争"。要"营利"，就不会顾及社会的实际需要，而为无计划无组织的盲目生产；要"竞争"，就不会为整个社会着想，仅为个人或少数人的利益而经营，结果必形成经济界的无政府状态。在此混乱局面下，自然会有人高唱统制之说，以垄断措施和专制政策而谋补救。此外，资本主义国家里工资矛盾的激化和无产阶级阶级意识的日益发达，也是一些国家放弃民主而采行独裁，以维护资本家阶级根本利益的重要原因。[1]

《大公报》的一篇题为《世界政治思潮与中国》的"社评"也表达了与钱端升、张金鉴相同的看法。"社评"认为当时世界主要有三大政治思潮，即以苏俄为代表的无产阶级专政、以意德为代表的法西斯主义独裁和以英美为代表的民主主义议会政治。欧战以

---

[1] 张金鉴：《民主主义在今日》，《东方杂志》第 31 卷第 4 号，1934 年 2 月 16 日。

前，以英美为代表的民主主义议会政治"势力最盛"，但"迄至最近，形势大异"，以美国议会之有力，今乃授权总统，紧急处分，以应付经济大萧条；英国政党政治，壁垒森严，今乃为支持危局实现了工党与保守党的合作。故此，是篇"社评"得出了民主政治已江河日下，正在日益走向衰落的悲观结论。①

除钱端升、张金鉴和天津《大公报》"社评"的作者外，朱蔚如、张弘、"忧患生"等也都认为当今世界政治潮流的发展趋势是放弃民主，采行独裁。朱蔚如甚至耸人听闻地宣称："德谟克拉西将要到字典中去找寻她的意义，后此的婴孩，也将要听着他的老年的爸爸谈到德谟克拉西，正好像听着古代神话故事一样的津津有味呢！"②

但与钱端升、张金鉴等人相反，在胡适一些人看来，民主政治并没有衰颓，独裁政治也没有兴盛起来，它更不可能取代民主政治而成为世界政治发展的潮流和归趋。胡适在《一年来关于民治与独裁的讨论》一文中就钱端升对民主政治与独裁政治的现状分析提出了批评。他指出，钱氏得出民主政治正在衰颓和独裁政治日益兴盛之结论的两个主要观点都是错误的。第一，钱氏说"欧战的结局实为民主政治最后一次的凯旋"。钱氏固然可以举俄、意、土、德诸国作为论证，但历史的大趋势不能完全取决于十几年的短期事实。如果把眼光放得远一些，那么，我们也可以说欧战的结局不仅不是"民主政治最后一次的凯旋"，相反，"实在是民主政治进入一个伟大的新发展的开始"。这个新发展在数量的方面是民主政治差不多征服了全欧洲，在质的方面是无产阶级的政治权力的骤增与民主政治的日益社会化。前者的表现有苏俄的无产阶级专政和英国工党的两度上台执政，后者的表现是社会主义运动的高涨。据此，胡适指出，凡能放大眼光观察世变的人，都可以明白 18、19

---

① 《大公报》1933 年 7 月 16 日"社评"。
② 朱蔚如：《德谟克拉西的前途》，《时代公论》第 3 卷第 7 号（总第 111 号），1934 年 5 月 11 日。

世纪的民主革命和 19 世纪中叶以后的社会主义运动，并不像钱端升等人所认为的那样是两个相反的潮流，乃是一个大运动的两个连贯又相补充的阶段，乃是民治运动的两个连续的大阶段。所以，我们可以说，欧战以来十几年中，民主政治不但不曾衰颓过，相反，在量的方面有了长足的进展，在质的方面也走上了一条更伟大的新发展的道路。钱端升们的最大错误，就在于他们以英美的民治主义为正宗，把凡在形式上不符合英美模式的民治主义，如苏俄的社会主义，都视成了民主政治的衰颓。第二，钱端升把"经济的民族主义"认作需要统制经济的重要原因，而统制经济的要求又是独裁政治"无可幸免"的主要原因，是忽略了一些同样重要的事实。一是因受自然资源、经济组织和历史条件的限制，"经济的民族主义"并不是每个国家都能做到的，全世界在天然资源上和经济组织上都充分够此资格的只有美、俄、英三国，以及日、意、法、德四国。二是为应付危机，欧洲已有一些国家在试行各种自由组合的合作制度，如消费合作、生产合作、运输合作等，并且取得了很好的成绩。这种合作制度显然不是独裁政治下的经济统制。三是英美近年的国家行政权力的扩大与计划的经济运用，并不意味着这两个国家已放弃民主政治，面向独裁政治的方向发展，其目的也不是如钱端升所说是为了"经济的民族主义"的推进，或为了"预备民族间的斗争而起"，而是为了救济国内的经济恐慌。总之，胡适指出，钱端升一是把民主政治的意义下得太狭窄了，所以他不能承认欧战后民主主义的新发展；二是把"经济的民族主义"看得太普遍了，故武断地得出了哪一个国家都不能幸免统制经济，因此也就不能幸免独裁政治的错误结论。①。

朱亦松也批评了钱端升对于民主政治与独裁政治之现状的分析。他首先指出，钱端升分析民主政治与独裁政治之现状的大前

---

① 胡适：《一年来关于民治与独裁的讨论》，《东方杂志》第 32 卷第 1 号，1935年 1 月 1 日。

提——战后民主政治已经衰颓——是错误的，因为民主政治与其说产生于欧洲，毋宁说产生于英德瑞士诸国更确切些，而这些真正能代表民主政治的国家并没有放弃民主政治。他承认战后英美行政部门的权力有了扩大，但是这种权力的扩大并没有违背民主政治的基本原则，行政部门在法律上仍对议会和人民负责。因此，在朱亦松看来，人们不仅不能像钱端升那样把英美行政部门权力的扩大与独裁政治相提并论，而视为民主政治衰颓和独裁政治兴盛的例证，相反应该把它看成是民主政治形式的新发展，"是民主政治前途的一个最可庆贺的事件"。接着，朱亦松批评了钱端升对欧战后民主政治所以衰颓的两大原因的认识。就第一个原因而言，他指出，战后不仅没有发生所谓无产阶级对民主政治的不合作问题，相反从一开始独裁政治就遭到了无产阶级的坚决反对。从第二个原因来看，他认为那也纯粹是钱氏的"虚构"。实际上钱本人对这一问题的看法就存在着矛盾，钱既认为民主政治不能应付现代国家的经济问题，但同时又指出英美也有可能用"一种知识阶级及资产阶级的联合"来实现统制经济，而所谓"知识阶级及资产阶级的联合"是不能称独裁政治的。[1]

　　蒋廷黻虽然是主张中国实行专制的代表人物，但他对于民主政治与独裁政治的现状分析又与同样主张中国采行独裁政治的钱端升大相径庭。他在《三种主义的世界竞争》一文中认为，当时世界主要是三种主义间的竞争，这就是以苏俄为代表的共产主义、以日德意为代表的法西斯主义和以英美法为代表的自由主义，在这三种主义的竞争中，"前途最黑暗的莫过于法西斯主义"。因为就天然物产资源而论，法西斯主义的日德意三国远在共产主义的苏俄和自由主义的英美法之下，它们是七强之中经济最不能自给自足的。从法西斯主义本身来看，由于它对外侵略扩张，国际上得不到任何同情，对内加重人民负担，导致国内矛盾尖锐激化，所以，其失败是

---

[1]　朱亦松：《关于民治与独裁的一个大论战（下）》，《再生》第3卷第4、5期合刊，1935年7月15日。

可"预期的"。和法西斯主义必然失败不同，蒋廷黻认为，"将来的天下不是共产主义的，就是自由主义的"。当然，就苏俄的共产主义和英美法的自由主义比较而言，尽管蒋廷黻认为在目前"双方互有短长"，但他更希望也更相信英美法的自由主义会在三种主义的世界竞争中取得最后的胜利，成为世界政治的发展潮流。①

三　中国的政治出路是民主还是专制或独裁

无论是比较民主政治与独裁政治的价值，还是分析民主政治与独裁政治的现状，其目的都是为了对中国政治出路作出选择。因此，中国应行民主，抑或独裁，就成了 30 年代民主与独裁之争的焦点问题。具体地说，当时主要有三种不同的主张，即专制或独裁论、民主论和修正的民主政治论。

（一）专制或独裁论

在 30 年代民主与独裁的争论中，首先站出来公开主张专制的是清华大学历史学教授蒋廷黻。我们前已提到 1933 年 12 月，即福建事变发生后不久，他在《独立评论》第 80 号上发表《革命与专制》一文，主张以专制求统一，从而引发了这场争论。在此文中他认为中国近二十年来的革命，甚至动机十分纯洁的革命，其结果都成了"败家灭国"的"奢侈品"，不仅人民的生命财产损失惨重，国土国权也因此而大量丧失。究其原因，就在于中国没有经历一段如同英国的都铎（Tudor）王朝、法国的波旁（Bourbon）王朝和俄国的罗曼诺夫（Romanov）王朝那样的专制时期，还没有建立一个民族国家，完成建国的第一步工作。具体而言，第一，中国仍

① 蒋廷黻：《三种主义的世界竞争》，《国闻周报》第 12 卷第 38 期，1935 年 9 月 30 日。

旧是个朝代国家，不是个民族国家，一般公民的公忠是对个人、或家庭、或地方的，不是对国家的；第二，中国的专制政治始终把皇室以外一切可作政权中心的阶级和制度作为摧残打击的对象，这样皇室一倒，国家就成了一盘散沙，缺少可作新政权中心的阶级；第三，在专制政体下，中国的物质文明太落后了，我们一起来革命，外人就能渔利，而我们几乎无任何抵抗力量。据此，蒋廷黻认为，中国不能再搞革命了，"我们没有革命的能力和革命的资格"，而应先行一段时期的专制，利用专制的力量把国家建设成为一个统一的民族国家，然后"才是用国来谋幸福"。

蒋文发表后，立即引起了胡适的批评，他连续在《独立评论》第 81 号和第 82 号上发表了两篇批评文章。针对胡适的批评，蒋又撰写《论专制并答胡适之先生》一文，进一步阐述自己主张专制独裁的理由。他不同意胡适关于中国已是一个民族国家的观点，而认为中国人没有国家民族观念，只有省界县界地方观念，只有割据意识。为了消除地方割据，建立统一的民族国家，就既不能搞原来那种祸国殃民的革命，也不能照搬西方的国会和代表制度，而只能实行个人专制。他还列举了他之所以主张个人专制的三条理由：第一，中国的现状是数十人的专制，现在应该"拿一个大专制来取消这一些小专制"。而且从人民的立场上看，大专制比众多小专制要有利一些。第二，以个人专制来统一中国的可能性比其他任何方式的可能性要大些。因为破坏统一的不是人民，而是二等军阀，统一的问题就是取消二等军阀的问题。他们既以武力割据地方，那么，唯独以更大的武力才能够消灭他们。第三，旧专制之所以不能完成建国的工作，是因为中国几千年来虽有朝代的变更，但无政制和国情的改变，环境始终是一样的，但现在的情况不同了，西方人除给我们以极大的压力外，还给我们带来了科学机械，这样东西可以成为"改造中国，给她一个新生命"的有力武器。[1]

---

[1] 蒋廷黻：《论专制并答胡适之先生》，《独立评论》第 83 号，1933 年 12 月 31 日。

如果说蒋廷黻主张专制的出发点是为了实现国家统一，那么，钱端升主张独裁的出发点则是为了增强国家实力。他在《民主政治乎？极权国家乎？》一文中认为，当时中国在一切方面尤其是经济方面是相当落后的，当务之急是如何奋起直追，尽快发展成为一个有实力的国家，以应付最可怕、最残酷的世界大战的来临，而要尽快发展成为一个有实力的国家，中国应经的途径与别国无异，即先须"有一强有力的政府"，以增进人民的知识健康，增加人民的生产能力。"欲有一强有力的政府，则提倡民主政治不但是缓不济急，更是缘木求鱼。欲求达到英美那样的民治，即在最佳的情形之下，也非十年二十年所可办到。而且即使得到英美那样的民治后，国家也是弱而无力，不足以与别的民族作经济上的竞争。"因此，他相信"中国所需要者也是一个有能力、有理想的独裁"；从而使国家具有极权国家的力量，以便在一二十年内实现沿海各省的高度的工业化，并使内地各省之农业与沿海各省之工业相依相辅，"只有这样，我们才能于下次世界大战时一方可以给敌人以相当的抵抗力，而一方又可以见重于友邦"。当然，蒋氏在主张独裁的同时也一再强调：他主张的是"能有组织，有理想，能为民众谋实际的福利，能对现代经济制度有认识，能克苦耐劳，先天下之忧而忧，后天下之乐而乐"的新式独裁，而对于那种"残民以逞"的旧式独裁则要严防它们发生。

和蒋廷黻、钱端升不同，丁文江主要是从"有无可能"和"是否必要"两个方面论述自己主张独裁之理由的。首先，就"有无可能"而言，丁文江指出："在今日的中国，独裁政治与民主政治都是不可能的，但是民主政治不可能的程度比独裁政治更大"。因为实行民主政治，不仅"要有普遍的教育，完备的交通，健全的政党，富裕的经济"，而且需要普选，需要人民有丰富的政治经验，这些条件中国都不具备，"中华民国的人民百分之八十或是七十五以上是不识字的，不识字的人不能行使选举权"。如果实行独裁政治，并不需要完全具备这些条件，至少也"不至于如此的苛刻"。其次，从"是否必要"方面来说，丁文江指出，当时中国是内战不断，外患严重，不久还有可能发生空前的经济恐慌，在没有度过这双重国难之前，"民主政治根本谈不到，独裁政治当然是不可避免的"。既然独裁政治既有"可能"，又非常"必要"，因此，丁文江斩钉截铁地宣称：中国除"试行新式的独裁"之外没有其他什么道路可供选择。目前我们应该努力的就是使新式独裁于短时期内成为现实，而"放弃民主政治的主张就是这种努力的第一个步骤"。至于如何才算是"新式独裁"，他提出了以下四条标准：

一，独裁的首领要完全以国家的利害为利害。

二，独裁的首领要彻底了解现代化国家的性质。

三，独裁的首领要能够利用全国的专门人才。

四，独裁的首领要利用目前的国难问题来号召全国有参与政治资格的人的情绪与理智，使他们站在一个旗帜之下。①

程天放也"是赞成中国现在采用独裁制的"。程赞成采用独裁政治的理由，犹如丁文江，"不是就理论上讲独裁政治比民主政治好，是就现在中国实际情形讲，独裁政治有成功的可能，而民主政治几乎完全无成功的可能"。他指出：就俄意与英法的历史比较而言，大家都承认俄意两国的国民，在政治的训练、政治的兴趣、政治的知识方面，都远远不如英美两国的国民，然而俄意则做到了完全的独裁，而英美的民主则只做到一半，这两国的政权并没有真正掌握在全体选民手中。这说明独裁政治比民主政治容易实现。中国人民的程度，不但比不上英美，连俄意都不如，实行民主政治，根本没有成功的希望，而实行独裁政治倒有一些成功的可能。除从"可能"方面陈述了自己主张独裁的理由外，程氏也从"必要"方面对比作了进一步的阐述。他认为当时中国"处于最危险的地位"，一方面强

---

① 丁文江：《民主政治与独裁政治》，《独立评论》第133号，1934年12月30日。

邻日本的侵略一天紧似一天，国家随时都有灭亡的危险；另一方面国民经济的衰落又一天甚于一天，全国人民至少有大半在死亡线上挣扎。因此，对外如何挽国家于将倾，对内如何救人民于水火，就成了中国当前最严重、最急迫的问题。要挽国家于将倾，就必须充实国力，扩充军备，以便有能力抵抗强邻日本的侵略；要救人民于水火，就要开发富源，增加生产，以提高大多数人民的生活水平。而要充实国力，扩充军备，开发富源，增加生产，不仅需要许多专家去研究制订计划，而且更需要一个权力集中、意旨统一的政府做发动机，领导人民去实现这些计划。所以，独裁政治不可避免。①

当时赞成独裁论的还有张弘、"忧患生"、徐道麟等人，除张弘、"忧患生"主要是从价值方面着眼来反对民主、主张独裁外，其他人和丁文江、程天放一样避开了民主政治与独裁政治的价值评判，主要是从"可能"与"必要"上立论，赞同独裁政治的。

（二）民主论

在 30 年代民主与独裁的争论中，民主论的代表人物要算胡适了，他先后在《独立评论》、《东方杂志》和《大公报》等报刊上发表了《建国与专制》（《独立评论》第 81 号）、《再论建国与专制》（《独立评论》第 82 号）、《武力统一论》（《独立评论》第 85 号）、《政治统一的途径》（《独立评论》第 86 号）、《一年来关于民主与独裁的讨论》（《东方杂志》第 32 卷第 1 号）、《中国无独裁的必要与可能》（《独立评论》第 130 号）、《答丁在君论民主与独裁》（《独立评论》第 133 号）以及《从民主与独裁的讨论里求得一个共同信仰》（《大公报》1935 年 2 月 17 日"星期论文"）等一系列反对专制独裁、主张民主的文章。概而言之，胡适在这些文章中提出了以下一些观点：

①　程天放：《民主与独裁》，《时代公论》第 3 卷第 46 号（总第 150 号），1935年 2 月 8 日。

　　第一，中国无独裁的必要。前面已经论及，蒋廷黻、钱端升等人认为，中国要统一政权，建立民族国家，或增强国力，实现沿海各省的工业化，就必须实行专制，用一个大的武力（军阀）来取消二、三等武力（军阀），或实行新式独裁，建立起极权制度。胡适的看法与他们则正好相反。首先就中国的统一而言，胡适指出，在中国现代史上，武力统一过好几次了，但结果都没有实现统一。之所以如此，"毛病不在军阀"，而"在中国的意态和物质状况"。因为现在的二、三等军阀，实在不够中央军队的一打，两个月削平了桂系，六个月打倒了冯阎，这足以说明二、三等军阀并不难对付，难对付的倒是中国的意态和物质状况。所谓"意态"，不是蒋廷黻说的中国人脑子里的"省界""县界"，而指的是"中国知识思想界的种种冲突矛盾的社会政治潮流"，包括"打倒专制"的喊声、共产主义的运动、"反对内战"的口号以及在外患的压迫下形成的一种新民族观念；所谓"物质状况"，也不单纯是蒋廷黻说的"贫穷"，而指的是"中国疆域之大和交通之不便"。尤其是"意态"，它的力量很大，有时能做到武力不能做到的奇迹，如清王朝和袁世凯帝制的先后被推翻，以及1928年张作霖的自动出关，就不是"武力"之功，而是"意态"的力量。据此，胡适认为，"在今日这些新意态已成为不可忽视的力量的时代，独裁决不是统一政权的方法"。其次就实现沿海各省的工业化来说，胡适指出，蒋廷黻提出"沿海各省的工业化"，这提法本身就是很可怀疑的问题，因为沿海各省根本上就缺少工业区域的基本条件，如煤、铁产地等；况且在现时的国际形势之下，像中国这样一个没有海军的国家是无力保护它的沿海工业的。更重要的是，实现工业化与无限度地加强政府权力之间没有必然的联系，政府权力再大，也不能解决工业化所需要的资本、人才和原料。"所以如果独裁只是为了工业化沿海各省的目的，我们不信独裁是必要的。"

　　第二，中国无独裁的可能。中国之所以无独裁的可能，主要体现在三个方面：其一，中国今日没有能独裁的人，或能独裁的党，或能独裁的阶级。在《再论建国与专制》一文中胡适写道："一般人只知道做共和国民需要较高的知识程度，他们不知道专制训政更需要特别高明的天才与知识。……专擅一个偌大的中国，领导四万万个阿斗，建设一个新的国家起来，这是非同小可的事，决不是一班没有严格训练的武人政客所能梦想成功的。今日的领袖，无论是那一党那一派的健者，都可以说是我们的'眼中人物'，而我们无论如何宽恕，总看不出何处有一个够资格的'诸葛亮'，也看不出何处有十万五万受过现代教育与训练的人才可做我们专政的'诸葛亮'。"其二，中国今日没有什么大魔力的活问题可以号召全国人民的情绪与理智，使全国能站在某个领袖或某党某阶级的领导之下，造成一个新式专制的局面。通过对土耳其、意大利和德国等独裁国家的考察，胡适发现，凡独裁国家，除人才之外，还需要有一个富有麻醉性的热点问题，用以煽动和抓住全国人心，使之成为强有力的政权基础。但中国这几十年中，"排满"的口号过去了，"护法"的口号过去了，"打倒帝国主义"的口号过去了，甚至"抗日救国"的口号也只引起一阵子的热心。据此，胡适问道，既然抗日救国都不能成为号召全国人的情绪与理智，促成全国的团结的活问题，难道我们还能妄想一个蒋介石或者别的什么介石来做一个新的全国结合的中心吗？其三，中国民族今日的智慧够不上干那需要高等智识与技术的现代独裁政治。胡适指出，现代独裁政治并不是单靠一个圣明的领袖，尽管领袖占有极其重要的位置，而且还要靠那无数的专门人才，而人才对于"我们这样一个知识太低、经验又太幼稚的民族"，是十分缺乏的。且以意大利为例。意大利有两个一千年的大学，五百年以上的大学则遍地皆是。除此，还是整个欧洲做他的学校和训练场所。所以，意大利的人才很充足。而中国虽号称五千年文明古国，却没有一个满四十年的大学，没有培养和训练专门人才的场所，这种情形下，"专门人才的训练从那里来？领袖人才的教育又从那里来？"故此，胡适得出结论，中国

"在这最近的将来，怕没有试行新式独裁政治的资格"。①

第三，民主政治"最适宜于训练一个缺乏经验的民族"。我们在前面已经论及，胡适的一个重要观点就是认为民主政治是"幼稚园的"和"常识的"政治，而独裁政治是"研究院的"和"特别英杰的"政治，特别英杰不可得，而常识则比较容易训练。中国是一个既缺乏人才，广大人民又缺少政治训练的国家，因此，只有民主政治"最适宜于收容我们这种幼稚阿斗"。②

在30年代民主与独裁的争论中另一位反对独裁、主张民主的有力人物是张熙若。和胡适一样，张也反对蒋廷黻的以武力和专制来统一中国的主张。他指出，由于自由平等、个人解放以及其他许多新时代之思想的作用，武力和专制是统一不了中国的。人们可以咒骂这些新思想，但这些新思想并不会因人们的咒骂而消失。蒋廷黻举英国的都铎王朝和法国的波旁王朝为专制独裁成功的例证，然而，它们之所以成功，一个重要原因是因为当时这些新思想还不十分发达和成熟。如果都铎王朝和波旁王朝的君主们晚生一百几十年，那么，无论他们如何"圣明"也不会成功，而且还会像他们的继承者查理一世、路易十六那样被人民所推翻，送上断头台。当然，张熙若也承认，中国需要统一，需要打倒消灭那些二、三等军阀。但他认为，打倒军阀，消除内乱，统一国家，这是包括民主政府在内的任何政府的责任，而非专制或独裁政府所拥有的特权，从国家的统一方面绝对得不出非专制或独裁不可的结论。③ 就专制或独裁与国难的关系而言，张熙若认为，专制或独裁不仅不能使中国度过国难，相反会使国难进一步加重。因为要度过国难，首先就必须想尽一切方法唤起人人同仇敌忾的情绪，使人们能自动地、热烈地为国尽力，为国牺牲，但"独裁政治的结果，在平时是为自己

---

① 胡适：《中国无独裁的必要与可能》，《独立评论》第130号，1934年12月9日。

② 胡适：《再论建国与专制》，《独立评论》第82号，1933年12月24日。

③ 张熙若：《独裁与国难》，《大公报》（天津版）1935年1月13日"星期论文"。

制造奴隶，在外患深入时是为敌人制造顺民"。据此，张质问独裁论者："难道今日中国作奴隶的人还不够？作顺民的人还太少？还须特别制造吗？"

在批评专制论或独裁论的同时，张熙若也陈述了自己之所以主张民主的理由。概括起来，张的理由有两点：其一，从价值方面来说，民主政治值得学习。如前所论，张认为民主政治是人类目前为止最高明的政治制度，既然是最高明的政治制度，那就值得中国学习，这是一个不应忽略的价值问题。其二，从操作方面来说，民主政治能够学习。由于各种工具的发达，社会进化的进程有了明显的加快，从前数百年做不到的事情如今十数年就做到了。随着社会的进步，中国人的知识程度与昔日相比近年有了提高，并且会越来越高。"所以就是在'学会的可能'方面讲，只要我们肯真心努力去学（民主政治），并不是没有把握的。"①

除胡适和张熙若外，北京大学政治学教授胡道维也是反对独裁、主张民主的有力人物。1935 年 2 月胡在《国闻周报》第 12 卷第 6 - 7 期上发表《中国的歧路——为民治与独裁问题就商于丁文江先生及时下诸贤》一长文，对各种专制或独裁论提出了批评。他首先指出，中国处在今日局势中的当务之急，外要抵抗武力的侵略，内要实行物质的建设，而完成这两项任务的前提条件，是消除割据，实现全国统一。要实现全国统一，就必须增强中央政府的力量，因为一个风雨飘摇中的软弱无能的中央政府，绝不能应付这样重大的局面。但是实现全国统一，建立强有力的中央政府，并不像蒋廷黻等人所主张的那样，一定要实行专制或独裁，"难道中央非独裁或专制就不能强有力吗？我们若将充分的威权赋予全体中央政府而不授给某个人，岂不是一样的可能巩固中枢吗？一样的可以实现统一吗？一样的可以御外侮谋建设吗？"他认为，一国政府能否应付内外的特殊环境，是权威力量充分不充分的问题，而不是执掌

---

① 张熙若：《我为甚么相信民治》，《独立评论》第 240 号，1937 年 6 月 27 日。

权力的人数多少的问题。天下一人的清政府，权力执掌在皇帝一人之手，但它仍然逃脱不了被推翻的命运。牵制频仍的美国联邦政府，实行的是三权分立，然而它却做到了民富国强的地位。由此可见，专制或独裁和国家统一之间并没有必然的因果联系。

胡道维在文中重点批评了丁文江的独裁论。他指出，丁氏根据"中华民国的人民百分之八十或七十五以上是不识字的，不识字的人不能行使选举权"，而断言"民主政治在中国今日不可能的程度远在独裁政治之上"，这在19世纪以前是"大家应该承认的"，但到了19世纪中叶以后，人们已经逐渐地觉悟到知书识字并不是选举权的必要条件。民主政治诚然是建设在普选权之上的，但选举权则不一定要以知书识字为基础。实际上，在美国，许多不识字的黑人和外国侨民也时常参加总统或国会的选举，但并没有像人们所担心的那样发生洪水猛兽般的灾祸。胡道维认为，现在选举权的唯一条件，是要人们具有一定的政治常识，就此言之，丁氏说"民主宪政有相当成绩的国家，都是政治经验最丰富的民族"，这是完全正确的，但人民若没有参加政治的机会，又怎能会有政治经验呢？没有政治经验，当然也就不会有政治常识。"所以说锻炼人民政治常识的唯一方法，还是只有多给人民以参加政权的机会——换句话说，还是只有实行民治。"①

其他民主论者，如社会学家陶孟和、清华大学政治研究所学生宋士英、山东大学政治学教授杜光埙等，也大都是从国难时期中国应行也能行民主政治这一立场来反对专制或独裁论，主张民主的。

（三）修正的民主政治论

"修正的民主政治论"（又被称为"民主独裁以外之第三种政治"）的提出者是国社党领导人张君劢。1932年5月，张在国民党

---

① 胡道维：《中国的歧路——为民治与独裁问题就商于丁文江先生及时下诸贤》，《国闻周报》第12卷第6期，1935年2月18日。

机关刊物《再生》杂志的创刊号上和张东荪、胡石青以记者的署名联合发表《我们所要说的话》，首次提出了"修正的民主政治"的主张。后来在《国家民主政治与国家社会主义》（《再生》第1卷第2期）、《民主独裁以外之第三种政治》（《再生》第3卷第2期）等文中，又对这一主张作了进一步的阐述。和胡适、张熙若等民主论者一样，张君劢也坚决反对蒋廷黻的武力统一论。他指出，蒋廷黻主张中国应像英国的都铎王朝、法国的波旁王朝和俄国的罗曼诺夫王朝那样先行一段时期的专制，以武力统一中国，这是"拿欧洲十五、六、七世纪的时代，比喻中国的现在局面，是不恰当的"，因为，中国的不统一，并不是封建制度的残余局面，而有其他方面的原因：第一，是中国的幅员过于广大，各地缺乏必要的联系；第二，是人民不识字，无知识，不能辨别政治上的是非利害；第三，是身居中央者，不遵守国法，因而引起地方革命。所以要实现统一，关键在于发展交通，提高人民的知识程度和使身居中央者成为一个能容纳众流、知人善任、毫无私心的人，而这些都不是专制和武力所能解决的。

在批评蒋廷黻的武力统一论的同时，张君劢也对丁文江的"民主政治在中国比独裁政治更不可能"的观点提出了批评。他指出，要判定民主政治在中国有无实行的可能，首先必须搞清实行民主政治的条件在中国具备还是不具备。所谓实行民主政治的条件，在张氏看来，主要包括五个方面：第一，有选举人的调查；第二，选举人参加选举，公开检查票额时，不至于调换或毁灭票子证据；第三，选举结果出来后，大家能让多数党执掌政权；第四，假定没有多数党，各党能联合起来组织政府；第五，遵守各国普遍应有的政治道德。就民主政治的这五个条件来看，张君劢认为，有的中国已经具备。譬如，民国以来虽没有过一次准确的选举人名册，但是在不确切的调查之中，选民确实来选举过，来开票过，只要有公正的监督人，只要执政党和反对党都不雇人乱填选票，不调换票柜内的票子，公正的选举在中国不是不可能的。再如教育会会长、商会会长和学生班长都可以用选举方法选举出来，这说明少数服从多数的习惯，中国人也不是完全没有。因此，我们"只能说中国程度上还不是十分够得上（民主政治），而不能说民主政治在中国比独裁更不可能"。至于丁文江所举新式独裁的四条标准，张认为，它是一切现代国家（无论民主还是独裁）都具有的，而非独裁政治仅有的特点。

张君劢虽然与胡适等民主论者一样，反对蒋廷黻、丁文江的独裁论，但他又与胡适等民主论者不同，他不仅承认独裁政治具有"举国一致"、"注重力行"和"权力集中"三大优点，并且认为"我们国家处在这个时候，尤其是在今日严重国难时期中，以上三点，皆是我们政府组织中所必应具备的。三件之中，有一不备，这个政府就不适宜于解决今后的国难"。①

基于以上认识，张君劢提出了"修正的民主政治"的主张，所谓"修正的民主政治"，用张本人的话来解释，"就是超于独裁政治与议会政治外，要求一种第三种政治"。这种第三种政治，既要坚持民主政治的个人自由的基本精神，又要充分吸取独裁政治的"举国一致"、"注重力行"和"权力集中"的优点，以实现个人自由与政府权力之间的平衡与和谐。因为在张君劢看来，"权力者，所以便行政之执行，自由者，所以保障社会文化与个人思想。二者各有范围，若为之区分适当，则一方得敏捷之政府，他方得自由发展之个人，固有兼容并存之可能"。② 他还指出，这种实现了个人自由与政府权力之平衡与和谐的"第三种政治"，"乃真是真正的民主政治"，而胡适等民主论者所主张的英美式的议会民主，"却是根据民主原则而生有偏弊的政治制度"。③ 实际上，就实质而

① 张君劢：《民主独裁以外之第三种政治》，《再生》第3卷第2期，1935年4月15日。

② 张君劢：《国家民主政治与国家社会主义（上篇）》，《再生》第1卷第2期，1932年6月20日。

③ 记者：《我们所要说的话》，《再生》创刊号，1932年5月20日。

言，张君劢的所谓"修正的民主政治"，是在民主政治的框架内向独裁政治的方向修正。

《再生》杂志的王希和也是"修正的民主政治"论的积极主张者。不过他不是称这种"修正的民主政治"为"民主独裁以外的第三种政治"，而称的是"民主独裁制"。和张君劢一样，王希和既不同意蒋廷黻的武力统一论，也不赞成胡适的在中国实行完全的民主政治的主张。就蒋氏的武力统一论而言，王希和认为：第一，以武力或以更大武力打倒小武力是一种得不偿失的方法；第二，利用武力或个人专制也绝不能启发人民的忠心，且容易引起社会总崩溃；第三，中国现今不仅没有能专制的人，也没有能服从专制的人。此外，以个人专制独裁来统一中国乃是一种背时代、违人心的方法。就胡适的主张来论，王希和指出，他在价值判断上赞同胡适的民主政治论，但是，由于中国的教育不普及和民众缺乏必要的政治训练，所以，仅仅实行民主政治又是不够的。"万一弄不好，还会生出流弊来。"因为，第一，在民主政治下，民选的国会虽能使全国政治的向心力加强，但是国会内以向来缺乏政治经验的代表相聚一堂，"公说公有理，婆说婆有理"，结果必使政治的进行遇到极大的阻碍，所谓政治责任和行政效率无从谈起；第二，胡适的民主政治，实际上指的是英美式的代议政治，在英国维多利亚女王时代，由于当时政府管理的范围狭小，我们也许说它是一种教育民众的利器，但到了现代，国家所管理的事务日益繁多，所引起的问题也日益复杂，缺乏政治经验的民族是不能实行这种代议政治的。

专制或独裁在中国行不通，纯粹的民主政治弄不好又会生出流弊来，那么，中国究竟应该采行何样的政治制度呢？王希和认为，中国应该采行的政治制度只能是建立在民主政治基础之上的中央政府在行政方面的独裁，也就是所谓的"民主独裁制"。因为在他看来，当时中国最重大而且最主要的问题不是谁应统治这个国家，而是如何先建立一个像样的国家问题。由于中国的疆域太大，交通不便，教育幼稚，凡可以作为建国之用的物质的与心理的基础都不具备，因此只有中央政府在行政方面实行专制独裁，尔后才能创立一个有效的行政制度，才能贯彻一切计划，从而使现代国家的规模得以建立起来。但是，这种行政方面的独裁又必须以民主政治为基础，"行使政权者须注意人民的意向，同时须受人民的监督"，唯其如是，政府才能给予人民以实质上的利益，而不至滥用权力。另一方面人民对政府也才能产生普遍的信仰，自然而然地成为政府的拥护者。这也就是他所主张的民主独裁制："一方面是要保障人民的自由；一方面也要顾到国家的权力；前者除给予人民自由外，在现状之下，最大用处，就是杜绝一般野心家的口实，免得他们借救国救民的好名有所企图；后者乃是一种较经济的，较敏捷的方法，使一盘散沙的，经济落后的国家，容易渐趋于现代化。"①

朱亦松也对"修正的民主政治"的主张作过说明。他指出，中国民主政治的当前问题，是自由与权力妥协的程度问题，此问题对目前中国具有极大的实际政治意义，我们只有先认清了这个问题，并使之得到圆满的解决之后，国家对外方可以言抵抗侵略，而谋民族之生存及安全；对内方可以维持和平，加速度地促进社会之发展及进步。具体而言，朱亦松认为，鉴于当时中国所面临的内忧外患的严重危机，首先必须建立一个强有力的中央政府，以便分期实行一种国家全盘根本计划，但同时中央政府又必须建立在民治精神的基础之上，以便保障个人的自由，而不至使它发展成为一个任何形式的独裁政府。

那么，怎样才能实现自由与权力的妥协，既使政府有充分的权力，又能保证它建立在民治精神的基础上，不至于成为独裁政府呢？对此，朱亦松主张：第一，由宪法规定建立此强有力政府的理由，在于完成一个分期实现的国家全盘根本计划。此项计划，经政府提出，征得国会同意后，即与宪法有同等重要性，而为政府所必须分程逐项履行，国会有质问督促政府权，有议决预算决算权和弹

---

① 王希和：《论建国与专制》，《再生》第 2 卷第 5 期，1934 年 2 月 1 日。

劾主管部长权，但无推翻整个政府之权。除此，国会对于宣战、媾和、缔约，都有同意权。第二，在宪法里须规定废除一切不基于社会功效的人为的不平等。此外，亦须规定人民有言论、出版、集会、结社和身体等自由权。第三，在宪法里对于财产权虽然承认，但须明白规定其获得和行使，必不得违反公众福利，以防止 18 世纪以来西洋人重视财产权所造成的那种空前严重的经济问题和社会问题在中国的出现。第四，在宪法里面须明文规定设立一个由各种从事于生产的职业团体选举代表组织而成的全国经济议会，并使它成为全国经济计划的咨询和建议机关。第五，中央国会议员应完全采用区域选举法选举产生，但不必明文规定某区域，必得选举本区域公民为其议员。第六，设立强有力的司法独立制度，司法官员虽由行政首脑委派，但行政首脑没有黜退他们的权力，法官超出一切党派之上，其地位受法律的严格保护。①

四　国难中自由主义知识分子的选择

　　前面我们已经指出，这场民主还是专制或独裁争论的发生，有其国际和国内的背景。国际上，第一次世界大战结束之后，尤其是自 1929 年世界经济大危机之后，为应付国内严重的局面，欧洲一些国家先后放弃了民主政治，而采用独裁制度。独裁制度不胫而走，"大有风行一时之概"。先后实行独裁制度的国家有意大利、西班牙、波兰、立陶宛、南斯拉夫、奥地利、德国等，就是在素称民主国家之垒的英、法国内也出现了法西斯势力，美国则实行罗斯福新政，扩大政府对经济的干预，扩大政府的权力。在国内，一方面是国民党建立的一党专政的训政制度不仅剥夺了广大民众的种种自由权利，同时也导致了国民党内的不统一，政争乃至内战不断发

---

① 　朱亦松：《新时代的民治主义》，《再生》第 1 卷第 9 期，1933 年 1 月 20 日。

生；另一方面是在日本帝国主义的侵略面前，国民党不能团结御侮，致使国家和民族面临亡国灭种的现实危险。因此，这场争论是关心国家命运的一些知识分子为挽救民族危机而寻找更适合中国的政治制度的争论。

就争论者的身份来看，他们大多是大学教授、报刊编辑或科技工作者，其中不少人是自欧美回国的留学生，信仰并长期追求、宣扬过民主和自由，用钱端生的话说，"是受过民主政治极久的熏陶的"自由主义者。[①] 争论的几位主角，如蒋廷黻、丁文江、胡适还都是独立评论社的原始会员，他们之所以将自己合伙创办的刊物取名为《独立评论》，用他们的话说，是"因为我们都希望永远保持一点独立的精神。不倚傍任何党派，不迷信任何成见，用负责任的言论来发表我们各人思考的结果：这是独立的精神"。[②] 这种"独立精神"正是自由主义精神的体现。

然而就是这样一些具有"独立精神"的自由主义知识分子，他们中的一些人却放弃了对民主和自由的追求，而选择了专制和独裁。这些人之所以放弃对民主和自由的追求而选择专制或独裁，并不是他们对民主价值的认识发生了根本变化（除个别人外，他们中的大多数对民主价值持的是肯定态度），而是在他们看来，在当时内忧外患日益严重的历史背景下，只有实行专制或独裁，国家才有可能实现统一和富强，应对日益严重的民族危机，也才能够使中华民族在激烈的世界资本主义的经济竞争中以及在将要爆发的第二次世界大战中生存下来。因为与民主政治相比，专制或独裁更有利于权力的集中和运用，提高行政效率。而且就中国的实际情况来看，专制或独裁，更适合于中国经济不发达、教育落后、民众识字率低的国情。

---

① 钱端升：《民主政治乎？极权国家乎？》，《东方杂志》第31卷第1号，1934年1月1日。

② 《引言》，《独立评论》第1号，1932年5月22日。

　　实际上，自 1840 年以来，尤其是甲午战争以后，对国家独立、富强和统一的渴望和追求，就一直是中国知识分子包括自由主义知识分子的终极目标，而民主政治的建立，不过是实现这一目标的手段而已。因此，一旦这一目标和他们所信仰的思想或价值发生矛盾时，他们便毫不犹豫地选择了前者。如清末时的梁启超选择"开明专制"，民初时的严复选择洪宪帝制，以及孙中山要求人们为了中华民族的解放和国家的独立，限制自己个人的自由，都是出于这一原因。这也是蒋廷黻、钱端升、丁文江等人在民主与专制或独裁面前所以选择后者的根本原因所在。丁文江曾发出过宁肯做"苏俄的地质技师"，也不做"巴黎的白俄"的感叹，因为在他看来，"在今日的中国，新式的独裁如果能够发生，也许我们还可以保存我们的独立。要不然只好自杀或是做日本帝国的顺民了"。而他"宁可在独裁政治之下做一个技师，不愿意自杀。或是做日本的顺民"。[①] 从本质上来说，主张专制或独裁的蒋廷黻、钱端升、丁文江等人既是自由主义者，也是民族主义者，甚至首先是一个民族主义者。当民族面临生死存亡的时候，他们首先关心的是民族的存亡问题，是如何救亡图存。至于民主和自由，则被他们放到了次要的或从属的地位。

　　在当时的历史背景下，他们把民族的存亡放在头等重要的位置，这不仅无可非议，而且应该给予充分的肯定。他们的问题不在于当他们追求的最终目标与他们所信仰的思想或价值发生矛盾时选择了前者，而在于"他们的这种选择是以一个假设命题为基础的，即只有实行专制政治，才能保证国家统一，挽救民族危亡。这个假设命题在理论上是不成立的"。[②] 因为要"保证国家统一，挽救民族危亡"，首先必须实现国内最广泛的团结，各个阶级、阶层、党

---

　　① 丁文江：《再论民治与独裁》，《独立评论》第 137 号，1935 年 1 月 27 日。

　　② 徐宗勉、张亦工等：《近代中国对民主的追求》，安徽人民出版社 1996 年版，第 417 页。

派和政治势力及集团能求同存异，同心同德，共赴国难，并用和平的方式解决彼此争端和政权交替；必须给予广大人民群众各种自由权利，以增强他们的主人翁意识，从而使他们能以满腔热情投身到维护国家统一和挽救民族危亡的斗争之中。而"专制政治"与这些都南辕北辙。1927 年后国民党的一党专制、个人独裁的实践也已证明，"专制政治"不仅不能"保证国家统一，挽救民族危亡"，相反还使国内的分离倾向日益加剧，民族危机更加严重起来。

当然，我们也承认，传统的以代议制为特色的西方民主制度的确存在着种种弊端，尤其是权力的相互制衡，使国家在面临重大的突发事变甚至战争的威胁面前不能及时作出反应，这也是 30 年代后面对日益严重的经济、政治危机和战争威胁，一些老牌的西方民主国家纷纷采取措施加强行政权力的主要原因。就此而言，蒋廷黻、钱端升、丁文江等人对传统的以代议制为特色的西主民主制度的批评并非无的放矢。就中国的具体国情来看，实行西方民主政治制度的条件的确也没有完全具备，交通不便，文盲众多，民众没有受过最基本的民主政治的训练，不知民主为何物，这些都是事实，如果不顾一切地照抄照搬西方的民主政治制度，结果只能是画虎不成反类犬，民初民主政治制度实践的失败就是其明证。参与讨论并赞成民主政治的吴景超在《中国的政制问题》一文中便指出："在今日的中国，或因法律上有阻碍，或因民众的程度不够，或因新习惯还未养成"，实行民主政治制度的条件"并没有充分实现"。"在条件还未完备的时候，便要把在英美实行而有成效的民主政治，硬搬到中国来，结果一定是重蹈民国初年的覆辙，使民众对于民主政治更加一层的厌恶而已。"[1] 于此而言，丁文江认为民主政治在中国没有实行的可能，也有其一定的道理，似乎不能一概否定。问题的关键在于：面对西方民主政治制度的弊端，人们是因噎废食，抛弃民主政治而选择比民主政治的弊端不知

---

[1] 吴景超：《中国的政制问题》，《独立评论》第 134 号，1935 年 1 月 6 日。

要多多少倍的专制或独裁，还是想方设法在民主政治制度的体制内采取一些必要的措施，以防止至少减少其弊端的发生？面对中国实行民主政治制度条件的不完全具备，人们是知难而退，放弃对民主政治制度的选择，还是做出努力，在实践中培植实行民主政治制度的条件，探索出一条适合中国具体国情的政治民主化的道路？作为一个自由主义的知识分子，选择的应该是后者。用吴景超的话说："凡是赞成民主政治的人，都应该努力，在中国的环境中，培植……民主政治的条件。"① 蒋廷黻、钱端升、丁文江等人却计不出此，选择了前者，无怪乎要受到人们的指责。他们把希望寄托在蒋介石的自我完善上，想通过他的所谓"新式独裁"来实现国家的统一和挽救日益严重的民族危机。但事实证明，这只能是一厢情愿而已。

争论的另一方即民主论者，特别是他们的代表人物胡适，在当时国际国内都有不少人对民主政治持怀疑甚至反对态度的情况下，仍然坚持其自由主义的信仰和立场，坚持以民主政治为中国政治制度的选择，这值得肯定。然而他们又过于理想主义化，对民主政治制度的弊端，尤其是在中国实行的具体国情缺乏清醒的认识，面对专制或独裁论者提出的民初民主政治制度实践失败的问题，提出的封建军阀对民主政治制度的破坏，提出的中国不具备实行民主政治制度的条件，胡适只是以"有一连兵能解散的国会，就有一连兵不能解散的国会"作答，以民主政治制度更适合中国这样的缺乏政治经验的民族作答，而没有认真分析民初民主政治制度的实践所以失败的真正原因，没有令人信服地说明民主政治制度在中国有其实行的可能性。所以综观对于中国的政治出路是民主还是专制或独裁的争论，民主论者的理由显得无力而苍白。相比较而言，以张君劢为代表的修正的民主政治论者，既坚持了其自由主义的信仰和立场，坚持以民主政治为中国政治制度的选择，又能认识到传统的以

---

① 吴景超：《中国的政制问题》，《独立评论》第 134 号，1935 年 1 月 6 日。

代议制为特色的西方民主政治制度的弊端，并针对这些弊端提出了具体的补救措施，力争实现个人自由与政府权力的平衡与和谐，无论他们提出的措施有效与否，但其思路无疑是正确的。因此就专制或独裁论者、民主论者和修正的民主政治论者这三派的主张而言，在当时的历史条件下，修正的民主政治论者的主张可能更值得我们的肯定。

第 八 章
关于经济出路的争论

20世纪30年代，中国思想界曾围绕中国经济发展的道路问题发生过一场激烈争论，争论的一方是以梁漱溟为代表的主张复兴农村的"以农立国"论者，另一方是以吴景超为代表的主张繁荣都市的"以工立国"论者，除此也有人主张"第三条路"和"先农后工"，"发展农业资本主义"。检讨这场争论，不仅有其学术价值，对于我们今天的经济建设也有其现实的借鉴意义。

一 "以农立国"论的由来

"以农立国"论是一种具有普遍意义的社会经济思潮，其特征为反都市化和工业化，憎恶现代工业社会和都市生活，向往或企图维护和恢复农村那田园牧歌式的生活情趣和生产方式。这种"以农立国"论在亚非拉许多不发达的国家和地区出现过，其中尤以我国最为活跃。实际上它是我国经济长期落后，农民小生产如汪洋大海之历史传统的反映。

考虑到西方工业化产生的种种弊端，尤其是第一次世界大战的影响，早在20年代初，就有人提出过"以农立国"的主张，其代表人物是时任北洋政府教育总长的章士钊。1923年8月，章在上海《新闻报》上发表《业治与农（告中华农学会）》一文，主张

"吾国当确定国是，以农立国，文化治制，一切使基于农"，而反对"兴工业以建国"。因为在他看来，当时社会是"方病大肿"，而其病源为"工业传染之细菌"，如果"以工济之，何啻以水济水，焉有效能"，更何况"吾艺术之不进，资本之不充，组织力之不坚，欲其兴工业以建国，谈何容易，即曰能之，当世工业国所贻于人民之苦痛何若，昭哉可观，彼正航于断港绝潢而不得出，吾扬帆以穷追之，毋乃与于不智之甚"。① 是年 11 月，章士钊又以"孤桐"的笔名写了《农国辨》一文，进一步阐述他的"以农立国"主张，并对"农国"和"工国"之间的异同做了一番比较，强调：中国只能"返求诸农，先安国本"，否则，如果"去农而之工"，必将"未举工国之实，先受工国之弊，徘徊歧路，进退失据"。② 当时发表文章支持章士钊"以农立国"主张的有董时进、龚张斧等人。董时进文章的标题就叫作《论中国不宜工业化》，其主要观点是：工业国存在着工厂倒闭、工人失业、社会斗争激烈等"瑕疵"，中国无须"自蹈陷阱"，追求所谓"工业化"，而应坚守传统的"以农立国"的立场，因为"农业国之人民，质直而好义，喜和平而不可侮，其生活单纯而不干枯，俭朴而饶生趣。农业国之社会，安定太平，鲜受经济变迁之影响，无所谓失业，亦无所谓罢工"。③

　　章士钊、董时进等人宣扬的"以农立国"论，曾遭到主张中国应早日实现工业化的早期马克思主义者恽代英、杨明斋和激进民主主义者杨铨等人的批评。恽代英写有《中国可以不工业化乎？》（署名载英，文载 1923 年 10 月 28 日《申报》），杨明斋写有《评〈农国辨〉》，杨铨写有《中国能长为农国乎？》（文载 1923 年 10 月 28 日《申报》），其中尤以杨明斋的《评〈农国辨〉》写得最有声

---

① 《新闻报》1923 年 8 月 12 日。
② 《新闻报》1923 年 11 月 3 日。
③ 董时进：《论中国不宜工业化》，《申报》1923 年 10 月 25 日。

色。《评〈农国辨〉》虽然只是杨明斋所著《评中西文化观》一书的第三卷，但文字要比《农国辨》一文长出许多倍，评论的方法是先摘录章文的基本观点，然后逐一进行批驳。最后，在"总解释"中，又着重阐述了"五千年的历史循环在今大变动之所以然是由于农化为工"这一基本命题，并针对章士钊的观点，用自己的语言，通过大量生动事例，阐明了马克思主义的一个基本观点，即："政治法律大部分是维持经济的组织及社会的道德习惯与秩序的；今其经济情形已变，则前之政治法律自然的随之而失其效用"。① 对于杨明斋的《评〈农国辨〉》，有的研究者评价甚高，认为它"是中国早期马克思主义者宣传中国应走工业化道路的珍贵文献"。②

继章士钊之后，主张"以农立国"最有力的是以王鸿一为代表的村治派。1929 年在冯玉祥及其部下韩复榘的支持下，彭禹廷、梁耀祖、王怡柯、梁漱溟等人在河南辉县百泉镇成立了一所以培养村治人才为目的的学校——河南村治学院。同时他们还创办了一份《村治》月刊，宣传其村治主张和理论。当时经常在《村治》上发表文章的有王鸿一、茹春浦、米迪刚、王惺吾、尹仲材、梁漱溟等人。人们通常把集合于村治学院和《村治》杂志的这些人统称为"村治派"。村治派的代表人物和精神领袖是王鸿一。"村治"一词就是王鸿一首先使用的。河南村治学院和《村治》月刊也是经他活动才得以成立和创刊的。梁漱溟 1930 年写《主编本刊（〈村治〉）之自白》时就承认："鸿一先生实在是我们的急先锋。他能标揭主义；他能建立名词；他能草订制度。"③

王鸿一是山东恽城的大地主，曾任山东省教育专员和省议会副

---

① 转引自罗荣渠主编《从"西化"到现代化——五四以来有关中国的文化趋向和发展道路论争文选》，北京大学出版社 1990 年版，第 152 页。

② 罗荣渠：《现代化新论——世界与中国的现代化进程》，北京大学出版社 1993 年版，第 367 页。

③ 《梁漱溟全集》（五），第 16 页注①。

议长，与冯玉祥、阎锡山关系密切，思想比较保守。1921 年暑假，梁漱溟应山东教育厅之聘，到济南作了 40 天的"东西文化及其哲学"的讲演，其讲演稿整理出版后使他成了现代中国最著名的文化保守主义者和现代新儒学的开启者，而邀请梁漱溟讲演的人就是王鸿一。1923 年章士钊的《农国辨》发表后，深得王鸿一的赞同，他曾嘱梁漱溟作函介绍自己去拜访章氏（因梁和章是老熟人），当面与章讨论"以农立国"的问题，然因故未能成行。1924 年王鸿一与河北定县翟城村的米迪刚合作共同创办了《中华报》，请尹仲材为主笔，组成一个研究部，希望从"以农立国"的原则讨论一个具体的建国方案。经过一段时间的讨论，研究部出版了一本《建国刍言》，内容先谈原理，后提出一份由王鸿一起草的《中华民国治平大纲草案》。草案共 17 条，其中第一条规定了"传贤民主政体"，第二条规定了"农村立国制"。① 1929 年 3 月《村治》月刊在北平创刊后（此刊得到阎锡山的资助），王鸿一又连续发表了《建设村本政治》和《中国民族之精神及今后之出路》等文章，宣传他的"以农立国"的思想。他指出："中国以农业立国，已有数千年之久。由农业生活及家庭制度二者相互之关系，递经演进，形成十姓百家。全国人民，十九皆在农村，而城市区域不过因经济政治之关系，构成临时聚合的团体，其居民十九也来自田间。所以城市不过是变相的农村而已。既然全国绝大多数的居民都居住在农村，那么中国的政治、经济和文化都应以农村为基础，为重心。就政治而言，即应建设村本政治。惟村本政治，一切权利，根本在民，政权操于民众，治权始于乡村，权力无由而集，阶级无由而生，全国农村组织划一，权虽分而仍无害于统一。"② 他特别强调学术与政治之结合的意义，认为以后建设方针，应确定一面由学术

---

① 见梁漱溟《主编本刊（〈村治〉）之自白》，《梁漱溟全集》（五），第 15—16 页。

② 王鸿一：《建设村本政治》，《村治》第 1 卷第 1 期，1929 年 3 月 15 日。

上积极阐发教养精神，而使学者悍然于推恩尽性，服务乡里之本分；一面由政治上积极实施教养原则，痛革中国专制传统和西洋传统之积弊，而使政权操于民众，治权始于乡村。"合学术思想政治制度二者，共同归宿于教养，植基于村本。"① 几乎与王鸿一同时，茹春浦、段拨庭、王惺吾、谢仁声等人也先后在《村治》月刊上发表了《村治之理论与实质》《进一步的认识村治制度》《建设村治与村治前途的障碍》《村治与三民主义》《村治之危机与生机》等文，宣传"农村立国"思想。后来这些文章被编为《村治之理论与实施》一书，1930 年由村治月刊社作为"村治丛书"之一种出版。

"村治派"没有存在多久。1930 年 7 月 26 日王鸿一在北平逝世。不久，中原大战爆发，河南村治学院被河南省代理主席张钫下令关闭。原村治学院的部分同人迁到山东邹平，在新任山东省主席韩复榘的支持下于 1931 年 6 月正式成立了山东乡村建设研究院，并改"村治"为"乡村建设"。王鸿一的逝世和河南村治学院的关闭，尤其是山东乡村建设研究院改"村治"为"乡村建设"，标志着"村治派"已不复存在。从此，主张"以农立国"最有力的是梁漱溟和他代表的"乡村建设派"。

其实，梁漱溟的"以农立国"思想由来已久。据他自己介绍，1923 年春他在山东曹州中学演讲时就已提出"农村立国"的主张；对 1924 年王鸿一起草的《中华民国治平大纲草案》中规定的"传贤民主政体"和"农村立国制"，他也"颇点头承认"。但那时他虽有"以农立国"的思想，但对"以农立国"能否解决中国经济问题还有些怀疑，"不敢信鸿一先生他们几位从那主观的简单的理想，能解决中国的经济问题，而经济问题又是关系一切的重大问题"。② 所以他曾谢绝过王鸿一要他参加《中华报》研究部的邀请，

---

① 王鸿一：《建设村本政治》，《村治》第 1 卷第 1 期，1929 年 3 月 15 日。

② 梁漱溟：《主编本刊（〈村治〉）之自白》，《梁漱溟全集》（五），第 15—17 页。

也没有应王鸿一之约为《建国刍言》写一序文。直到 1927 年后，受中国共产党领导的农民运动的影响，① 他才基本消除怀疑，相信中国问题只有从农村入手才能得到解决。为此，他先去广东劝说广东省主席李济深实验他的"乡治"计划，后又到河南参与河南村治学院的筹建，最后成为山东乡村建设研究院的实际领导人，并先后发表了《中国民族自救运动之最后觉悟》（1933 年出版）、《乡村建设论文集》（1934 年出版）、《乡村建设大意》（1936 年出版）和《乡村建设理论》（1937 年出版）等一系列主张"以农立国"，宣传乡村建设思想的论著和文章。

　　这里需要指出的是，梁漱溟虽然主张以农立国，但和章士钊、董时进等人有两点不同：第一，他是理论与实践兼而有之，以其理论指导其乡村建设实验活动，因此他的"以农立国"论的影响也更大些；第二，他并不完全反对中国发展工业，而是主张以农为本，先振兴农业，然后"从农业引发工业"，他反对的只是走西方和日本"从商业发达工业"的道路。据此，他提出的经济建设的"方针路线"是："散漫的农民，经知识分子领导，逐渐联合起来为经济上的自卫与自立；同时从农业引发了工业，完成大社会的自给自足，建立社会化的新经济构造"。他再三强调此："方针路线"包含有三个"要点"："一、非个人营利，也非国家统制，而是从农民的联合以达于整个社会的大组织；二、从农业引发工业，而非从商业发达工业；三、从经济上的自卫自立入手，以大社会自给自足为归，自始即倾向于为消费而生产，最后完成为消费而生产，不蹈欧美为营利而生产的覆辙"。②

　　为什么中国的经济只有以农为本，"从农业引发工业"，而不能像欧美日本那样，走发展资本主义工商业、"从商业发达工业"

---

　　①　参见郑大华《梁漱溟传》，人民出版社 2001 年版，第 226—227 页。

　　②　梁漱溟：《乡村建设理论》，《梁漱溟全集》（二），山东人民出版社 1990 年版，第 495—496 页。

的路呢？概括梁漱溟的观点，有以下几个方面的理由：

其一，农业生产是中国国民经济几千年来的基础，关系着最大多数国民的生活，因此，以农为本，"促兴农业"，乃是巩固国本，为最大多数国民谋利益之需要。他说："本来我们缺乏工业，最急需的是工业，工业受限制应当最受不了。然而不然。工业是进一步的要求，农业是活命的根源。原来的农业底子若被破坏，便无活命。"不仅商业、金融业、工业、交通运输无一不受农业形势的影响，而且"军界、政界、教育界更是靠农民吃饭"。"所谓'民以食为天'，问题之急，莫急于此。"①

其二，国际国内环境，不允许中国走欧美日本发展资本主义工商业，"从商业发达工业"的路子。他指出："1. 近代资本主义的路，今已过时；人类历史到现在已走入反资本主义的阶段，所以不能再走此路。2. 近代工商业路为私人各自营谋而不相顾的，不合现在国家统制经济、计划经济之趋势。在今日国际间盛行倾销政策下威胁太大，亦无发展余地。3. 中国没有一个近代工商业所需要的政治环境（政府安定秩序，让工商业发达，兼能保护奖励其发达），所以不能走此路。"②

其三，中国在农业上的根基要比工业上的根基厚一些，因此，促兴农业较发展工业的有利条件为多。其一，工业生产的要件是资本（指机器及一切设备），农业生产的要件是土地。土地在我们是现成的；资本是我们所缺乏的。其二，工业生产需要大量动力，而少要人工，农业生产需要大量人工，而少要动力。人工在我们是现成的；工业上所需动力是不现成的。其三，工业生产得找市场，不要说国外市场竞争不来，就国内争回市场来说，一则适值中国人购买力普遍降低，二则正在外国人倾销政策之下，恐怕很少希望。农业生产极富于自给性，当此主要农产品还不能自给时，似乎不致像

① 《乡村建设理论》，《梁漱溟全集》（二），第 500—504 页。
② 《乡村建设理论》，《梁漱溟全集》（二），第 157 页。

经营工业那样愁销路。"总之，当前的问题，既在急需恢复我们的生产力，增进我们的生产力；而农业与工业比较，种种条件显然是恢复增进农业生产力切近而容易。"[①]

其四，农业发展，农村繁荣之后，工业才有可能兴盛，而工业的兴盛，又将进一步促进农业的发展，相辅相成，互为因果。首先，从农业生产方面来看，他指出："我们口说恢复农业生产力，复兴农村，而其实旧农业旧农村是无法规复的。农业在今日亦是只有两途，一是毁灭，一是进步。……进步而后存在；果能存在，必已进步。而所有进步的技术，没有不是科学化的，没有不是工业化的。"这样在农业的发展进步中，许多工业自然会相缘相引而俱来。例如从土壤肥料等农业化学上问题，而引出化学工业；从农具农业机械农业工程，又引出机械工业等；从农产加工农产制造，亦将引出许多工业。诸如此类，都是相因而至的。其次，从农民消费方面来看，他指出，"从农业引发工业，更从工业推进农业；农业工业垒为推引，产业乃日进无疆。同时也就是从生产力抬头而增进购买力，从购买力增进而更使生产力抬头；生产力购买力辗转递增，社会富力乃日进无疆"。[②]

其五，西方各国工业化过程中出现的种种弊端，说明中国不应走西方各国的老路，而只能走"促兴农业"，"从农业引发工业"的路子。

二 对"以农立国"论的批评

梁漱溟的"以农立国"论及其实践——乡村建设实验遭到了吴景超、陈序经等人的批评。由于批评者的文章大多发表在胡适主编的《独立评论》杂志上，有人又称他们为"独立评论派"。1933 年 8

---

① 《乡村建设理论》，《梁漱溟全集》（二），第 504—505 页。
② 《乡村建设理论》，《梁漱溟全集》（二），第 508—509 页。

月，吴景超率先在《独立评论》第62号上发表《知识分子下乡难》一文，针对梁漱溟的关于乡村建设实验必须发挥知识分子作用的观点，指出要知识分子下乡搞乡村建设，用意虽然美好，但是不可能的。事实上知识分子不但不肯下乡搞乡村建设实验，相反还有集中于都市的趋势。他认为知识分子所以不能下乡有四个方面的原因：一是乡村缺乏容纳知识分子的职业；二是乡村缺乏知识分子研究学问的设备；三是乡村中物质文化太落后，不能满足知识分子生活上的需要；四是社会环境不适宜知识分子下乡。吴景超就此断言，想通过知识分子下乡搞乡村建设，来解决中国问题，这是行不通的。

此文发表后，或许是因为它本身就缺乏说服力，因此没有产生多大的社会反响。真正产生社会反响的是吴景超1934年9月发表在《独立评论》第118号上的《发展都市以救济农村》一文。吴在该文中着重批评了梁漱溟提出的中国经济只能走促进农业以引发工业、发展乡村以繁荣都市的道路的思想，而认为中国经济应该走发展都市以救济农村、实现工业化的发展道路，并阐述了如何发展都市以救济农村、实现工业化的具体方法，即：兴办工业，使一部分农民迁入城市，以解决农村人口过剩；发展交通，货畅其流，以解决农产品过剩；扩充金融机构，在各地遍设支行和代理处，"一方面可以吸收内地现金，来做生产的事业；一方面又可放款于内地，使农民减轻利息上的负担"。①

犹如吴景超所预料的那样，该文发表后，立即引起了梁漱溟以及一些梁漱溟的支持者的辩护和反驳。于是，针对梁漱溟等人的辩护和反驳，吴景超又先后发表《我们没有歧路》和《再论发展都市以救济农村》等文，进一步批评"以农立国"论。他称"以农立国"论为"经济上的复古论"，并明确表示自己对于一切的复古运动，不能表示同情，对于这种经济上的复古论，尤其反对。他认为中国的经济发展不能走"以农立国"的路，而应走

---

① 吴景超：《发展都市以救济农村》，《独立评论》第118号，1934年9月16日。

"以工立国"（他又称之为"以各种实业立国"）的路，因为"以农立国"的路"是以筋肉方法生产的路"，而"以工立国"的路"是以机械方法生产的路"，前一条路"使人贫穷"，"使人愚笨"，"使人短命"，后一条路"使人富有"，"使人聪明"，"使人长寿"。前一条路的代表是中国，后一条路的代表是美国。这也是中国贫弱而美国富强的根本原因。由此他得出结论："生存在今日的世界中，我们只有努力走上工业化的路，才可以图存。"①不久，他的《第四种国家的出路》一书由商务印书馆出版。吴景超在书中将世界上所有国家分为四种，他认为第四种国家亦即中国的出路是实现工业化，发展都市以救济乡村，并对当时方兴未艾的乡村建设运动进行了批评，认为它解决不了中国农民的生计问题。

吴景超对梁漱溟"以农立国"论及其实践——乡村建设的批评得到了陈序经、王子建、贺岳僧等人的响应。1934 年 11 月，主张全盘西化的陈序经在《独立评论》第 126 号上发表《乡村文化与都市文化》一文，着重批评了梁漱溟称西洋文化为都市文化，中国文化为乡村文化，认为乡村建设的目的就是要以中国乡村文化为主而吸取西洋都市文化，从而创造出一种中西合璧的新文化的观点。他指出，文化可概括都市与乡村，而都市与乡村则不能概括文化，所以梁漱溟称西洋文化为都市文化、中国文化为乡村文化这不合逻辑。至于新文化的创造，在他看来，"与其说是依赖于乡村，不如说是依赖于都市"。因为梁漱溟"所谓以乡村为主体为根据而成为高度的中国文化"，在物质方面，是以农业为本的乡村的农业生产；在社会方面，是以宗教为本的乡村的宗族制度；在精神方面，是以保守为本的乡村只知有乡，不知有国、有世界，只知因袭、复古，不知进取、图新的旧思想；而这些正是造成"中国数千年来的文化之所以停滞而不能

---

① 吴景超：《我们没有歧路》，《独立评论》第 125 号，1934 年 11 月 4 日。

发达的一个很重要的原因"。① 接着陈又相继发表《乡村建设运动的将来》和《乡村建设理论的检讨》等文，从实践与理论两个方面对乡村建设运动提出了尖锐批评，认为梁漱溟的文章和著作有一种"复古的趋向"，而这种"复古的趋向"是导致乡村建设实际工作没有取得多少成效的一个重要原因。他还批评了梁漱溟的从农业引发工业、发展乡村以繁荣都市的观点，而主张优先发展工业，尽快实现中国的工业化，因为"中国工业苟不发展，则农业出路也成问题"。他表示，他并不否认梁漱溟及其支持者提出的农业是工业的基础，农业不发展，则工业不易发达的观点，但发展工业与重视农业并不矛盾，"欧美工业发达的国家并不轻视农业。事实上，人们今日的农业之发达，也为我们所望尘莫及"。②

贺岳僧的文章开门见山便指出："很明显的，关于怎么挽救中国经济衰落的危急，现在有两派不同的主张。"一派以梁漱溟为代表，主张复兴农村；一派以吴景超为代表，主张开发工业。"主张复兴农村者，我可以名之向后倒退派；主张开发工业者，我可以名之向前推进派。"他明确表示，自己"是赞成后一派的主张"。他之所以赞成后一派主张，是因为在他看来，只有优先发展工业，"迅速的利用机械生产来代替手工生产"，实现工业化，才能抵御帝国主义的经济侵略，挽救中国的危亡，解决中国的经济问题。针对梁漱溟等人提出的农业提供人们的生活必需品，所以"即使以发展工业为目的，也必须以振兴农业为手段"的观点，贺岳僧指出，这种观点"在表面上好像能够自圆其说，其实则完全认错了时代，忽视了人类所以进化的原则，忽视了分工的利益，忽视了供给与需要的相互关系，更忽视了产业革命所给予大多数人类的福利"。因为根据美国等工业化国家的经验，工业发展了，必然会促

---

① 陈序经：《乡村文化与都市文化》，《独立评论》第 126 号，1934 年 11 月 11 日。

② 陈序经：《乡村建设理论的检讨》，《独立评论》第 199 号，1936 年 5 月 3 日。

进农业的发展，如纺织业发展了，需要的棉花就会增多，农民就能扩大种棉面积。所以"农业与工业，是互为目的，互为手段，而不是偏于一方面了"。①

王子建的文章批评梁漱溟和其他"以农立国"论有四点错误：第一，闭关自守，想把中国从近代的工业社会，拉回到"经济自给的社会去"，所以他们强调农业生产的重要性，希望建立自给自足的农本社会。第二，认识不清农业与工业的关系，觉得凡事都应该从"农"出发，以农业来引发工业，然而很多的事例是工业引发农业。第三，没有理解"'农业'和'工业'二者的性质"，他们所说的工业是乡村工业，实质是"利用农隙的一种农村副业"，这种"农村副业"性质的所谓工业是抵挡不住帝国主义工业品的倾销的。第四，错误地认为"中国将永久不能走上近代工商业路"，因为他们提出"中国将永久不能走上近代工商业路"的理由，一是说"资本主义工商业已过时"，把"资本主义"与"工业化"画了等号；二是说"近代工商业为私人各自营谋，不合现代国家统制经济之趋势"，而没有认识到工业也可以实行国家的统治经济；三是说中国不具备"近代工商业路所需政治条件"，如安定的秩序、政府的保护和奖励等，"难道农业建设就不需要安定的秩序，不需要保护和奖励吗？"就此，王子建提出，中国的经济发展只能走工业化的道路，"不但要建设工业化的都市，同时还要建设工业化的农村——也就是农业的工业化"。②

三 反驳"以工立国"论

对于吴景超、陈序经等人的批评，梁漱溟及其支持者进行了辩

---

① 贺岳僧：《解决中国经济问题应走的路》，《独立评论》第131号，1934年12月16日。

② 王子建：《农业与工业》，天津《益世报》1934年12月8日。

护和反驳。1935 年 6 月，梁漱溟在山东乡村建设研究院主办的《乡村建设》杂志上发表《往都市去还是到乡村来？——中国工业化问题》一文，开篇便写道：近来"《独立评论》载有吴景超先生及胡（适）先生几位的文章，认为我们到乡村来的路子不对。他们几位的思想是感受西洋近代潮流，今日的美国是他们认为很好的世界；个人主义，自由主义，近代工商业文明，是他们所满意憧憬的东西。本来信仰什么主义，憧憬什么世界，含有个人'好尚'问题在内；个人好尚尽可自由，实用不着反对。不过他们希望中国社会仍走个人主义，自由竞争，发达工商业，繁荣都市的路，则为主观的梦想，我敢断定是做不到的事"。接着他进一步分析了中国的经济发展之所以只能走"以农立国"的路，而不能走"以工立国"的路的原因："工业与农业有一根本不同的地方：就是工业竞争性大，农业则较和缓。我们用土法种地，比较可以立足；而用土法开工厂，是完全不行的。……再则工业生产的重要条件是资本机器，适为我们所最缺；而农业生产的重要条件为土地，这在我们是现成的"。当然，他再次重申他并不反对发展工业，但发展工业必须先要发展农业，"这第一是因为工业后进国照例必以农业出口，换回机器，而后工业可兴；第二是在我们的经济生活上目前急须喘气，增加农业生产是可能的，马上于工业上想办法实无可能"。总之，他强调指出："中国根干在乡村；乡村起来，都市自然繁荣。……所以此刻我们唯有到乡村来。救济乡村，亦即救济都市；如往都市去，不但于乡村无好处，于都市也无好处。——路线恰好如此！"①

一位名叫姚溥荪的作者，从三个方面反驳了吴景超等人的"以工立国"论。首先，他指出，"在今日世界经济恐慌之狂澜中，列强都以实行统制经济相号召"，在此情况下，要实现工业化，则"非有强有力的中央政府"实行保护工业化的政策不可，"然而环

---

① 梁漱溟：《往都市去还是到乡村来？——中国工业化问题》，《乡村建设》旬刊，第 4 卷第 28 期，1935 年 6 月 1 日。

顾国内，则仍属四分五裂，中央与省区各自为政"，加上关税不能自主，资本主义列强工业品的大量倾销，"努力实现工业化的企图"，根本没有成功的可能。其次，"中国若欲企图工业化"，必须解决市场问题，而当时中国的工业品根本无能力在国际市场上与人竞争，其市场只能在国内。"但中国为农业国家，百分之八十以上的人口住居乡村；农村没落，经济滞涩，其购买力当亦必随之低落。"加上各种苛捐杂税，农民生活十分困苦，根本没有余力购买工业品。"试问工业之产品既失却农村最大之主顾尚有畅销之可能否？"所以，要"使国家有早日实现工业化的机会，似尤非先复兴农村不可"。其三，中国农村的没落，既不能促进工业发展，为工业品提供市场，又无法安定社会秩序，使农民安居乐业，而农民占全国人口的百分之八十，他们不安定国家也就不能安定，"故为救民族于危亡"计，应优先发展农业，复兴农村。[①]

针对吴景超在《发展都市以救济农村》一文中提出的兴办工业、发展交通、扩充金融机构等实现工业化的三条方法，李炳寰、刘子华和万钟庆在他们各自发表的文章中提出了不同意见。关于兴办工业，李炳寰虽然承认工业是万分急需的，但同时他又指出如果把工业都设在大城市中，不仅不会像吴景超认为的那样使进城的农民"有立足之地，就是那些留在乡下的农民，因争食者减少，生活也可以舒服些"，相反，只会使"都市无立足之地者更多，农村破产益烈"。[②] 刘子华同样承认"兴办工业是发展都市的急务"，然而他又指出，在不平等条约没有废除、帝国主义侵略无法抵御的情况下，都市工业是不可能发展起来的。[③] 万钟庆对于发展都市工业

---

① 姚溥苏：《不复兴农村中国也可以工业化吗？》，《独立评论》第 137 号，1935 年 1 月 27 日。

② 李炳寰：《评吴景超之〈发展都市以救济农村〉》，《众志月刊》第 2 卷第 1 期，1934 年 10 月 15 日。

③ 刘子华：《评吴景超的〈发展都市以救济农村〉》，《锄声》第 1 卷第 4—5 期合刊，1934 年 11 月 1 日。

提出三点意见：一是农业并非无路可走，乡村建设可以解决农村人口过剩问题；二是兴办工业，不一定都要在都市，除积极发展乡村工业外，也可以在农村兴办轻工业，甚至重工业，因为与都市相比，农村在土地、劳力和原料方面有它的优势；三是工业的发达，有赖于粮食及原料，也即是农业的发展，所以"欲求民族工业之发展"，首先应该发展农业。① 关于发展交通，他们都认为，发展交通可以加强乡村与都市的联系，扩大农产品的销路，是救济农村的好方法，但在目前中国仍受帝国主义经济侵略和掠夺的情形下，发展交通的结果，只会便利帝国主义商品的倾销，从而加剧农村的破产，用他们的话说："在此交通动脉为外人所把持之情形下，铁路与航运，只不过为推销舶来品的运输机关，所以中国今日交通最便利的地方，洋货的侵入更为敏捷，农村的破产更为厉害"。② "交通发展到那里，帝国主义者经济侵略的巨爪也就伸张到那里。"③ "这样即使遍设铁路，也不过助长外货的畅销，促进农村之破产而已。"④ 因此他们认为，"言发展交通，至少须先把外人操持下的交通权收回，并一面确立产业上保护制度，然后我国农工可以互受其利；否则侈谈发展交通，有何裨益，欲图救济农村之效，不更其渺茫乎？"⑤ 至于扩充金融机构，李炳寰指出，农村的破产，以及治安环境的恶劣，"使银行家对于农村的放款投资全存了戒心"，他们是不可能像吴景超主张的那样，在农村遍设金融机构，放款于

① 万钟庆：《发展都市必先救济农村》，《民间半月刊》第 1 卷第 17 期，1935 年 1 月 10 日。

② 万钟庆：《发展都市必先救济农村》，《民间半月刊》第 1 卷第 17 期，1935 年 1 月 10 日。

③ 刘子华：《评吴景超的〈发展都市以救济农村〉》，《锄声》第 1 卷第 4—5 期合刊，1934 年 11 月 1 日。

④ 李炳寰：《评吴景超之〈发展都市以救济农村〉》，《众志月刊》第 2 卷第 1 期，1934 年 10 月 15 日。

⑤ 万钟庆：《发展都市必先救济农村》，《民间半月刊》第 1 卷第 17 期，1935 年 1 月 10 日。

"破产中的农村"的。① 万钟庆也认为，"在今日农村破产情形之下，期望都市的金融机关负起放款于内地的责任，又谈何容易"。因此与其期望都市的金融机关向农村放款，还不如"唤起农民自行组织互助社，经由互助社以转贷于社员"。② 而这正是乡村建设实验的内容之一。

万钟庆还对吴景超的"以农立国"的路"是以筋肉方法生产的路"，"使人贫穷"，"使人愚笨"，"使人短命"，而"以工立国"的路"是以机械方法生产的路"，"使人富有"，"使人聪明"，"使人长寿"的说法提出了批评。因为，第一，落后与"以农立国"并没有必然的联系，实际上，凡是落后的国家，都是农业不发达的国家，而先进的国家，亦非不重视农业，这些国家不仅工业发达，农业也同样居于世界的先进水平。第二，"铲除文盲的运动，不因工农立国而有差别"，乡村建设运动主张"以农立国"，但它也非常重视教育，重视扫除文盲。第三，是工国还是农国，这并不决定人的寿命长短，实际上，"工业国家，工业劳动者多，工作之环境恶劣，死伤与老衰"的现象很普遍，而"农业生活，充满自然的优越，所欠缺者不过为医药及保健的设备；但此等事业的举办，较诸工业卫生为易"。由此可见，吴景超的说法不能成立。③

四 其他主张的提出及争论

除主张复兴农村的"以农立国"论和主张繁荣都市的"以工

---

① 李炳寰：《评吴景超之〈发展都市以救济农村〉》，《众志月刊》第 2 卷第 1 期，1934 年 10 月 15 日。

② 万钟庆：《发展都市必先救济农村》，《民间半月刊》第 1 卷第 17 期，1935 年 1 月 10 日。

③ 万钟庆：《发展都市必先救济农村》，《民间半月刊》第 1 卷第 17 期，1935 年 1 月 10 日。

立国"论外，有人还提出了不同于这两者的其他主张。如郑林庄既不同意梁漱溟等人的"以农立国"论，但他同时又认为，"在中国今日所处的局面下，我们不易立刻从一个相传了几千年的农业经济阶段跳入一个崭新的工业经济的阶段里去。我们只能从这个落伍的农业社会逐渐地步入，而不能一步地跨入那个进步的工业社会里去。在由农业社会进于工业社会的期间，应该有个过渡的时期来做引渡的工作。换言之，我认为我们所企望的那个工业经济，应该由现有的这个农业经济蜕化而来，而不能另自产生。因此，我们现在所应急图者，不是吴先生所主张的如何在农业之外另办都市的工业，而是怎样在农村里面办起工业来，以作都市工业发生的基础"。这也就是他所谓的有别于"以农立国"论和"以工立国"论的"第三条路"。为什么不能走吴景超所主张的"都市工业"的路而只能走他所主张的"农村工业"的路呢？概括郑林庄的观点，他认为发展"都市工业"需要三个条件："（一）一个能够自主的国民经济；（二）一片可做工业化必然产生的过剩生产的销售之尾闾的土地；（三）一群真实的科学家和有科学意识的民众"。这三个条件中国一个都不具备。而发展"农村工业"的有利条件则多多："（一）农村工业是分散的，多少可以免除帝国主义的束缚；（二）农村工业主要是满足农民生产生活所需，是自给自足的，不需要向外与工业先进国家争夺市场；（三）它不需要根本的改造，而只要在现有条件下进行改良。"①

　　对于郑林庄提出来的既不同于复兴农村的"以农立国"论，又与繁荣都市的"以工立国"论有别的所谓"第三条路"，即发展"农村工业"的路，主张"以工立国"的张培刚提出了不同意见。他在《第三条路走得通吗？》一文中写道："我们承认中国经济建设，应走上工业化的路径，同时也承认由农业社会的阶段不能一蹴而达到工业社会的阶段。但是农村工业是否能作为二者间的一架桥

---

① 郑林庄：《我们可走第三条路》，《独立评论》第137号，1935年1月27日。

梁，在目前的中国，究竟能否使国民经济的基础树立起来"，我们的看法与郑林庄是不同的。接着他一一批驳了郑林庄提出的发展农村工业的所谓有利条件：第一，分散的农村工业和集中的都市工业一样，在帝国主义经济侵略之下，也不能免除帝国主义的束缚和压迫。第二，自给自足的农业在洋货倾销下免不了破产，同样，"洋货倾销的结果，不但使农村工业不能做到自给自足，且并其本身亦将因此种竞争而不得不衰亡"。第三，对集中的都市工业和分散的农村工业来说，都需要"一群真实的科学家和有科学意识的民众"，否则，不仅集中的都市工业发展不起来，分散的农村工业也不可能得到正常的发展。就此而言，张培刚指出：在机器日益代替人工、经济上的一切组织也都日益标准化和合理化的 20 世纪 30 年代的今天，工厂制度代替家庭制度，工厂生产代替家庭生产，实现国民经济的工业化已是一种必然的趋势，"在这个时候，提倡农村工业，尤其是把农村工业当作走上工业经济的过渡方法，自然是倒行逆施。因为这样做来，不但是农村不能走上工业化之路，而工业本身倒反回到产业革命以前的那种工业制度去了"。所以"中国经济建设前途，是走不通农村工业这条路的；换言之，农村工业这条路，不能达到都市工业的发展"。[①]

面对张培刚的批评，尤其是张培刚说他提倡"农村工业"是要"回到产业革命以前的那种工业制度"，因而是"倒行逆施"的指责，郑林庄又在《独立评论》上发表《论农村工业》一文，专门就他的"农村工业"进行了界定："我们现在所谈的农村工业，就是目前大规模都市工业的分散化。它在形式上和技术上间或与集中的工业不一式一样，但它却保持了集中工业的神髓"，即"科学与工业的密接关系"。因此，尽管与集中的都市工业相比，分散的农村工业"在活动的范围上"不那么广大，"在机械利用的程度上"也比较简单，"但我们却不能因此就指它是落伍的"。因为

---

① 张培刚：《第三条路走得通吗?》，《独立评论》第 138 号，1935 年 2 月 17 日。

"机械使用的直接效果是产生了今世西方文明一致崇拜的效率，可是效率这东西并不单凭机械的简单与复杂而生高下"。我们决不能一看"农村工业"就把它与"国内现有的农村工业"等同起来，从现有农村工业在外国工业品的倾销下纷纷破产的事实，而得出"它是没有前途的"结论。①

犹如郑林庄，漆琪生也既不赞成吴景超等人提出的繁荣都市的"以工立国"论，同时对梁漱溟等人提出的复兴农村的"以农立国"论提出了批评，而是认为现阶段的国民经济建设应先农而后工，将重心放置在农业上面，工业立于次要的地位，但在农业建设完成之后，要尽快地将重心放置到工业建设上，实现中国的工业化。在农业建设的方式上，他主张"将中国农业生产方式彻底的资本主义化，农村经济的生产关系极度的合理化与高度化"。② 所以，有人称他为"过渡期的农业资本主义派"。③

为什么不赞成吴景超等人提出的繁荣都市的"以工立国"论呢？因为在漆琪生看来，繁荣都市的"以工立国"论没有实现的可能性，"不能解救中国经济衰落的危机"。他在《中国国民经济建设的重心安在——重工呢？重农呢？》一文中指出：中国国民经济之建设，在现阶段之所以不可能以工业化为重心，走繁荣都市的"以工立国"的路，原因有二，"一则由于帝国主义势力之抑制与摧毁，再则由于商品市场之狭滞与杜绝"。这也是"中国民族工业自近世纪以来，即只有步武没落夷亡的悲惨"的境遇的根本原因。退一步说，即使工业化能够进行，其结果不仅"不能解救中国经济衰落的危机"，相反会使危机进一步加深。因为，第一，工业化必将进一步导致农村资本流向都市，从而"愈加紧农村资金缺乏，

① 郑林庄：《论农村工业》，《独立评论》第 160 号，1935 年 7 月 21 日。
② 漆琪生：《中国国民经济建设的重心安在——重工呢？重农呢？》，《东方杂志》第 32 卷第 10 号，1935 年 5 月 16 日。
③ 袁聘之：《论中国国民经济建设的重心问题——重工重农问题之探讨》，《东方杂志》第 32 卷第 16 号，1935 年 8 月 16 日。

农村金融紧迫"，"激化农村经济的危机，进而激化国民经济全般的危机"。第二，在目前，中国只能够"发展为帝国主义所需要的粗制工业，与原料品改造工业，以供给帝国主义的精工业之生产"，但是这样的工业发展，对于中国的国民经济没有任何好处，"反而将因为替帝国主义提供侵略中国市场之资源与原料"，使中国经济进一步衰落下去。第三，工业化的实质，是以机械代替人工，在中国劳动力大量过剩的情况下，以工业化为重心，"则不仅不能解决农村过剩人口的问题，并且还将制造出大批的都市之过剩人口"，进一步加深社会危机。[①]

至于梁漱溟等人提出的复兴农村的"以农立国"论，漆琪生认为，复兴农村这本身没有错，因为中国的经济发展只能以农业为重心，"走农村建设这条路"，他还从八个方面论述了中国的经济发展之所以只能以农业为重心，"走农村建设这条路的理由及其可能性"。他认为，梁漱溟等人的错误在于："绝对的主张农业是中国国民经济的根本，只有彻头彻尾的将这国家根本巩固坚实，保持着中国固有的特色，方有出路，方是正轨。他们不独在现阶段中不主张工业化，就是将来亦不同意积极的工业化；他们认工业化只有在帮助农业发展的意义下始可遂行"。也正是基于这一错误认识，梁漱溟等人搞的乡村建设，"放弃了最重要而最核心的新的合法则的农业生产关系之建立，不从新的农村经济体制之建设入手，而只从皮毛的或抽象的局部方面着眼，所以他们活动的结果，对于整个农村经济之改善，农村危机之解救，固属无望而失败，即是头痛医头，脚痛医脚的暂时的局部效果，亦难实现"。[②]

漆琪生的文章先后在《东方杂志》《文化建设》等刊物上发表后，引起了袁聘之的批评，他认为漆琪生的发展农业资本主义的主

[①]　漆琪生：《中国国民经济建设的重心安在——重工呢？重农呢？》，《东方杂志》第 32 卷第 10 号，1935 年 5 月 16 日。

[②]　漆琪生：《由中国国民经济建设论目前农村之出路》，《文化建设》第 1 卷第 9 期，1935 年 6 月 10 日。

张与梁漱溟的复兴农村的"以农立国"论和吴景超的繁荣都市的"以工立国"论一样，也"不能解救中国国民经济的危机"。因为造成近代"中国农村经济破产的主要原因，不是内在的农业生产之落后，而是外来的帝国主义之商品侵入于穷乡僻野，构成一种帝国与农村间的剥削关系，帝国主义对农村不断的残酷的榨取"，而漆琪生提出的发展农业资本主义的主张并不能解决"帝国主义商品之侵入"的问题。帝国主义商品之所以会侵入，是"由于中国民族工业之不发达"；中国民族工业之所以不发达，日渐衰微，"乃是由于帝国主义之经济的政治的压迫，而非由于中国农村经济之破产，以及农民购买力之减低"。漆琪生不从解除"帝国主义之经济的政治的压迫"，以振兴中国民族工业入手，而企图通过发展资本主义农业来"解救中国国民经济的危机"，这只能是一厢情愿的空想。更何况"资本主义化的农业建设"，一方面不仅解决不了千百万过剩人口的失业问题，相反还会使农村失业人口增多，"以致农业劳动大众愈益贫困化"，同时资本主义的农村经济生产关系，是一种农业资本家对农业劳动者的剥削关系，在这种关系之下，日益贫困化是广大劳动者面临的唯一命运；另一方面，易引起农业资本家与广大日益贫困化的劳动者的矛盾斗争，致使社会动荡，农民不能安居乐业。总之，袁聘之指出，"农业资本主义，不能救济农村经济，更不能解救中国经济之危机，……若勉强行之，结果不惟不能救济农村经济，恐整个的国民经济，亦因民族工业之殁落，日趋于覆亡之途，使中国民族愈加殖民地化而已！"

发展资本主义农业"不能解救中国国民经济的危机"，那什么样的经济发展道路才能"解救中国国民经济的危机"呢？袁聘之认为，"解救中国国民经济的危机"的唯一正确的道路，是"发展民族工业"。就此而论，他认为吴景超等人主张繁荣都市，"以工立国"，尽快实现经济的工业化，这没有错，他们的错误主要在"主张中国民族工业建设，应追踪欧美，走向资本主义的道路"，而"没有看到资本主义经济到现在已经自身发生不能解决的矛盾，已经腐朽到不能继续存在的程度，已经走向死亡的道路了！"在此情况下，中国如果还要走资本主义经济的道路，既无必要，也没可能，"因为一则时代已经过去，二则在帝国主义经济侵略的环攻中，自由的、自生的、散漫的、无计划无组织的经济建设，决不能与帝国主义经济对抗，而迅速的发展起来"。在袁聘之看来，发展民族工业，"应走民生主义之计划经济的道路，因为民生主义的计划经济，不偏重于消极的限制，而偏重于积极的发展，把整个的中国国民经济建设，放在完整的通盘的国家计划之下去施行"，这样"能使人民与政府合作，群策群力，把中国国民经济建设起来"。①

五　对争论的评议

以上是 30 年代思想界关于中国经济发展道路的争论的一些主要观点和主张。就这些主要观点和主张来看，其争论的焦点在于：是促进农业以引发工业，还是发展工业以救济农业，抑或先农后工？亦即中国的经济发展是走"农化"的道路，还是走"工化"的道路，或者走先"农化"后"工化"的道路的问题，用许涤新批评的话说，"是集中在侧重那一生产部门的问题。像这样的争论，似乎是把握不住问题的本质的"。② 因为无论是走"农化"的道路，还是走"工化"的道路，或者走先"农化"后"工化"的道路，都先对外必须打倒帝国主义，对内推翻封建主义，以扫除帝国主义侵略和封建主义压迫对中国经济发展的严重阻碍。作为

---

① 袁聘之：《论中国国民经济建设的重心问题——重农重工问题之探讨》，《东方杂志》第 32 卷第 16 期，1935 年 8 月 16 日。

② 许涤新：《关于中国以何立国的问题》，重庆《新华日报》1940 年 6 月 4 日。

"中国农村派"① 重要成员的千家驹在评论这场争论时便指出："中国应该走工业化或农业化的路？应以工业来引发农业或以农业来引发工业？这我以为只是一个形式逻辑的问题，双方的论战是不会达到什么结果的。辩论的问题是：在中国目前半殖民地的状况下，乡村建设前途的可能性如何？它能否走得通？工业化前途的可能性又如何？它的阻碍又在那里？"② 然而对这些根本性的问题，无论是以梁漱溟为代表的"以农立国"论者，还是以吴景超为代表的"以工立国"论者，以及主张"第三条路"的郑林庄和主张"发展农业资本主义"的漆琪生等人，都很少涉及。梁漱溟认为中国之所以不能走欧美日本发展资本主义工业化，"从商业引发工业"的老路，一个重要原因就在于中国缺乏发展资本主义工商业的国际国内环境：国际上帝国主义竞相倾销商品，国内政治秩序极不安定。那么，"促兴农业"，走"从农业引发工业"的路，难道就没有这两个问题？实际上帝国主义的商品倾销，封建主义的残酷剥削，以及连年的天灾人祸，是造成二三十年代我国农村经济衰败的重要原因。③ 但梁漱溟则认为，造成二三十年代我国农村经济衰败的根本原因，是西方文化的输入和我们学习西方的不伦不类引起的中国传统文化的失落或崩溃。他在《乡村建设大意》一书中就写道，乡村建设运动的兴起，起于乡村的破坏，而引起乡村破坏的原因，一是天灾人祸，二是风气改变。如果说天灾人祸历代都有，近几十年只是加重而已，那么风气改变则是几千年来未有之大变局，这表明乡村破坏程度已经很深。而引起风气变化的原因是西方文化的输入。因为"中国人既与西洋人见面之后，中国文化便发生了变化。

---

① 中国农村派是 20 世纪 30 年代一个由共产党学者和接受党的领导与马克思主义的党外学者组成的学术团体，因他们的文章大多发表在《中国农村》杂志，故名。

② 千家驹：《中国的歧路：评邹平乡村建设运动兼论中国工业化问题》，天津《益世报·农村周刊》第 57 期，1935 年 4 月 6 日。

③ 参见郑大华《民国乡村建设运动》，第 1 章 "乡村建设运动的时代背景"，社会科学文献出版社 2000 年版，第 1—65 页。

自变法维新一直到现在，其中有好几次的变化，有好些地方变化；尤其是近几年来，更一天一天地在那里加深加重加速度地变，这样也变，那样也变，三年一变，二年一变，孙猴子有七十二变，中国人变的也和他差不多了。……旧的玩艺几乎通统被变的没有了！中国乡村就在这一变再变七十二变中被破坏了！"① 以吴景超为代表的"以工立国"论者在批评梁漱溟等人的"以农立国"论时，虽然从不同方面论证了"以农立国"的行不通，但他们却没有认识到"以农立国"所以行不通的根本原因，就在于梁漱溟等人对中国社会缺乏正确的认识，不承认帝国主义的商品倾销、封建主义的残酷剥削以及连年的天灾人祸造成了二三十年代我国农村经济的严重衰败，因此只有对外打倒帝国主义，实现民族独立，对内推翻封建主义，人民获得解放，促进农业才有可能，相反他们试图在维护现存社会制度和秩序的前提下实现社会改良，从事以兴办教育、改良农业、流通金融、提倡合作、办理地方自治、建立公共卫生保健制度以及移风易俗为主要内容的乡村建设。改良性质的乡村建设虽然能在某种程度上解决农民（尤其是自耕农）生产生活中的一些困难，但并不能从根本上解决农业的衰落，实现农村经济的复兴。在这个问题上，以吴景超为代表的"以工立国"论者和以梁漱溟为代表的"以农立国"论者一样，也是社会改良主义者。他们虽然提出了优先发展工业、实现工业化的主张，但没有回答在帝国主义和封建主义的双重压迫下，中国的民族工业有无生存和发展的可能。如吴景超在《我们没有歧路》一文中面对"以农立国"论者提出的"工业已经给帝国主义包办，市场已为帝国主义垄断，关税已受帝国主义支配，在这种种的压迫之下，本国的工业实无发展的余地"的责难，只是以一句"努力去征服困难，也许有出头之一日"作答。主张"第三条路"的郑林庄和主张"发展农业资本

---

① 《乡村建设大意》，《梁漱溟全集》（一），山东人民出版社 1989 年版，第607—608 页。

主义"的漆琪生等人也是如此，他们认识到了帝国主义的侵略是造成中国经济落后乃至破产的重要原因，但都没有回答他们所提出的"第三条路"和"发展农业资本主义"的主张能否免除帝国主义的侵略问题。此其一。

其二，无论是以梁漱溟为代表的"以农立国"论者，还是以吴景超为代表的"以工立国"论者，以及主张"第三条路"的郑林庄和主张"发展农业资本主义"的漆琪生等人，都没有弄清农业与工业、乡村与城市在整个国民经济中的辩证关系，或片面强调了农业和乡村的重要性，因此而主张复兴农村，"以农立国"；或片面强调了工业和城市的重要性，因而主张繁荣都市，"以工立国"；或者是二者的折中，"先农后工"。实际上，在整个国民经济中，农业是基础，工业是主导，工业需要农业提供充足的粮食、原料和广阔市场，农业需要工业提供先进的农业机器、化肥、农药和其他优质价廉的生产生活用品，离开农业，工业不可能得到稳固发展，离开工业，要健康地发展农业也是不可能的。这场争论结束不久，翁文灏在探讨中国经济发展的道路时，指出了"以农立国"论者和"以工立国"论者的各自片面性，认为中国是一个农业古国，农民约占全国人口的五分之四，农业生产在国民经济中占有"头等重要的地位"，出口贸易也是以农业为大宗，中国的经济建设不能不以农业为中心，同时中国又是一个工业非常落后的国家，为了加强国防，提高文明水平，增进人民福利，使我国跻身于现代国家之林，我们又必须大力发展工业，尽快实现经济的工业化，因此，"以农立国"论和"以工立国"论"各有其是处，分开来看，都觉太偏，合起来说，才是正道，二者是相辅相成而不可分的"。翁氏因而综合二者之所长，提出中国的经济应该走"以农立国，以工建国"的发展道路。①

其三，如梁漱溟等人批评的那样，以吴景超为代表的"以工

---

① 翁文灏：《以农立国，以工建国》，重庆《大公报》1941 年 7 月 7 日。

立国"论者具有明显的西化取向，他们往往是以西方或美国为准绳来反观中国的都市和乡村，缺乏对中西尤其是中美不同国情的真正了解。他们主张中国走西方国家所走过的工业化道路，但没有对中西不同的历史和社会背景进行认真的分析。李炳寰就批评吴景超对中国及世界的经济结构缺乏深刻认识，不是从实际国情出发，而是照抄照搬西方尤其是美国的经验，"因此把殖民地化的，瓜分前夜的中国都市，比之一九二七年，号称金融王国的，美国之'纽约，芝加哥'。并将中国之工业，比之美国之工业，将中国河北省之农村比之芝加哥附近之农村"；未能正确认识中国都市的性质，以及不可能发展的根本原因，"因此竟一心的羡慕着，各帝国主义之物质文明，希望把它照样的，搬进中国的都市，使中国都市全变做，市街栉比，繁华富丽的，'空中楼阁''东方之纽约'"。① 而以梁漱溟为代表的"以农立国"论者，保守主义的倾向则十分明显，梁漱溟本人从五四时期起就是中国最著名的文化保守主义者。

当然，尽管存在着上述问题，但这场争论有它重要的思想意义，无论是以梁漱溟为代表的"以农立国"论者，还是以吴景超为代表的"以工立国"论者，以及主张"第三条路"的郑林庄和主张"发展农业资本主义"的漆琪生等人，都提出了一些值得我们重视的有价值的思想和主张。如梁漱溟等人认识到中国是一个农业国家，发展工业必须以农业为基础，注意经济发展过程中的工业与农业、城市与乡村、生产与消费的协调问题，力求探索出一条超越西方工业化模式，并符合中国国情的经济发展道路，以避免欧美日本工业化过程中所出现的那种工业剥削农业、城市掠夺乡村、生产与消费相脱节的流弊在中国重现。虽然他们的探索并不成功，但探索的本身则值得肯定，如何使工业与农业、城市与乡村、生产与消费协调发展，这仍然是我们今天从事经济建设时要着力加以解决

① 李炳寰：《评吴景超之〈发展都市以救济农村〉》，《众志》第 2 卷第 1 期，1934 年 10 月 15 日。

的难题。至于主张"以工立国"的吴景超等人，他们认识到中国是一个需要工业化最迫切的国家，只有工业化才能使中国富强，才能使中国图存，尤其是他们中有的人提出了"不但要建设工业化的都市，同时要建设工业化的农村——也就是农业的工业化"的主张，使工业化与农业相结合，从而极大地丰富了工业化的内容和含义。尤其需要指出的是，通过这场争论，中国人对于经济发展道路的认识上升到了一个新水平，开始认识到发展农业与发展工业相辅相成、互为条件，不存在谁主谁辅、谁先谁后的问题，并在此基础上提出了诸如"以农立国，以工建国"一类的"具有中国特色的工业化思想"。[①] 这些都是宝贵的思想财富，值得我们认真地总结。

---

① 罗荣渠：《中国近百年来现代化思潮演变的反思（代序）》，罗荣渠主编《从"西化"到现代化——五四以来有关中国的文化趋向和发展道路论争文选》，第28页。

第 九 章

关于文化出路的争论

五四前后，以杜亚泉、梁漱溟为代表的东方文化派与以陈独秀、胡适为代表的新文化派曾围绕东西文化问题展开过激烈论战。五四前后的东西文化论战，到 20 年代后期逐渐沉寂下来，因为国民革命的武器批判压倒了思想战线上的批判武器。但仅过几年，文化争论又烽火四起。先是 1934 年 1 月广州《民国日报》副刊《现代青年》专栏发表岭南大学教授陈序经于上年底在中山大学的演讲：《中国文化之出路》，并由此在广州思想文化界引发了一场规模不大的文化论争。接着，1935 年 1 月，王新命、何炳松等十教授联名发表《中国本位的文化建设宣言》，于是继五四东西文化论战之后，又一场大规模的文化论战在全国展开。但这次论战没有持续多久，到 1936 年春夏之交就基本结束。论战的双方主要是以十教授为代表的本位文化派和以胡适、陈序经为代表的西化派，同时西化派内部围绕"全盘西化"也有争论。

一 "中国本位的文化建设"的提出

1935 年 1 月 10 日，王新命、何炳松等十教授联名在《文化建设》第 1 卷第 4 期上发表《中国本位的文化建设宣言》（以下简称《宣言》）。《宣言》是经过几个月的酝酿准备写成的。内容分为三部分：一是为什么要提出本位文化建设？《宣言》的回答是：中国在文化领域中已经消失，已失去它的特征，"要使中国能在文化领域中抬头"，使它失去的特征得到恢复，就"必须从事中国本位的文化建设"。二是检讨过去。《宣言》认为，中国文化曾在古代"大放异彩"，在世界上占有过"很重要的位置"，但从汉代起，特别是鸦片战争和五四运动后，却逐渐走向衰落，发生了严重的生存危机。近代以来的几次文化运动，包括五四新文化运动，不仅没有使危机得到解决，相反还造成了中国在文化领域中的消失。三是如何从事本位文化建设？《宣言》只笼统提出不守旧、不盲从，"根据中国本位，采取批判态度，应用科学方法来检讨过去，把握现在，创造将来"，并没有提出任何切实可行的具体方案。

十教授于此时联名发表这样一个文化宣言，绝不是偶然的，而有其深刻的时代和政治背景。1924—1927年的大革命，不仅没有解决中国社会的根本矛盾，相反大革命后建立起来的国民党政权，对内实行独裁，对外妥协退让，致使阶级矛盾和民族矛盾日益尖锐。为了维护统治，国民党一方面调动大军，对共产党的"苏区"进行"围剿"；另一方面加强思想控制，并于1934年成立了"中国文化建设学会"，以CC派首领陈立夫为理事长，发行《文化建设》，鼓吹"中体西用"的文化建设主张，希望以此统一整个思想文化界。十教授的《文化宣言》反映的就是国民党的这种加强思想统治的要求。实际上十教授都是国民党党员，是国民党内有名的笔杆子。《宣言》从酝酿、发表，到发表后引起讨论，也都是在国民党特别是陈立夫的策划下进行的，得到了"中国文化建设协会"的大力支持。《宣言》首先就是发表在该协会的机关刊物《文化建设》上的。《宣言》发表后，该协会即函告各地分会，要求它们对本位文化建设主张"作广大深切之宣传与研究"。十教授自己也对国民党统治集团给予他们的大力支持供认不讳。他们曾得意地声称："自从《宣言》发表以来，不但全国各界领袖表示同情……就是当局方面，亦因我们这种运动，纯以学术为出发点，给我们一种自由发表的机会。"①

在国民党和陈立夫所控制的"中国文化建设协会"的大力支持下，《宣言》发表后立即引起了巨大的社会反响，并形成所谓"中国本位文化建设运动"。各种官方报刊竞相发表社评、社论和文章，大力推崇、宣扬《宣言》的观点和主张。"中国文化建设协会"在各地的分会，相继组织召开所谓"中国本位文化建设座谈会"，讨论、学习、宣传《宣言》。1月19日，上海"中国本位文化建设座谈会"首先召开，参加者有大学教授、新闻机构负责人及政府官员等二十多人。3月，"中国文化建设协会"北平分会发起举办了旨在宣传本位文化建设的"大学生文化讲演竞赛会"。"中国文化建设协会"河北分会不仅组织了保定"中国本位文化建设座谈会"，而且还创办了《文化前哨》杂志，出专刊宣传十教授的本位文化建设主张。4月，十教授在《文化建设》上发表启事，就本位文化建设问题，举办有奖征文，以"集思广益……就教于国内鸿博"。国民党的御用文人们纷纷挥笔上阵，为十教授助威呐喊。一些文化保守主义者也非常欣赏《宣言》的保守主义的文化立场，欢呼它对五四新文化运动的清算，认为《宣言》提出的以"中国为本位"的文化建设原则，为中国未来文化建设指明了方向。更有人将《宣言》的发表说成是"国民睡梦中的一声警钟，众生迷路时的一个指针，国家民族危急存亡之际的一条出路"，"实为今日救国之要途"。② 据不完全统计，自1935年1月10日《宣言》发表到5月10日十教授登出《我们的总答复》，仅5个月时间内，发表的支持、称赞、宣传和配合《宣言》的大小文章就达100多篇。

当然，《宣言》发表后也立即遭到了包括西化派在内的不少人士的抨击。3月31日，西化派的主要代表人物胡适在他所主编的

---

① 见《文化建设》第1卷第6期，1935年3月10日。
② 许性初：《从五四运动说到〈一十宣言〉》，《文化建设》第1卷第5期，1935年2月10日。

《独立评论》上发表《试评所谓"中国本位的文化建设"》一文，对十教授的主张提出了严厉批评。接着，陈序经、张佛泉、张熙若、严既澄、常燕生、梁实秋、熊梦飞、李麦麦等也相继发表文章，批评《宣言》。从这些文章的内容看，胡适等人对《宣言》的批评主要集中在两方面。一是批评它的保守主义的文化取向，指出十教授所提出的"中国本位的文化建设"的主张不过是早年洋务派"中体西用"论的翻版。二是批评它的政治目的，即反映了国民党人加强思想统治的要求。燕京大学副校长刘廷芳就《宣言》的政治目的提出如下三个问题要求十教授公开回答，即："（一）此次中国本位文化建设运动有无政治背景？（二）诸位对于文化统制问题取何种态度？（三）此次运动最后的目的是什么？"

面对胡适一些人的批评，十教授纷纷撰文作答，并于1935年5月10日抛出了一个《我们的总答复》，他们一方面以进为退，抓住西化派特别是陈序经的"全盘西化"论不放，狠批"全盘西化"的理论错误；另一方面他们又以退为进，一再声明自己"不仅反对守旧和盲从，就是所谓'中体西用'的主张，也在我们摈弃之列"，因为"中体西用"论者将中国说成是"精神文明"，将西方说成是"物质文明"，要以中国"精神文明"为"体"，吸取西方"物质文明"之"用"，但实际上"物质和精神是一个东西的两方面，根本不能分离"，体用也是一样，"有什么体便有什么用，有什么用必有什么体"，所以说"中体西用"是不通的理论。然而，十教授们在声明自己不赞成"中体西用"论的同时，却又坚持认为"今后的文化建设应以中国为本位"，而"中国本位的基础"就是中国此时此地"特殊的需要"。"应着这特殊需要而产生的文化，当然和闭关时代的中国文化或世界列强的文化不同，而我们所揭橥的中国本位文化建设，就应以这种特殊需要为基础。"① 显而易见，

---

① 王新命等十教授：《我们的总答复》，《文化建设》第1卷第8期，1935年5月10日。

十教授的保守主义的文化立场并未改变。另外，他们的回答也回避了批评者对《宣言》的政治目的的批评。

尽管十教授的《宣言》因得到官方的支持而轰动一时，但由于它的保守主义的文化取向，特别是为国民党文化统制服务的政治目的，使它失去人心，得不到思想文化界绝大多数人的同情和支持，再加上胡适等人对它大张旗鼓地批判，它的影响日益缩小，因它而起的所谓"中国本位文化建设运动"到1936年春夏之交就草草收场了（当然这与民族危机的空前严重也有关系）。

二　关于"本位文化"的争论

前已论及，十教授的《中国本位的文化建设宣言》发表后，立即引起了西化派的反击，并就《宣言》提出的"本位文化"建设与以十教授为代表的本位文化派进行了激烈论战。概而言之，论战主要围绕以下几个问题展开。

第一，对中国实情的分析。十教授提出"本位文化"建设的一个重要理由，是认为中国文化的落后和中国社会的落后是中国自身文化的丧失造成的。他们在《宣言》中写道："中国在文化的领域中是消失了；中国政治的形态、社会的组织和思想的内容与形式，已经失去它的特征。由这没有特征的政治、社会和思想所化育的人民，也渐渐的不能算得中国人。"但在西化派看来，中国今日的"大患"不在中国文化的丧失，"中国特征的丧失"，而在"中国旧有种种罪孽的特征"保存得"太多""太深"。"政治的形态，从娘子关到五羊城，从东海之滨到峨嵋山脚，何处不是中国旧有的把戏？社会的组织，从破败的农村，到簇新的政党组织，何处不具有'中国的特征'？思想的内容与形式，从读经祀孔，国术国医，到满街的性史，满墙的春药，满纸的洋八股，何处不是'中国的特征'？"正是由于"中国的特征"保留得"太多""太深"，"所以无论什么良法美意，到了中国都成了逾淮之橘，失去了原有的良法美意"。①

　　由于对中国实情的认识不同，西化派和本位文化派对于五四新文化运动的评价便也大相径庭。本位文化派认为，"中国在文化的领域中"之所以会"消失"，原因就在于近代的几次文化运动，特别是五四新文化运动，"轻视了中国空间时间的特殊性"，其结果不仅未能解决中国文化的存在问题，相反导致了中国文化的失落。与本位文化派否定五四新文化运动相反，西化派则充分肯定五四新文化运动的历史功绩。他们指出，新文化运动的功绩之一，是认识到观察中国文化是否发展，"必须依着国际水平来测量"，而不能只从中国的传统中去寻求；功绩之二，是认识到只承认西洋文化的"器"或"用"，而不承认它的"道"或"体"，或只承认它的"物质"，而不承认它的"精神"这种二元论调的错误；功绩之三，是认识到中国固有文化不符合现代生活和社会环境，中国要进步，就必须把所谓"中国文化的特征"，如多妻制、束胸、缠足、男女不平等、迷信、安命、保守、忠孝、贞操等统统"扔到厕所去"。他们还一针见血地指出，十教授现在要为"被有革命意义的五四新文化运动扔到厕所去了"的这些"中国文化的特征"而惋惜，并要把它们重新拾起来，这"不是（对）'五四'文化运动的否定么？不是回到'皮毛的和改良的''中学为体，西学为用'时代去了么？"②

　　第二，对中西文化的认识。本位文化派认为，绵延数千年的中国传统文化尽管有其不足，有其糟粕，但精华是主要的，这是中国历史所以能延续数千年，形成四万万人的大民族，并始终屹立在世界东方的一个重要原因。因此，中国传统文化不仅不能一概否定，

---

　　① 胡适：《试评所谓"中国本位的文化建设"》，《独立评论》第145号，1935年4月7日。

　　② 李麦麦：《评〈中国本位的文化建设宣言〉》，《文化建设》第1卷第5期，1935年2月10日。

而且还应发扬光大，使之成为今天中国新文化建设的根基。对于中国传统文化之精华的存在，除个别人外，西化派一般都是肯定的。但他们又认为，不能夸大中国文化精华的量，从整体上说，中国传统文化已不适应现代社会的需要，是创造新文化的障碍，不应像本位文化派主张的那样去发扬光大。他们还进一步指出，中国固有文化之精华的保存，"这要在我们的文化已经欧化近代化之后才有可能，这犹之数千年来的中医虽保有一部分医药的经验，但要发扬这一部分医药经验却非待中国的新医学发达之后不可。不这样，而强使现在的文化建设'具有中国的特征'，定会阻止中国走向近代文明之路"。① 故此，西化派认为现阶段的文化运动不是以中国传统文化为新文化的建设的根基，而是"明白的表示必须欧化、近代化。肯定地说，便是中国需要资本主义化"。

　　与上一问题相联系的是如何看待西方文化中的糟粕。无论本位文化派，还是西化派，一般都承认西方文化中确实有糟粕存在，如历史的"惰性""拜金主义""性史、春药、洋八股"等，他们对这一问题的争论主要集中在两点上：一是西方文化之"糟粕"的量的估价。本位文化派把西方文化之"糟粕"说得十分严重，甚至认为它已陷入了"慢性的恐慌"。但在西化派看来，西方文化的"糟粕"并不像本位文化派说得那么严重，与中国文化的"糟粕"相比，是微不足道的。有人还宣称，西方文化中不好的东西，也要比中国传统文化中最坏的东西好千百倍。二是如何吸收西方文化。本位文化派认为，既然西方文化有"糟粕"，那么，我们在吸收西方文化时就应"取长舍短，择善而从"。但西化派认为，"在这个优胜劣败的文化变动的历程之中，没有一种完全可靠的标准可以指导整个文化的各个方面的选择去取"。所以，引进西方文化就不能先存一个"精华"与"糟粕"的区分，而应让它与中国文化自由

---

　　① 李麦麦：《评〈中国本位的文化建设宣言〉》，《文化建设》第 1 卷第 5 期，1935 年 2 月 10 日。

接触，经自然选择的作用，淘汰其"糟粕"，存留其"精华"。

第三，中国文化的出路是中国本位？还是西化？这是西化派与本位文化派争论的焦点。我们已经指出，十教授提出的文化建设原则就是以中国为本位。对于十教授的这一主张，西化派予以了严厉抨击。3月31日，胡适在天津《大公报》"星期论文"专栏上发表《试评所谓"中国本位的文化建设"》一文，文章一开头就指出，十教授提出的本位文化建设原则是早年张之洞的"中学为体，西学为用"主张"最新式的化装出现"，无一句不可以用来替顽固反动军阀"何键、陈济棠诸公作有力的辩护的"。因为何、陈也不主张八股小脚，也不反对工业建设，他们所谓的新政建设标榜的也是"取长舍短，择善而从"，他们的读经祀孔也可以挂在"'去其渣滓，存其精英'的金字招牌"之下，他们所要建立的也正是中国本位的文化。陈序经在《评〈中国本位的文化建设宣言〉》中也指出，虽然十教授标榜"不守旧"，"不复古"，但就其主张的实质来看，它"仍是一个复古与守旧"的宣言。即使不说它完全守旧，那也是三十五年前张之洞的"中学为体，西学为用"的翻版。西化派在批评本位文化派的同时，也提出了自己对中国文化出路的主张。他们虽都认为"我们四万万人如想继续在这世上生存，便非西化不可"，但在具体的提法上却存有不同。归纳起来有以下几种提法。

一是"充分西化"说。这是胡适提出来的，并得到严既澄等人支持。他们主张"虚心接受这个科学工艺的世界文化和它背后的精神文明，让那个世界文化充分和我们的老文化自由接触，自由切磋琢磨，借它的朝气锐气来打掉一点我们的老文化的惰性和暮气"。[①]

二是"根上西化"说。提出这一主张的是张佛泉。他在《西化问题之批判》一文中写道："我所主张的可以说是从根上，或说是从基础上的西化论"，即整个地改造中国人的头脑，将中式的头

---

① 胡适：《试评所谓"中国本位的文化建设"》，《大公报》1935年3月31日。

脑换成一个西式的头脑，将《论语》式的头脑换成一个柏拉图《共和国》式的头脑。如果不换头脑，不彻底地从根上改造，中国人是永远也逃不开那些陈旧却很有力的窠臼的。所以"从根上西化才是我民族的出路"。①

三是"全盘西化"说。陈序经是这一说的代表人物。赞同这一说的还有郑昕、冯恩荣等人。他们认为文化是一有机系统，不可分开，加上"今日西洋文化的优胜地位，所以取其一端，应当取其整体；牵其一发，往往会动到我们全身"。因此之故，对于西方文化，只能采取全盘接受的态度，"而不能随意的取长去短"，"我们要吸收西洋的科学，我们就不得不连西洋文化的其他方面……也都吸收过来"。这"其他方面"，包括"很不容易除去的渣滓"。既吸收科学，也吸收渣滓，当然也就是"全盘西化"。②

四是"西体中用"说。这是熊梦飞在《谈"中国本位文化建设"之闲天》中提出来的，他还把它具体分解成"四大原则"，即："一，全盘的吸收西洋文化之根本精神，二，局部的吸取西洋文化之枝叶装饰，三，运用西洋文化根本精神，调整中国固有之优美文化，剔除中国固有之毒性文化，四，中西文化动向一致之条件下，保留中国民族特征，加以中国民族创化，成为一种新文化"。③

针对西化派的批评、诘难，本位文化派纷纷作文，除为自己的本位文化建设主张辩解外，他们集中地批评了西化派的西化主张，特别是陈序经的"全盘西化"论。他们认为西化道路在中国根本走不通。因为，第一，西方有西方的时地背景，中国有中国的时地背景，由于时地背景不同，中国不可能西化。第二，所谓"西化"，其

---

① 张佛泉：《西化问题之批判》，《国闻周报》第 12 卷第 12 期，1935 年 4 月 1 日。

② 陈序经：《再谈："全盘西化"》，《独立评论》第 147 号，1935 年 4 月 21 日；陈序经：《评〈中国本位的文化建设宣言〉》，冯恩荣编《全盘西化言论续集》，岭南大学学生自治会出版部 1935 年版。

③ 熊梦飞：《谈"中国本位文化建议"之闲天（三）》，《文化与教育》第 52 期，1935 年 4 月 30 日。

实质就是资本主义化，而"十九世纪标举个人自由的大旗的资本主义，在工业后进的中国不能通用"。中国通用的是"三民主义"。[①]他们批判"全盘西化"论"反客为主"，"自甘毁灭"，其最大错误是认为"中国固有的文化纵有可存，也不应存；西方文化纵有可舍，也不应舍"。[②]

三　关于"全盘西化"的争论

"全盘西化"一词最早是胡适于1929年提出来的。但从胡适前后的言论和主张来看，他并不真正主张"全盘西化"。真正主张"全盘西化"论的是时任广东岭南大学教授的陈序经。1933年底陈在中山大学作《中国文化的出路》的演讲，主张全盘西化，不久演讲稿刊登在广州《民国日报》副刊《现代青年》专栏上，并由此而在广东引发了一场规模不大的文化论战。当时参加论战的除陈本人外，还有许地山、谢扶雅、张馨、陈安仁、张君劢、卢观伟、吕学海、冯恩荣等。1934年初商务印书馆又出版了陈序经的《中国文化的出路》一书。该书的主要内容是批评文化上的复古派和折衷派，进一步阐述"全盘西化"的理由和主张。到1935年十教授发表《中国本位的文化建设宣言》，陈序经以"全盘西化"论与之论战。但陈氏的主张一提出，却遭到了不少人的批评。这些批评成了30年代文化论战的一个组成部分。当时批评"全盘西化"论的意见非常庞杂，归纳起来，大致可分为两类：一类是以十教授为代表的本位文化派，一类是反对"本位文化"主张并与十教授展开激烈论战的西化派（当然也包括那些并不明确主张西化的人，

---

① 陶希圣：《为什么否认现在的中国——答胡适"试评所谓中国本位的文化建设"》，《文化建设》第1卷第7期，1935年4月10日。

② 王新命、何炳松等十教授：《我们的总答复》，《文化建设》第1卷第8期，1935年5月10日。

如吴景超)。从当时的实际情况来看,对"全盘西化"论真正作出有理论深度批评的是西化派,而不是保守的本位文化派。概而言之,西化派内部的批评与争论主要围绕陈氏提出的"全盘西化"的理由展开。

陈序经主张"全盘西化"的理由之一,是认为文化是一个整体,分开不得,它表现出来的各方面都有连带及密切的关系,如果因内部或外来势力的冲动使某一方面发生变更,那么,其他方面也必然会受其影响,发生变更。"所以我们要格外努力去采纳西洋的文化,诚心诚意的全盘接受他,因为他自己本身上是一种系统,而他的趋势,是全部的,而非部分的。"① 但在吴景超看来,陈氏的"文化本身是分开不得"的说法只含有一部分的真理。他承认火车头与轨道这两种文化单位是分不开的,男女同学与社交这两种文化单位也是分不开的,人们不能一方面采纳西洋的火车头,一方面还保存中国的土路;一方面采纳西洋的男女同学,一方面还保存男女授受不亲的封建礼教。但从以上这两个例子中,不能推导出所有的文化的各个部分都分开不得的结论。譬如,我们采纳了西洋的电灯,不一定要采纳西洋的跳舞;采纳了西洋的科学,也不一定要采纳西洋的基督教。故此,吴氏认为:"文化的各部分,有的分不开,有的是分得开。别国的文化,有的我们很易采纳,有的是无从采纳",因而"全盘西化"的理论,根本上"不能成立"。② 张佛泉也批评陈序经的观点"未免太过"。他指出:如果像陈氏所说的那样,采取旁人的文化必须"批发",不能"零售",采其一端就必须取其整体,牵一发就不能不动全身,"那末接受文化岂不倒变成了极简单的一件事了么?文化既是这样机械(或说是这样有严密的组织)的,岂不是只学了其中任何一样,便立刻可以得到其整个文化了么?"③

---

① 转引见吴景超《建设问题与东西文化》,《独立评论》第 139 号,1935 年 2 月 24 日。

② 吴景超:《建设问题与东西文化》,《独立评论》第 139 号,1935 年 2 月 24 日。

③ 张佛泉:《西化问题之批判》,《国闻周报》第 12 卷第 12 期,1935 年 4 月 1 日。

认为"西洋文化的确比我们进步得多"，中国文化一切都不如人，这是陈序经主张"全盘西化"的又一条主要理由。他在《中国文化之出路》的演讲中强调：西洋文化无论在思想上、艺术上、科学上、政治上、教育上、宗教上、哲学上、文学上，都比中国的好。① 后来在《关于全盘西化答吴景超先生》一文中他又指出：我们"不能不承认中国文化，无论在那一方面，都比不上西洋文化"。"从东西文化的程度来看，我们无论在文化那一方面，都没有人家的那样的进步。……从东西文化的内容来看，我们所有的东西，人家通通有，可是人家所有的很多东西，我们却没有。从文化的各方面的比较来看，我们所觉为最好的东西，远不如人家的好，可是我们所觉为坏的东西，还坏过人家所觉为最坏的千万倍。"既然西方文化各方面都比中国文化好，那么陈氏的结论自然是："我们为什么不全盘彻底的采纳（西洋文化）？"② 对于陈序经的这一观点，绝大多数的西化派是不赞成的。张熙若就批评陈氏对西方文化和中国文化都缺乏"充分的认识和深确的了解"，其观点"过于笼统过于武断"，因为西洋好的东西虽然很多，但并不是"甚么都好"；中国要不得的东西确实不少，但也不是"甚么都要不得"。比如，他举例说，中国的艺术造诣就向来极高，在许多方面比之西洋都毫不逊色，就是今天有教养的西洋人见了也佩服得五体投地。另外，中国的坛庙宫殿式的建筑也很有特色，能够将美丽与庄严两个原则配合到天衣无缝的圆满境界，如北京的故宫，世界上就没有其他建筑能与之媲美。如此等等，说明中国文化并不像陈序经认为的那样一切都不如西洋文化。③ 梁实秋在《自信力与夸大狂》一文中也认为："'全盘西化'是一个不幸的笼统名词，因为似是认定

---

① 陈序经：《中国文化之出路》，广州《民国日报》1934 年 1 月 15 日。

② 陈序经：《关于全盘西化答吴景超先生》，《独立评论》第 142 号，1935 年 3 月 17 日。

③ 张熙若：《全盘西化与中国本位》，《国闻周报》第 12 卷第 23 期，1935 年 6 月 17 日。

中国文化毫无保存价值，这显然是不公平的。"在梁氏看来，中西文化互有短长，尽管西方文化优长者多，中国文化优长者少，但这并不能得出中国文化各方面都不如西方文化的结论。①

陈序经主张"全盘西化"的第三条主要理由，是认为"西方文化是世界文化的趋势。质言之，西洋文化在今日就是世界文化"。他在《东西文化观》一书中写道："所谓西洋文化，可以叫做现代文化，或是世界的文化。她是世界文化，因为世界任何一国都是采纳这种文化，她是现代文化，因为现代任何一国，都是朝向这种文化。简单的说，西洋的文化，是现代世界的文化。"正因为西洋文化是现代世界文化，所以中国如果要做现代世界的一个国家，就"应当彻底采纳而且必须全盘适应，这个现代世界的文化"。②把西方文化说成是世界文化，这显然是一种西方中心主义的文化观。因为除西方文化外，世界上还有许多其他民族或地区的文化，如中国文化、印度文化、非洲文化、印第安人文化等，西方文化仅仅是世界文化的一个组成部分。认为西方文化就是世界文化，这不仅是陈序经，也是绝大多数西化派的基本共识，是他们主张西化的理论出发点之一。所以西化派在批评陈序经的"全盘西化"论时，很少有人对此进行批评。他们只是指出，西方文化内容复杂，其中"包含许多互相冲突，互不两立的文化集团。独裁制度是西化，民主政治也是西化；资本主义是西化，共产主义也是西化；个人主义是西化，集团主义也是西化；自由贸易是西化，保护政策也是西化"。所谓"全盘西化"，究竟是化入独裁制度，还是化入民主制度呢？是化入资本主义，还是化入共产主义呢？由此可见，"西方文化本身的种种矛盾，是主张全盘西化者的致命伤"。③

面对吴景超、张佛泉等人诘难，陈序经又先后作《关于全盘

① 梁实秋：《自信力与夸大狂》，1935年6月9日天津《大公报》"星期论文"。
② 陈序经：《东西文化观》，台北，牧童出版社1976年版，第166、175—176页。
③ 吴景超：《建设问题与东西文化》，《独立评论》第139号，1935年2月24日。

西化答吴景超先生》《再谈全盘西化》《从西化问题的讨论里求得一个共同信仰》等文，为自己的"全盘西化"的理由辩护。关于第一点，他坚持认为文化是不可分的，各个部分存在着一种"互有连带的关系"。人们有时把文化的各部分（如精神、物质）分别开来，这纯粹是为了研究上的便利起见，而不能说明文化各个部分不是统一的整体。关于第二点，他承认西洋文化在今日还没有达到"完美至善的地位"，中国文化也有它的优长之处，但就整体而言，"中国文化根本上既不若西洋文化之优美，而又不合于现代的环境与趋势，故不得不彻底与全盘西化"。全盘西化，也许免不去所谓西洋文化的一些短处，"可是假使我们承认西洋文化之长为百分之六十，中国文化之长为百分之四十，我们若能全盘西化，则我们至少有了二十分的进步"。① 关于第三点，他也承认西方文化内容复杂，"五光十色，斑驳陆离"，但"总而观之"，他又认为西方文化"有共同的基础，共同的阶段，共同的性质，共同的要点"，所以"全盘西化"的结果，不会出现无法克服的矛盾。

　　除"全盘西化"的理由外，陈序经与胡适还就"文化惰性"和"全盘西化"的含义问题发生过争论。先是1935年3月，胡适为了辩驳自己不像陈序经所说的那样是"文化折衷派"，于《独立评论》第142期的"编辑后记"中发表声明，说"文化折衷论"是"不可能"的，自己"完全赞成陈序经先生的全盘西化论"。但同时他又指出："文化自有一种'惰性'，全盘西化的结果自然会有一种折衷的倾向。……现在的人说'折衷'，说'中国本位'，都是空谈。此时没有别的路可走，只有努力全盘接受这个新世界的新文明。全盘接受了，旧文化的'惰性'自然会使他成为一个折衷调和的中国本位新文化。"胡适的上述声明表明，他只是把"全盘西化"作为引进西方文化的一种手段，在结果上他又认为"全

---

① 陈序经：《关于全盘西化答吴景超先生》，《独立评论》第142号，1935年3月17日。

盘西化"是不可能的。陈序经对胡适声明赞同自己的"全盘西化"论表示欢迎，但对胡氏所说的"文化惰性"以及这种"惰性"必然会把文化的变革控制到折衷调和路上去的理论又甚为不满。因为在他看来，文化虽有"惰性"，然而全盘西化后，文化的惰性就会消失，而文化惰性的消失，也就是中国固有文化的消失，全盘西化的实现。为反驳胡适的观点，他专门写了篇《再谈"全盘西化"》。文中他指出："我并不否认文化是有惰性的。然而正是因为这种惰性成为西化的窒碍物，所以主张全盘西化。全盘西化论，在积极方面，是要使中国的文化能和西洋各国的文化，立于平等的地位，而'继续在这世上生存'；消极方面，就要除去中国文化的惰性。所以若能全盘西化，则惰性自然会消灭。"故此，他指出，胡适所讲的"文化的惰性自然会把我们拖向折衷调和上去"的现象，只能当作东西文化接触以后的一种过渡时期的畸形的现象。这种现象的存在，在时间上或许很久，但其趋势，则是在全盘的路上。①

关于"全盘西化"的含义。胡适批评"全盘西化"有一点语病，因为严格说来，"全盘"含有百分之百的意思，百分之九十九还算不得"全盘"，而百分之百的"全盘"是根本不可能的。这也是他后来建议以"充分西化"或"尽量西化"代替"全盘西化"的一个主要原因。但在陈序经看来，"全盘西化"不仅可能，而且也不存在胡适所说的语法上的"毛病"。因为，虽然从严格意义上说百分之百才能称"全盘"，但从普通意义上说百分之九十九，甚至百分之九十五亦可称"全盘"。他举了这样一个例子：他和他的几位同事，有好几次都因故没有参加学校教职员工的"全体"合影，但挂在墙上的照片依然写的是"本校职员'全体'摄影"。至于他本人，他"相信百分之一百的全盘西化，不但有可能性，而且是一个较为完善较少危险的文化的出路"。②

---

① 陈序经：《再谈"全盘西化"》，《独立评论》第 147 号，1935 年 4 月 21 日。
② 陈序经：《全盘西化的辩护》，《独立评论》第 160 号，1935 年 7 月 21 日。

四　对争论的评议

发生于 30 年代的这场文化论战，就其论战双方的身份和争论的主要问题来看，无疑是五四前后东西文化论战的发展和延伸。但由于时移势异，与五四前后的东西文化论战比较，30 年代的这场文化论战在以下几个方面认识有了进步。

首先，是对文化之民族性和时代性的认识。我们已经指出，文化是民族性与时代性的集合体。但在五四前后的东西文化论战中，无论是西化派，还是文化保守主义者，对文化的民族性和时代性都缺乏全面、正确的认识，西化派一般比较强调文化的时代性，而忽略甚至不承认文化的民族性，文化保守主义者则一般比较强调文化的民族性，而忽略甚至不承认文化的时代性。但到了 30 年代的这场文化论战，这种现象有了一定改变。西化派面对十教授提出的《中国本位的文化建设宣言》，尤其是《宣言》对五四新文化运动轻视了"中国时间空间的特殊性"的批评，他们在强调文化之时代性的同时，不得不思考和回答"新文化应不应有民族性，应该有什么样的民族性，这种民族性又如何和时代性相适应，这样一些文化建设中更深刻的问题"。因此，除个别人外，多数西化派并不否认未来的中国新文化应具有中国的民族特征。如熊梦飞的《谈"中国本位文化建设"之闲天》一文提出了"西体中用"的"四大原则"，其中第四条是："中西文化动向一致之条件下，保留中国民族特征，加以中国民族创化，成为一种新文化"。文中并就这第四条原则作了进一步的说明，指出："一国有一国特征，犹之乎：'人心之不同，各如其面'"。此种特征由三个方面构成：一是自然环境；二是生理遗传；三是历史文化。外来文化的引进"必须与（这）三者相适应"，"而后（才）能树立巩固之基础"。这也就是所说的"文化之民族的色彩"。具体而言，如引进西方的机器工业到中国，发动是用汽力？还是用水力或电力？是先引进重工业？还是轻工业？这就要看中国的自然环境来决定。又如学习欧美法令规定中国学龄和婚龄，就不能抄袭任何一国成法，而要根据中国人生理发育情况来决定，如此等等。该文还特别强调了引进外来文化要考虑中国民族特征，亦即所谓"国情"的重要性，认为"中国六十余年，维新变法革命之所以失败，由于不明国情，欧化者'削足适履'，以致'橘过淮南为枳'，欧美议会政治，搬到中国就成为猪仔政治"。和西化派一样，本位文化派面对西化派的复古主义的责难，也不得不思考和回答"发扬自己固有的文化要不要使其具有时代性的问题"。十教授在《我们的总答复》中就声明，他们反对复古，相信文化的形态应随着时地的需要而变动、而发展，"倘认现代的中国人不容再营封建时代的生活，那就不应当持保守的态度来阻止文化的演进，还必须扶着时代的大轮，努力踏上日新又日新的前程"。文化之民族性和时代性及其关系被凸显出来并得到讨论（尽管讨论还不充分），这是30年代文化论战的一个进步。

其次，是对中国文化和西方文化的认识。在五四前后的文化论战中，论战双方大多持一种僵硬的、形而上学的文化观，好就一切都好，坏就一切都坏，不是全盘肯定，就是全盘否定。但到了30年代的文化论战，虽然持这种文化观的人还有，然而已是少数，多数人能够程度不同地采取分析的态度。以西化派为例，除陈序经等极个别人外，其他人（如张佛泉、张熙若、梁实秋、熊梦飞，甚至包括胡适）都能在充分肯定西方文化的同时，又指出它存在的问题，如历史的惰性、生活的奢侈、拜金主义、人与人的不平等……有人甚至称现代西方的阶级斗争、国际斗争之残酷为"西方文化之癌"；在激烈批判中国固有文化的基础上，又承认它还具有某些精华，不能简单抛弃。正是由于能对中西文化持分析的态度，西化派中的绝大多数人不赞成陈序经的"全盘西化"论，认为西方文化的内容非常复杂，既有各种不同的甚至相对立的主义、学说和流派，也有各种不同性质、不同层次的组成部分，引进西方文化要有选择、有取舍（当然他们选择、取舍的标准不尽相同），并主张根据不同性质的西方文化，采取不同的引进方法。如吴景超就把西方文化分成四部分，对于第一部分的西方文化，"我们愿意整个的接受，而且用它来代替中国文化中类似的部分"，如西方文化中的自然科学、医学等；对于第二部分西方文化，"我们愿意整个的接受，但只用以补充中国文化中类似的部分"，如哲学、文学等；对于第三部分西方文化，"我们愿意用作参考，但决不抄袭"，如资本主义的大生产方法是可取的，然而其唯利是图的动机则要抛弃；对于第四部分西方文化，"我们却不客气的要加以排弃"，如迷信的宗教、儿戏的婚姻等。① 熊梦飞、张佛泉等也主张对不同的西方文化不同对待。正如有的研究者指出的那样，对西方文化作如此区分，虽然不见得科学，但它至少说明"30 年代中国知识界对'西方文化'的了解比以前具体深入了"。

最后，是对西化和现代化的认识。在五四前后的文化大论战中，没有人使用过"现代化"或"近代化"的概念，论战双方在争论中国文化的出路时主要围绕"东方化"（"中国化"）还是"西方化"展开。但到了 30 年代的文化大论战，不仅提出了"现代化"的概念，而且已有人主张用"现代化"取代"西化"和"中国化"，并对"现代化"和"西化"作了初步的界定和区分。如张熙若的《全盘西化与中国本位》一文在批判了"全盘西化"论和"中国本位文化"论后写道："我们今日大部分的事物都应该'西化'，一切都应该'现代化'。如此说来，现代化是与西化有分别的了？当然。为讨论方便计，我们不妨说：西化差不多是抄袭西洋的现成办法，有的加以变通，有的不加变通。现代化有两种：一种是将中国所有西洋所无的东西，本着现在的智识，经验，和需要，加以合理化或适用化……另一种是将西洋所有，但在现在并未

① 吴景超：《答陈序经先生的全盘西化论》，《独立评论》第 147 号，1935 年 4 月 21 日。

合理化或适应的事情，与以合理化或适用化，例如许多社会制度的应用和改良。比较起来，第一种的现代化比第二种的现代化在量的方面一定要多些，但第二种的在质的方面或者要重要些。若是有人愿拿'现代化'一个名词包括上文所说的'西化'，那当然也可以，不过不要忘记：现代化可以包括西化，西化却不能包括现代化。这并不是斤斤于一个无谓的空洞名词，这其中包含着许多性质不同的事实。复杂的社会情况是不容许我们笼统的。"接着，文章就中国现代化的努力方向提出了四条具体主张：第一，发展自然科学，这是现代化的根本基础，这个基础若不巩固，一切都是无源之水，不能发扬光大；第二，促进工业发展，一个国家若无现代工业，平时无法生活，战时无法应战，国家也因此无法生存；第三，提倡现代各种学术，没有现代学术也不能成为一个现代国家；第四，思想方面的科学化，以使我们的思想、态度和做事的方法都现代化、效率化和合理化。[①] 尽管张氏对"现代化"和"西化"的界定及其关系的区分有不太准确的地方，但他认识到"现代化"不等于"西化"这不能不说是认识上的一大进步。刘絜敖的《中国本位意识与中国本位文化》一文也认为："'科学化'与'近代化'，并不与'欧化'同义，所以我们虽科学化近代化而不必欧化。"[②]

除上述这些认识外，30 年代的文化论战还讨论了在五四前后的东西文化论战中没有或很少讨论过的文化能否选择、有无选择的标准，文化的模仿与创造、文化与民族意识等问题。另外，"全盘西化"论一提出来就遭到猛烈批判，实质上主张"中体西用"的十教授面对人们的批评不得不声明反对"中体西用"论。这些都说明与五四时期比较，中国思想文化界对文化问题的认识与探索有了一定的进步。

---

① 张熙若：《全盘西化与中国本位》，《国闻周报》第 12 卷第 23 期，1935 年 6 月 17 日。

② 刘絜敖：《中国本位意识与中国本位文化》，《文化建设》第 1 卷第 9 期，1935 年 6 月 10 日。

第 十 章
国共及其他党派的政治思想

一 国民党的孙中山三民主义思想的演变

1927 年 4 月国民党在南京建立政权以后，为了从理论上论证国民党掌控全国政权的合法性，同时加强对全体党员与全国国民的思想控制以维护国民党的统治地位，高度重视构建以"三民主义"为旗号、以"儒化""复古"为鲜明特色、夹杂着浓厚的法西斯主义思想货色的主流意识形态。1925 年 3 月孙中山去世后，戴季陶即在稍后发表了《孙文主义之哲学的基础》和《国民革命与中国国民党》两文，抛出了以民族色彩对抗"外来"主义、以儒家"仁爱"思想对抗阶级斗争理论的"戴季陶主义"。他提出"孔孙道统说"，称"中山先生的思想，完全是中国的正统思想，就是继承尧舜以致孔孟而中绝的仁义道德的思想"①，强调来源于中国正统思想、以"仁爱"说为基础的三民主义与外来的、主张阶级斗争理论的共产主义是格格不入的，主张把三民主义认为唯一的理论。与此同时，法西斯主义作为一种有影响的思想流派传入中国，逐步引起国民党官方的注意与重视。这为蒋介石在确立独裁统治后

---

① 戴季陶：《孙文主义之哲学的基础》，中国人民大学中共党史系编《戴季陶主义资料选辑》，中国人民大学出版社 1983 年版，第 35 页。

以"儒化""法西斯主义化"的倾向诠释、曲解孙中山三民主义奠定了基础。除了"蒋记"三民主义，宋庆龄等左派人士为坚持孙中山的新三民主义而斗争，汪精卫、胡汉民等人也以孙中山的继承者自居对三民主义作出各自的阐释，建构起各自的三民主义理论体系。

蒋介石通过发动四一二政变进行"清共"，在南京国民政府成立后又取得了对奉系军阀"二次北伐"的胜利并通过"东北易帜"形式上统一了中国，还在新军阀混战、国民党内派系斗争中取得了对国民党内异己力量斗争的胜利，确立了在国民党内的优势地位。与其政治上逐步走上独裁道路相适应，蒋介石极力打压异端思想并试图垄断对孙中山三民主义的解释权。他以"总理信徒"自居，以经其诠释、篡改的"真正的三民主义""纯正的三民主义"建构主流意识形态并推行文化专制主义，在党外排斥共产主义与自由主义，在党内严密统摄全体党员的思想。为确立"真正的三民主义"的统制地位，在20世纪20年代后期30年代初期召开的一系列国民党党代会与中央全会中，明确了三民主义作为"一个主义"的独尊地位与蒋介石对孙中山三民主义的解释权。1928年2月2日至7日，国民党在南京召开二届四中全会，在政治上组成了以蒋介石为主席的军委会、任组织部长的中央党部，从而加强了蒋的独裁地位；在理论上确立三民主义在全党、全国作为"一个主义"的统制地位，会议通过的宣言宣称"必须全党同志之思想、言行完全遵奉总理遗教，以主义为精神，纪律为规范，造成一主义绝对共同之合成的人格……自今以后，不特从组织与理论上绝对肃清共产党与共产主义，尤必须从组织与理论上建设真正的三民主义的中国国民党"[1]。同年8月8日至15日，国民党在南京召开二届五中全会，宣布进入"训政"时期，通过《政治问题决议案》《整理军事

---

① 《第二届中央执行委员会第四次全体会议宣言》，荣孟源主编、孙彩霞编辑《中国国民党历次代表大会及中央全会资料》上册，光明日报出版社1985年版，第516页。

案》等决议案，决定以五院制组成国民政府并任命蒋介石为国民政府主席，进一步加强中央集权。1929 年 3 月，中国国民党第三次全国代表大会在南京召开，会议确定总理主要遗教——《三民主义》《五权宪法》《建国方略》《建国大纲》及《地方自治开始实行法》为训政时期中华民国最高根本大法。该法案指出："总理创造中国国民党，同时创造三民主义、五权宪法诸教义，以为全党建造国家之准绳。总理生时，本党党员之努力，一以总理之言行为依归；总理既逝，则吾党同志之努力，一以总理全部之遗教为准则。是故总理之全部教义，实为本党根本大法；凡党员之一切思想、言论、行动及实际政治工作，悉当以之为规范而不可逾越。"①1931 年 11 月 12—23 日，蒋介石在南京召开中国国民党第四次全国代表大会，大会通过的宣言强调"总理垂留于吾人之三民主义、建国大纲与建国方略，实为保持民族生存之最高原则"②。1935 年11 月 12—23 日，中国国民党第五次全国代表大会在南京召开，会议通过《统一本党理论扩大本党宣传案》，强调"统一理论，实为拯救目前颓局之惟一良方，而扩大宣传又为阐扬主义、统一理论之惟一工具"，提出"由中央负责编辑党义专书，并严厉取缔曲解三民主义之著述"，"严厉取缔鼓吹阶级斗争之谬说"，"凡关于文学社会科学之一切著述，均须以本党主义为原则"③。蒋介石本人也非常重视宣讲、阐释三民主义，力图确立"蒋记"三民主义在意识形态领域的主导地位。在 1937 年 5 月由文化编译馆出版的《蒋介石全集》中，第一编即为"党义"，收录了《总理之根本思想》

---

① 《根据总理教义编制过去一切党之法令规章以成一贯系统；确定总理主要遗教为训政时期中华民国最高根本法案》，荣孟源主编、孙彩霞编辑《中国国民党历次代表大会及中央全会资料》上册，第 654 页。

② 《第四次全国代表大会宣言》，荣孟源主编、孙彩霞编辑《中国国民党历次代表大会及中央全会资料》下册，第 35 页。

③ 《统一本党理论扩大本党宣传案》，荣孟源主编、孙彩霞编辑《中国国民党历次代表大会及中央全会资料》下册，第 316—317 页。

《三民主义为中国的中心思想》《三民主义为中国唯一的思想》《主义重于生命》等文。

蒋介石以"总理信徒"自居，言必称以"总理的遗教"为准则、以"总理之言行"为依归，严厉禁止、取缔他人"曲解"三民主义，实则自己对孙中山三民主义多有歪曲、篡改，主要体现在以下方面。

其一，抛弃新三民主义中的"联俄、联共、扶助农工"三大政策，排斥共产主义，将孙中山三民主义曲解为与共产主义截然不同、不相容忍且排斥其他"主义"的思想体系。

"联俄、联共、扶助农工"三大政策，是新三民主义的核心内容，也是孙中山晚年思想转变的主要标志。"蒋记"三民主义转向对孙中山晚年提出的三大政策的否定与背叛，转向对新三民主义的异化与曲解，转向强调三民主义与共产主义不能相容。蒋介石以发动"清共"的三大政策上台，此后大力推动反对共产党、反对赤色帝国主义（苏俄）、反对共产主义的宣传。他在发动四一二政变后发表的演说中声称"不是单把北洋军阀打倒就可以统一中国，实现三民主义；现在把北洋军阀打倒之后，还要打倒共产党。因为立在主义上说，共产党实在是我们国民党唯一的敌人，他是破坏国民革命，阻碍三民主义实行的；我们要国民革命成功，就不能与共产党并存"[1]。1931 年 1 月，他在《中国教育的思想问题》的演讲中宣称："总理在共产党十分发展的时候，他就是明白的讲，三民主义不是马克思的共产主义。马克思的共产主义，总理是批评得他体无完肤。当着共产党加入国民党的时候，他曾明明白白的说，他对于马克思共产主义不赞成。"[2] 同年 5 月，国民党中央执行委员会、国民会议通过要求议案，要求"必须断绝赤匪思想言论与其出版物之流传"，"必须以三民主义为自救救国之中心思想，凡关

---

① 蒋介石：《认识我们唯一的敌人》，秦孝仪主编《先总统蒋公思想言论总集》卷十，第 259 页。

② 蒋介石：《中国教育的思想问题》，秦孝仪主编《先总统蒋公思想言论总集》卷十，第 450 页。

吾国民个人生命、社会生活、民族生存不相容忍之赤匪思想言论，乃至其所传播之文艺学说，悉当群策群力，自动禁绝之。……唯三民主义之思想，始足以破除赤匪之思想；唯此思想上之信仰既定，始足以肃清吾人心中所隐藏之赤匪"。①

"蒋记"三民主义不仅排斥共产主义，也排斥自由主义、无政府主义、国家主义等其他主义，主张全党全国只能有"一个主义"。蒋介石在一系列演讲中一再强化全党全国只能有"一个主义"，强化三民主义的独尊地位，排斥"一个主义"即三民主义之外的其他各种主义。他在1928年7月18日发表的《中国建设之途径》的演讲中指出："我们要在二十世纪的世界谋生存，没有第二个适合的主义，只有依照总理的遗教，拿三民主义来作中心思想才能统一中国，建设中国；如果中国各派的思想不统一，中国的建设定是非常困难的。因此，我们现在只有研究总理的三民主义，拿来作建设的方针。至于共产主义、国家主义、与无政府主义等等都是外国的宣传，不适合中国的需要，我们决不能盲从附和，害己害人……总理的三民主义，并不是共产主义，并不是狭隘的国家主义，也并不是无政府主义，他是唯一最适合于中国的……要确定总理三民主义为中国唯一的思想，再不好有第二个思想，来扰乱中国三民主义。"②1929年7月4日发表的《为什么要有党》的演讲中指出："现在这时代，是一个党的时代，是一个三民主义的时代，如果我们在这时代，离开了党和三民主义，再讲团体派别，那就是自取灭亡……不能让第二个主义如共产主义无政府主义出来捣乱，也不能让第三第四个主义和国家主义派出来捣乱。"③

---

① 《全国一致消弭共祸案》，荣孟源主编、孙彩霞编辑《中国国民党历次代表大会及中央全会资料》上册，第954、955页。

② 蒋介石：《中国建设之途径》（1928年7月18日），秦孝仪主编《先总统蒋公思想言论总集》卷十，第321—322页。

③ 蒋介石：《为什么要有党》，高军等编《中国现代政治思想史资料选辑》上册，四川人民出版社1983年版，第562—563页。

"蒋记"三民主义不仅排斥共产主义与其他主义，还排斥国民党内其他派别对三民主义另作"任意发挥"，主张国民党党内只能由蒋介石一人垄断孙中山三民主义的诠释权。蒋介石在国民党三大开幕词中指出："党内的根本弱点，在乎思想不统一，因为思想不统一，所以意志也就不一致……本来中国国民党有总理手创的三民主义，所以照道理说，全党同志应该以三民主义的真义，统一全部的思想，以三民主义的精神，统一全党的行动。不幸许多同志，把总理所手创的三民主义置之脑后，他们不根据三民主义去发挥本党的革命理论，而离开三民主义，自己任意发挥个人主观的见解，致使党内理论纷歧，思想复杂，一般同志陷于错杂的思想之中，而不知何去何从。"① 大会通过的宣言指出："三民主义之建设，至今日已不容再缓"，"党之理论，本以总理之遗教为理论；党之意志，亦以总理之遗教为意志；不容丝毫假借。而今日党员之所以思想纷歧，意志摇惑者，乃因其个人昧于党之理论而为曲解，离于党之意志而存奢望，党固不任其咎也"。②

其二，强化儒家思想与三民主义的关系，以"中国固有道德""知难行易"等儒学思想"儒化"三民主义，将孙中山三民主义纳入儒家道统、视其为中国"正统思想"的发扬光大，将儒家伦理道德视为孙中山三民主义的思想精髓。

蒋介石在戴季陶"孔孙道统说"的基础上，进一步把孙中山描述为儒家道德的集大成者，把孙中山三民主义说成渊源于中国固有的正统思想，大力倡导尊孔读经，大肆宣扬儒家伦理思想。他在多个场合频频称赞戴季陶的观点，推荐戴氏的《孙文主义之哲学的基础》等著作。他在《中国教育的思想问题》的演讲中批评国民党党员"没有研究究竟是怎么样来的"，表示自己赞同戴季陶的

① 蒋介石：《中国国民党第三次全国代表大会开幕词》，秦孝仪主编《先总统蒋公思想言论总集》卷十，第377—378页。

② 《第三次全国代表大会宣言》，荣孟源主编、孙彩霞编辑《中国国民党历次代表大会及中央全会资料》上册，第625页。

"孔孙道统说"，称"总理主义的中心及其发生的所在，戴季陶同志在他著的《孙文主义之哲学的基础》上说：中山先生的思想，完全是中国的正统思想，就是继承尧舜以至孔孟而中绝的仁义道德思想。在这一点，我们可以承认中山先生是二千年以来中绝的中国道德文化的复活，从前有一个俄国的革命家，去广东问先生：'你的革命思想，基础是什么？'先生答复他说：'中国有一个正统的道德思想，自尧、舜、禹、汤、文、武、周公至孔子而绝，我的思想，就是继承这一个正统思想，来发扬光大的。'"蒋介石还表示自己可以见证孙中山所作这番答复，他指出："再讲一句话，我们要晓得总理的思想，即是继承尧、舜、禹、汤、文、武、周公、孔子以来的仁义道德思想，将之发扬光大，三民主义就是从仁义道德中发生出来。总理讲这句话是在广西桂林，我当时也在桂林，那个俄国共产党，问总理的时候，我也在那里。共产党当时只是宣传，头一次越飞还没有来，那个俄国共产党并不是俄国人，而是瑞士人，也是第三国际派来的。孙先生头一句话答复他的就是，中国有一个正统的道德思想，自尧、舜、禹、汤、文、武、周公、孔子而绝，我的思想就是继承这一个正统思想来发扬光大的。"[1] 他在1936 年发表的《军人的精神教育》的演讲中指出："我们研究总理的主义，要从哪里起首？就先要看《孙文主义之哲学的基础》。"[2]

　　蒋介石将儒家伦理道德视为三民主义的根本精神，将"力行"哲学视为三民主义的实行方法。他在 1932 年 5 月 23 日发表的《革命哲学的重要》的讲演中强调，一个民族要在世界上立足，一定要有立国的精神所在，"要恢复民族精神，就先要恢复中国固有的民族道德；尤其要实行总理知难行易的革命哲学"。在他看来，孙中山三民主义正是以"中国固有的民族道德"建构立国基础，以

---

　　① 蒋介石：《中国教育的思想问题》，秦孝仪主编《先总统蒋公思想言论总集》卷十，第 451 页。
　　② 蒋介石：《军人的精神教育》，高军等编《中国现代政治思想史资料选辑》上册，第 587 页。

"知难行易的革命哲学"倡导身体力行。他指出："三民主义是什么呢？在伦理和政治方面讲，就是'忠孝仁爱信义和平'来做基础；在方法实行上讲，就是'知难行易'的革命哲学。现在我们要恢复民族精神，要中国的国家民族复兴，就先要恢复中国固有的忠孝仁爱信义和平的民族道德，尤其要实行总理知难行易的革命哲学，来充实这个哲学的精神，推动这个哲学的效用。"① 1934 年 7 月 16 日，蒋介石对庐山军官训练团发表演讲指出："我们要知道，这个三民主义从什么地方产生出来的呢？固然是总理所手创的，但是我们还要知道，总理决不是凭空创造出来的，这个三民主义是有所本的，其渊源所自，早在总理以前，与我中华民族之历史的生命同流发展，不过到了总理手里，才拿这个东西重新整理，构成一部完善的思想体系，就叫三民主义……总理的三民主义的基本精神，就是中国固有历史文化的结晶，和民族美德的遗传，亦即是民族的精神，和国家的灵魂之所在，现在我们革命，就是要复兴我们的历史文化，恢复民族固有的美德，发扬我们中华民族的灵魂！我们要救国，要实现主义，就是要恢复这个国魂！具体的讲，就是要继续发扬我们中国固有的道统！我们总理就是中国固有道德继往开来的大圣，我们一般的将领，来做我们总理的信徒，来救我们的国家，来复兴我们中华民族，就要先认识我们总理的三民主义在中国历史文化上最高的价值，而坚定其正统的信仰，并且努力来实现主义！"② 同年 8 月 8 日，他在演讲中指出："我已经告诉大家：我们要实现三民主义，就必先认清三民主义的根本精神，拿来身体力行；三民主义的根本精神就是总理所讲'忠孝仁爱信义和平'八德，我们如果能够照八德去做，就可以带部下救国家实现三民主义。但是要做八德，又要从那里著手呢？换言之，就是要如何才能

---

① 蒋介石：《革命哲学的重要》，秦孝仪主编《先总统蒋公思想言论总集》卷十，第 579 页。

② 蒋介石：《中国魂》，秦孝仪主编《先总统蒋公思想言论总集》卷十二，第 350—351 页。

尽忠孝，行仁爱，尚信义，讲和平呢？这就是要先实践礼义廉耻四维。我们无论做什么事，都要合乎礼义合乎廉耻。凡是无廉无耻，不忠不孝的事不要做；凡是无礼无义，不仁不信的事也不要做。这就是训练我们自己和一般部下来实现三民主义的第一步。"① 他在1936 年对东北各师高级长官的讲演中指出："总理在中国的人格，政治上的道德，是要继承中国固有的道统。自尧舜禹汤文武周公传到孔子，以后断绝了一段，总理即是要继承这个道统的。""三民主义是我们总理创造出来的。他集古今的大成，将中国固有的道德文化最要紧的东西整理出来了。许多好的道德文化，都已由总理排定次序，整理之后的名字，便叫三民主义。""简单一句话，如果中国人能保存其固有的道德文化，相信自己有能力，不靠外国人，不怕外国人，我们自信有力量可以实行总理的三民主义，我们民族便一定可以复兴与独立，民权可以普及，民生可以发展。"② 蒋介石于1934 年9 月11 日在庐山军官训练团以《大学之道》为题讲述《大学》，于1936 年3 月对南京陆军大学师生讲述《中庸要旨》，两次讲演后合而为《科学的学庸》出版。他指出："大学之道，乃是我们中国最基本的政治哲学，是孔子继承尧舜禹汤文武的道统的真谛，亦就是我们总理思想学术的本源……总理是根据这个系统发扬光大，发明了今日博大精深救国救世的三民主义。"又说："我们三民主义，就是以'明德'为本，我们今日要实现三民主义，就是先要从'明明德'做起，而实现主义的方法，则在于新民。"③

为了与以儒家道德诠释三民主义相适应，国民党当局极力宣扬恢复封建道德，营造了浓厚的复古主义氛围。蒋介石于1927 年4

---

① 蒋介石：《军事教育之要旨（五）》，秦孝仪主编《先总统蒋公思想言论总集》卷十二，第441 页。

② 蒋介石：《军人的精神教育》，高军等编《中国现代政治思想史资料选辑》上册，第592—594 页。

③ 蒋介石：《大学之道（上篇）》，秦孝仪主编《先总统蒋公思想言论总集》卷六，第24、15—16 页。

月 19 日命令恢复孔孟道德,于 4 月 23 日率大队人马赴曲阜祭拜孔
子。1934 年 5 月,国民党中央执行委员会 128 次常务会议通过
《先师孔子诞辰纪念办法》,规定每年 8 月 27 日为"先师孔子诞辰
纪念日",规定当日休假一天,全国各界一律悬旗志庆,各党、
政、军、警机关,各学校、各团体分别集会纪念,并由各地高级行
政机关召开各界纪念大会,纪念会宣传重点为讲述孔子生平事略、
讲述孔子学说、讲述"国父孙中山先生革命思想与孔子之关系"。
是年为孔子诞辰 2845 年,各地纷纷举办孔子诞辰纪念活动;8 月,
国民政府在曲阜举行首次"孔祀盛典";10 月,国民党中央决定拨
款 20 万元修复孔庙。同年 5 月 12 日,四维学会在汉口成立,以蒋
介石为名誉会长;11 月,国民党中央通过"尊孔祀圣"决议,任
命曲阜孔子后裔为"大成至圣先师奉祀官",给予特任官(省部
级)待遇。

其三,建立法西斯主义与三民主义的密切联系,提出了"三
民主义为体,法西斯主义为用"的口号或主张以"三民主义 + 法
西斯主义"才能拯救中国,将法西斯主义独裁理念注入三民主义,
使三民主义发生法西斯化变异,使"蒋记"三民主义沦为了中西
杂糅的"中国的法西斯主义"。

九一八事变后,中国思想界兴起了一股宣传和介绍法西斯主义
的热潮。国民党、蒋介石不仅宣扬和介绍法西斯主义思想,而且力
图在中国建立起法西斯主义的独裁统治。蒋介石对三民主义以外的
各种主义多持排斥态度,但唯独对法西斯主义情有独钟。他在
1931 年 5 月 5 日的"国民会议"上首次公开谈论法西斯主义,被
认为第一次亮出法西斯主义旗帜。他在会议开幕词中指出当今世界
有三种政治理论:一是共产主义之政治理论,主张阶级斗争,"不
适于中国产业落后情形及中国固有道德,中国亦无需乎此";二是
自由民治主义之政治理论,"主张民治高唱自由者,各据议席,任
其论安言计,动引西人,亦不过非疑满腹,众难塞胸,今岁不征,
明年不战,使共产党军阀坐大于中原"。以上两种理论均不可取。

三是"法西斯蒂"之政治理论，"本超象主义之精神，依国家机体学说为根据，以工团组织为运用，认定国家为至高无上之实体，国家得要求国民任何之牺牲"。他认为中国"今日举国所要求者，为有效能的统治权之行施"，以"解除民众痛苦"，"完成中国统一"，所以法西斯理论正适合于今日之中国。① 从上述言论中，可以看出蒋介石之法西斯主义有三个方面的含义：第一，国家至上；第二，民族至上；第三，效能至上。效能不完全是指行政效率，其中也包含消灭共产党。1933 年 9 月 20 日，蒋介石在星子县爱莲池的演讲中进一步阐述了他对法西斯主义的理解："各国法西斯蒂共同的基本精神"，"第一是民族的自信，凡是一个法西斯蒂一定相信自己的民族是一个最优秀的民族，认识自己民族过去的历史是最光荣的历史，自己民族的文化是最优秀的文化"。"第二是要一切军事化，凡是法西斯蒂，其组织，其精神，其活动，一定统统能够军事化。所有的党员，虽然不是普通的所谓军队，虽然不在部队里面当兵，但是无论在家庭里、工厂里、政府机关里，总之无论在什么地方、什么时候，无论做什么事情，统统是在军队里一样过生活，就是有军人的习惯和精神，军队的组织和纪律，换句话说，统统要服从、牺牲、严肃、整齐、清洁、确实、敏捷、勤劳、秘密、质素朴实，共同一致，坚强勇敢，能为团体、为党、为国来牺牲一切。""第三是领袖的信仰。法西斯蒂最重要的一点，就是绝对信任一个贤明和有能力的领袖。除他之外，再没有什么第二个领袖或第二个主义，就是完全相信一个人。所以无论是其团体内的组织，有干部委员，干事，都不相干，就是只相信他领袖一个人！一切事情要他领袖来最后决定，我们现在就要认定中国非有一个领袖，非大家绝对信仰这一个领袖，不能改造国家，不能完成革命。所以以后你们要知道：法西斯蒂的特质，就是只有领袖一个人，除这一个人之外没有第二个。我们那一天入了这个革命的团体，亦就自那一天起将我

---

① 《国民会议开幕盛况》，《申报》1931 年 5 月 6 日。

自己的一切权利，生命，和自由幸福都完全交给团体交给领袖了！决没有第二个思想和第二个精神，只有这一点，我们才可以真正叫做一个法西斯蒂！"① 在蒋介石的支持下，宣传法西斯主义的书刊充斥市场，"只有法西斯主义才能救中国""借法西斯之魂，还国民党之尸""以三民主义为体，法西斯主义为用""要注射法西斯蒂的新血源才有出路"等呼声甚嚣尘上。一些鼓吹法西斯主义的人纷纷借法西斯主义"领袖独裁"的理论，为树立蒋介石独裁统治大造舆论。他们说："一个国家的政治，与其由民主的虚名而陷于腐败、没落，当然不如由一个才干和道德高超的领袖去执行独裁……与其把政治的任务仰望于一般盲目无能的民众，实不如专责于一个英勇贤明的领袖。"②

当然，国民党版的中国法西斯主义与德国、意大利等国的法西斯主义还是有区别的。如，其一，与德国、意大利等国的法西斯主义学理渊源上的西学背景、德国背景有别，国民党、蒋介石的法西斯主义的思想资源以中国传统文化为主，儒化三民主义是"蒋记"三民主义更本色的特征。其二，德国、意大利等国的法西斯主义对外主张民族侵略主义、大国沙文主义，但国民党、蒋介石的法西斯主义是防御型的民族主义。作为一个弱国、被侵略国家的政治领导人，蒋介石不可能主张对外侵略扩张，他所主张的民族主义是防御性的，主张"恢复民族的精神"，保持"民族的自信"，主张抵御日本帝国主义的侵略。周恩来在1943年8月16日发表的《论中国的法西斯主义——新专制主义》一文中谈到："蒋介石国民党既还抗战以抵抗日本侵略者，为什么叫他做法西斯主义呢？我们回答：正因为这样，所以毛泽东同志叫他做中国的法西斯主义了。民族侵略主义是法西斯主义的一种特征，不是唯一的特征。季米特洛夫报

---

① 蒋介石：《如何做革命党员》，《先总统蒋公思想言论总集》卷十一，第565—567页。

② 《中国政治之前途》，《前途》第1卷第8期，1933年8月1日。

告中讲的法西斯主义的四种特征，除了民族侵略主义这一点外，中国法西斯主义都是具有的。"① 按蒋介石的理解，法西斯主义包括"民族的自信""一切军事化""绝对信仰一个领袖"三个方面，而不包括民族侵略主义。民族侵略主义并不是法西斯主义的唯一特征，蒋介石也没有宣传民族侵略主义，他主要是宣扬"绝对信仰一个领袖"，认为这是"法西斯蒂最重要的一点"。这与德国、意大利等国的法西斯主义以种族歧视、对外扩张为显著特征，是有所不同的。其三，德、意法西斯主义对内公开主张实行独裁统治，而蒋介石一直以孙中山三民主义的正统继承者自居，以实行孙中山的"建国程序"论相标榜，声称"一贯主张宪政"，极力躲闪"军事独裁者"的指责；他强调三民主义与法西斯主义是有区别的，力图撇清自己与法西斯主义的关系。1932 年 7 月 9 日，天津《大公报》"电询组织'法昔司蒂'之有否"，蒋介石回电表示："人欲仿效意大利之所谓法西斯蒂之组织，来强行之于中国，是何异共产党欲以中国为共产化。故中正可以坦白直率，答复贵报曰：中正生为中国国民党之党员，死为中国国民党之党魂，只知中国革命的组织，惟有一个中国国民党的组织"。他强调："我们中国人只讲一个形式，实际上什么事情不能同外国人一样的实在来做"，许多事情在外国可以成功，但在中国要变形、要失败，"同样的，外国有法西斯蒂，现在我们中国也有法西斯蒂，但是中国的法西斯蒂有其名，无其实"，"中国既不能如俄国有一个史达林，又不能如意大利的莫索里尼，德国的希特拉，甚至以议会为政治中心的，如英国的麦克唐纳，以民主为政治基调的，如美国独断专行的罗斯福，都不能产生，所以一般人看起来，以为中国无论你们变什么花样，他们料到你们这个花样总变不成功，最后不过学得一个三不像，必到失败为止。他们所谓法西斯蒂当然是指我们这一般人，所以他们种

---

① 周恩来：《论中国的法西斯主义——新专制主义》，《周恩来选集》上卷，第143 页。

种的讥评，统是讥评我们"。① 1931 年 5 月 5 日他在国民会议的演讲中指出，"各国各有其客观的环境，世间决无可以完全移植之政治，此总理之必须融汇中外学说，研究国内实况，而后可以定医国之不易良剂也。主权属于全体人民，系总理所亲定，最后之目的在于民治，而所以致民治之道，则必经过训政之阶段，挽救迫不及待之国家危难，领导素无政治经验之民族，是非藉（借）经过较有效能的统治权之行施不可，况既明定为过渡之阶段，自与法西斯蒂理论有别"②。后来，他在《三民主义之体系及其实行程序》中又对三民主义与"民主主义、共产主义和法西斯主义"进行比较，其中指出，"法西斯主义注重民族主义，却不重视民权和民生主义。而且法西斯主义者的民族主义，并且只注重自己民族的利益，忽视其他民族的利益"③。

在国民党右派发动四一二政变、七一五政变后，宋庆龄、邓演达、何香凝、冯玉祥、蔡元培等民主派，努力捍卫孙中山的新三民主义与三大政策，与蒋介石等人曲解、背叛孙中山三民主义的言行进行了坚决斗争。1927 年 7 月 14 日，宋庆龄发表《为抗议违反孙中山的革命原则和政策的声明》指出："如果党内领袖不能贯彻他的政策，他们便不再是孙中山的真实信徒；党也就不再是革命的党，而不过是这个或那个军阀的工具而已。"④ 她还宣布退出国民党中央执行委员会以示抗议。1937 年 2 月，她在出席国民党五届三中全会期间，与何香凝、冯玉祥等共 13 人一起提出了恢复孙中山三大政策建议案，要求国民党尽快"恢复总理三大政策，以救

---

① 《蒋委员长严词辟谣：生为国民党党员，死为国民党党魂：电覆大公报关于法西斯蒂之询问》，《中央日报》1932 年 7 月 11 日。

② 《国民会议开幕盛况》，《申报》1931 年 5 月 6 日。

③ 蒋中正：《三民主义之体系及其实行程序》，《精神动员》第 2 卷第 1 期，1941 年 4 月 1 日。

④ 宋庆龄：《为抗议违反孙中山的革命原则和政策的声明》，《宋庆龄选集》上卷，第 47 页。

党国于危亡，以竟革命之功业"①。她还于 2 月 18 日发表了《实行
孙中山的遗嘱》的讲话，指出："我坚决相信如果政府能忠实地遵
奉孙中山的遗嘱，并采取有效的步骤来执行他的三大基本政策，中
国就能很快地从内部的骚乱与苦难中解脱出来，并且能获得全世界
极大的尊敬。"②

　　汪精卫、胡汉民等人对孙中山三民主义作出了有别于"蒋记"
三民主义的解读与诠释。汪精卫在《民报》时期就追随孙中山，
大力宣扬三民主义；国民革命时期，曾一度接受了孙中山三大政
策，但后来转向反对联俄联共。此后，由于蒋汪矛盾，汪精卫打着
"奉行总理遗给我们的革命的整个的三民主义"的旗号，与蒋介石
争夺诠释孙中山三民主义的话语权。汪派陈公博、顾孟余、王乐平
等于 1928 年 11 月在上海成立"中国国民党改组同志会"，即国民
党内主要反对派改组派。汪精卫等人在反对孙中山的三大政策上与
蒋介石是一致的，但他们也反对蒋系把持国民党与国民政府军政实
权并试图独霸孙中山三民主义的解释权。改组派在宣言中痛批
"中国国民党已被军阀、官僚、政客、买办、劣绅、土豪所侵蚀盘
踞、盗劫把持，孙总理之三民主义，已被他们所篡改"，"南京政
府对帝国主义俯首降服"，新的军阀"已代北洋军阀而起"，"南京
政府，丝毫没有建设民生主义的表示，足见其已抛弃建设民生主义
的企图"。③ 汪派从与蒋介石集团争权夺利的实际需要出发任意曲
解孙中山三民主义，更在日本全面侵华之后把革命三民主义篡改为
亲日卖国的伪三民主义。

　　胡汉民对戴季陶、蒋介石儒化三民主义提出了批评。针对戴季

　　① 《恢复孙中山先生手订联俄联共扶助农工三大政策案》，《救国时报》1937 年 4
月 15 日。
　　② 宋庆龄：《实行孙中山的遗嘱——在国民党三中全会上的演词》，《宋庆龄选
集》，中华书局 1966 年版，第 102 页。
　　③ 《中国国民党改组同志会第一次全国代表大会宣言》，荣孟源主编、孙彩霞编
辑《中国国民党历次代表大会及中央全会资料》上册，第 554—556 页。

陶有关民生主义是"三民主义的本体"、三民主义"就本体上看只有一个民生主义"的说法，胡汉民在《三民主义的连环性》一文中强调三民主义有着连环的内在联系，没有哪一个主义可以作为中心思想。他指出："三民主义的连环性，其特点是：民族主义需要民权主义和民生主义来充实它的力量，成为一种对世界担负责任的民族；民权主义需要民族主义来牵系它的责任心，同时需要民生主义来推进它的实在性；民生主义需要民族主义来冲破它的前途的障碍，同时亦需要民权主义来保障它的敏活的实施。综括三民主义连环相通的关系，我可以引述刘芦隐先生前几年的话来说：'三民主义，仿佛是一个三棱角的水晶体，一面是民族主义，一面是民权主义，一面是民生主义，而三面都是同一个基础，这一个基础就是救国主义。'"[1] 他又批评戴季陶以孔子比附孙中山，批评其有关"中山先生的思想，完全是中国的正统思想，就是继承尧舜以至孔孟而中绝的仁义道德的思想"这一套儒化三民主义的说法是"武断的无根的命辞，便抹煞了孙中山先生的思想体系之伟大与卓绝"，指出"假如孙中山先生的要求，孙中山先生的思想，只是在继承尧舜……使中绝的中国道德文化复活，那么孙中山先生便够不上是一个革命家或政治家"[2]。胡汉民还坚持孙中山以党训政、以党治国的思想，并以其抨击蒋介石的一人专制独裁，他在 1931 年 12 月 5 日致广州国民党第四次全国代表大会闭幕词中指出："大会第二个口号为推倒独裁，实行民主政治。今人以为求统一必集权，但集权结果，遂形成独裁，然而独裁之结果，满清因此而亡，袁世凯因此而死，殷鉴不远，宁可复蹈。"这是胡汉民等以"均权"反对蒋介石"集权"。他还领衔发出通电，促请蒋介石下野。在国民党反对派的压力之下，蒋介石于 12 月 15 日通电下野。

---

① 胡汉民：《三民主义的连环性（续）》，《中央半月刊》第 1 卷第 8 期，1927 年。

② 胡汉民：《三民主义的心物观》，《三民主义月刊》第 1 卷第 4 期，1933 年 4 月 15 日。

总之，在孙中山去世之后，以宋庆龄为代表继续坚持联俄联共扶助农工三大政策，一直高举着孙中山新三民主义的旗帜。戴季陶、蒋介石、汪精卫、胡汉民等人对孙中山三民主义的诠释可以说是五花八门，胡汉民对孙中山三民主义有所守护并坚持了反对独裁、主张抗日的正确立场，但都与孙中山的本意有不同程度的差距，均是"没有三大政策或三大政策缺一"的伪三民主义或半三民主义。

二　共产党的马克思主义中国化的进展

1927 年国民革命合作破裂后，中国共产党人在八七会议上提出了土地革命与武装反抗国民党反动派的总方针，阐明了革命的直接对象、中心内容与基本形式。在这一总方针的指引下，以毛泽东为代表的中国共产党人，将马克思主义基本原理与中国革命具体实践相结合，发动了八一南昌起义等一系列武装起义，创建了井冈山等革命根据地，探索出一条适合中国国情的革命道路，即以土地革命为中心内容、以武装斗争为基本形式、以农村根据地为战略基地，农村包围城市、武装夺取政权的道路。这条道路既不同于旧式资产阶级民主革命道路，也不同于"城市中心论"的苏俄革命模式，是中国共产党人运用马克思主义解决中国革命实际问题的全新探索。在探索中国革命新道路实践的基础上，毛泽东阐述了关于红色政权的理论：在 1928 年 10 月 5 日写成的《中国的红色政权为什么能够存在》中论证了"在四围白色政权的包围中，有一小块或若干小块红色政权的区域长期地存在"的 5 个条件，提出了工农武装割据的思想；在 11 月 25 日写成的《井冈山的斗争》中，进一步阐述了工农武装割据思想，阐明了共产党领导的土地革命、武装斗争与根据地建设三者之间的辩证关系；于次年 1 月写成的《星星之火，可以燎原》，明确了以农村为中心的思想，指出：红军、游击队和红色区域的建立和发展，是半殖民地中国在无产阶级领导下的农民斗争的最高形式和半殖民地农民斗争发展的必然结果，并且无疑义的是促进全国革命高潮的最重要因素。关于红色政权理论的提出，奠定了农村包围城市道路理论的基础，是毛泽东思想初步形成的标志，是马克思主义中国化的重要里程碑。

在井冈山时期探索中国革命新道路的实践创新与理论创新的基础上，以毛泽东为主要代表的中国共产党人围绕马克思主义中国化诸核心要素及互动（中国共产党作为马克思主义中国化的历史主体、马克思主义理论作为马克思主义中国化的理论客体、中国具体实际或中国国情作为马克思主义中国化的实际客体、理论与实际相结合的方法等），在如何推进党的建设尤其是从思想上建党、如何认识中国国情尤其是认识近代中国社会性质、如何宣传传播并科学把握马克思主义理论、如何把马克思主义运用于分析和指导中国革命实践等问题上进行了大量探索，推动马克思主义中国化取得了重要进展。

其一，中国共产党是推进马克思主义中国化的历史主体，它始终高度重视加强党的建设尤其是以思想建党，注重保持党的先进性与纯洁性，使其成为在中国运用马克思主义并不断推进实践创新与理论创新的表率，还创造性地探索了农村环境下无产阶级政党建设问题，推动形成了符合中国特点的马克思主义党建理论。

中国共产党具有鲜明特色的党建理论形成与党的建设所取得的一系列伟大成就，奠基于 1929 年 12 月 28 日至 29 日在福建省上杭县古田召开的红军第四军第九次党代表大会通过的"古田会议决议"。邓小平指出："在井冈山时期，即红军创建时期，毛泽东同志的建党思想就很明确。大家看看红军第四军第九次党代表大会的决议就可以了解。"[①] 毛泽东党的建设理论的核心是以思想建党。早在 1928 年 11 月，他在《井冈山的斗争》一文中指出："我们感

---

① 《邓小平文选》第 2 卷，人民出版社 1994 年版，第 44 页。

党无产阶级思想领导的问题，是一个非常重要的问题。边界各县的党，几乎完全是农民成分的党，若不给以无产阶级的思想领导，其趋向是会要错误的。"① 古田会议上通过了毛泽东代表前委起草的约 3 万余字的 8 个决议案即古田会议决议，其中第一部分《关于纠正党内的错误思想》是核心部分，后来编入了《毛泽东选集》。毛泽东在决议中强调了以思想建党的重要性，指出红军第四军的共产党内存在着各种非无产阶级的思想，这对于执行党的正确路线，妨碍极大；分析了红四军党内各种非无产阶级思想的表现、来源及其纠正的方法，各种非无产阶级思想包括单纯军事观点、极端民主化、非组织观点、绝对平均主义、主观主义、个人主义、流寇思想、盲动主义等。古田会议决议的核心内容是强调以思想建党建军，即以无产阶级思想进行党的建设和军队建设，克服来自农民和小资产阶级及其他非无产阶级的思想影响，把党建设成为马克思列宁主义的无产阶级先锋队，把军队建设成为接受党的绝对领导的新型人民军队。

在当时中央领导层内，周恩来也清醒认识到党内非无产阶级思想存在的危害，强调要纠正各种错误思想。他在 1928 年 11 月为中央起草的《告全体同志书》中指出："党的政治路线上，许多不正确思想的来源，固然是客观环境的反映，然而党的组织还没有布尔塞维克化，包括许多非无产阶级的意识也是一个主要的原因。……到现在党的组织仍然还没有强大的无产阶级的基础，仍然存在有许多小资产阶级的意识，尤其在成份上，农民占百分之七十五，那么这种小资产阶级意识还有大大发展的可能。所以要使党布尔塞维克化，第一要加强无产阶级的基础，同时要继续改造党的组织，尤其要坚决的反对小资产阶级的意识。"② 他主持起草了中共中央"九

---

① 《井冈山的斗争》，《毛泽东选集》第 1 卷，人民出版社 1991 年版，第 77 页。

② 《中国共产党中央委员会告全体同志书》，《中国共产党组织史资料》第 8 卷"文献选编"上册，中共党史出版社 2000 年版，第 239—240 页。

月来信"，高度重视纠正党内非无产阶级的错误思想，提出"纠正一切不正确的倾向"，如取消观念、分家观念、离队观念与缩小团体倾向、极端民主化、红军脱离生产即不能存在等观念，要求前委加强指导机关的威信，与一切非无产阶级意识作坚决的斗争。"九月来信"为古田会议的顺利召开奠定了基础。

1935 年 1 月召开的遵义会议确立了毛泽东在中共中央的核心领导地位，其着重从思想上建党的主张成为全党的共识，党的建设思想不断与时俱进。同年 12 月召开的瓦窑堡会议针对中日民族矛盾已上升为主要矛盾的形势变化，阐述了"两个先锋队"的思想。会议通过的决议指出："共产党不但是工人阶级的利益的代表者，而且也是中国最大多数人民的利益的代表者，是全民族的代表者。""中国共产党是中国无产阶级的先锋队。他应该大量吸收先进的工人雇农入党，造成党内的工人骨干。同时中国共产党又是全民族的先锋队，因此一切愿意为着共产党的主张而奋斗的人，不问他们的阶级出身如何，都可以加入共产党。"[①] 毛泽东在陕北瓦窑堡党的活动分子会议上所作的报告中指出："不但代表了工农的利益，同时也代表了民族的利益"，"工人、农民占了全民族人口的百分之八十至九十"，"总括工农及其他人民的全部利益，就构成了中华民族的利益"。[②] 后来，毛泽东又指出："我们现在需要造就一大批为民族解放而斗争到底的先锋队，要他们去领导群众，组织群众，来完成这历史的任务。首先全国的广大的先锋队要赶紧组织起来。我们共产党是无产阶级的先锋队，同时又是最彻底的民族解放的先锋队。"[③] 两个先锋队思想、"一切愿意为着共产党的主张而奋斗的人"均可入党思想的提出，是对古田会议决议着重从思想

①　《中央关于目前政治形势与党的任务决议》，《中共中央文件选集》第 10 册，中共中央党校出版社 1991 年版，第 618、620 页。

②　《论反对日本帝国主义的策略》，《毛泽东选集》第 1 卷，人民出版社 1991 年版，第 158—159 页。

③　《论鲁迅》，《毛泽东文集》第 2 卷，人民出版社 1993 年版，第 42 页。

上建党的进一步阐发，在中国共产党党建史、党建理论发展史上具有重要意义。

其二，马克思主义理论是马克思主义中国化的理论客体，以毛泽东为主要代表的中国共产党人始终坚定信仰马克思主义，同时要求准确把握、精准解读马克思主义基本原理，强调要把马克思主义理论与中国革命的实际相结合，反对照抄照搬马克思主义教条。

针对 20 世纪 20 年代后期 30 年代初期共产国际不顾中国革命实际情况的"瞎指挥"与中共党内存在的把马克思主义教条化、把共产国际决议和苏联经验神圣化的错误倾向，毛泽东强调必须以正确的态度对待马克思主义。他在"古田会议决议"中就尖锐地批评过主观主义的指导，认为这种指导"其必然伴随的结果，不是机会主义，就是盲动主义"，提出教育党员用马克思主义的方法去作政治的分析和阶级势力的估量，以代替唯心方法的分析和估量；使党员注意社会经济的调查和研究，借此来决定斗争策略和工作方法。他于 1930 年 5 月写成《反对本本主义》一文，批判了"以为上了书的就是对的""开口闭口'拿本本来'"与"盲目地表面上完全无异议地执行上级的指示"的"唯书""唯上"论，提出了"没有调查，没有发言权"的著名论断，初步论述了把马克思主义与中国革命具体实际相结合的思想，从哲学高度提出了马克思主义如何实现中国化的问题，成为马克思主义中国化第一个理论成果毛泽东思想开始形成的重要标志。

毛泽东在《反对本本主义》一文中提出了"没有调查，没有发言权"这个马克思主义认识论的中国化表述。[①] 他强调开展调查研究，主张通过开展调查研究找到解决问题的办法，"一切结论产生于调查情况的末尾，而不是在它的先头"，"调查就像'十月怀胎'，解决问题就像'一朝分娩'"；他批评"许多巡视员，许多游

---

① 金民卿：《中国化马克思主义初步形成的重要标志——〈反对本本主义〉的思想价值及其当代启示》，《马克思主义研究》2010 年第 4 期。

击队的领导者，许多新接任的工作干部，喜欢一到就宣布政见，看到一点表面，一个枝节，就指手画脚地说这也不对，那也错误。这种纯主观地'瞎说一顿'，实在是最可恶没有的"。① 他强调调查研究要注意调查的对象是社会阶级，而不是片段的社会现象，同时要采用科学的调查方法，否则"调查的结果就像挂了一篇狗肉账，像乡下人上街听了许多新奇故事，又像站在高山顶上观察人民城郭。这种调查用处不大，不能达到我们的主要目的"②。1931 年 4月 2 日，毛泽东在《总政治部关于调查人口和土地状况的通知》中，对"没有调查，没有发言权"的论断作了补充和发展，提出"我们的口号是：一，不做调查没有发言权。二，不做正确的调查同样没有发言权"。③

毛泽东在《反对本本主义》一文中提出了"马克思主义的'本本'是要学习的，但是必须同我国的实际情况相结合"这个对待马克思主义的中国化态度。他要求破除对待马克思主义的神秘化态度，指出"我们说马克思主义是对的，决不是因为马克思这个人是什么'先哲'，而是因为他的理论，在我们的实践中，在我们的斗争中，证明了是对的。我们的斗争需要马克思主义。我们欢迎这个理论，丝毫不存什么'先哲'一类的形式的甚至神秘的念头在里面"。他要求破除照抄照搬经典作家个别词句的对待马克思主义的教条化态度，强调"我们需要'本本'，但是一定要纠正脱离实际情况的本本主义"④。他在《星星之火，可以燎原》一文中指出："马克思主义者不是算命先生，未来的发展和变化，只应该也只能说出个大的方向，不应该也不可能机械地规定时日。"⑤

　① 《反对本本主义》，《毛泽东选集》第 1 卷，第 110 页。

　② 《反对本本主义》，《毛泽东选集》第 1 卷，第 113 页。

　③ 《总政治部关于调查人口和土地状况的通知》，中共中央文献研究室编《毛泽东文集》第 1 卷，人民出版社 1993 年版，第 267—268 页。

　④ 《反对本本主义》，《毛泽东选集》第 1 卷，第 111—112 页。

　⑤ 《星星之火，可以燎原》，《毛泽东选集》第 1 卷，第 106 页。

毛泽东在《反对本本主义》一文中提出了"中国革命斗争的胜利要靠中国同志了解中国情况"这个中国共产党人的中国化气派。毛泽东强调必须从中国国情出发，从中国革命具体实际出发制定党的斗争策略，而不能一味守着"国际路线"与俄国经验。后来，毛泽东明确指出："中国这个客观世界，整个地说来，是由中国人认识的，不是在共产国际管中国问题的同志们认识的。共产国际的这些同志就不了解或者说不很了解中国社会，中国民族，中国革命。对于中国这个客观世界，我们自己在很长时间内都认识不清楚，何况外国同志呢？"①

毛泽东在《反对本本主义》一文中提出了"从斗争中创造新局面的思想路线"这一中国化马克思主义思想路线的最初表述。他指出："共产党的正确而不动摇的斗争策略，决不是少数人坐在房子里能够产生的，它是要在群众的斗争过程中才能产生的，这就是说要在实际经验中才能产生。因此，我们需要时时了解社会情况，时时进行实际调查。那些具有一成不变的保守的形式的空洞乐观的头脑的同志们，以为现在的斗争策略已经是再好没有了，党的第六次全国代表大会的'本本'保障了永久的胜利，只要遵守既定办法就无往而不胜利。这些想法是完全错误的，完全不是共产党人从斗争中创造新局面的思想路线，完全是一种保守路线。"他呼吁："速速改变保守思想！换取共产党人的进步的斗争思想！到斗争中去！到群众中作实际调查去！"②

《反对本本主义》一文标志着马克思主义中国化的第一个重大理论成果——毛泽东思想的初步形成。它提出马克思主义的"本本""必须同我国的实际情况相结合"、正确策略"要在群众的斗争过程中才能产生的"、"中国革命斗争的胜利要靠中国同志了解中国情况"，体现了作为毛泽东思想活的灵魂的三个基本点，即实

---

① 《在扩大的中央工作会议上的讲话》，《毛泽东文集》第8卷，第299—300页。
② 《反对本本主义》，《毛泽东选集》第1卷，第115—116页。

事求是、群众路线和独立自主的思想。它较早把调查研究作为哲学认识论提出，把它提高到科学世界观和方法论的高度，使马克思主义认识论增添了独具中国特色的内容，提出了党的实事求是思想路线的初步思想。它批评了当时党内盛行的"唯书""唯上"的错误倾向，率先吹响了反对本本主义的号角，初步提出了马克思主义基本原理同中国实际相结合的原则，开启了马克思主义普遍真理与中国具体实际相结合的第一次历史性飞跃。

其三，中国具体实际或中国国情是马克思主义中国化的实际客体，以毛泽东为主要代表的中国共产党人高度重视对中国国情的认识，尤其是重视对近代中国社会性质的认识，强调要取得中国革命胜利必须从深刻认识中国国情开始，必须从中国的实际出发。

"认清中国的国情，乃是认清一切革命问题的基本的根据。"① 认清中国的国情，最重要的是要认清中国社会性质，认清近代中国是半殖民地半封建社会。对半殖民地半封建社会的性质，早在国民革命时期中国共产党人就已经有所探索，如在 1922 年 6 月 15 日发表的《中国共产党对于时局的主张》中称中国是"半独立的国家"，在 1922 年 7 月通过的《关于议会行动的决议》中称中国是"半殖民地"，在 1925 年 1 月中共四大通过的《对于妇女运动之议决案》中有"半封建半资产阶级"的提法，毛泽东在 1923 年 7 月的《北京政变和商人》一文中开始使用"半殖民地的中国"的论述，蔡和森 1926 年上半年在《中国共产党的发展（提纲）》中使用了"半殖民地和半封建的中国"的提法，等等。国民革命失败后，半殖民地半封建社会的提法逐渐定型。1928 年 7 月，中共六大通过的《土地问题议决案》提出，"现在的中国经济政治制度，的确应当规定为半封建制度"；"帝国主义握有管理中国全体经济之权"，"这种帝国主义掠夺中国的制度——掠夺半殖民地的方式，就表现于外国财政资本与中国商业高利资本的密切的勾结"，"中

---

① 《中国革命和中国共产党》，《毛泽东选集》第 2 卷，第 633 页。

国现在的地位是半殖民地，因此中国农村经济的资本主义进化，有特殊的性质"。① 后来，中共六届七中全会通过的《关于若干历史问题的决议》明确指出："一九二八年六、七月间召开的党的第六次全国代表大会的路线，基本上是正确的。它正确地肯定了中国社会是半殖民地半封建社会，指出了引起现代中国革命的基本矛盾一个也没有解决，因此确定了中国现阶段的革命依然是资产阶级民主革命，并发布了民主革命的十大纲领。"② 1929 年 2 月，"中央通告"中使用了"中国半殖民地半封建社会经济关系"③ 这一提法。

毛泽东在国民革命时期已多次使用"半殖民地"的概念，到1928 年 10 月在《中国的红色政权为什么能够存在？》一文中提到"帝国主义间接统治的经济落后的半殖民地的中国"④；在 1930 年 1月给林彪的信中提到"中国是一个帝国主义最后阶段中互相争夺的半殖民地"⑤；在 1935 年 12 月指出日本帝国主义"要把整个中国从几个帝国主义国家都有份的半殖民地状态改变为日本独占的殖民地状态"⑥；在 1936 年 12 月的《中国革命战争的战略问题》一文中描述了"中国这个半殖民地的半封建的国度"⑦。毛泽东使用"半封建"的概念相对较晚，他在 1933 年 6 月的《查田运动的群众工作》一文中称"富农是半封建剥削者"⑧。到了延安时期，毛泽东科学、完整地阐述了近代中国是一个半殖民地半封建社会，为认清当时中国国情奠定了基础。

1928 年 10 月，陶希圣在《新生命》杂志发表《中国社会到底

---

① 《土地问题议决案》，《中共中央文件选集》第 4 册，第 336、339、343 页。
② 《关于若干历史问题的决议》，《毛泽东选集》第 3 卷，第 958 页。
③ 《中央通告第二十八号——农民运动的策略（一）》，《中共中央文件选集》第5 册，第 17 页。
④ 《中国的红色政权为什么能够存在？》，《毛泽东选集》第 1 卷，第 49 页。
⑤ 《毛泽东给林彪的信》，《中共中央文件选集》第 6 册，第554 页。
⑥ 《论反对日本帝国主义的策略》，《毛泽东选集》第 1 卷，第 143 页。
⑦ 《中国革命战争的战略问题》，《毛泽东选集》第 1 卷，第 171 页。
⑧ 《查田运动的群众工作》，《毛泽东文集》第 1 卷，第 269 页。

是甚么社会》一文，由此发生了持续十年之久的"中国社会性质大论战"，同时发生了中国社会史论战和中国农村社会性质问题论战，中国共产党人参加了三场论战并由此深化了对中国近代半殖民地半封建社会性质的认知，"成为中共对国情认识从感性阶段向理性阶段转变的历史节点"①。陶希圣、周佛海、梅思平为代表的新生命派否定中国的半殖民地半封建社会性质，认为中国封建制度在春秋战国时期已经崩坏，秦汉至清朝进入商业资本主义社会，而鸦片战争后中国社会的性质"是帝国主义压迫之下的商业资本主义社会"。陈独秀、李季、严灵峰等托陈派认为，封建势力已"受了最后打击"，"变成残余势力之残余势力"，资本主义已占支配地位，认为中国已经是"资本主义"国家了；他们在《动力》杂志发表文章阐述相关观点，又被称为动力派。中共中央领导人李立三在 1929 年 12 月撰写的《中国革命的根本问题》一文中批判了托陈派有关"资产阶级已经取得胜利和统治地位"和"封建残余受了最后的打击"的观点，论证了中共"六大"关于中国"半封建""半殖民地"的结论。为批驳新生命派、动力派等派别的错误观点，中国共产党于 1929 年创办《新思潮》杂志，形成了以何干之、张闻天、潘东周、吴亮平等为代表的新思潮派，他们认为封建的半封建的经济在中国社会经济中占支配的地位，中国是半封建半殖民地社会。经过十年论战，新思潮派主张的中国社会"半殖民地半封建"性质的说法占了上风，"半殖民地半封建"一词逐渐定型，到了 1937 年论战进入"尾声"之时，"现在试任意执住一些肯和实际问题接近的青年，问他们中国是一个什么社会，我想除了极少数头脑已经硬化的不算以外，一定会回答：是帝国主义支配下的半殖民地化的半封建社会"②。何干之还高度评价了王学文（王

---

① 吴怀友、刘艳：《中国社会性质问题论战与中共对国情认识的变化》，《党史研究与教学》2013 年第 6 期。

② 《中国社会性质问题论战·序》，刘炼编《何干之文集》第 1 卷，北京出版社 1993 年版，第 183 页。

昂）、潘东周在"半殖民地半封建"这一概念建构中的贡献，他指出："先发难的新思潮派，给中国社会所下的定义是怎样呢？王学文先生说：'中国经济是帝国主义侵略下的半殖民地的封建经济。''……这是说中国一方面是在国际帝国主义的统治下，使全国成为一个半殖民地的国家，已经开始了资本主义方向的发展，但另一方面仍然保持强有力的封建关系。'""虽然这不是极严谨的定义，但中国社会性质的特点，在此可说已具有一个雏型。所谓帝国主义支配下的半殖民地性半封建性社会的定义，在此已有了一个雏型。"①经过中国社会性质论战，"半殖民地半封建"得到确立，这是马克思主义中国化的重要理论成果。

其四，以毛泽东为主要代表的中国共产党人高度重视马克思主义中国化诸要素之间的互动，尤其是马克思主义理论与中国实际之间的连接，将马克思主义运用于分析和指导中国革命实践，在中国革命道路、武装斗争、统一战线、政权建设等问题上作出了可贵的探索。

在中国革命道路的探索上，井冈山时期提出了开辟农村包围城市道路，并提出了红色政权理论。此后一段时间里，毛泽东的正确主张未被党中央认可和重视。相继实际主持或主导中央工作的李立三、王明坚持共产国际所主张的"城市中心论"，使中国革命遭受重大损失，尤其是王明"左"倾冒险主义导致红军第五次反围剿失利，土地革命战争失败。1935 年 1 月召开的遵义会议，确立了毛泽东在红军与中共中央的领导地位，成为中国共产党从幼年到成熟、中国革命从失败到胜利的转折，也开启了独立自主探索中国革命道路、实现马克思主义中国化的新征程。在总结国民革命与土地革命两次胜利、两次失败的经验教训的基础上，毛泽东在抗日战争全面爆发前后先后发表了《中国革命战争的战略问题》《战争和战略问题》《中国革命和中国共产党》论著，形成了较为系统的农村包围城市道路理论。毛泽东深刻论述了农村革命根据地在中国革命

---

① 《中国社会性质问题论战》，刘炼编《何干之文集》第 1 卷，第 210—211 页。

中的战略地位，进一步明确了先占农村后取城市的思想。他指出：中国革命的敌人异常强大，城市是它的统治中心，广大农村是其统治的薄弱环节，革命必须在农村长期聚集力量，"必须把落后的农村造成先进的巩固的根据地，造成军事上、政治上、经济上、文化上的伟大的革命阵地，借以反对利用城市进攻农村区域的凶恶敌人，借以在长期战斗中逐步地争取革命的全部胜利"。[①] 他还指出，中国"不是一个独立的民主的国家，而是一个半殖民地的半封建的国家；在内部没有民主制度，而受封建制度压迫；在外部没有民族独立，而受帝国主义压迫。因此，无议会可以利用，无组织工人举行罢工的合法权利。在这里，共产党的任务，基本地不是经过长期合法斗争以进入起义和战争，也不是先占城市后取乡村，而是走相反的道路"。[②] 农民是中国革命的主力军，是无产阶级可靠的同盟军，无产阶级要夺取革命胜利，必须深入农村，发动农民，武装农民，开展游击战争，建立农村革命根据地，经过长期战争，以农村包围城市，最后夺取全国胜利。农村包围城市道路理论成为新民主主义革命理论的重要组成部分。

在武装斗争问题上，国民革命失败后中国共产党人高举武装反抗国民党反动派的旗帜，开始了独立创建人民军队、领导武装斗争的时期。1927 年 9 月，秋收起义部队在进行三湾改编时，毛泽东提出了支部建在连上的原则，为实现党对军队的领导奠定了基础。1929 年 12 月通过的古田会议决议指出中国的红军是一个执行革命的政治任务的武装集团，红军绝不是单纯地打仗的，它除了打仗消灭敌人军事力量之外，还要负担宣传群众、组织群众、武装群众、帮助群众建立革命政权以至于建立共产党的组织等项重大任务；确立了党对军队实行绝对领导的原则，强调红军执行无产阶级革命政治任务，争取中国人民大众获得解放的事业，必须坚定地置于中国

[①] 《中国革命和中国共产党》，《毛泽东选集》第 2 卷，第 635 页。
[②] 《战争和战略问题》，《毛泽东选集》第 2 卷，第 542 页。

共产党的绝对领导下。从 1927 年八七会议确定实行武装反抗国民党的总方针、毛泽东提出"政权是由枪杆子中取得的"思想，到反围剿斗争中提出"三大纪律、六项注意"与"敌进我退，敌驻我扰，敌疲我打，敌退我追"，再到 1936 年 12 月《中国革命战争的战略问题》发表，表明十年内战时期党的军队建设、武装斗争思想有了较大的发展。

在统一战线问题上，中国共产党根据 1931 年九一八事变发生后国内外形势的变化，提出了抗日民族统一战线思想。抗日民族统一战线思想在 1932 年 4 月以中华苏维埃共和国临时政府名义发布的《对日宣战通电》、1933 年 1 月以中华苏维埃临时政府和工农红军革命军事委员会名义发表的《为反对日本帝国主义侵入华北愿在三个条件下与全国军队共同抗日宣言》、1933 年 6 月以中华苏维埃共和国临时政府名义发表的《为反对国民党出卖华北平津宣言》、1933 年 1 月 26 日中共驻共产国际代表团（简称中共代表团）向中共东北党组织发出的《中央给满洲省委各级党部及全体党员的信》（《一·二六指示信》）、1934 年 4 月以中国民族自卫委员会筹备会名义提出的《中国人民对日作战的基本纲领》、1934 年 7 月 15 日以中华苏维埃临时政府和工农红军革命军事委员会名义发表的《为红军北上抗日宣言》、1935 年 8 月 1 日以中华苏维埃中央政府和中国共产党中央委员会的名义公布的《为抗日救国告全体同胞书》（即《八一宣言》）等文件中都有体现，如《对日宣战通电》所提出的"以民族革命战争驱逐日本帝国主义出中国"的口号及其他文电、通告中提出的"进行民族革命战争""建立反帝运动统一战线"等提法，可以说是中国共产党抗日民族统一战线思想的萌芽，而《一·二六指示信》进一步提出了"除下层统一战线外，在某种程度和范围内，或能实行上层的统一战线"[1]。1935

---

[1] 《中央给满洲各级党部及全体党员的信——论满洲的状况和我们党的任务》，《中共中央文件选集》第 9 册，第 31 页。

年华北事变发生后，中国共产党提出了"停止内战，一致抗日"口号，并及时将反蒋抗日的政策调整为联蒋抗日，促成了全面抗战爆发前抗日民族统一战线的初步形成。

在政权建设问题上，苏维埃理论与苏维埃政权建设得到了发展。十月革命发生后，苏维埃理论传入中国，李大钊、瞿秋白等人纷纷发表文章，宣传布尔什维主义、"苏维埃劳农专政"。1921年7月召开的中共一大通过的《中国共产党纲领》宣布"承认苏维埃管理制度"，但一直到国民革命失败中共并没有打出"苏维埃"的旗帜，未曾付诸实施。这与共产国际不主张中共此时提出"苏维埃"口号的态度有一定关系。1927年国民革命失败后，中共临时中央政治局常委会于8月21日通过《中国共产党的政治任务与策略的议决案》，决定中国共产党仍使用"左派国民党旗帜"。但到9月，中共中央提出了建立"苏维埃政权"。1927年9月19日，中共中央临时政治局通过的《关于"左派国民党"及苏维埃口号问题决议案》中，指出："最近几月的经验（包括南昌军队中的暴动与两湖广东革命的农民暴动的爆发）指示出中央以前复兴左派国民党的估计不能实现。资产阶级军阀的反动已经很快的把国民党变成政治的尸首"，"现在群众看国民党的旗帜是资产阶级地主反革命的象征，白色恐怖的象征，空前未有的压迫与屠杀的象征"，"以后关于组织群众的革命斗争，当然无论如何说不上再在国民党的旗帜下进行"，"现在的任务不仅宣传苏维埃的思想，并且在革命斗争新的高潮中应成立苏维埃"。① 11月，中共中央召开扩大会议，通过了《中国现状与党的任务决议案》，再次强调抛弃国民党的旗帜，号召"团结在共产党的旗帜之下"，指出"现时革命阶段之中，党的主要口号就是苏维埃——无产阶级领导之下的工农民权

---

① 《关于"左派国民党"及苏维埃口号问题决议案》，《中共中央文件选集》第3册，第369—371页。

独裁制性质的政权，只能在苏维埃制度的形式里建立起来"。① 工农民主政权思想正式提出，苏维埃政权开始在各地相继建立。1928年6月18日至7月11日在莫斯科召开的中国共产党第六次全国代表大会，确立了建立苏维埃为中国革命的中心任务。瞿秋白在中共六大开幕式上强调，"要在这次大会上尽快讨论中国革命的一切基本问题，为革命的继续发展确定一条正确路线，以便在中国建立苏维埃政权"。大会通过的《政治决议案》将"建立工农代表会议（苏维埃）政府"作为中国革命现阶段的十大政纲之一。② 大会通过的《苏维埃政权的组织问题决议案》，规定中华苏维埃政权的正式名称是"中国工农兵代表会议（苏维埃）政府"③，阐释了苏维埃与党、农民协会、军事团体、土匪、农民武装组织、民团等的关系。1931年11月，在江西瑞金召开了中华苏维埃第一次全国代表大会，成立了中华苏维埃共和国临时中央政府。1935年12月中共中央召开了瓦窑堡会议，根据九一八事变以来国内政治形势和阶级关系的新变化，提出了建立广泛的抗日民族统一战线的方针，并决定把"苏维埃工农共和国"改为"苏维埃人民共和国"，这意味着政权不再仅仅归属于工农，而应归属于一切抗日的阶级、阶层和党派。1936年9月17日，中共中央及时地将"人民共和国"改为"民主共和国"。1937年2月，又进一步改名为中华民国特区政府。

以思想建党、理论与实际相结合、思想路线初步提出、近代社会性质的认识、中国革命道路理论等成果，表明马克思主义中国化取得了重要进展；中国革命道路的开辟、红军发展、土地革命开展、农村根据地建立等革命实践，表明马克思主义在中国的应用取得了重大成功，彰显了马克思主义中国化的实效实绩，拓展了马克思主义的实践空间。

---

① 《中国现状与党的任务决议案》，《中共中央文件选集》第3册，第459页。
② 《政治议决案》，《中共中央文件选集》第4册，第300页。
③ 《苏维埃政权的组织问题决议案》，《中共中央文件选集》第4册，第392页。

三　其他党派的政治思想

在国共两大政治势力之外，当时还有一些中间政派，他们既反对国民党一党专政、蒋介石个人独裁与"一个主义"的思想专制，也反对中国共产党从事武装斗争、开展土地革命、实施"红色割据"，提出了各自特色的政治思想、政治主张。当时的主要中间党派有以下几个。

第三党　1928 年春，谭平山、章伯钧等在上海秘密成立中华革命党，以流亡海外的邓演达为领袖。1930 年 5 月，邓演达回到上海；8 月召集该党干部会议，将"中华革命党"改为"中国国民党临时行动委员会"，通过《中国国民党临时行动委员会政治主张》，并决定出版《革命行动》半月刊宣传该党思想主张。《政治主张》认为，中国既不是封建社会，也不是"近代资本主义的社会"，"中国现时的社会，在形式上固然有异于古代的封建制度，但就其内容的性质而论，的确还离不了封建势力的支配。因此，整个的中国社会，还滞留在封建势力支配的阶段，还是前资本主义时代。同时又因为帝国主义势力支配着中国的缘故，使中国社会益呈复杂的状况。这两重支配，都是使中国社会不能向前进展的大障碍"。这实际上指出了近代中国是半殖民地半封建社会。据此，《政治主张》提出中国革命"不是一个单一性的革命——不是纯民族革命，不是纯民主革命，不是纯社会革命——而是一个复杂性的一种革命，具有民族、民权、民生三种革命性而以社会主义为归宿的革命。我们更相信，这个革命不是先后继起的三个革命——民族革命、民权革命、民生革命的历史阶段合成的，而是以同时并存的三种革命对象帝国主义者，封建军阀地主，以及依附前两者为生的高利盘剥的、反动的资本阶级——为对象的"。"简单一句话，我们的斗争目的就是实现三民主义。具体地说，我们的斗争目的是要：彻底地肃清帝国主义在华的势力，取消一切不平等条约，使中国民族完全解放，要使平民群众取得政权，要实现社会主义。"① 第三党主张进行"平民革命"，推翻南京政府的统治，建立"平民政权"的国家，进而"实现社会主义"。"平民政权"的对外政策是：废除一切不平等条约，重新订立完全平等的新约；在"双方完全平等及不干涉中国革命"的前提下，与苏联恢复邦交；同各弱小民族结成反帝国主义的联盟。经济政策是："消除帝国主义者在华的经济统治势力，消灭封建的残余，在集中与干涉的两个原则下面建设国家资本主义"；"原则上主张土地国有，而用耕者有其田为过渡的办法"。社会政策是：改良工人的生活，确定八小时工作制和工人罢工的权利，使工人逐渐参加生产管理。邓演达还积极进行军事反蒋活动，因而被蒋介石嫉恨，于1931年8月被捕，11月被秘密杀害于南京，第三党受到很大打击。1935年11月，改党名为"中华民族解放行动委员会"。

人权派 人权派又称"新月人权派"，是从新月社中分化出来的。新月社本是一个文学流派，先是于1923年底由胡适、徐志摩等人组成了聚餐会，后于1924年在北京松树胡同正式租房挂牌成立俱乐部，1927年徐志摩等在上海成立新月书店，不久又创办《新月》杂志，以"为艺术而艺术"、不附和任何政治派别相标榜。1929年4月20日，国民政府发布《保障人权命令》，只提到"个人或团体"均不得以非法行为侵害他人身体、自由及财产，但未提及政府机关的法律责任，由此导致了胡适等人的不满。5月6日，胡适、罗隆基在《新月》第2卷第2期发表《人权与约法》《专家政治》，由此引起了一场关于人权问题的讨论。新月派成员以《新月》月刊为阵地先后发表了30余篇政论性文章，宣扬"人权""法治"，掀起了一场"人权运动"。于是，人权派从新月社

① 《中国国民党临时行动委员会政治主张》，陈竹筠、陈起城选编《中国民主党派历史资料选辑》下册，华东师范大学出版社1985年版，第167—173页。

80 多位成员中凸显出来，成为现代史上名噪一时、被认为与 "共产主义" "三民主义" 鼎足而立的自由主义政治派别。

他们呼吁尊重与保障人权，指出国家的功用、政府的责任就在于保障人的基本权利。胡适在《人权与约法》一文中表示对政府《保障人权命令》"不能不感觉大失望"，他指出："第一，这道命令认'人权'为'身体，自由，财产'三项，但这三项都没有明确规定"；"第二，命令所禁止的只是'个人或团体'，而并不曾提及政府机关。个人或团体固然不得以非法行为侵害他人身体自由及财产，但今日我们最感觉痛苦的是种种政府机关或假借政府与党部的机关侵害人民的身体自由及财产"；"第三，命令中说，'违者即依法严行惩办不贷'，所谓'依法'是依什么法？我们就不知道今日有何种法律可以保障人民的人权"。他批评国民政府命令对人权的保障是 "只许州官放火，不许百姓点灯"。① 罗隆基在《论人权》一文中指出："人权破产，是中国目前不可掩盖的事实。国民政府四月二十日保障人权的命令，是承认中国人民人权已经破产的铁证。努力起来争回人权，已为中国立志做人的人的决心。"他给人权下了定义："人权是做人的那些必须的条件。人权是衣，食，住的权利，是身体安全的保障，是个人'成我至善之我'，享受个人生活上的幸福，因而达到人群完成人群可能的至善，达到最大多数享受最大幸福的目的上的必须的条件。"他指出："国家的功用，就在保障人权，就在保障国民做人上那些必要的条件。什么时候我的做人的必要的条件失了保障，这个国家，在我方面，就失了他的功用，同时我对这个国家就失了服从的义务？"他围绕 "我们要的人权是什么"罗列了 35 条细目，几乎涉及人民权利的方方面面。② 在各项自由权利中，他们尤为关注言论自由。罗隆基在《新月》

---

① 胡适：《人权与约法》，《胡适全集》第 21 卷，安徽教育出版社 2003 年版，第386—387 页。

② 罗隆基：《论人权》，《新月》第 2 卷第 5 号，1929 年 7 月 10 日。

第 2 卷第 6、7 号合刊发表《告压迫言论自由者》一文，论证了压迫言论自由的危害。

　　他们呼吁实行"法治"，反对"人治"，主张制定宪法、制定约法以"确立法治基础"。胡适在《人权与约法》一文中指出："现在中国的政治行为根本上从没有法律规定的权限，人民的权利自由也从没有法律规定的保障。在这种状态之下，说什么保障人权！说什么确立法治基础！在今日如果真要保障人权，如果真要确立法治基础，第一件应该制定一个中华民国的宪法。至少，至少，也应该制定所谓训政时期的约法。"① 他呼吁尽早制定宪法，指出"中山先生的根本大错误在于认训政与宪法不可同时并立"②，主张训政时期即可有宪法，"宪法与训练有什么不能相容之点？为什么训政时期不可以有宪法？为什么宪法之下不能训政？在我们浅学的人看起来，宪法之下正可以做训导人民的工作；而没有宪法或约法，则训政只是专制，决不能训练人民走上民主的路"③。罗隆基指出："法律的功用在保障人权，这是不容怀疑的。争人权的人，先争法治；争法治的人，先争宪法，步骤上我亦认为很合逻辑。"④针对 1931 年 5 月国民会议通过的《中华民国训政时期约法》并未体现法治的真义，指出国民会议所通过的约法使"主权属于国民"成了骗人的空话，根据约法所组织的国民政府"成一个独夫专制的政府，或成一个多头专制的政府（Oligarchy）。这种办法，绝对走不上民主政治的轨道。国民党所标榜的五权分立说，将来的结果，只能保存五院的空名，托庇在一个全权的主席或全权的委员会之下"。⑤

---

① 胡适：《人权与约法》，《胡适全集》第 21 卷，第 390 页。

② 胡适：《〈人权与约法〉的讨论》，《胡适全集》第 21 卷，第 424 页。

③ 胡适：《我们什么时候才可有宪法？——对于〈建国大纲〉的疑问》，《胡适全集》第 21 卷，第 433 页。

④ 罗隆基：《论人权》，《新月》第 2 卷第 5 号，1929 年 7 月 10 日。

⑤ 罗隆基：《对训政时期约法的批评》，《新月》第 3 卷第 8 号，1930 年 10 月 10 日。

他们要求国民党开放政治，呼吁打破武人政治与分赃政治，实行"民治"、专家政治。胡适指出："今日最大的危险是当国的人不明白他们干的事是一件绝大繁难的事。以一班没有现代学术训练的人，统治一个没有现代物质基础的大国家，天下的事有比这个更繁难的吗？要把这件大事办的好，没有别的法子，只有充分请教专家，充分运用科学。"① 罗隆基表示"根本反对独裁制度"，"并且主张那种拿独裁制度为平民制度的过渡方法的主张为不通"，呼吁国民党"组织全国大联合的超党派的政府"，"建设'委托治权'与专家行政的政府"。② 他认为"征集全国人才，组织贤能政府"，实行专家政治，"才可以达到政治上彻底刷新的目的"。③

人权派与国民党的暴政进行了抗争，但他们反对走中共的暴力革命道路，主张以温和的方式反专制反独裁。胡适在《我们走那条路？》一文中重申了其"一步一步的作自觉的改革""一点一滴的收不断的改革之全功"的改良主义主张，提出要铲除打倒的是贫穷、疾病、愚昧、贪污、扰乱五大仇敌，反对把帝国主义和封建主义作为革命的对象；主张"用自觉的改革来替代盲动的所谓'革命'"。④ 罗隆基指出：国共相持的结果，只会造成"经济上破产"与"政治上亡国"，"为中国人民求生计，自然只有希望国民党剿共及早成功"；他认为武力"剿共"只是"头痛医头，脚痛医脚"，"最根本最敏捷最聪明"的"剿共铲共"的策略是"以思想代替思想的方法"，只要做到"解放思想，重自由不重统一"和"改革政治，以民治代替党治"，共产党学说和共产党就可以不剿

---

① 胡适：《知难，行亦不易——孙中山先生的"行易知难说"述评》，《胡适全集》第 21 卷，第 407 页。

② 罗隆基：《我们要什么样的政治制度》，《新月》第 2 卷第 12 号，1930 年 2 月 10 日。

③ 罗隆基：《告日本的国民和中国的当局》，《新月》第 3 卷第 12 号，1931 年 2 月 10 日。

④ 胡适：《我们走那条路？》，《新月》第 2 卷第 10 号，1929 年 12 月 10 日。

自灭。①

　　人权派既抨击国民党的专制独裁，又反对共产党的暴力革命，这种首鼠两端的态度，决定了其面临左右夹攻的现实困境。中国共产党党刊《布尔什维克》撰文对人权派的政治思想进行批判，其中最有代表性的是瞿秋白的《中国人权派的真面目》一文。国民党当局将人权派成员视为危险分子并进行迫害。1929 年 11 月，国民党中央宣传部出版了《评胡适反党义近著》一书，给胡适等人扣上"违反党义""诋毁党义"的帽子，国民政府教育部对胡适"加以警告"；1931 年，罗隆基因发表反对国民党一党专政的言论而被逮捕。人权派、人权运动遭到了镇压。

　　乡村建设派　1930 年前后形成的一个主张用改良主义方法解决中国农村问题的政治派别，简称"乡建派"，主要流派有以梁漱溟为代表的乡村建设派和以晏阳初为代表的中华平民教育会派。

　　梁漱溟于 1917 年出任北京大学印度哲学讲席，是五四时期东方文化派的代表人物。1922 年出版了《东西方文化及其哲学》，奠定了其后乡村建设运动的理论基础。1924 年，梁漱溟辞离北京大学。他从 1928 年起开始倡导乡治主义，讲述《乡治十讲》。1929 年在北平接办《村治》月刊，同年在河南辉县百泉村办村治学院并任教务长。1931 年在韩复榘支持下，在山东邹平县办乡村建设研究院，任研究部主任兼院长，出版《乡村建设》月刊；1934 年在菏泽设研究院第一分部。1933 年 7 月，召开乡村工作讨论会，推选梁漱溟、晏阳初、黄炎培、章元善、江恒源、许士廉六人为主席团，至此乡村建设派正式形成。梁漱溟还进行了一系列乡建理论著述，于 1933 年出版《中国民族自救运动之最后觉悟》（《村治论文集》），于 1937 年出版《乡村建设理论》（亦名《中国民族之前途》）。梁漱溟认为，中国问题主要在乡村，乡村问题又主要表现

_____

①　罗隆基：《论中国的共产——为共产问题忠告国民党》，《新月》第 3 卷第 10 号，1931 年 12 月 10 日。

为"文化失调"，指出"中国社会是以乡村为基础，并以乡村为主体的；所有文化，多半是从乡村而来，又为乡村而设——法制、礼俗、工商业等莫不如是。在近百年中，帝国主义的侵略，固然直接间接都在破坏乡村，即中国人所作所为，一切维新革命民族自救，亦无非是破坏乡村。所以中国近百年史，也可以说是一部乡村破坏史"。① 既然如此，解决中国问题就要从乡村建设入手，从恢复被破坏的儒家乡村入手，称"中国政治问题的解决，必走乡村建设的路，故其经济问题的解决，亦必走乡村建设的路"，"所谓中国建设（或云中国经济建设）必走乡村建设之路者，就是说必走振兴农业以引发工业的路。换言之，必从复兴农村入手，以达于新社会建设的成功"。② 他表示既不能走"欧美近代资本主义的路"，也不能走"俄国共产党发明的路"，而必须走其所主张的"乡村建设"之路。梁漱溟认为，与西洋个人本位、阶级对立的社会不同，中国传统社会的特征则是"伦理本位，职业分途"，这种特征在乡村体现最为突出，因为"中国文化的根就是乡村"，中国文化的根"就有形的来说，就是'乡村'"，"就无形的来说，就是'中国人讲的老道理'"。③ 他主张从重建被破坏的乡村入手，恢复法制礼俗以重建社会组织，恢复"中国人讲的老道理"以解决"文化失调"，从恢复儒家的乡村入手，然后扩及整个社会，恢复中国儒家伦理。乡村建设的主要内容是建立政治和教育合一的乡农学校，同时推行"新乡约"，建立"乡村自卫组织"，举办供销、信用等合作社，推行农业技术的改进措施。乡建派企图走"欧美近代资本主义的路"与"俄国共产党发明的路"之外的第三条道路，即从乡村入手复兴儒家文化以复兴民族，这与时代大潮背道而驰，只能是一种幻想。1937 年"七七"事变后，乡村建设运动无形解体，

---

① 《乡村建设理论》，《梁漱溟全集》（二），第 150 页。
② 《乡村建设理论》，《梁漱溟全集》（二），第 158 页。
③ 《乡村建设大意》，《梁漱溟全集》（一），第 612—613 页。

多数人参加抗日救亡运动或抗日民主运动。1941年3月，乡村建设派参与发起组织中国民主政团同盟。

晏阳初早期开展平民教育运动，他和朱其慧、陶行知等于1923年6月发起组织中华平民教育促进会，以"除文盲，做新民"为宗旨，朱其慧任董事长，晏阳初任总干事，出版《农民旬报》《新民旬报》《平民汇刊》三种定期出版物。晏阳初认为中国的大患是民众的贫、愚、弱、私"四大病"，主张通过办平民学校对民众首先是农民进行教育，先教识字，再实施生计、文艺、卫生和公民"四大教育"。1926年，他与志同道合的一批知识分子来到定县翟城村，推行其乡村教育计划，1929年平教总会迁往定县，1930年获准成立了定县试验区。进入20世纪30年代后，晏阳初将注意力转向农村，并接受了梁漱溟的"乡村建设"一词，平教运动与乡村建设运动汇合。他指出："中国人——尤其是大多数的农民——的衰老、腐朽、钝滞、麻木和种种的退化现象，更叫中国整个社会的问题，严重到不可收拾。实在可以说，社会的各种问题，不自发生，自'人'而生。……所以从事'人的改造'的教育工作，成为解决中国整个社会问题的根本关键。定县的四大教育因而有其积极的建设的意义。所谓四大教育就是针对着多数民众的四大病象——愚、穷、弱、私——而设立。"[1] 他认为中国的"贫、愚、弱、私"四大问题，在农民身上表现尤为突出，这是其转道乡村建设的原因。他指出："乡村建设运动当然不是偶然产生的……发见中国的大多数人是农民，而他们的生活基础（Culturalbase）是乡村，民族的基本力量都蕴藏在这大多数人——农民——的身上，所以要谋自力更生必须在农民身上想办法。而自力更生的途径也必须走乡建的一条路"，[2] 提出了以"学校式、社会式、家庭式"三大方式结合并举，"以文艺教育攻愚，以生计教育治穷，以卫生教

---

① 《十年来的中国乡村建设》，《晏阳初全集》（一），第561页。

② 阳初：《十年来的中国乡村建设》，《晏阳初全集》（一），第559—560页。

育扶弱，以公民教育克私"四大教育连环并进，实施政治、教育、经济、自卫、卫生和礼俗"六大建设"的农村改造方案。30 年代初，定县的乡村教育实践得到国民政府肯定并向全国推广，设立了中国乡村建设育才院，在中国各省划出一个县进行乡村教育试点，其间先后成立了定县实验县、衡山实验县、新都实验县和华西试验区等乡村教育实验区。1940 年中国乡村建设育才院改名为乡村建设学院，晏阳初任院长。

当时的中间政派被称为"三党三派"的除了第三党、乡村建设派，还有中国青年党、国家社会党、救国会、中华职业教育社，这些派别提出了各自特色的政治主张，也都产生了一定的社会影响。这些党派后来加入了 1939 年 11 月建立的统一建国同志会、1941 年 3 月成立的中国民主政团同盟。

第 十 一 章

抗日救亡思潮的新发展

一 "停止内战，一致对外"呼声的高涨

（一）国民党对抗日救亡活动的打击

自 1928 年国民政府成立后，国民党便对包括学生运动在内的各类民众运动保持警惕，认为虽然早期之民众运动对于推动国民革命的顺利进行具有十分重要的作用，然而进入"训政"时期后，民众运动需要加以控制，"唯过去民众运动曾一度受共产党之操纵，以阶级斗争之谬说，麻醉民众，至民运失其轨范；结果农荒于野，工辍于场，商扰于市，学生废学，民众乃益陷于痛苦，社会乃益陷于不安，此其弊害亦确为至明显之事也"①。为此，国民政府对民众运动加以控制，蒋介石便曾告诫全国学生不得掀动学潮，"若非立即严加纠正，将如洪水横流，为害无所底止"②。

九一八事变后，全国民众抗日运动风起云涌，而蒋介石及国民

---

① 中国第二历史档案馆编《中华民国史档案资料汇编》第五辑第一编政治（四），江苏古籍出版社 2010 年版，第 10 页。

② 中国第二历史档案馆编《中华民国史档案资料汇编》第五辑第一编政治（四），第 42 页。

党政府所主张的"攘外必先安内"政策，更是激起广大民众的不满，各地民众纷纷组织救亡运动，反对"攘外必先安内"的对日政策，并督促国民党政府立即执行对日抵抗政策。这其中，学生对于抗日救亡表现尤为积极。然而，国民政府却认为学生投身救亡运动，并号召"不宣战不开课""出兵与读书并提"，其热诚固然无可厚非，但"衡诸事理，实多纰误"。① 国民政府更是明令禁止各地学生入京请愿，并指出"爱国之心理固可嘉许，而行动之当否，实关存亡。……至集队来京请愿之举，应一律禁止，以免荒废学业，贻误国家"。②

北平市政府明令禁止学生南下请愿，一旦发现，应立即予以制止。③ 同时，北平市教育局还明令各中小学校不得罢课，"本市中小学校学生务应沉着静毅，勤奋学业，以期救助国家，切不得率行罢课，徒滋旷废"。④ 而对于学生爱国募捐行为，北平市教育局也表示，其动机虽然是出于爱国，但"拦路劝捐；不但交通秩序不易维持，更恐伪冒羼杂，难于识别"，因此令各大学学院，劝导本校学生勿上街募捐。⑤

一·二八事变后，国民党仍未放弃其"攘外必先安内"的错误主张，继续干涉民众的抗日救亡爱国运动。北平市公安局曾命令停止北平市检查日货工作。对于学生，国民党中央民众运动指导委员会也推出《防制学生不良思想及行动办法》，表示广大学生"自

① 中国第二历史档案馆编《中华民国史档案资料汇编》第五辑第一编政治（四），第 146 页。

② 中国第二历史档案馆编《中华民国史档案资料汇编》第五辑第一编政治（四），第 149 页。

③ 中共北京市委党史研究室编《北京地区抗日运动史料汇编》第一辑，中国文史出版社 1990 年版，第274 页。

④ 中共北京市委党史研究室编《北京地区抗日运动史料汇编》第一辑，第275 页。

⑤ 中共北京市委党史研究室编《北京地区抗日运动史料汇编》第一辑，第277 页。

国难发生以来，动辄弃学奔走，结队浮动，表示激昂，本党以其志行纯洁，从未加以阻难。惟青年血气正盛，学识未充，易为邪说所惑，反动者所乘，若不严加防制，终恐危及国家"。① 在《办法》中，国民党中央民众运动指导委员会规定各级高级党部对于当地学校，应当派工作人员旁听，并秘密调查师生言行，积极向学生灌输党化教育思想。不仅如此，《办法》中还规定学校当局应当指定干员随时巡视学校内有无壁报、传单、标语等宣传品，"认为反动者，即将撕下，如情节严重并应送交当地高级党部核办"。②

　　此外，国民党还采取各种措施取缔各类民众抗日救亡团体。张群在致国民政府行政院的密电中建议对于抗日救亡团体应当密切注意，"并约集沪地党政军绅商学各界稳健忠实分子，密组会议，互通消息，共酬应付之之方"。③ 1931 年 12 月 4 日，北平市政府便下令解散北平学生抗日救国联合会，并指责救国联合会为少数分子所控制，假借抗日的名义，把持会务，"志在贯彻其反动工作，匿不交代，复捏造事实，滥发宣言，淆惑听闻"。④

　　一·二八事变后，国民党政府的妥协态度并未能换来和平，日本侵略者对华仍是步步紧逼，不断扩大侵略范围。时至 1935 年，日本侵略者更是试图分离华北，策动华北独立。为此，国内民众再次掀起反日高潮。然而，国民政府对于民众抗日救亡运动仍持采取干涉态度。1935 年 2 月 19 日，国民政府秘密饬令各省市停止检查日货及抗日组织活动，表示"对于当前国难，全国人民应依据中央所定救亡图存之方案，以一致之决心与步骤，共策进行。为达到

---

① 中共北京市委党史研究室编《北京地区抗日运动史料汇编》第二辑，第287 页。

② 中共北京市委党史研究室编《北京地区抗日运动史料汇编》第二辑，第288 页。

③ 中国第二历史档案馆编《中华民国史档案资料汇编》第五辑第一编政治（四），第 252 页。

④ 中共北京市委党史研究室编《北京地区抗日运动史料汇编》第一辑，第280 页。

此目的起见，关于检查日货及各项抗日组织"，应进行劝告停止。①
不仅如此，6 月 10 日，国民政府还发布"邦交敦睦令"，指出"凡
我国民，对于友邦，务敦睦谊，不得有排斥及挑拨恶感之言论行
为，尤不得以此目的，组织任何团体，以妨国交。兹特重申禁令，
仰各切实遵守，如有违背，定予严惩"。② 7 月 5 日，国民党中央民
众运动指导委员会向国民党各省市党部发布了"严饬所属及民众
团体切勿轻发救国言论"的密电稿，严令各省市党部"应懔当前
值危难，严饬所属民众团体，仰体时艰，藉（借）收实效"。③

（二）一二·九运动

1935 年下半年，日本侵略者制造华北事变的步伐加快，并与
汉奸勾结，在华北策划"自治运动"，妄图分离华北，发动华北事
变。而国民政府迫于日本的压力且对国际调停还抱有幻想，一再对
日本退让，对民众的抗日救亡活动进行干涉，并预定于 12 月 9 日
在北平成立冀察政务委员会。

面对空前的民族危机及国民党对救亡活动的干涉，广大爱国青年
学生在中共北平临时工作委员会的领导下，组织成立了北平市大中学
生联合会（简称北平学联），决定以实际行动表达抗日救亡的意志。12
月 6 日，北平燕京、清华、师大等 11 所大学及第一女中等 4 所中学学
生自治会联名通电全国，"誓死反对断送领土及主权之自治行动以及任
何变相之独立阴谋"，要求政府下令讨伐殷汝耕，宣布对敌外交政策，
动员全国对敌抵抗，切实解放人民言论、结社、集会之自由。④

---

① 中共北京市委党史研究室编《北京地区抗日运动史料汇编》第二辑，第
289 页。

② 中共北京市委党史研究室编《北京地区抗日运动史料汇编》第二辑，第
290 页。

③ 中共北京市委党史研究室编《北京地区抗日运动史料汇编》第二辑，第
291 页。

④ 韩信夫、姜克夫主编《中华民国史·大事记》第七卷，中华书局 2012 年版，
第 5021 页。

12月9日，北平学生在中国共产党的领导下，涌上街头，冲破国民党军警的重重阻挠，为反对设立冀察政务委员会，反对华北自治运动，反对日本侵略华北，举行大规模示威游行。当天上午，学生齐集天安门，在被军队冲散后，游行指挥部临时决定将集合地点改在新华门前，请愿求见军政部长何应钦，并提出六项要求："一、反对所谓自治运动；二、公布中日交涉经过；三、不得任意捕人；四、保障领土主权；五、停止一切内战；六、要求言论、集会、结社、出版自由"。并要求开放西直门，让城外学生进城。在要求被拒绝后，学生结队游行，沿途高呼"反对华北防共自治运动""打倒日本帝国主义""打倒汉奸卖国贼""停止内战，一致抗日"等口号。当日，清华大学救国会发表《告全国民众书》，面对华北危机，惊呼："华北之大，已经安放不得一张平静的书桌了！"呼吁全国同胞赶快联合起来，"要以血肉和头颅换取我们的自由"。[1]

12月10日，北平学生联合会决议自11日起发动全市罢课，并发布宣传大纲，要求"反对危害民族生存的内战；反对一切出卖民族利益的政策与行动；要求武装全国民众，扩大民族解放斗争；打倒日本帝国主义；争取中华民族的自由解放"。[2] 12月16日，北平学生为反对华北自治运动，再次举行大型示威游行，共有44所大、中学校学生万余人参加，共组成四个大队：第一大队由东北大学率领，包括师范大学等八所学校；第二大队由中国学院率领，包括法商学院等四所学校；第三大队由北京大学率领，包括中法大学等十二所学校；第四大队由清华大学率领，包括燕京大学等五所学校，还有北平市民两万余人参加了游行，通过了"反对日本帝国主义侵略中国""不承认冀察政务委员会""反对华北任何傀儡组织""收复东北失地"等决议。

北平学生抗日救亡的呼声引起了全国各地民众的呼应。12月

---

[1]　韩信夫、姜克夫主编《中华民国史·大事记》第七卷，第5023页。
[2]　韩信夫、姜克夫主编《中华民国史·大事记》第七卷，第5024页。

10 日，杭州浙江大学学生也举行全体会议，决定响应北平学生示威运动，通电全国学校一致响应，组织宣传队向民众宣传反对"华北自治"。① 12 月 11 日，杭州中等以上学校学生万余人又组织示威游行，声援北平学生，反对"华北自治"。同日，上海各大学联合会也致电北平教育界表示声援，并号召力保主权，反对分割华北，"虽流血牺牲，在所不惜"。② 12 月 12 日，南京各中等学校学生自治协会发表《告全国民众书》，响应北平学生抗日救国运动，反对"华北自治"。12 月 14 日，上海各大学学生救国联合会成立，通电声援北平学生运动，并电请政府保障正当爱国运动与言论自由。12 月 18 日，中华全国总工会发表《为援助北平学生救国运动告工友书》，要求立即释放一切被捕爱国志士，取消冀察政务委员会，停止内战，武力讨伐叛逆；并号召工人群众恢复"五卅"的英勇斗争精神，继续"省港大罢工"的光荣传统，学习"北伐"的经验和教训，一致团结，抗日救国。③ 南京各校学生 5000 余人再次举行请愿游行，反对华北自治组织，要求国民党当局释放北平被捕学生，保障爱国运动。19 日，天津各校学生开始总罢课以支持北平学生，反对"华北自治"。上海学生为支持北平学生也向上海市市长吴铁城请愿，要求取消华北自治组织、释放北平被捕学生、惩办压迫学生运动之官吏、保障学生爱国运动、讨伐殷汝耕。④ 20 日，上海暨南大学等 40 余校学生 6000 余人发动请愿游行，要求国民党中央制止华北当局压迫学生爱国运动，出兵讨伐殷汝耕，维护国家领土、主权完整；同时要求市长释放被捕学生，保护上海爱国运动，保障言论、集会自由。而中国共产主义青年团中央委员会也发表《为抗日救国告全国各校学生和各界青年同胞宣言》，号召一切爱国青年同胞和青年组织，在抗日救国的旗帜下联

---

① 韩信夫、姜克夫主编《中华民国史·大事记》第七卷，第 5024 页。
② 韩信夫、姜克夫主编《中华民国史·大事记》第七卷，第 5025 页。
③ 韩信夫、姜克夫主编《中华民国史·大事记》第七卷，第 5032 页。
④ 韩信夫、姜克夫主编《中华民国史·大事记》第七卷，第 5033 页。

合起来，到工人、农民、商民、军队中去，实行全民抗日救国大联合，并声明将共产主义青年团改为抗日救国青年团，欢迎一切赞成抗日救国的青年加入。①

经过示威运动后，学生运动逐渐发展壮大，如何将学生运动引向新的阶段是迫切需要解决的问题。此时，中国共产党及时指出：单纯的学生运动是不能完成驱逐日本帝国主义出中国的伟大任务的，必须扩大抗日救亡宣传，发动千百万工农群众起来进行武装的自卫斗争，才能使学生救亡运动发展壮大。

1935 年 12 月 26 日，平津学生联合会正式成立，响应中国共产党提出的"到农村去，到工厂中去"的号召，反对日本帝国主义进攻中国，反对冀察、冀东一切出卖民族利益的傀儡组织，收复东北失地，争取中华民族的自由解放。同时，决定组织"平津学生南下扩大宣传团"，深入民间，宣传抗日救国。扩大宣传团分为四个团：第一、二团为北京大学、东北大学、师范大学、中国大学、弘达学院、东北中山中学、镜湖中学等校学生；第三团为清华大学、燕京大学、辅仁大学、朝阳学院等校学生；第四团由天津大、中学校学生组成。1936 年 1 月初，扩大宣传团一路南下，宣传抗日救国思想。扩大宣传团南下途中，通过演讲、散发传单、教唱救亡歌曲、演出救亡戏剧等方式，对当地民众进行抗日救国宣传，并组织抗日救国团体以扩大影响力。1 月 13 日，平津学生联合会发表对时局通电，揭露国民政府"为缓解舆论、消灭运动计，乃一面宣布各地之戒严令，一面召集全国学生代表入京"，"借训导之名，而行欺骗收买之实"。"且所谓学生代表，乃当局所指派……所能代表者若何"，"如政府立即对日宣战，实行革命外交，恢复民众组织及爱国言论、出版之自主，则吾侪不但入京听训，且将入京叩首"。"但四年来政府行径适与人民背道而驰，非人民不信政府，实当道自绝于人民。"②

---

① 韩信夫、姜克夫主编《中华民国史·大事记》第七卷，第 5034 页。
② 韩信夫、姜克夫主编《中华民国史·大事记》第七卷，第 5055 页。

而在平津学生南下扩大宣传团的影响下，各地学生也纷纷组织宣传队进行抗战救亡宣传。1936 年 1 月 21 日，上海复旦大学等校学生成立"上海各大中学学生救国宣传团"，分赴嘉定、太仓、昆山等县进行宣传。广州各学校学生也组织宣传团下乡宣传，并在广州市郊的农村进行宣传，组织农民，开展抗日救亡斗争。此外，徐州、济南、杭州、武汉等地学生也组织宣传团，进行抗日宣传工作。

在实际的宣传过程中，扩大宣传团的成员深感成立固定组织的必要性。1936 年 2 月 26 日，中华民族解放先锋队成立，并迅速发展成为全国性组织，甚至在法国巴黎、日本东京及缅甸等地也成立分支机构。中华民族解放先锋队成立后，各地爱国学生的抗日救亡活动更具有组织性，一方面在城市中创办刊物、开办民众识字班等，来宣传抗日救亡思想；另一方面则深入乡村，通过讲时事、教唱歌等通俗易懂的宣传形式，号召广大农民起来保卫自己的家园。正是通过这些方式，一二·九运动的影响得以扩大与深化，从而促进了民众抗日救亡思想的觉醒。

（三）救国运动的兴起与高涨

在一二·九运动的影响下，爱国救亡运动迅速从学生阶层扩展到社会各界和各阶层。这期间，全国各阶层群众性救国组织纷纷成立，并发表宣言，要求维护领土主权，停止内战，讨伐伪政权，积极抗日。

1935 年 12 月 12 日，上海文化界马相伯、沈钧儒、章乃器、邹韬奋、陶行知等"鉴于中华民族的危机日迫，整个华北又将成为第二个'伪满'，特发起救国运动"，并发表《上海文化界救国运动宣言》，表示"争取民族的解放，不单是中国人民的天经地义，而是任何被压迫民族的天经地义。敌人的压迫愈严重，中国人民对民族解放的要求，亦愈高涨。尽量的组织民众，一心一德的拿铁和血与敌人作殊死战，是中国民族的唯一出路。这样的一个神圣战

争，世界上凡是有理性的人，都会给我们以深切的同情。一切苟且
因循的政策，都只有分散民族阵线，使敌人逐步的消灭我们"。①
在宣言中，上海文化界人士主张捍卫领土和主权的完整，否认一切
有损领土主权的条约和协定，并要求即日出兵讨伐伪政权，以全国
的兵力财力反抗敌人的侵略等。12月27日，上海文化界救国会正
式成立，并发布第二次救国运动宣言，在宣言中表示文化界应当在
爱国救亡运动的高潮中尽到自己的责任，各级教师应当负起领导学
生救亡的责任，从事新闻事业的人们应当负起舆论领导的责任，而
编辑和作家们应当用笔代表大众说话，并指导大众的行动。为此，
上海文化界救国会呼吁"大中小学教师们，赶速的站在学生前面，
领导学生救国运动"，"从事新闻事业的人们，忠实的报告救国运
动消息，树立公正舆论"，"著作家们，本着各自的文化领域，用
各种方式，激发大众斗争的意识，建立正确的理论领导"，"反对
文化统制，反对文化界汉奸"，"全国文化界联合组成救亡的统一
阵线，领导民族解放运动"。②

　　1935年12月21日，上海妇女救国联合会举行成立大会。会
上，何香凝表示北平的学生们已经起来反对华北自治，妇女同胞应
当一致起来唤醒民众，共同反对假借民意的一切自治组织，"我们
要奋起精神，我们要武装起来。我们不再做奴隶了，不做生男育女
的性机器。我们是要与男子一样的负起重大的责任，争取民族生
存，同到战场去"。③上海各大学教授也成立起了救国会，表示政
府应当明白表示抗日决心，加强作战准备，"抵抗则生存，不抵抗
就灭亡。若抵抗的话，则万众一心成了政府的后盾，若不抵抗的
话，万众的心离散，成了汉奸腐败分子威胁的地方"，并主张"反
对一切丧失主权、领土完整的秘密外交"，"反对由于外力所策动

---

① 周天度、孙彩霞编《救国会史料集》，中央编译出版社2006年版，第65页。
② 周天度、孙彩霞编《救国会史料集》，第74—75页。
③ 周天度、孙彩霞编《救国会史料集》，第69页。

的变相自治组织"、"要求集中全国兵力反对侵略,确保领土完整","对敌经济绝交","全国民众自动的站起来,联合世界上以平等待我之民族,共同奋斗"。①

1936 年 1 月 28 日,为纪念一·二八事变四周年,上海各界举行隆重纪念大会,并成立上海各界救国联合会作为上海各界民众抗战救国的统一组织。3 月,上海各界救国联合会发表《对时局紧急宣言》指出,日本法西斯是要用屠杀的力量,取得他们的胜利,"我们除了用铁和血对法西斯化的日本帝国主义作殊死战以外,没有第二条出路;一切亲敌媚外的政策,都只有增加耻辱,扩大失地,麻醉了国内的人心,而绝不能遏止敌人的凶焰"。② 5 月底,中国学生救国联合会在上海成立,包括十七个城市和广西全省学生救国联合会的代表在内共 28 人参加会议,并发表成立宣言。在成立宣言中,中国学生救国联合会表示要不分地位、不分党派、不分性别地在抗日救国的目标下紧紧地团结起来,组成坚固的民族统一战线,反对日本帝国主义进攻中国。③

为了将各地方性救国组织联合起来,促进全国各党各派各实力派"停止内战,一致联合"的抗日救亡运动,全国各界救国联合会(简称"全救会")于 1936 年 5 月 31 日在上海成立。全国 20 多个省市的 60 多个救亡团体共 70 余名代表参加了大会。大会选举宋庆龄、何香凝、马相伯、邹韬奋等 40 余人为执行委员,沈钧儒、章乃器、李公朴、史良、沙千里、王造时等 14 人为常务委员。会议通过了《全国各界救国联合会成立大会宣言》《抗日救国初步政治纲领》等文件。《全国各界救国联合会成立大会宣言》中指出,从九一八事变开始,中华民族遭受了长期的磨难,但政府当局却"陷于无抵抗的错误"。而"日本大陆政策的主要作用在灭亡全中

① 周天度、孙彩霞编《救国会史料集》,第 77 页。
② 周天度、孙彩霞编《救国会史料集》,第 84 页。
③ 周天度、孙彩霞编《救国会史料集》,第 91 页。

国，我们唯一救亡图存的要道，在立刻全国团结一致以全力抗敌"。为此，现阶段的主要任务就是促成全国各实力派合作抗敌，"全国各实力派即日停止一切自相残杀消耗国力的内战，从速团结起来一致对外"，"废弃一切教导人民亲敌、堕落民族气节的所谓'合作'、'亲善'、'敦睦邦交'等可耻口号，同时给与人民以抗敌的组织和言论的自由"，"联合利害相同、能以平等待我的民族，重新建立起来正确的国际关系"。① 在大会通过的《抗日救国初步政治纲领》中，全国各界救国联合会指出，现在中国需要的是争取自由独立的民族革命，而共同的敌人就是日本帝国主义和汉奸，为此"我们主张各实力派同时释放政治犯；主张大家捐弃前嫌，不咎既往"。②

全国各界救国联合会成立后，又多次针对时局发表通电。1935年6月14日，全国各界救国联合会发表对时局紧急通电表示，"务使全国兵力，一致向外，抗日战争，立即展开，恢复我已失之河山，拯救我被压迫之同胞。倘有违背此旨，发动内战者，则本会愿全国民众共弃之"。③ 6月21日，全救会再次为时局发表致南京政府的紧急通电表示，日本增兵华北，"以势理以信义言之，所谓最后牺牲之时至矣。此时不战，更待何时？若不对外，必起内争，时机迫切，系于一发。万望我政府顾念民族之垂亡，实践屡次宣言捍卫国土之决心，立即领导全国，对日抗战。宁为玉碎，毋为瓦全！否则同室操戈，敌人得利，亡国灭种，谁负其责？"④ 7月9日，全救会又发表了对国民党二中全会的宣言，并在宣言中表示中华民族正面临空前的危机，各种历史教训告诉我们"只要对外能够发动抗日战争，对内就可以根本消灭一切的纠纷"，为此国民党应当停

---

① 周天度、孙彩霞编《救国会史料集》，第97—98页。
② 周天度、孙彩霞编《救国会史料集》，第105页。
③ 周天度、孙彩霞编《救国会史料集》，第117页。
④ 周天度、孙彩霞编《救国会史料集》，第117—118页。

止内战、一致对外，释放政治犯，以武力反抗日本侵略。①

　　1936 年 7 月 15 日，沈钧儒、陶行知、章乃器、邹韬奋 4 人发表的《团结御侮的几个基本条件与最低要求》的公开信表示，抗日救国是关系到整个民族生死存亡的大问题，只有集合一切人力、财力、物力、智力，实行全面总动员，才能得到最后的胜利。同时，主张各党派各方面共同联合起来抗日救国，并希望广大民众能够加入救亡阵线中来，作抗日的直接斗争。

　　不仅如此，作为全救会的骨干，沈钧儒、陶行知、章乃器、邹韬奋、马相伯等人也常常在报端刊文，阐述全救会主旨及抗战救亡的思想。马相伯便在 1936 年 7 月发表救国谈话呼吁政府停止不抵抗政策，支持民众的抗日救亡运动。邹韬奋也在《人民阵线与关门主义》中提出，中国作为半殖民地国家，应当集中全国的力量来一致对外而非对内，只要是不愿作亡国奴的，都可以联合起来一致抗敌救国，而非以阶级为出发点。② 而在《言论自由与联合战线》中他表示，民族联合战线是不论党派，不论信仰，不论职业，不论阶级，共同联合起来对付我们民族的最大敌人，抢救垂危的中华民族。③ 章乃器则在《西南事件所给与我们的教训》一文中表示，西南事件之所以失败便是因为没有巩固民众的抗日力量，"倘使广东的抗日阵线在那时已经有几十万甚至几百万的群众做基础，那末，在这种伟大的民众情绪的挟持和拥护之下，内部的分裂是不可能的。谁愿意脱离民众抗日阵线，而受天下后世的唾骂呢？"④ 陶行知则在《我对于联合战线的认识》中指出，中国已经到了生死关头，只有抵抗，才能救国；要想抵抗，必须发动整个民族的人力、财力、物力、智力，才能保证最终的胜利。⑤

---

① 周天度、孙彩霞编《救国会史料集》，第 118—119 页。
② 周天度、孙彩霞编《救国会史料集》，第 151—152 页。
③ 周天度、孙彩霞编《救国会史料集》，第 166 页。
④ 周天度、孙彩霞编《救国会史料集》，第 161 页。
⑤ 周天度、孙彩霞编《救国会史料集》，第 165 页。

不仅如此，全救会还积极投入具体的抗日救亡活动当中。1936年11月16日，全救会就绥远抗战发表宣言表示，绥远是中国人的绥远，政府应该发动全国规模的积极的抗战，立刻停止内战，动员全国武装力量抗击日军；同时号召全国实力派一致请缨抗战，"全国不愿做亡国奴的同胞，立刻自动组织起来，参加救国阵线，以全力援助绥远抗敌军队"。① 11月17日，全救会又分别致电国民政府、傅作义及张学良，希望全体将士能够寸土必争，勿使国土沦于敌手。②

全国各界救国联合会成立后，积极发动和联合全国各地救国会投入抗日救亡大潮当中，积极从事抗日救亡活动。上海各界救国联合会便在1936年10月的请命书中表示，应当融化国内一切政治派别的斗争，实现一个足以抗敌救亡强有力的统一政权，并希望能够平息纷争，"兄弟阋墙，外御其侮"。③ 1936年11月12日，上海各界救国联合会在为纪念孙中山诞辰告全国同胞书中，呼吁政府立即动员全国抗日，立即停止剿共，要求国民党恢复孙中山先生的民族革命精神。④ 广西各界抗日救国会在成立后举行了4万余人大游行，以激发民众的救国热忱，并向党政军当局请愿，希望能够立即发兵北上抗日。⑤ 1936年8月，东莞各界救国联合会发表宣言表示，在中华民族遭逢空前危机的今天，由于日本帝国主义不断的掠夺，广大的土地被日军侵占，六千万的同胞被敌人奴役，"亡国的命运，会落在每个人的身上。我们从五年来的经验教训中，认清并决定了：我们只有抗争才是生路，任何'亲善''睦邻'等可耻政策，都是死路"。⑥

---

① 周天度、孙彩霞编《救国会史料集》，第202页。
② 周天度、孙彩霞编《救国会史料集》，第202—203页。
③ 周天度、孙彩霞编《救国会史料集》，第186页。
④ 周天度、孙彩霞编《救国会史料集》，第193页。
⑤ 周天度、孙彩霞编《救国会史料集》，第215页。
⑥ 周天度、孙彩霞编《救国会史料集》，第217页。

1936 年 9 月 18 日，广东各界救国会筹备会发表宣言，表示中华民族是到了生与死、存与亡的一个严重的决斗的时候了！中国人民要认清日本帝国主义是全中国日前的死敌，中华民族如果要生存，要负起世界和平的任务，就非打倒这个主要死敌不可。不仅如此，广东各界救国会还呼吁广东民众"只要不愿意做亡国之奴的，不做汉奸的，不分党派、阶层、职业、团体、个人，都不容迟疑的参加到这救国联合会来"，"广东政府应履行其诺言，开放民众救国运动，允许人民抗日之言论、行动自由"，"广东现有的军队，应该团体的、个别的争先参加这统一战线来，共担救亡的重负"。① 与此同时，济南、西安等地的救亡组织也纷纷成立，以领导本地的救亡工作，组织和引导民众的抗日救亡情绪，而全救会也积极派代表参加地方救亡工作。1936 年 11 月底，全救会便派代表参加西北各界救国会的相关工作。②

此外，全救会还积极推动海外华人华侨的抗日救亡活动，通过成立华侨抗日救国联合会，组织和联合华人华侨投身到抗日救亡活动中。1936 年 9 月 20 日，全欧华侨抗日救国联合会在巴黎成立，并在大会宣言中表示，中华民族非抗日无以图存，非全国上下团结一致无以抗日。为此，全欧华侨抗日救国联合会呼吁政府能够实践"不容忍一切伤害我国主权和领土"的宣言，实现精诚团结共赴国难的号召，对绥远、成都、北海、丰台、汉口等事件，拒绝日寇要求，援助傅作义及十九路军与其他抗日军队抗战。③ 加拿大、美国及墨西哥的华人华侨也在国难日亟的背景下，发动侨胞救国运动，并在旧金山、纽约、费城、华盛顿等多个城市成立救国会，召开全美抗日救亡大会，号召"全美洲华侨联合起来，推动全美华侨救亡大会"，支援祖国抗战。④

---

① 周天度、孙彩霞编《救国会史料集》，第 219 页。
② 周天度、孙彩霞编《救国会史料集》，第 223 页。
③ 周天度、孙彩霞编《救国会史料集》，第 231 页。
④ 周天度、孙彩霞编《救国会史料集》，第 235 页。

二　国共第二次合作的酝酿

（一）中苏复交与国共关系的变化

由于国民党政府发动四一二反革命政变及七一五反革命政变，国共第一次合作破裂，中国共产党被迫转入地下活动，而中苏关系也在事实上破裂。1927 年 12 月 11 日，中国共产党在广州领导工人、士兵和农民二万余人发动武装起义，共产国际代表德国人纽曼参加广州起义的领导，共产国际也于 15 日发表《关于广州公社告全体工人、一切被压迫者、资本主义军队的全体士兵书》，表示支持广州起义。苏联驻广州领事馆的五名苏联外交官也直接在广州起义。12 月 13 日，广州起义被镇压后，苏联驻广州副领事哈西斯以下馆员十余人，以及在领馆工作的中国工人等十余人被杀害，正领事波吉伐林斯基被捕。12 月 14 日，南京国民政府发布对苏联断绝邦交令，宣称：本月 11 日广东事变，共产党占领省垣，"究厥原因，皆由共党籍苏俄领事馆及其国营商业机关为操纵指示之地"，其他各省地方，亦不无爆发之虑，为"维持治安，预防滋蔓"起见，应即将驻在各省之苏联领事馆一律撤销，所有各省之苏联国营商业机关，应一并勒令停止营业。① 而随着 1929 年中东路事件的爆发，中苏之间兵戎相见，两国全面断绝外交关系。

九一八事变后，日本侵占中国东北，中国诉诸国联却仍无法遏制日本的侵略野心，蒋介石及国民党内都愈加感到"联苏制日"的必要性；另一方面，日本对苏联的战争威胁，也让苏联感到有必要调整对华关系。早在九一八事变前，苏联便曾向中国在国际联盟代表王家桢表示过同中国恢复邦交的意向。事变发生后，苏联副外

---

① 韩信夫、姜克夫主编《中华民国史·大事记》第四卷，第 2892—2893 页。

交人民委员加拉罕就约见参加中苏会议的中方代表莫德惠，表示中日冲突增强了中苏复交的必要性。而蒋介石此时也希望能够同苏联恢复邦交，利用接近苏联来设法牵制日本不致发动更大规模的侵略。

淞沪抗战后，国民党内"联苏制日"的主张开始受到重视。1932年6月6日，国民党中央政治会议讨论对苏复交问题，并决定第一步缔结互不侵犯条约，第二步复交。[1] 1932年底，经过中苏之间秘密接触，中苏恢复邦交。尽管如此，中苏之间关系却并未发生实质性变化，蒋介石仍对苏联持戒备心理，且此时蒋介石仍在国内发动大规模"剿共"，中苏之间更是无法实现真正的"倾心"合作。

1934年，国民党发动了针对革命根据地的第五次反共"围剿"。由于中共党内"左"倾错误的影响，第五次反"围剿"中红军损失严重，以失败告终。这时，蒋介石才派遣蒋廷黻以访欧之名途经莫斯科，与苏联进行直接接触。蒋廷黻在会谈中特别强调蒋介石认为中苏两国之间由许多共同利益联系在一起，如果苏联的利益受到损害也必将殃及中国。因此，蒋介石希望通过"外交合作以外的途径"进行商讨，以达成某种秘密协定或默契，共同对付日本的侵略，同时表示"在任何时候、任何情况下，中国绝不会站在日本一方与苏联作对，在一定的条件下，中国会同苏联肩并肩地抵御来犯的敌人"。[2] 苏方代表则表示，苏联不计较中苏关系的过去，希望从两国共同利益出发，巩固和发展两国友好关系，并表示同意中方的提议。[3]

1935年华北情势日亟，日本的步步紧逼也迫使蒋介石无暇顾

---

① 韩信夫、姜克夫主编《中华民国史·大事记》第六卷，第4169页。

② 李玉贞译《〈中苏外交文件〉选译》上，《近代史资料》总第79号，中国社会科学出版社1991年版，第213页。

③ 田保国：《民国时期的中苏关系（1917—1949）》，济南出版社1999年版，第46页。

及中苏合作的种种疑虑，加紧与苏联协商合作的步伐。蒋介石在日记中也表达了"联苏"的想法："倭寇之目的：甲、欲我承认伪满；乙、华北之经济与军队受其支配管辖；丙、欲我共同排俄，而是我中央守战皆非，进退维谷"，而"倭寇之所最畏者：甲、我抗战；乙、我联俄"。① 为此，蒋介石首先派遣亲信邓文仪任驻苏使馆武官，并与苏方接触。9 月 21 日，与陈立夫关系密切的西门宗华受陈立夫之托会见苏联使馆负责人萨拉托夫策夫就中苏关系的一系列问题进行会谈。而南京政府在得知苏联使馆受到苏联政府"可以认真听取中国关于援助的要求"的指示后，蒋介石于 10 月 18 日在官邸约见了鲍格莫洛夫。在会谈中，蒋介石向鲍格莫洛夫询问"苏联政府是否愿意同中国签订一个多少能保证远东和平的协定"，并向鲍格莫洛夫表示"中国人对日本人恨之入骨，乃至不管中国政府向日本做出什么允诺，一旦日本与第三国开战，不管同哪国——苏联还是美国，中国人民定将迫使那个政府抗日"。

12 月 19 日，鲍格莫洛夫将苏联同意签订协定的立场转告蒋介石。蒋介石表示，希望能够以 1923 年《孙文越飞宣言》为中苏关系的基础，并表示中国对外政策和苏联一样，其基本任务是巩固和平，同时表示只有达到中国的统一，才能保证顺利抵抗外国侵略，没有统一，中国将永远不会强大。而鲍格莫洛夫也同意蒋介石的看法并表示，既然蒋介石有稳定远东和平的愿望，苏联将欢迎中国得到统一。鲍格莫洛夫的回复显然让蒋介石获得苏联支持的信心大增，而斯托莫尼亚科夫给鲍格莫洛夫的信也证实了蒋介石的想法。在信中，斯托莫尼亚科夫表示苏联同意蒋介石关于合作互助反对日本侵略的建议，并表示苏联应当支持中国日益强大的主战派，如果中国确实要投入抗日解放战争，苏联准备给予力所能及的支援。但同时斯托莫尼亚科夫也表示"尽管主战派在中国无疑已深入人心，

---

① 蒋介石：《困勉记》卷三十六，1935 年 10 月 2 日、3 日条，转引自杨奎松《国民党的"联共"与"反共"》，社会科学文献出版社 2008 年版，第 312 页。

也许现在时机不到，尚不宜自我束缚，同蒋介石就互助问题签一个协定，以应付一旦发生的日本武装侵略"。① 此外，斯托莫尼亚科夫还在信中表示应当特别注意蒋介石与红军的关系，"蒋介石的军队和中国红军若不实行军事统一战线，就不能真正有效地进行抗击日本侵略的斗争。如果蒋介石就此同您谈起他希望我们在他与中国共产党之间调整，以建立抗日统一战线，请您告诉他，我们不能扮演这种角色。但是，他完全可以同中国共产党直接谈定"。②

此后，中苏之间的谈判再次陷入停滞，因"不了解现状和南京政府的打算，我们很难继续谈判"，且由于中苏贸易协定的谈判中方迟迟不予答复，因此苏方决定"以取观望态度为宜，让中国人表示主动"。③ 而蒋介石方面则也摇摆不定，一方面对共产党仍采取"围剿"策略，另一方面则幻想日本新上台的强硬派能够促成日俄之间的战争，从而可使中国能够奉行"中立"原则，甚至开始怀疑联苏的必要性。④ 蒋介石的这一打算，显然也在苏联的掌握之下。斯托莫尼亚科夫在给鲍格莫洛夫的信中便指出，虽然有情报表明蒋介石准备武装抗日，"但他的主要方针仍然是力图赢得时间，希望改善中国的国际环境和取得外来援助，首先是英、美和国联的援助。当然，同时也希望维持与苏联的最密切的关系，希望利用未来的日苏战争，后者当然是蒋介石和许多中国人的最大希望所在"。⑤ 同时，苏方也决定放弃以《孙文越飞宣言》为中苏关系的

① 李玉贞译《〈中苏外交文件〉选译》上，《近代史资料》总第 79 号，第 225 页。

② 李玉贞译《〈中苏外交文件〉选译》上，《近代史资料》总第 79 号，第 226 页。

③ 李玉贞译《〈中苏外交文件〉选译》上，《近代史资料》总第 79 号，第 230 页。

④ 蒋介石：《困勉记》卷三十六，1936 年 2 月 1—6、26—29 日条，转引自杨奎松《国民党的"联共"与"反共"》，第 331 页。

⑤ 李玉贞译《〈中苏外交文件〉选译》上，《近代史资料》总第 79 号，第 231—232 页。

基础，因为该宣言是以"越飞承认苏维埃制度和共产主义组织不适用于中国国情。……我们若肯定了这一条……真的就会给英勇的中国共产党和中国红军背后捅一刀"。①

苏联的表态让蒋介石希望通过苏方对中共施压以解决国共矛盾的想法彻底破灭，这使得蒋介石十分的意外和扫兴。苏方一面想与国民党签订军事互助协定，另一方面却不放弃对中共的支持，这是蒋介石无论如何也不能接受的。为此，蒋介石决心利用红军在反"围剿"失利的劣势，直接与中共接触，以根本解决共产党问题。

（二）国共两党的秘密接触

九一八事变后，国民党政府希望国际社会能够调停中日，因此一直采取"攘外必先安内"的消极对日政策。1935年，随着日本侵略的加剧，国民党内部对日抵抗的声音逐渐居于强势，且国民党内部亲英美派与亲日派的分裂及国民党政府所面临的政治、经济危机，也迫使南京国民政府调整对日及对共产党的政策。

早在1934年国民党四届全会的宣言中便表示，"国难依然，外侮未已"，虽然仍坚持"攘外必先安内"政策，但强调"雪耻端在自强，救亡图存之工作"，并号召民众"抱极大之决心，作最大之努力，共向此救亡图存和平统一之目标而迈进，则民族复兴之伟业，必可因吾人之勇决自信而完成之"。② 1934年7月，蒋介石在对庐山军官训练团的讲话中表示，可以断定日本必不能吞并中国，独霸东亚。中国一定有方法、有力量，尤其是有最好的机会，可以抵抗日本，复兴民族，"我们一般军官，要有充分自信的能力，愈是日本加紧侵略我们的时候，愈是我们复兴民族最好的机会。我们要有这个认识和自信力，不要自暴自弃，来丧失自己志气，增长敌

---

① 李玉贞译《〈中苏外交文件〉选译》上，《近代史资料》总第79号，第232页。

② 中国第二历史档案馆编《中华民国史档案资料汇编》第五辑第一编政治（二），第452—453页。

人的威风，说到日本就害怕，见到日本人就畏惧，好像束手无策，坐以待毙的样子。如果是这样，那就不是我们黄帝的子孙，不配做中华民国堂堂的国民，更加不配做我们革命军的军官"，而且"敌人如此轻视我们中国，就是他的一个错误，一个弱点。须知敌人的弱点，就是我们强点，我们能利用敌人的弱点，将来一定可以想方法来抵抗敌人，消灭倭寇，完成我们复兴民族的使命"。①

1935 年 10 月 4 日，日本内阁通过了由外相广田弘毅提出的对华三原则，主要内容包括"中国须绝对放弃以夷制夷政策，不得再借欧、美势力牵制日本"；"中日满三国关系须常能保持圆满"，中国最好承认伪"满洲国"，起码"对于满洲国事实的存在，必须加以尊重"；"防止赤化"，"在中国北部边境一带有与日本协议防止赤化之必要"。同时叮嘱"勿向外公表，以免惹起实行上之障碍"。② 对于"广田三原则"，蒋介石在给汪精卫的电报中表示"形式似较减轻"，而其内容是要中国"脱退国联，承认伪国与联盟对俄之变相"，所以"其意义深重，不得不郑重考虑"。③ 据蒋介石后来回忆："广田内阁成立之后，把他们侵华的计划，综合为'善邻友好、共同防共与经济合作'的三原则，向国民政府提出交涉。当时的情势是很明白的，我们拒绝他的原则，就是战争；我们接受他的要求，就是灭亡。"④

10 月 20 日，蒋作宾代表中国政府照会日本外相，并对"广田三原则"作出答复，"关于广田外务大臣阁下所提之第一点，中华民国全无以夷制夷之意……中华民国在与其他各国的关系事务中绝

① 章伯锋、庄建平主编《抗日战争·第一卷·七七之前》，四川大学出版社 1997 年版，第 535—537 页。

② 秦孝仪主编《中华民国重要史料初编——对日抗战时期》绪编（三），中国国民党"中央"委员会党史委员会，1981 年，第 641—642 页。

③ 秦孝仪主编《中华民国重要史料初编——对日抗战时期》绪编（三），第 642 页。

④ 秦孝仪主编《先总统蒋公思想言论总集》卷九专著《苏俄在中国》，第 65 页。

不使中、日两国关系蒙受不良影响。……同时，在日本帝国与其他各国的关系事务中，亦须以同样的方针对待中华民国"。同时，"除满洲问题以外的其他一切均应回复到'九一八'以前的状态；上海停战协定、塘沽停战协定以及本年6月间因华北事变而在中、日两国军人之间商定的事项等等，均使中华民国在自国领土内不能充分行使主权，从而不能平熄时时发生的纠纷，徒使中、日两国之间刚刚开始好转的感情融洽遭受伤害。因此，切望日本帝国对此等协定和议定等即时予以撤销，以免贻误于中华民国地方秩序安宁与中、日两国关系之根本改善"。①

其后，蒋介石在会见日本大使有吉明时对"华北自治运动"明确表示，"凡有损国家主权之完整或有碍于行政统一之任何形式的自治制度，都决不能容忍。且据连日来华北当局以及各社会团体等所呈报告观之，当地绝无一人希望自治或独立"。② 此后，在有吉明与南京国民政府新任外交部长张群会谈时，张群也明确表示，蒋介石对于"广田三原则"绝非无条件赞同，而是要求日本方面提出更为具体的意见，以便商谈。同时，张群要求日本方面停止策动"华北自治"。③

1935年11月，中国国民党召开第五次全国代表大会，并在大会宣言中明确表示，中国正处于国难严重之时，应当秉持孙中山"人定胜天"与"操之自我则存，操之在人则亡"之二大遗训，以最大之忍耐与决心，保障国家生存与民族复兴之生路，"在和平未至完全绝望之时，决不放弃和平，如国家已至非牺牲不可之时，自必决然牺牲，抱定最后牺牲之决心，对和平为最大之努力，期以真诚决意，转捩时局，务达自立自存之目的"。④ 这一宣言也表明，

① 章伯锋、庄建平主编《抗日战争·第一卷·七七之前》，第582—583页。
② 章伯锋、庄建平主编《抗日战争·第一卷·七七之前》，第587页。
③ 《张群、有吉会谈记录》，《民国档案》1988年第2期。
④ 中国第二历史档案馆编《中华民国史档案资料汇编》第五辑第一编政治（二），第490页。

国民党对中日关系已逐渐放弃和平幻想，对日政策也趋于强硬。

1936 年 1 月 21 日，日本外相广田发表国会演说，称中国政府对 "广田三原则" 已 "充分谅解"，"表示了赞成的意思"。① 广田发表演说第二天，南京国民政府便发表声明，否认中国政府已经同意 "广田三原则"，并在声明中表示 "缘我方鉴于中日关系，虽经双方之竭诚努力，而年来仍迭次发生纠纷，殊有一波未平一波又起之概。故我政府于去年秋间，向日政府提出改善中日关系之基本办法。旋广田外相对蒋前大使表示，中国所提办法，原则上非不可行，惟须请中国先同意三点：第一、中国须绝对放弃以夷制夷政策。第二、中国对于 '满洲国' 事实的存在，必须加以尊重。第三、中国北边一带地方志防止赤化，中日须共商有效办法。我方以该三点措词过涉空泛，无从商讨。当要求日方揭示其具体内容，日方迄今尚未提出；而广田外相演说谓，中国业已同意，殊非事实"。②

1936 年 5 月，张群对于中日关系发表演讲，在演讲中表示中日关系需要通过外交手段彻底解决，在中国方面来说，"苟以互惠平等互尊主权为基础者，均得认为调整之良策"，而且中日双方应平等协商，"若仅指陈空泛原则，互相评论，或以威胁报复之手段，互相倾轧，于事必无裨益；不若就互有利益之具体问题，从长计议，以谋适当而公平之解决"。7 月 13 日，蒋介石在国民党五届二中全会上发表讲话谈 "御侮之限度"。蒋介石在讲话中表示国难危急关头，应当不惜牺牲来御侮救亡，"但是御侮救亡，应采取怎样的步骤，最重要在定一个明白的限度，以为决定国策的标准。这个最低限度，就是去年全国代表大会决定的 '和平未到完全绝望时期，决不放弃和平，牺牲未到最后关头，亦不轻言牺牲' 这句

---

① 复旦大学历史系编译《日本帝国主义对外侵略史料选编（1931—1945）》，上海人民出版社 1975 年版，第 196 页。

② 章伯锋、庄建平主编《抗日战争·第一卷·七七之前》，第 696 页。

话。……就是保持领土主权的完整，任何国家要来侵扰我们领土主权，我们绝对不能容忍。我们绝对不订立任何侵害我们领土主权的协定，并绝对不容忍任何侵害我们领土主权的事实。再明白些说，假如有人强迫我们欲订承认伪国等损害领土主权的时候，就是我们不能容忍的时候，就是我们最后牺牲的时候"。① 这一表态也是局部抗战以来，蒋介石对日的最强硬表态，也表明了在国难危急的情况下，国民党方面已逐渐放弃对日妥协的态度，开始采取对日强硬政策。

与此同时，在国民党政府与苏联复交及国民党对日政策转变的背景下，中共对国民党的政策也发生了转变。抗战初期，由于国民党对日实行"攘外必先安内"的妥协政策，中共在坚持对日抵抗的同时，提出"反蒋抗日"的主张。

而在日军不断进逼华北的背景下，共产国际中共代表王明、康生、吴玉章等在共产国际七大召开期间，起草了《中国苏维埃政府、中国共产党中央为抗日救国告全体同胞书》即"八一宣言"，并于 1935 年 10 月 1 日在《救国时报》上发表。宣言指出，中国已处于千钧一发的生死关头，"抗日则生，不抗日则死，抗日救国，已成为每个同胞的神圣天职"，因此号召国人在这亡国灭种大祸迫在眉睫之际，"无论各党派间在过去和现在有任何政见和利害的不同，无论各界同胞间有任何意见上或利益上的差异，无论各军队间过去和现在有任何敌对行动，大家都应当有'兄弟阋墙外御其侮'的真诚觉悟，首先大家都应当停止内战，以便集中一切国力（人力、物力、财力、武力等）去为抗日救国的神圣事业而奋斗"②。当然，此时中共仍然持"反蒋抗日"的主张，视蒋介石及国民党政府为"以'不抵抗'政策出卖我领土，以'逆来顺受'主张接

---

① 秦孝仪主编《先总统蒋公思想言论总集》卷十四演讲，第 381 页。

② 中央档案馆编《中共中央文件选集》第 10 册，中共中央党校出版社 1991 年版，第 519、521—522 页。

受日寇一切要求”的卖国贼，但此时中共已号召建立抗日民族统一战线的策略方针，联合各族、各界、各阶层民众共同进行抗日救国斗争，初步纠正了中共党内关门主义错误，成为中共政策转变的重要节点。

“八一宣言”发表后，中共中央发布了《中央为目前反日讨蒋的秘密指示信》。指示信在确定“反日讨蒋”主要任务的同时，较“八一宣言”更为详细地阐述了建立抗日统一战线的对日斗争策略，并指出“现在的情形大不相同了，目前中国不仅是小资产阶级被不愿做亡国奴的呼声所警醒，被民族革命战斗的战鼓所激动，都投入反日反蒋的革命洪流中来，甚至一部分民族资产阶级及一些国民党的军官政客也鉴于‘满洲国’，‘共存共荣’的借镜而混入反日反蒋的革命漩涡中来，因此目前中国革命的社会基础大大的扩展了”。为此，中共的方针策略是要和一切抗日反蒋的团体和个人联合起来，不管其阶级属性为何，只要“愿尽一点救中国的义务……中国共产党都愿意很诚意诚恳的与之统一战线以共同担负起救中国的责任”。[①]

根据共产国际“七大”的精神和“八一宣言”的主要内容，中共开始调整政策，并于 1935 年 11 月 28 日发表《抗日救国宣言》，指出在亡国灭种的危机面前，中国人民决不能束手待毙，只有全国人民总动员，展开神圣的民族革命战争，打倒日本帝国主义，中华民族才能得到最后的解放。为此，中国共产党号召“不论任何政治派别、任何武装队伍、任何社会团体、任何个人类别，只要他们愿意抗日反蒋者，我们不但愿意同他们订立抗日反蒋的作战协定，而且愿意更进一步的同他们组织抗日联军与国防政府”。[②]

1935 年 12 月，中共中央在陕北瓦窑堡召开政治局会议。会上，毛泽东作了《论反对日本帝国主义的策略》的报告，深刻批

---

① 中央档案馆编《中共中央文件选集》第 10 册，第 563—566 页。
② 中央档案馆编《中共中央文件选集》第 10 册，第 581 页。

判了党内的"左"倾关门主义，深入阐述了建立抗日民族统一战线的必要性和可能性。会上，中共中央还通过了《中央关于目前政治形势与党的任务决议》。决议指出，日本帝国主义吞并华北并准备吞并全中国的行动，给"四万万人的中华民族送来了亡国灭种的大祸，这个大祸就把一切不愿当亡国奴，不愿充汉奸卖国贼的中国人，迫得走上一条唯一的道路：向着日本帝国主义及其走狗汉奸卖国贼展开神圣的民族战争"。① 因此，只有争取中国政治生活中的各阶级、阶层、政党以及武装势力，才能取得抗战的胜利。而党的策略路线则是发动与组织中国全民族一切革命力量去反对当前主要的敌人：日本帝国主义与卖国贼头子蒋介石。不论什么人，什么派别，什么武装力量，什么阶级，只要是反对日本帝国主义与卖国贼蒋介石的，都应该联合起来，开展神圣的民族革命战争，驱逐日本帝国主义出中国，打倒日本帝国主义的走狗在中国的统治，取得中华民族的彻底解放，保持中国的独立与领土的完整，"只有最广泛的反日民族统一战线（下层的与上层的），才能战胜日本帝国主义及其走狗蒋介石"。在这一决议中，中共的对日、对国民党政策都有了较大调整，除强调建立抗日民族统一战线外，对于抗日民族统一战线的组成的表述也有了较大调整，虽然仍将蒋介石排除在抗日民族统一战线之外，但已明确提出只要反对日本帝国主义都应该包括到抗日民族统一战线当中，从而极大地扩展了抗日民族统一战线的范围。

时至1935年底，面对中日关系的变化及日本对华步步紧逼的侵略政策，国共双方政策都已有较大变化和松动，这也为双方实现第二次国共合作打下基础，也正是在此基础上，国共双方开始了秘密接触。从1935年底至西安事变爆发，国共两党之间通过多种渠道进行秘密接触，并就停止内战及合作抗日等问题进行谈判。

1935年秋，由于苏联方面不愿参与国共关系的调解，而是希

---

① 中央档案馆编《中共中央文件选集》第10册，第599页。

望蒋介石能够直接与共产党接触进行会谈。此时，共产国际中共代表王明所宣布的抗日民族统一战线政策在海内外产生重要影响，驻苏武官邓文仪将这些文件报告蒋介石，并趁回国述职的机会呈交蒋介石。蒋介石在看过这些文件后，认为中共之所以在此时提出建立抗日民族统一战线，肯定与苏联有关。据此，蒋介石决定走"莫斯科路线"与中共进行秘密接触。①

1936 年 1 月 13 日，邓文仪与中共驻共产国际代表团成员潘汉年在莫斯科进行会谈。邓文仪表示国民党方面已经召开多次会议讨论国共合作的问题，且蒋介石提出了统一全国、共同抗日的主张。现在，"联合共党的原则是已经决定了。因此，我可以代表蒋先生与你们谈判合作的初步问题，具体合作条件，双方自然还要请示"。邓文仪还表示，"日本给我们的时间已经不多了。蒋先生认为，现在要抗日，非首先集中八十师人马不可，否则必受日本先发制人的危险，而现在这八十师人马却被红军牵制住了。国内只有我们和你们两个力量。假如能联合起来，像一九二五年的合作，一定有办法。可惜我们两个主要力量还没有找到联合的道路"，"我们与红军停战之日，即为与日本宣战之时"。关于国共两党合作的前提，邓文仪表示要合作就必须解决两个问题：统一指挥及取得苏联的援助。通过这次谈判，双方都表明了合作抗日的意愿，但对于对日作战中的统一指挥以及苏联援助等问题仍存在较大的分歧。②

1 月 17 日和 22 日，中共方面代表王明又同邓文仪举行两次会谈。会谈中，邓文仪向王明提出了三项条件："一、取消苏维埃政府；它的全体人员参加南京政府；二、将中国工农红军改编为国民革命军；三、国共两党恢复 1924 年至 1927 年的合作形式，在这种

---

① 杨奎松：《失去的机会？——抗战前后国共谈判实录》，新星出版社 2010 年版，第 5 页。

② 黄修荣：《国共关系七十年》上卷，广东教育出版社 1998 年版，第 878—879 页。

情况下，共产党可以独立存在。"① 邓文仪还表示，南京国民政府将实行革新并逐步实行中共《八一宣言》中所提出的国防政府的十点纲领；在红军改编时，双方可以交换政工人员，以表示信任和尊重；南京国民政府还将供给红军一定的武器和粮食等。会谈时，邓文仪指出，国民党方面的核心原则是政权与军队指挥权问题。对于抗日区域的问题，邓文仪提出改编后的红军可以到内蒙古前线作战，由南京政府军队来保卫长江流域。这一提议遭到了王明的反对，他认为内蒙古地区并未处于南京国民政府的实际控制之下，这样的建议显然是不能接受的。而针对会议讨论的一系列议题，王明考虑到这些议题关系重大，建议邓文仪与国内的中共中央领导人进行具体内容的商谈。

为方便双方的接洽，王明于 1 月 23 日写信给毛泽东、朱德、王稼祥，介绍邓文仪回国后去苏区直接与中共领导人会晤，信中说："南京军事委员长蒋介石先生于本年 1 月曾派驻苏联使馆武官邓文仪为代表与弟及汉年面谈数次，表示同意我们所提出之抗日救国统一战线原则。惟对于抗日救国之具体合作办法有待于蒋与诸同志直接商洽，故决定由邓君与汉年同志亲赴南京与蒋面商，并言定再由南京去苏区与诸同志协商抗日救国的合作具体办法"。②

当天，潘汉年以中华苏维埃中央政府人民外交部副部长的名义写信给蒋介石，并向其保证邓文仪进入苏区谈判的人身安全及自由，信中表示："邓文仪先生代表国民政府军事委员会蒋委员长中正与中国共产党驻国际代表团接洽共同抗日救国事，除同意中国共产党提出的抗日救国统一战线原则外，并愿赴川陕苏区亲见中国苏维埃政府主席毛泽东、总司令朱德谈判抗日合作具体办法。关于邓文仪先生至苏区及红军防地之日起，迄离开苏区及红军防地之日

---

① 韩信夫、姜克夫主编《中华民国史·大事记》第七卷，中华书局 2012 年版，第 5058 页。

② 潘合定：《周恩来与抗日民族统一战线的形成》，《中共党史资料》第 29 辑，中共党史资料出版社 1989 年版。

止，邓先生之行动自由及身体安全之保障，我代表苏维埃政府毛主席及红军总司令负完全责任"。①

然而，由于蒋介石态度上的暧昧不明以及对苏联暗中援助中共的担心，邓文仪误解了蒋介石的意图，进而在与王明等人的接触中出尔反尔。邓文仪所理解的以政治途径解决共产党问题是采用1924—1927年的"容共"的方式处理国共关系，殊不知这一方式已被蒋介石明确否定，"可联俄，决不可容共"②，莫斯科方面国共双方的接触也就此"搁浅"。

蒋介石在尝试"莫斯科路线"的同时，也设法与中共中央取得直接联系。1935年12月底，陈立夫指派铁道部次长曾养甫办理此事。曾养甫又通过同学谌小岑与中共华北地区地下党组织取得了联系。中共中央经研究决定派周小舟与吕振羽出面与国民党方面秘密接触。1936年1月，周小舟专程赴南京，并经吕振羽介绍与谌小岑会面。会面中，谌小岑转达了陈立夫、曾养甫的意图，要求中共和红军放弃阶级斗争和暴力革命，承认蒋介石和南京政府的权威，赞助其统一中国，以便合作抗日。周小舟则根据《八一宣言》所提出的十大纲领要求国民党方面做到："一、立即发动抗日战争；二、开放民主自由；三、释放政治犯；四、恢复民众组织与活动，保护民众爱国运动"。③

在这次会面中，国民党方面明确表示可以考虑承认中共在组织上的存在与独立，乃至释放政治犯等，甚至表示可以划定一个特别区域供共产党人实验诸如"集体农场"之类的理想。但国民党方面要求共产党必须同意：协助联苏；红军改编，苏维埃改制；帮助

---

① 潘合定：《周恩来与抗日民族统一战线的形成》，《中共党史资料》第29辑，中共党史资料出版社1989年版。

② 蒋介石：《困勉记》卷三十六，1936年2月20日条，转引自杨奎松《国民党的"联共"与"反共"》，第320页。

③ 韩信夫、姜克夫主编《中华民国史·大事记》第七卷，第5068页。

蒋介石先统一，后抗日。[1] 国民党方面提出的方案，即是以国民党军队和政权的形式，将红军完全"消化"于无形。这样的一种"统一"与"联合"的建议，自然是中共方面所不能接受的。周小舟在会谈之后便认为，国民党方面很明显"想要借苏联的力量以要挟日帝，以作投降的条件，也即是取得奴才的地位；又要借抗日的无耻的欺骗，以完成其法西斯的统一"。[2] 会谈结束后，周小舟便返回北平，吕振羽则留在南京同曾养甫等进行谈判。谈判中，曾养甫对中共方面提出了四项条件，包括："一、停止土地革命；二、停止阶级斗争；三、停止苏维埃运动；四、放弃推翻国民党政府的武装暴动等活动"。[3] 这些内容比之谌小岑的提议更加一厢情愿，显然也是中共方面所无法接受的。尽管此次国共双方的秘密接触无果而终，但毕竟为进一步联系打下了基础。

1936 年 3 月底，中共中央北方局指示周小舟和吕振羽前往南京继续与国民党方面深入接触。为此，周小舟向国民党方面提出了六项要求，主要内容为：开展抗日群众运动；组织国防政府和抗日联军；释放爱国政治犯；停止内战，一致抗日；停止进攻苏区，承认苏区合法地位。[4] 周小舟此行还带来了毛泽东、朱德、周恩来三人联名致宋子文、孙科、冯玉祥、程潜、曾养甫的信，这让国民党方面非常重视中共的意见，并正式向中共代表提出了四项条件作进一步谈判的基础，主要内容包括："（一）停战自属目前迫切之要求，最好陕北红军经宁夏趋察绥外蒙之边境。其他游击队，则交由国民党国民革命军改编。（二）国防政府应就现国民政府改组，加入抗日分子，肃清汉奸。（三）对日实行宣战时，全国武装抗日队伍自当统一编制。（四）希望党的领袖来京

---

① 黄修荣：《国共关系七十年》上卷，第 885 页。

② 《周小舟给中共中央的报告》（1936 年 8 月 29 日），转引自杨奎松《国民党的"联共"与"反共"》，第 321—322 页。

③ 黄修荣：《国共关系七十年》上卷，第 886 页。

④ 韩信夫、姜克夫主编《中华民国史·大事记》第七卷，第 5110 页。

共负政治之责任，并促进联俄"。① 这一提议比之前的提议已较合
理，尤其是在关于统一军队及政府改组方面已较为实际。由于当
时国民政府有日本进犯内蒙古的情报，且出于对红军实力的忌惮，
便希望能将红军主力派至边境，既可以使红军进一步远离内地，
又可以吸引苏联的干涉，使日本无力南侵的同时最大程度地消耗
红军力量。

同年 5 月 15 日，曾养甫、谌小岑给毛泽东、彭德怀、周恩来
等分别复信。谌小岑在给周恩来的信中表示："目前南京当局自审
其在国际上之地位，对于国防政府与联军之组织，在表面上势难赞
同。然兄等尽可求其实质，而不必求其表面与名义。苟中日战争爆
发，则现政府之组织势必有所变更，而加强其国防的性质，自不待
言。军队编制与番号自必重新组织，亦系当然之事实。欢迎抗日分
子之参加，乃势所必然。故今日之问题，在如何发动此一战事
耳"，"就现势以观察，欲求避免目前国内之矛盾，最好能另辟新
土。苟合作成立，民主权利份属当然，惟党与军之行动或有所分
别。此则根据此间当局之意旨，非弟个人敢所主张也"。②

6 月中旬，中共中央收到了国民党当局所提出的四项条件。对
于这些条件，中共中央显然是难以接受的。毛泽东便认为，"这些
条件看似是联合抗日，实际上则是拒绝了中共方面的建议，希望红
军在出兵察绥外蒙边境导火日苏战争"。③ 尽管如此，中共方面并
未放弃国共谈判的尝试。周恩来也辗转去信正式邀请曾养甫及谌小
岑到苏区参观及商讨联合抗日大计，并在信中表示"十余年来，
弟所努力，虽与兄等异趣，但丁兹时艰，非吾人清算之日，亟应为
民族生存，迅谋联合，此间屡次宣言，具备斯旨，今幸得兄相与倡

①　黄修荣：《国共关系七十年》上卷，第 887 页。

②　《谌小岑致翔宇函》（1936 年 5 月 15 日），转引自孟广涵《抗战时期国共合作
纪实》下，重庆出版社 1992 年版，第 821—822 页。

③　《毛泽东致彭德怀等电》（1936 年 6 月 28 日），转引自孟广涵《抗战时期国共
合作纪实》下，第 822 页。

和，益增兴感，黄君回面托代磬积愫并陈所见，深愿兄能推动各方，共促事成。……国难当前，幸趋一致，矧在老友，敢赋同仇，春风得意，诸维心照不宣"①。

而周恩来在给南开大学校长张伯苓的信中表示："居今日中国，应不分党派，不分信仰，联合各地政府，各种军队，组织国防政府与抗日联军，以统一对外，并开抗日人民代表会议，以促其成。今国难日亟，华北垂危，红军不能忍华北五省拱手让人，已于11月出师东向，力争对日作战，并一再宣言，主张停止内战，一致抗日，红军愿为先驱，集中河北。不图山西阎氏阻挡于前，蒋复出兵于后，反使中国军队，同室操戈，为暴日清扫道路，是实现广田三原则中日'满'共同防共之要旨，而非中国民族之利也。目前华北局势，非战无以止日帝之迈进。华北沦亡，全国继之。救华北即所以救全国。兄弟阋于墙，外御其侮，今日如能集合全国之武力于人力财力智力，共谋抗日，则暴日虽强，不难战胜。而民族战争之开展，端赖有一致之政府与军队。"② 从该信的内容来看，国共双方对于政府组织形式及红军军队问题意见仍有较大差距，但由于周恩来发来邀请，且中共中央北方局随后向中国国民党方面提出联合抗日的条件，双方还是进入了实际谈判的阶段。

6月下旬，周小舟等在中共中央北方局的指示下，第三次抵达南京，同曾养甫进行谈判，经过多次的交换意见，双方形成了一份共同的《谈话记录草案》五条，主要内容包括：国民党、共产党双方一致确认，为求得民族生存，须立即建立民族联合战线，共同抗日；共产党方面提议组织国防政府和抗日联军，共产党方面承认国民党方面的主导权及抗日主导力量；国民党方面停止"围剿"红军，红军也应立即停止进攻的军事行动；双方共同组织委员会，

---

　　① 《周恩来致谌小岑信》（1936年5月15日），转引自中共中央党史资料征集委员会编《第二次国共合作的形成》，中共党史资料出版社1989年版，第99页。

　　② 黄修荣：《国共关系七十年》上卷，第889页。

讨论具体实现抗日联合战线的政治形势及统一经济、军事、外交等问题，以及联俄的相关问题。① 从这一记录内容来看，国共双方此次谈判应是较有成效的，双方也在关键问题上逐渐趋于统一。然而，国民党内对于这一草案并未能达成一致。因此，陈立夫亲自对《谈话记录草案》进行了修改。修改后的内容主要包括：国民党方面为集中民族革命力量，要求集合愿意参加民族革命之一切武装力量，不论党派，在同一目的下，实现指挥与编制之统一；共产党方面如同意上述主张，应于此时放弃过去政治主张，并以其政治军事全部力量置于统一指挥之下；国民党方面在共产党方面承认全国武装队伍应统一指挥与编制的原则上，即行停止围剿，并商定其武装队伍之驻扎区域，与以其他国军同等之待遇；国民党方面在中共放弃苏维埃政权的条件下，即以国民党为主体，基于民主的原则，改善现有政治机构，集中全国人才，充实政府力量，以担负民族革命任务。②

经过陈立夫修改后的《草案》已与最初双方所商定的内容有了较大出入，对于双方争议的焦点问题，实际上又回到了会谈前的状态，包括部队领导权及政府组织形式和领导权的问题，这也是中共方面所难以接受的部分，此次谈判最终也未能达成最终协议。

此时，两广事变爆发，为集中精力处理两广事变，蒋介石再次对国共谈判表现出了热情，指派曾养甫去信周恩来，希望国共双方负责代表能够"切实商谈"。7月底8月初，谌小岑将国民党方面的电台呼号及密码交给周小舟及张子华，希望立即建立联系。谌小岑还在给周恩来的信中表示："敬邀临西北之游，使得吾兄及诸友畅叙一堂，交换中国革命动向意见，在个人衷心亟为感奋"，"其所以至今未能成行者，盖故乎：（一）统一军政组织问题，此间至为重视，然民主方式究能实行至若何程度，当待初步之商讨；

---

① 韩信夫、姜克夫主编《中华民国史·大事记》第七卷，第5172页。
② 黄修荣：《国共关系七十年》上卷，第892—893页。

（二）停止军事行动问题，希望西北有军事负责人在陇海线西北段择一地点，作一度之会商，我兄如能命驾，更所欢迎；（三）两广问题发生，彼此间不无新的隔阂"，"兹特奉上电台符号及密码"，"如能有所决定，即可约期晤谈，盼能早日面聆教诲也"。①

几经商定后，中共中央最终决定指派潘汉年为谈判代表，赴南京与国民党代表陈立夫进行秘密谈判。9月22日，周恩来写信给陈果夫、陈立夫，介绍潘汉年前往南京进行秘密谈判，并在信中希望陈氏兄弟能够力劝蒋介石"停止内战，早开谈判"，并表示"为促事速成，特委潘汉年同志前来详申弟方诚意，并商双方负责代表谈判之地点与时间"。② 同时，周恩来还专门致信蒋介石，重申了中共方面"停止内战，建立抗日统一战线与真正发动抗日战争"的主张，并提议"商定停战地区，邀请国内救国团体各界代表监视停战"。③

与此同时，中共中央专门召集政治局扩大会议商议共产国际关于统一战线的指示，并着手起草《国共两党抗日救国协定草案》。该草案主要内容为：

> 一、中国国民党中央执行委员会、中国共产党中央委员会，鉴于日本帝国主义者对于中国侵略之有加无已，危害中国领土主权之保全与民族之生存，一致认为惟有两党合作并唤起民众，联合全国各党各派各界，联合世界上以平等待我之民族与国家，实行对日武装抗战，方能达到驱逐日本帝国主义，保卫与恢复中国领土主权，争取国家独立与民族生存之目的。因此，双方派遣全权代表举行谈判，订立此抗日救国协定。
>
> 二、双方共同承认，互矢最大之诚信与决心，一致努力于

---

① 《谌小岑致翔宇函》（1936年8月6日），转引自孟广涵《抗战时期国共合作纪实》下，第826—827页。

② 韩信夫、姜克夫主编《中华民国史·大事记》第七卷，第5243页。

③ 韩信夫、姜克夫主编《中华民国史·大事记》第七卷，第5243页。

下列之伟大的政治任务：

（甲）实行对日武装抗战，保卫与恢复全中国之领土与主权；

（乙）实现全国各党各派各界各军之抗日救国联合战线；

（丙）实现依据民主纲领而建立的中华民主共和国。

三、为力求以上政治任务之完成起见，双方同意实行下列各项必要的步骤与方法：

（甲）从本协定签字之日起，双方立即停止军事敌对行为。

（乙）中国国民党方面承认经过国民政府军事委员会下令停止进攻红军与侵犯苏区，取消经济封锁，并承认经过单独协商，一方面调动进攻红军之部队离开现在区域开赴抗日战线，一方面划定红军必须的与适宜的根据地，供给必需的军械、军服、军费、粮食与一切军用品，供给兵员的补充，以便红军安心对日作战。中国共产党方面承认经过苏维埃政府革命军事委员会下令红军不向国民党部队攻击，承认在抗日作战时在不变更共产党人员在红军中的组织与领导之条件下，全国军队包括红军在内实行统一的指挥与统一的编制，红军担负一定之防线与战线。

（丙）中国国民党方面承认改革现行政治制度，撤废一切限制民主权利之法令，允许人民言论出版集会结社等自由，惩办汉奸与亲日分子，释放政治犯，释放已被逮捕之共产党员，并承认以后不再破坏共产党之组织与不再逮捕共产党之人员。中国共产党方面承认停止以武力推翻国民党政权之言论与行动，承认在全国建立民主共和国与召集根据普选权选举的全国国会时，苏维埃区域选举代表参加此国会，苏区实行与全中国一样的民主制度。

（丁）中国国民党与中国共产党共同承认，在全中国民主国会未召集与民主政府未建立之前，为着实行真正的对日武装抗战，有召集基于全国各党各派各界各军选举的抗日救国代表大会或国防会议之必要，此种抗日救国代表大会或国防会议有决定一切抗日救国方针与方案之权。

（戊）中国国民党与中国共产党共同承认，为着实行真正的对日武装抗战，有迅速建立统一全国的军事指挥机关（军事委员会与总司令部）及由此机关采取真正对日抗战的一切实际军事步骤之必要。中国国民党承认，红军军事委员会及总司令部有选派代表参加全国军事委员会与总司令部之必要，并保证该代表等顺利进行其工作；中国共产党承认，中国国民党人员在此种机关中占主要领导的地位。

（己）中国国民党与中国共产党共同承认，为着实行真正的对日武装抗战，有与苏联订立互助协定之必要，同时对日本以外之其他国家在不丧失领土主权条件下，应保持友谊并取得其帮助。①

10月上旬，草案起草完成，并由潘汉年带往上海与国民党方面进行谈判。11月10日，潘汉年在张冲的安排下与陈立夫就国共停战问题在上海沧州饭店进行了第一次会谈。会上，潘汉年口头传达了中共中央草拟的《国共两党抗日救国协定草案》中的八项条件，并表示希望此次谈判能够以此为基础进行具体内容的协商。陈立夫则表示，对立的政权与军队必须取消，而红军只可保留3000人的军队，师长以上的领袖一律解职出洋，半年后按材录用。潘汉年当即对陈立夫所提出的苛刻条件予以驳斥，指出"这是蒋先生站在剿共立场的收编条例，不能说是抗日合作的谈判条件"，国共两党谈判的前提是讨论合作。陈立夫又提出："谈判恐一时难于成就……你我均非军事当局，从旁谈判，也无结果，可否请恩来出来

---

① 《国共两党抗日救国协定草案》，《毛泽东文集》第一卷，人民出版社1993年版，第446—448页。

一次"，蒋介石愿和周恩来面谈。①

11 月 12 日，潘汉年将双方谈判的情况向中共中央进行了汇报。而中共中央显然对于国民党方面提出如此苛刻的条件缺少准备，也颇为困惑不解，尤其是对于红军问题，已将中共逼至无法可谈的地步。为此，毛泽东在电报中指示潘汉年，如按照曾养甫之前提出的允许中共公开活动、政府继续存在等条件的话，双方还有可谈之处，否则"恩来出去也无益"。②

潘汉年根据中共中央的指示，于 11 月 16 日和 19 日又与陈立夫进行了两次谈判。潘汉年根据中央指示，希望能将双方谈判的基点拉回到曾养甫的四项条件上。然而，陈立夫则表示蒋介石坚持所提各点，没有让步的可能，而所谓四项条件更是纯属子虚乌有。不得已潘汉年只好将中共中央提出的《草案》交给陈立夫，并说明这就是中共方面对国家、民族最负责、最尽职的意见，供国共两党合作参考。当晚，张冲看望潘汉年，希望双方能够继续努力，并转达陈立夫的意见，希望潘汉年把蒋介石的意见电告中共中央，如果周恩来能与蒋介石面商，条件可斟酌。③

（三）"西安事变"的和平解决

正当国共双方通过秘密接触，互相试探政策底线，并进行政策调整之时，震惊中外的西安事变爆发，这一事件的爆发也极大地影响了国共双方政策及中日之间的局势。正如论者所指出的，1936 年 12 月 12 日爆发的西安事变具有划时代的意义，这一事变震惊了世界，震惊了全国，也震惊了中共。④

---

① 《关于与国民党谈判情况给毛泽东等的报告》（1936 年 11 月 12 日），本书编辑组编《潘汉年诗文选》，上海人民出版社 1995 年版，第 403 页。

② 黄修荣：《国共关系七十年》上卷，第 911 页。

③ 韩信夫、姜克夫主编《中华民国史·大事记》第七卷，第 5279 页。

④ 〔美〕费正清、〔美〕费维恺编《剑桥中华民国史》下，刘敬坤等译，中国社会科学出版社 2006 年版，第 226 页。

1935 年底，陕北红军主力积极应对蒋介石的第五次"围剿"，红军主力与东北军呈僵持之势。然而，此时的东北军显然无心恋战，士气也极为低落。九一八事变后，张学良及其所部东北军由于其"不抵抗"而致东三省沦为敌手，备受国人非议。张学良本人对于"剿共"也由开始的热心，而转为矛盾、踌躇，特别是在意识到蒋介石只是把东北军视为可以利用的杂牌军团后。不仅如此，张学良还背有沉重的十字架，即手下等待重返故土的东北军将士和他们的家属三十万人的命运。"你忘了父亲（张作霖）的仇恨，不抵抗日本，只是服从上级（蒋介石）命令，贪图荣华富贵。你不仅不惜牺牲士兵，还把我们逼上绝路！"面对这样的指控，张学良也开始强烈地怀疑蒋介石"攘外必先安内"的对日政策。①

与此同时，中共也在彭德怀对东北军的攻心战中发现其心理缺口，开始对东北军实施心理战术。彭德怀派已归顺红军的前东北军将领高福源担任劝说工作。令中共意想不到的是高福源此次的劝说工作却带来了意想不到的消息。据高福源说，他此次不仅见到了王以哲，而且张学良也亲自驾机飞来与他谈话，并且表示愿意与中共方面的全权代表就共同抗日问题进行商谈。这一情况让彭德怀也倍感意外，并立即将这一情况电告中央："高福源负我们使命赴洛川，去后见过王以哲、张学良，于本周回来，得情形如下：（一）王以哲颇热烈的表示愿与红军共同抗日，并请求与彭见面；（二）张学良表示，我真抗日，愿以实力相助，急请我方派全权代表到洛川与张一谈"。②

毛泽东在得知这一消息后，立即复电表示："对张、王提出如下条件：一、全部军队停战，全力抗日讨蒋；二、目前各就原防互

---

① 〔日〕菊池秀明：《末代王朝与近代中国：清末　中华民国》，马晓娟译，广西师范大学出版社 2014 年版，第 312 页。

② 《彭致毛周电》，1936 年 1 月 15 日，转引自杨奎松《西安事变新探：张学良与中共关系之谜》，山西人民出版社 2012 年版，第 44 页。

不攻击，互派代表商定停战办法；三、提议组织国防政府抗日联军，要求张王意见；四、请张王表示目前东北军可能采取之抗日讨蒋最低限度之步骤（不论是积极的或是消极的）；五、立即交换密码；六、欢迎王军长与彭见面，目前亦派周桓去洛川为宜，编一适当密码带去，来回最好是十天以内"。①

经中共中央内部讨论后，最终选定李克农为初步谈判的中共代表。同时，中共方面为了表示诚意也解除了对甘泉的包围，张学良则表示国民党内同情中共建立国防政府提议的不在少数。如果中共方面能够表现诚意，那么他愿意为此奔走、斡旋，如有成绩，则将安排与彭德怀在延安或洛川会面，并另外再请几位中共领导人一同会谈。② 在彭德怀看来，张学良在谈判中表态不过是军阀之间矛盾的体现，"企图以抗日不反蒋的口吻来和缓我军"。但张学良在会谈中谈到国民党内有许多人赞同国防政府的主张还是引起了彭德怀的兴趣。

张学良的这一表态引起了毛泽东的兴趣。此时，中共的政策仍然是"抗日反蒋"，因此如果以"反蒋"为基础，双方还是有联合的可能。为此，毛泽东专门致电李克农表示："（甲）向彼方表示在抗日反蒋的基础上，我方愿与东北军联合之诚意，务使进行之交涉克抵于成；（乙）向彼方指出，东北军如不在抗日反蒋的基础上求出路，则前途是很危险的；（丙）暗示彼方如诚意抗日反蒋，则我方可助其在西北建立稳固局面，肃清蒋系势力，进一步助其回平津、东三省，军饷、械弹我方亦有办法助其解决。并暗示彼方，如有抗日反蒋诚意，国防政府首席及抗日联军总司令可推张汉卿担任"。③ 根据毛泽东的指示，彭德怀电告王以哲表示："（一）克农

---

① 中共中央文献研究室编《毛泽东年谱》，中央文献出版社 1993 年版，第505 页。

② 《彭致毛周转克农电》，1936 年 1 月 20 日，转引自王焰等著《彭德怀传》，当代中国出版社 1993 年版，第 160 页。

③ 中共中央文献研究室编《毛泽东年谱》，第 507 页。

回，手书欣慰。我兄坚贞为国，情见手词。（二）据报载，日帝在天津举行武官会议，继续增兵华北，并拟推进华中。国民党要求中日在南京会议，日方以为为时尚早公开拒绝，证明国事危机益深，将见黄河以北即非我有。皮之不存，毛将焉附？集合全国之力，统一抗日战线，为目前救亡图存唯一策略，务请我兄从各方面鼎力斡旋，以期迅速实现。（三）全国红军在共产党领导及中央革命委员会统一指挥下，诚意推张副司令出任抗日联军总司令。抗日者需之枪械弹饷，共产党中央和苏维埃可设法救济。此意请转达汉卿先生。（四）为求得各种问题更进一步了解，深望与兄在延安一晤。如何请复"。[①]

此后，中共中央方面仍由李克农担任联络工作，与张学良方面进行谈判。然而，这一阶段中共与张学良方面并未能达成实质性谈判结果，张学良方面也并未接受此时中共所倡导的"抗日反蒋"的主张。1936年3月，中共中央在山西石楼召开政治局扩大会议，讨论共产国际所提出的统一战线方针。根据此次会议精神，中共中央对国内局势进行了进一步分析，并将国民党区分为"民族革命派"和"民族反革命派"，虽然仍将蒋介石看作是"民族反革命派"，但张学良等已被认为是可联合的对象。其后，中共中央派出周恩来作为谈判代表，与张学良进行谈判。

4月8日，周恩来一行抵达延安城外的川口。9日当晚，张学良与周恩来进行会谈。第二天，周恩来将会谈的具体情况上报中共中央。在电报中，周恩来表示张学良完全同意中共中央所提出的"停止内战，一致抗日"的主张，且认为国防政府及抗日联军是抗战的唯一出路，但"对蒋问题，他认为蒋部下现有分化，蒋现在歧路上。他认为反蒋做不到。蒋如确降，他当离开他"[②]。在会谈

---

①　《彭德怀致王军长鼎芳电》，1936年1月23日，转引自杨奎松《西安事变新探：张学良与中共关系之谜》，第47页。

②　金冲及主编《周恩来传》一，中央文献出版社2008年版，第342页。

中，张学良还表示不愿打红军，但现在也不能离开蒋介石，财政上需要蒋的支持，且"对国民党要人中，他只佩服蒋尚有民族情绪和领导能力，故希望蒋抗日。同时，也承认蒋的左右有很多亲日派，蒋不能下抗日决心，而且极矛盾。……他认为，根据他两年来的观察，蒋介石有可能抗日。他主张他在里面劝，共产党在外面逼，促使蒋改变错误政策，走上抗日的道路"①。这次延安会谈标志着中共与张学良全面合作关系的正式建立，从而为"西北大联合"计划的实施奠定了基础。而在中共中央的努力下，杨虎城方面也与中共中央达成合作计划，并与红军达成了停战协定，从而真正实现了红军、西北军、东北军的"西北大联合"。

此时，蒋介石正在西北积极推行"围剿"政策，而张学良与杨虎城在前线消极"剿共"的情况也被他看在眼里，但由于此时爆发"两广事变"，蒋介石一时难以得暇，便将张、杨的问题暂时搁置起来。待"两广事变"解决后，蒋介石立即全力部署西北"剿共"计划，并于 10 月 22 日亲自飞往西安督战。蒋介石抵达西安后，分别召见张学良及杨虎城，向他们宣布进一步的"剿共"计划。张、杨二人均不赞成，并提出停止内战一致抗日。蒋介石则要求张、杨二人绝对服从命令，坚决执行其"剿共"计划。12 月4 日，蒋介石又再到西安，督促实施"剿共"计划。张学良此次仍力劝蒋介石，放弃"剿共"，停止内战一致抗日。蒋介石听后勃然大怒，斥责张学良受到共产党的"蛊惑"。张、杨二人见状，决定发动"兵谏"，逼迫蒋介石停止内战一致抗日。

12 月 12 日，震惊中外的"西安事变"爆发，张学良和杨虎城在扣留了蒋介石后，向全国发出通电，并提出八项救国主张：

（一）改组南京政府，容纳各党各派，共同负责救国。

（二）停止一切内战。

---

① 金冲及主编《周恩来传》一，第 342 页。

（三）　立即释放上海被捕之爱国领袖。

（四）　释放全国一切政治犯。

（五）　开放民众爱国运动。

（六）　保障人民集会结社一切政治自由。

（七）　确实遵行总理遗嘱。

（八）　立即召开救国会议。①

面对西安事变，中共中央方面也缺乏准备，对于如何认识西安事变及如何处理蒋介石都有争论。在经过党内讨论后，12 月 15日，中共中央以毛泽东、朱德、周恩来等红军将领的名义，致电南京国民政府，要求南京国民政府接受张学良及杨虎城所提八项主张。12 月 18 日，中共中央又提出了五项要求，主要包括：要求国民党"召集全国各党、各派、各界、各军的抗日救国代表大会，决定对日抗战，组织国防政府抗日联军"，"停止一切内战，一致抗日"，"开放人民抗日救国运动，实行言论集会结社的民主权利，释放一切政治犯及上海爱国领袖"，并表示"本党相信，如贵党能实现上项全国人民的迫切要求，不但国家民族从此得救，即蒋氏的安全自由当亦不成问题，否则糜烂横政，民族生存与贵党生命均将为贵党错误的政策而断送干净也"。②

12 月 23 日，周恩来、张学良、杨虎城与宋子文开始谈判。周恩来首先提出中共的六项主张，主要包括：双方停战，中央军撤至潼关外；改组南京政府，排除亲日派，加入抗日分子；释放政治犯，保障民主权利；停止剿共，联合红军抗日，共产党公开活动，红军保存独立组织领导，在召开民主会前苏区仍旧，但可冠以抗日或救国名称；召开各党各派各军救国会议；与同情抗日国家合

① 中国第二历史档案馆编《西安事变档案史料选编》，档案出版社 1986 年版。

② 中央档案馆编《中共中央文件选集》第 11 册，中共中央党校出版社 1991年版。

作。① 同时，周恩来表示，若蒋介石能够接受这六项主张，则中共中央及红军便赞助他统一中国，一致对日。12 月 24 日，谈判继续进行，据周恩来所上报的谈判结果来看，如停止剿共、红军改编番号、分批释放政治犯、发动抗战、共产党公开等都得到了国民党方面的承诺。

最终，在多方努力下，西安事变得以和平解决。西安事变作为全面抗战爆发前的一次意外事件，从客观上推动了国内抗战局势的发展，促进了第二次国共合作的形成。

三　国共合作抗日局面的初步形成

（一）国民政府抗战方针的提出

九一八事变后，国民党及南京国民政府一度执行所谓"攘外必先安内"的对日政策，而将"反共"作为其内政外交的头等大事。国民党四届五中全会宣言中，国民政府虽然已经认识到国难日亟，仍表示"救亡图存，有赖于国力之充实，而欲求充实国力，则必先谋全国真正之统一和平"，"其尤使吾人足以告慰国民者，赤匪盘踞赣闽，数载于兹，凭藉险要，设置伪府，啸聚亡命，恣行破坏，非仅当地人民，有水深火热之痛，实为国家民族腹心大患"。② 华北事变后，随着日本侵华野心日益昭然若揭，特别是南京国民政府在 1935 年后对红军的第五次"围剿"得手后，其对日政策逐渐趋于强硬。

1935 年 11 月，中国国民党第五次全国代表大会召开，并通过了一系列重要决议。虽然，在这一系列决议中国民党强调"攘外

---

① 《周恩来选集》上卷，人民出版社 1983 年版，第 71 页。
② 中国第二历史档案馆编《中华民国史档案资料汇编》第五辑第一编政治（二），第 452—453 页。

必先安内"的对日政策，但已经将"救亡图存"提上议事日程，积极准备复兴民族、抵御外敌，并表示"本党既以复兴民族为己任，然民族如何可以复兴，其方法虽有多端，而养成其抗敌御侮之精神与体魄，实为必要。中国内忧外患，于今为极，国民非不知爱国，政府非不欲抗敌，只以国防上之设备未固，全国民之意志未集中，国民军训亦未曾及早着手，假使一旦下令总动员，举国人民手忙脚乱，莫知所措，而军旅战阵之事，更茫然不知所从。故科等认为目前不欲救亡图存则已，苟其欲之，则非从根本上培养国民之复兴民族意识与能力不可。然训练培养若无统一之机关，则令出多门，其弊滋大，其效亦鲜"①。国民政府还在决议中指出了国防松懈的原因，指出"我国积弱既久，国防空虚，造成今日国难非常严重之局面，主要原因不外三点：（一）国民经济枯涩，国家财用不足；（二）军事上可利用之技术等人材，从未集中，闲散荒废者尤多；（三）现时各地建设不辨轻重缓急，所有措置，大半靡费"②，并制定相关政策发展国防。

此外，国民政府还在决议中重视对人民的军事训练以及国民体质的提高，并指出"当兹国际风云紧急，强寇侵凌日甚之时，吾国自有急谋准备，应付世界大战之必要。因此人民必须受军事训练，使其有相当军事常识，随时皆能临赴战场服役"③，且"民族之兴亡，视国家捍卫国家能力之大小为断，而捍卫国家能力之大小，又视国民体格之强弱与国民团结力量之大小而定，近数年来列强之竞争益烈，民族复兴之需要益大，国民捍卫国家之责任亦愈重"④。

---

① 中国第二历史档案馆编《中华民国史档案资料汇编》第五辑第一编政治（二），第504页。

② 中国第二历史档案馆编《中华民国史档案资料汇编》第五辑第一编政治（二），第515页。

③ 中国第二历史档案馆编《中华民国史档案资料汇编》第五辑第一编政治（二），第531页。

④ 中国第二历史档案馆编《中华民国史档案资料汇编》第五辑第一编政治（二），第533页。

不仅如此，蒋介石在会上还对于中日关系的前途有了较之以往更为强硬的表述：

> 吾民族占全世界人口四分之一，其盛衰兴亡，影响于全世界之和平及全人类之福音者，至深且巨，各友邦之贤明政治家，不能见及于此，而我东邻日本，关于东亚之和平与彼此两国之福利，亦必关心更切也。吾人今日孳孳以求者，不过对本国求自存，对国际求共存而已，岂有他哉。诚能对国内为健全坚实之改进，对友邦为坦白诚挚之周旋，自信必有内外相谅之一日。……吾人应以整个的国家与民族之利害为主要对象，一切枝节问题当为最大之忍耐，复以不侵犯主权为限度，谋各友邦之政治协调，以互惠平等为原则，谋各友邦之经济合作；否则即当听命党国，下最后之决心。中正既不敢自外，亦决不甘自逸。质言之，和平未到完全绝望之时，决不放弃和平，牺牲未到最后关头，亦决不轻言牺牲；以个人之牺牲事小，国家之牺牲事大，个人之生命有限，民族之生命无穷故也。果能和平有和平之限度，牺牲有牺牲之决心，以抱定最后牺牲之决心，而为和平最大之努力，期达奠定国家复兴民族之目的……①

1935 年 12 月，中国国民党五届一中全会召开，对于国民党五大所提出的关于复兴民族，进行国内军事训练、国民训练及经济建设的相关问题有了更为详尽的决议案，也表达了国民党对日作战日益强硬的态度和决心。关于国内军事训练方面，国民政府决定实施普遍的军事训练，并表示救亡图存，需要依赖民力，除提高国民复兴民族的意识，"培养民力复兴民族之体魄，犹为当今急务。今后

---

① 中国第二历史档案馆编《中华民国史档案资料汇编》第五辑第一编政治（二），第 540 页。

亟应以宣传力量，促进国民军事训练之普遍，一扫国民以往颓废散漫之积习，养成严肃勇武之精神，以增厚民族自卫之实力"①。不仅如此，对于国民训练，会上也有了较为详细的计划，其规定"以中等以上学校之男生，四十五岁以下之公务员，及一般民众为对象，计划如何组织，如何考核，如何监督领导，并如何灌输以民族思想，锻炼其体魄能力，教以普通作战技术，及一切动员防卫种种军事上应有之常识，其实际训练责任，仍由各主管机关负之"②。

此外，对于经济建设方面，此次会议除分析了经济建设方面的问题外，还逐渐有意识规划和建立战时经济体制，决议指出，"吾国今日外被强邻暴力之侵凌，世界经济不景气狂流之袭击，内受水旱天灾之煎迫，赤共残匪之扰攘，农业衰落，商市凋零，旧有手工业，既已日就崩溃，新兴民族资本，亦复同遭摧毁，国民经济之生机，已濒绝灭，社会组织之机构，日见动摇。值此国际风云，益趋险恶，设战事一旦爆发，海洋交通隔绝，外货来源阻断，举凡吾人平日衣食住行之所需，将立呈极度之恐慌，届时即无强敌之侵入，我亦将因社会经济之混乱而自行溃亡也。言念及此，能不寒心。本党政府，处此险恶环境之下，秉坚苦之精神，为生存而奋斗，应速具勇往果断之决心，采取最进步最有效之方式，迅作适当之准备，调整原有生产组织，统制社会经济行动，使国民经济，得为有组织有计划之活动，社会组织有坚实巩固之基础，虽暴力压境，而吾国民经济，有恒久持续之能力，社会组织，无土崩瓦解之危机，此实为目前救亡关存之根本大计，而亟应确定方针，尽速实施者也"③。

---

① 中国第二历史档案馆编《中华民国史档案资料汇编》第五辑第一编政治（二），第 567 页。

② 中国第二历史档案馆编《中华民国史档案资料汇编》第五辑第一编政治（二），第 571 页。

③ 中国第二历史档案馆编《中华民国史档案资料汇编》第五辑第一编政治（二），第 574 页。

（二）共产党抗日救国路线的提出

随着国民党对日政策逐渐趋于强硬，以及国内局势日益严峻，中共对于"抗日反蒋"的政策也逐渐进行调整。特别是共产国际总书记季米特洛夫于 1935 年七八月间在第七次代表大会上揭露了法西斯的极端反动性，分析法西斯上台的原因和共产党应汲取的教训，并着重论述了建立反法西斯统一战线的有关问题。8 月 20 日，大会通过决议强调要为战胜法西斯建立广泛的统一战线，对于中国革命现实则强调"在中国，必须扩大苏维埃运动和加强红军的战斗力，同时要在全国范围内开展人民反帝运动。在运动中要提出如下口号：武装人民进行民族革命战争，以反对帝国主义奴役者，首先反对日本帝国主义及其中国仆从。苏维埃应成为联合全国人民进行解放斗争的中心"。[①]

根据共产国际的会议精神，中共中央共产国际代表团发布了《八一宣言》，号召建立抗日统一战线。这一宣言对于国内对日、对国民党政策都产生了较大影响，也成为中国共产党策略方针转变的开始。1935 年 10 月，在《中央为目前反日讨蒋的秘密指示信》中虽然仍将"反日讨蒋"作为党的主要任务，并且指出，"中国没有蒋介石，张学良，汪精卫及南京政府，则日本未必能这样容易侵略中国领土，蹂躏中国人民。东三省之被占是蒋张之不抵抗出卖，上海自卫战争失败是蒋贼签订了'淞沪停战协定'而出卖，《塘沽协定》是蒋贼出卖了热河及察绥之一大半，承认'满洲国'并实行通车通邮，以及最近蒋贼'敦睦邦邻'，'和平信义'之下接受了日本空前未有之卖国耻辱"，"蒋介石为要忠顺的投降出卖，并借口'攘外必先安内'，动员全国军队飞机毒瓦斯，进攻中国唯一的反日武装力量——工农红军，摧残人民对日作战的［报告］根

---

① 中国社会科学院近代史研究所翻译室编译《共产国际有关中国革命的文献资料（1929—1936）》第二辑，中国社会科学出版社 1982 年版，第 448—449 页。

据地——苏维埃区域，以破坏与阻止全国人民与红军抗日作战"。但在信中，中共中央也指出目前革命的基础扩展了，"自'九一八'以来各地广大群众反日行动无日不在蓬勃的爆发着，如过去吉鸿昌，方振武，孙殿英之抗日反蒋，十九路军福建人民政府与红军协定的抗日反蒋之军事行动，去年宋庆龄，何香凝，李杜，马相伯，章乃器等发表之武装自卫斗争纲领，在一星期内上海一地就有三千余人签名拥护。最近华北义勇军之猛烈发展，日本报载汉口杭州等地兵发现抗日标语，即国民党中委也有少数公开提出抗日。在这抗日讨蒋的斗争中洪流中，参加者不仅中国工农红军，更有许多小资产阶级大学教授大中学生知识分子，甚至国民党中上级军官，中委，政客银行家，及一部分地主资产阶级参加"，虽然这些人民因阶级利益之不一致，其参加革命斗争的热情与程度也各有差异，但如果他们有"分厘的革命性"，那么革命者都不能拒绝与之组成联合战线，"这就是说党要联合一切抗日讨蒋的力量来打倒日本帝国主义消灭蒋介石"。①

1935 年 11 月，中共中央又发布了《为日本帝国主义并吞华北及蒋介石出卖华北出卖中国宣言》，在宣言中号召全中国民众动员起来、武装起来拥护与参加中国共产党所领导的抗日反蒋战争，"一切抗日反蒋的中国人民与武装队伍，不论他们的党派、信仰、性别、职业、年龄有如何的不同，都应该联合起来，为打倒日本帝国主义与蒋介石国民党而血战"，并且表示"中国苏维埃政府与工农红军愿意与任何武装队伍，订立抗日反蒋的作战协定，愿意实际的援助一切方式的抗日反蒋的组织"。② 其后，中共中央又以中华苏维埃共和国中央政府及中国工农红军革命军事委员会的名义发布了《抗日救国宣言》，在宣言中"全中国的工人、农民、兵士、学生、自由职业者、商人、工业家、东北人民革命军、东北义勇军、

---

① 中央档案馆编《中共中央文件选集》第 10 册，第 561—571 页。
② 中央档案馆编《中共中央文件选集》第 10 册，第 575 页。

一切武装部队的官长们，以及一切热心爱国的志士们"都被认为是可以联合的抗日爱国力量，相比较之前的宣言，中共中央在宣言中所表述的可以联合的盟友更为明确，诸如"武装部队官长""工业家"等都被认为是可以联合的抗日救亡力量。《宣言》中仍将反蒋抗日作为目标，但已极大扩展联合对象，"不论任何政治派别、任何武装队伍，任何社会团体、任何个人类别，只要他们愿意抗日反蒋者，我们不但愿意同他们订立抗日反蒋的作战协定，而且愿意更进一步的同他们组织抗日联军与国防政府"。①

1935 年 12 月，中共中央政治局在瓦窑堡召开会议，并以决议的形式重申了《八一宣言》中提出的国防政府与抗日联军的抗日民族统一战线组织形式，且表示这种组织形式不仅是可以的，而且是必要的，毛泽东也在会上深入阐述了抗日民族统一战线策略思想，从而标志着中国共产党抗日民族统一战线思想的正式形成，而这一思想也对中共抗日救亡政策的转变产生了重要影响。

1936 年 1 月，中共中央又在文件中提出了组织国防政府与抗日联军的意见，并表示具体办法可以共同协商，"一切愿意抗日的个人或代表，都是苏维埃红军的朋友，我们都欢迎他们到苏区来，并愿竭诚招待。同时苏维埃制度的是否适合于中国，亦请亲来考察，加以判断"。② 而在《中国人民红军抗日先锋军布告》中，中共中央明确指出，"一切爱国志士，革命仁人，不分新旧，不分派别，不分出身，凡属同情于反抗日本帝国主义者，本军均愿与之联合，共同进行民族革命之伟大事业。……凡属爱国军人，不论积极的与本军联合抗日，或消极的不反对本军及爱国人民抗日者，本军均愿与之进行协商协定或谅解"③。这里对于抗日民族统一战线的联合对象的表述也比之前更进一步。而 4 月 25 日中共中央在《为

---

① 中央档案馆编《中共中央文件选集》第 10 册，第 581 页。
② 中央档案馆编《中共中央文件选集》第 11 册，第 8 页。
③ 中央档案馆编《中共中央文件选集》第 11 册，第 9 页。

创立全国各党各派的抗日人民阵线宣言》中不仅号召全国各阶层为抗日救国，建立抗日的人民阵线，更明确表示："不管我们相互间有着怎样不相同的主张与信仰，不管我们相互间过去有着怎样的冲突与斗争，然而我们都是大中华民族的子孙，我们都是中国人，抗日救国是我们的共同要求。为抗日救国而大家联合起来，为抗日救国而共赴国难，是所有我们中国人的神圣的义务！"①

1936 年 5 月 5 日，中共中央公开发表《停战议和一致抗日通电》，针对"南京国民政府，军事委员会，全国海陆空军，全国各党派各团体，各报馆，一切不愿意当亡国奴的同胞们"发出号召，要求"在亡国灭种的紧急关头，理应翻然改悔，以'兄弟阋于墙外御其侮'的精神，在全国范围首先在陕甘晋停止内战，双方互派代表，磋商抗日救亡具体办法，此不仅诸公之幸，实亦民族国家之福"。② 这一通电是中国共产党由"抗日反蒋"到"逼蒋抗日"方针转变的开始，文中不再将蒋介石与国民党政府视为敌对一方，而是正式将其作为建立抗日民族统一战线需要联合的对象，措辞上也不再将蒋介石视为"卖国贼"，而是使用更为中性的"蒋介石氏"，实可以看出中共政策转变的动向。

6 月 20 日，中共中央又致书国民党二中全会提议"停止内战一致抗日"，其措辞已更为温和。中共中央表示只要国民党方面"立即停止进攻红军和苏区，立即动员全国对日抗战，并实现民主自由与制裁汉奸，我们和红军不独不妨害你们抗日，而且用一切力量援助你们，并愿和你们密切合作"，并欢迎"国民党中任何领袖任何党员来参加与领导抗日救国的神圣战争"，"今后国民党中任何领袖任何委员起来抗日救国，我们同样愿意以全力支持他们"。不仅如此，中共中央还表示"我们随时都准备同贵党任何组织任何中央委员任何军政领

①　中央档案馆编《中共中央文件选集》第 11 册，第 18 页。
②　中央档案馆编《中共中央文件选集》第 11 册，第 21 页。

袖进行关于合作救国的谈判。我们伸着手向着一切愿意抗日救国的人们"。① 这其中虽未明确说出"逼蒋抗日"的新政策，但所释放出的信号已是希望能够与国民党"任何军政领袖"合作救国。

而在8月25日，中国共产党在《致中国国民党书》中已经称蒋介石为"蒋委员长"，并在公开信中表示："自从本党及苏维埃政府与红军发表抗日救国宣言以来，忽已一年多了。本党及苏维埃政府与红军创议组织民族统一战线联合全国各党各派各界一致抗日的主张虽然得到了全国爱国领袖与爱国人民的拥护，但因贵党及贵党政府迟疑不肯采纳，致使神圣的民族自卫战争直到今天还未发动。而日寇则已乘虚直入，得寸进尺，沦亡惨祸，迫在目前，全国彷徨，不可终日，这种全国全民族的绝大危险，完全是由于贵党及贵党政府的错误政策所招来的。现在是亡国灭种的紧急关头了，本党不得不向贵党再一次的大声疾呼：立即停止内战，组织全国的抗日统一战线，发动神圣的民族自卫战争，抵抗日本帝国主义的进攻，保卫及恢复中国的领土主权，拯救全国人民于水深火热之中。如果你们还要继续内争，不把向内的枪口调转向外，不把退让的政策转到抗战，不把分离的局面转到团结，不把涣散的情况转到统一，则祸患之来，不堪设想，而诸位先生千秋万世的罪名，亦将无可挽回。为了这个原故，我们特以诚恳的态度致书于诸位先生及中国国民党全体党员之前"。为此，中国共产党呼吁国民党记起大革命时两党合作的光荣历史，"如果贵党真正愿意担负救亡图存的责任，那末现在是要下决心的时候了，等到做了亡国奴的时候再讲什么合作那就会悔之无及了。至于我们方面是早已准备着在任何地方与任何时候派出自己的全权代表，同贵党的全权代表一道，开始具体实际的谈判，以期迅速订立抗日救国的具体协定，并愿坚决的遵守这个协定"。②

---

① 中央档案馆编《中共中央文件选集》第11册，第43—47页。
② 中央档案馆编《中共中央文件选集》第11册，第77—78、87页。

9月1日，中共中央书记处向党内发出了名为《中央关于逼蒋抗日问题的指示》，从而使得"逼蒋抗日"正式成为中共处理国共关系及对日的方针。在指示中，中共中央明确表示目前中国的主要敌人是日本帝国主义，所以把日本帝国主义与蒋介石同等看待是错误的，"抗日反蒋"的口号也是不适当的，并表示"在日帝继续进攻，全国民族革命运动继续发展的条件之下蒋军全部或其大部有参加抗日的可能。我们的总方针，应是逼蒋抗日。一方面继续揭破他们的每一退让，丧权辱国的言论与行动，另一方面要向他们提议与要求建立抗日的统一战线，订立抗日的协定"。同时，中共中央实行"逼蒋抗日"的方针并不放弃同各派反蒋军阀进行抗日的联合，"我们愈能组织南京以外各派军阀走向抗日，我们愈能实现这一方针。对广西方面我们赞成他们的抗日发动，是正确的。但我们更应要求他们在实际行动上表现他们抗日的诚意，主要的给人民以抗日救国的一切民主权利，发动群众的抗日运动。也只有这样，他们才能把抗日运动坚持与扩大出去，才能使抗日运动成为有力的运动。对他们的错误决不放弃批评的自由，对蒋方面应指出用内战决不能解决集中统一的问题，而要求停止内战一致抗日"。①

中共中央在实行"逼蒋抗日"方针的同时，仍然保持对国民党方面对日妥协倾向的批评，坚持斗争与团结的统一，在推动国民党南京政府及其军队抗日的同时，"绝对不应放松对于国民党南京政府一切违反民族利益的错误政策的严厉的批评与斗争。只有这样，才能使国民党政府内部的抗日倾向日渐发展，扩大抗日分子的影响，克服其本身的动摇，战胜亲日派，而走向抗日救国的大道"。②

1936年10月26日，红军将领发表了《给蒋总司令及国民革命军西北各将领书》，明确表示中华民族已经到了最危急的时刻，

---

① 中央档案馆编《中共中央文件选集》第11册，第89—90页。
② 中央档案馆编《中共中央文件选集》第11册，第94页。

为此呼吁国民党立即停止进攻红军，与红军携手共赴国防前线，努力杀贼，保卫国土。同时，红军方面明确宣言："只要贵党政府决心抗战，红军愿作前驱，并誓与你们合作到底。在抗日前线上，红军愿担任一定的战线，保证一定任务的完成，在作战指挥上，红军愿服从全国统一的军事指挥。在不得抗日友军的同意，红军决不开入抗日友军的防地"，并希望蒋介石能够"毅然决然停止进攻红军的最后内战，率领全中国的武装部队，实行抗敌，以复活黄埔的革命精神，以恢复国共合作时反帝斗争的勇气。抗战发动得早，是中国民族的大幸。即万一不蒙诸先生采纳，我们亦必以千回百折赴之，不达目的，决不罢休！……只要内战一停，合作门径一开，一切谈判都将要在抗战的最高原则之下求得解决"。① 这一文件中，中共方面已显露出"联蒋抗日"的策略转向，甚至已将蒋介石视为全国抗日救亡的领袖。

其后，在 12 月 1 日，毛泽东、朱德等人又向蒋介石发去联名信，表示"天下汹汹，为公一人，当前大计只须先生一言而决。今日停止内成〔战〕，明日红军与先生之西北剿共大军，皆可立即从自相残杀之内战战场，开赴抗日阵线，绥远之国防力量，骤增数十倍。是则先生一念之转，一心之发而国仇可报，国土可保，失地可复，先生亦得为光荣之抗日英雄，图诸凌烟，馨香百世，先生果何故而不出此耶？吾人敢以至诚，再一次的请求先生，当机立断，允许吾人之救国要求，化敌为友，共同抗日，则不特吾人之幸，实全国全民族唯一之出路也"。②

中共方面在共产国际指示及针对国内局势正确判断的情势下，对于国共合作有着更为主动和迫切的要求。同时，面对国民党对日政策的日趋强硬，中共中央开始调整"反蒋抗日"的政策，并积极由"逼蒋抗日"向"联蒋抗日"过渡。西安事变爆发后，中共

---

① 中央档案馆编《中共中央文件选集》第 11 册，第 108—109 页。
② 中央档案馆编《中共中央文件选集》第 11 册，第 116 页。

方面在经过审慎考虑后最终促成西安事变的和平解决，而正是在西安事变的推动下，国民党方面也转变对日及对共政策，从而为第二次国共合作的初步形成奠定基础。

（三）第二次国共合作的初步形成

震惊中外的西安事变以和平解决收场，蒋介石也在各方交涉中答应"停止内战，一致抗日"而得以重获自由。西安事变也成为十年国共内战转折的枢纽，国共两党开始由敌对状态向合作抗日前进。

1937年2月，为讨论和确定西安事变后的对内对外政策，国民党五届三中全会在南京召开，并在宣言中表示"国家已至非牺牲不可之时，自必决然牺牲"[1]。会上，还对如何处理西安事变作出了决议，虽然否认了西安事变中蒋介石所承诺的释放政治犯等八项主张，但是会上以提案的方式体现了国民党方面已放弃其消极抗日的主张，表现了对日抵抗的意愿和决心。会上，李宗仁等提交的关于迅速组织民众武装以为抗战总动员的提案获得通过。提案指出，在国难之时，应当发挥民兵力量，组织抗日，"此种民兵，一旦发动抗日，行见全国皆兵，其力量洵为无限也"，且"当此国难深重之际，欲发动整理民族之力量，以达救亡图存之目的，除迅即组织全国民众，训练全国民众，武装全国民众，集中力量，共赴国难，别无他途"[2]。

在妇女训练方面，会上通过的妇女提案中特别增加了对妇女进行军事训练的内容，诸如训练妇女为非常时期护士；积极训练女教官人才，利用女子体育学校，增加军事教育课程，促进国民军事体育合一精神，甚至在服装上也体现国防目的，服装样式上与男装相

---

① 中国第二历史档案馆编《中华民国史档案资料汇编》第五辑第一编政治（二），第594页。

② 中国第二历史档案馆编《中华民国史档案资料汇编》第五辑第一编政治（二），第611页。

似，"质料用国货布或国货呢"①。在经济建设方面，提出五年建设计划，积极发展国防经济建设。

在处理国共关系方面，虽然仍强调所谓"根绝赤祸"，但已为国共合作奠定了初步基础。在相关决议中对中共提出，"一国之军队，必须统一编制，统一号令"，要求红军取消番号；政权须统一，中共须彻底取消"苏维埃政府"；停止赤化宣传；等等。② 尽管蒋介石与国民党方面已完全背弃西安事变中所承诺的八项主张，但五届三中全会上对于处理国共关系仍然留有进一步谈判的余地，虽然在相关文件中对中共方面仍多有侮辱性语言，但实际已为国共第二次合作打下基础。

而在五届三中全会之前，中共中央也向国民党方面发去电文，并向国民党中央提出了五项要求，包括：停止一切内战，集中国力，一致对外；言论集会结社自由，释放一切政治犯；召集各党各派各界各军的代表会议，集中全国人才共同救国；迅速完成对日抗战之一切准备工作；改善人民的生活。中共中央同时也保证：在全国范围内停止武装暴动推翻国民政府的方针；将苏维埃政府改名为中华民国特区政府，红军改名为国民革命军，直接受南京中央政府与军事委员会的指导；在特区内实施普选的民主制度；停止没收地主土地，坚决执行抗日民族统一战线共同纲领。③

然而，对于中共方面所释放出来的诚意，蒋介石及国民党方面却认为这是中共方面在向国民党"示弱"。为此，蒋介石便试图在与共产党谈判时逼迫中共交出军队。而早在国民党五届三中全会前，顾祝同便代表国民党方面与周恩来进行了会谈，周恩来在会谈

---

① 中国第二历史档案馆编《中华民国史档案资料汇编》第五辑第一编政治（二），第612页。

② 中国第二历史档案馆编《中华民国史档案资料汇编》第五辑第一编政治（二），第631页。

③ 中央档案馆编《中共中央文件选集》第10册，第135页。

中以中共中央所提出的五项要求和四项保证为原则与顾祝同进行了谈判，最终双方达成以下结果：

（一）共产党承认国民党在全国的领导，停止武装暴动及没收土地，故应坚决实行御侮救亡的统一纲领。国民政府允许分期释放在狱共党，不再逮捕和破坏，并容许共党在适当时期公开。

（二）苏维埃制度取消，现时苏区政府改为中华民国特区，直受国民政府指导，实施普选制，特区内行政人员，由地方选举，中央任命。

（三）红军改编为国民革命军，接受军事委员会与蒋之统一指挥和领导，其人员编制饷额补充同国军待遇，其领导人员由中央及军委会任命，其政训工作人员自做（任），以中央党派少数人员任联络，其他各边区赤色部队改为地方团体。

（四）共党得派代表参加国民会议讨论，军队得派代表参加国防会议。①

其后，顾祝同将这份谈判原则交给蒋介石后，蒋介石密告顾祝同要在谈判中进一步削弱红军，并提出了具体意见：红军仅可以有两个师八个团的编制，八个团的总兵力应当控制在一万五千人，各部干部由南京国民政府方面指派。蒋介石这种试图削弱红军的企图，显然是中共中央方面所不能接受的。

其后，两党围绕红军如何改变展开了长期的争论。国民党三中全会闭幕后，国民党方面张冲与周恩来在西安进行了多轮会

①　《周恩来关于与顾祝同谈判结果向中央的报告》（1937年2月12日），未刊件，转引自周天度、郑则民、齐福霖、李义彬等《中华民国史·第八卷（1932—1937）》下，中华书局2011年版，第683—684页。

谈，并达成初步协议：

（一）将现有红军中之最精壮者，选编为四个步兵师，计容四万余人，四师（之上）并设某路军总指挥部。

（二）将现红军中精壮者，选编为两个徒手工兵师，计容两万余人，指定工程担任修筑。

（三）原有红军军委直属队，改编为统率四个师的某路军总指挥部的直属队。

（四）原有红军的地方部队，改编为地方民团、保安队及特别行政区的警卫队，经费另定。

（五）原有红军学校保留，办完这一期后结束。①

会谈后，周恩来将谈判的主要成果整理成三项三十五条，交由蒋介石决定，在政治方面：

（一）中国共产党承认服从三民主义的国家及国民党在中国的领导地位，彻底取消暴动政策及没收地主土地政策，停止赤化运动。要求国民党政府分批释放共产党，容许共产党在适当期内公开。

（二）取消苏维埃政府及其制度，现红军驻在地区改为陕甘宁行政区，执行中央统一法令与民选制度，其行政人员经民选推荐，请中央任命，行政经费请由行政院及省政府规定之。

（三）红军取消，改编为国民革命军，服从中央军事委员会及蒋委员长之统一指挥，其编制人员给养及补充，统照国军同等待遇，其各级人员由自己推选，呈请军委会任命，政训工

---

① 《周恩来关于与张冲谈判结果向中央的报告》（1937年3月4日），未刊件，转引自周天度、郑则民、齐福霖、李义彬等《中华民国史·第八卷（1932—1937）》下，第684—685页。

作由中央派人联络。

关于红军改编方面的主要条文是：

（一）改编现有红军中之最精壮者为三个国防师，计六旅十二团，步兵团及其他直属之工炮通信辎重等部队。

（二）在三个国防师上，设某路军总指挥部，其直属队为特务营、工兵营等。

（三）红军现有之骑兵三个团及一个骑兵连，共约一千四五百人马，拟编骑兵一个团。

（四）改编后的经费、给养补充，统照国军同样待遇，国防师编制表于9日下午可到手。①

然而，让周恩来和中共中央所没有想到的是，顾祝同等在呈交周恩来的总结时，对谈判内容作了大量修改，将"承认"改为"服从"，"要求"改为"请求"；"陕甘宁行政区"改为"地方行政区"，分属各省；取消"民选制度"；将红军定员裁减为一个师一万人，共三万人；将"服从统一指挥"改为"服从一切命令"。这样的改动已经大大偏离了国共双方谈判的初衷，大大削弱了红军的力量。周恩来在得知这一情况后，立即报告中共中央，并根据指示严词拒绝顾祝同等人的修改，表示谈判须重新进行。

3月，中共中央再次派周恩来赴杭州与蒋介石进行谈判。在会谈中，周恩来代表中共中央首先承认拥护三民主义及国民党在中国的领导地位，承诺取消暴动政策及没收地主土地政策，取消苏维埃政府及其制度，现在红军驻地改为陕甘宁边区，执行中央统一法令

---

① 《周恩来关于一个月来与国民党谈判结果向中央的报告》（1937年2月8日），转引自周天度、郑则民、齐福霖、李义彬等《中华民国史·第八卷（1932—1937）》下，第685—686页。

与民主制度，行政人员由地方推荐中央任命，行政经费另行确定；取消红军名义改编为国民革命军，服从中央军委会及蒋委员长之统一指挥，准备国防需要时赴前线参加作战，其编制人员给养及补充照国民党军队同样的待遇，各级军政人员由其部队推荐呈请中央军委会任命；改编红军为三个国防师，共计六旅十二团，及其他直属骑兵、炮兵、工兵、通信、辎重等部队，在三个师上设某路军总部；原苏区地方部队改编为地方民团及行政区保安队，其余改编为徒手工兵队担任修路工程。①

此外，周恩来还对国民党方面提出了五项要求，希望国民党方面能够做出保证：

（一）实现和平统一团结御侮的方针，全国停止剿共。

（二）实现民权，释放政治犯，在全国各地分批释放共产党员，不再拘捕共产党员，容许共产党在适当时期公开。

（三）修改国民大会组织法及选举法，使各党各派、各民众职业团体、各武装部队均能选派代表参加，以制定民主的宪法。

（四）修改国防会议条例，使国防会议成为准备与指导对日抗战的权力机关，并使共产党亦能参加。

（五）实行准备对日抗战工作及改善人民生活的具体方案。②

不仅如此，周恩来还在会谈中向蒋介石说明了中共中央方面将站在"为民族解放，民主自由，民生改善的共同奋斗的纲领上"拥蒋抗日，同时向蒋介石特别强调以下六点：

① 中央档案馆编《中共中央文件选集》第11册，第178—179页。
② 中央档案馆编《中共中央文件选集》第11册，第179页。

（一）陕甘宁边区须成为整个行政区，不能分割。

（二）红军改编后的人数须达四万余人。

（三）三个师上必须设总部。

（四）关于副佐及政训人员不能派遣。

（五）红校必须办完本期。

（六）红军防地须增加。①

蒋介石对于周恩来所提交的中共中央的相关意见，提出了五点意见，周恩来也将蒋介石的相关意见上报中央：

（一）承认我们有民族意识，革命精神，是新生力量，几月来的和平运动影响很好，要我们检讨过去决定，并坚守新的政策，必能达到成功。

（二）承认由于国共分家致十年来革命失败造成军阀割据帝国主义者占领中国的局面，但分家之责他却归过于鲍罗廷。他指出彼此要检讨过去，承认他过去亦有错误，其最大失败在没有造出干部，他现在已有转变。

（三）要我们不必谈与国民党合作，只是与他合作。一个党在环境变动时常改变其政策，但一个政策必须行之十年廿年方能有效。人家都说共党说话不算话，他希望我们这次改变，要能与他永久合作，即使他死后也要不生分裂，免得因内乱造成英日联合瓜分中国。

（四）要我们商量一永久合作的办法，恩来答以共同纲领是保证合作到底一个最好办法，他要恩来赶快进来商量与他的关系及纲领问题，恩来再三问他尚有何具体办法，他均说没有，但要我们商量。

（五）关于具体问题，他认为是小节容易解决。他说国民

①　中央档案馆编《中共中央文件选集》第 11 册，第 180 页。

大会国防会议在几个月后，我们可以参加。行政区要整个的，须我方推荐一个南京方面的人来做正的以应付各方；副的以下均归我们并由我们自己干，他不来干涉。军队人数不同我们争，总的司令部可以设，他决不来破坏我们部队只是联络而已，粮食接济令顾设法，即使永久合作的办法尚未商定他也决不再打。①

此次杭州会谈之后，周恩来返回延安，并将会谈的结果上报中共中央。中共中央在听取了周恩来的汇报后，认为此次谈判较有成效，决定在抗日救国十大纲领及国民党"一大"宣言的基础上起草民族统一战线纲领，提议成立民族革命联盟，吸收各方抗日力量，并推举蒋介石为领袖。与此同时，为统一党内人士，中共中央执行委员会还发布告全党同志书，号召为巩固国内和平，争取民主权利实现对日抗战而斗争。在《告全党同志书》中，中共中央指出，"自西安事变和平解决与国民党三中全会之后，中国革命的形势已经进入了一个新的阶段。这个阶段的任务，即是要巩固已经取得的国内和平，争取民主权利与实现对日抗战。这些任务的完成，需要全民族的总动员，需要我党全体同志为这些任务而斗争的最大的牺牲精神与坚强意志"。② 不仅如此，中共中央还指出，现阶段中国共产党"停止内战"的目的已经实现了，中国革命新时期的第一阶段基本已经结束。今后发展阶段的任务是巩固国内和平，争取民主权利，实现对日抗战，而"从这个观点出发，本党给国民党三中全会的四项保证，决不能解释为所谓'共产党的投降'。这些保证，在某种意义上说来是一种让步，但这种让步是必要的与许可的。首先因为这是为实现抗日民族统一战线新政策的必要步骤。……其次，这种让步与妥协，绝不是等于取消或降低共产

---

① 中央档案馆编《中共中央文件选集》第 11 册，第 180—181 页。
② 中央档案馆编《中共中央文件选集》第 11 册，第 193 页。

党组织的独立性，与批评的自由……"①

4月26日，周恩来从延安飞赴西安继续同顾祝同、张冲谈判。6月4日，周恩来到庐山会见蒋介石，并从8日到15日与蒋介石进行了多次谈判。然而，此次谈判中，蒋介石却出尔反尔，抛开周恩来提交的"民族统一纲领"，另提出建立所谓"国民革命同盟会"作为国共合作抗日的组织基础，其主要办法是：成立国民革命同盟会，由蒋介石指定国民党的干部若干人，共产党推出同等数量的干部共同组成，蒋介石担任主席，且有最后决定权；两党对外一切行动与宣传，统一由同盟会讨论决定并执行；同盟会进行顺利后，将来视情况许可，扩大为国共两党分子合组之党；同盟会进行顺利后，可以与第三国际发生代替共党关系，并由此坚定联俄政策，形成民族国家联合。

此外，蒋介石表示红军虽然可以改编为三个师，四五万人，但却推翻了他之前关于三个师上可设总指挥部的保证，改为"3个师以上设政治训练处指挥之"，提出"请毛先生、朱先生出来做事"，离开红军部队。②不仅如此，蒋介石还提出陕甘宁边区政府由南京方面来指派"长官"；各地红军游击队要进行改编，"其首领须离开"；国民大会共产党可参加，但不能以共产党名义出席。③

显然，中共中央对于蒋介石意在"溶共"的政策是无法接受的，但在抗战局势日益急迫的背景下，中共中央作出了重大让步，同意在确定共同纲领的基础上，组织国民革命同盟会，以蒋介石为主席，并承认其依据共同纲领有最后决定权。周恩来将这些意见在庐山会谈中，再次提交给蒋介石。然而，蒋介石却坚持红军改编后，其政治机关只负责联络，而无权指挥，且三个师的参谋长只能由南京派遣，政治主任只能传达人事、指挥，周恩来任政治主任，

　　① 中央档案馆编《中共中央文件选集》第11册，第195页。
　　② 中共党史资料征集委员会编《第二次国共合作的形成》，中共党史资料出版社1989年版，第226页。
　　③ 中共党史资料征集委员会编《第二次国共合作的形成》，第226页。

毛泽东任副主任。这显然已将中共逼至再无可退的境地，周恩来根据中共中央的指示"采取蒋不让步不再与之谈判"的方针，离开庐山飞赴南京。然而，南京会谈中，国共双方仍然有较大分歧。8月13日，淞沪抗战爆发，国共两党谈判悬而不决的局面得到迅速改观，僵持已久的红军改编问题得到解决，蒋介石同意红军改编为国民革命军第八路军，任命朱德、彭德怀为正、副总指挥。9月22日，中央社公布中共中央关于国共合作的宣言，蒋介石同时发表谈话，也在事实上承认了中国共产党的合法地位，国共两党的第二次合作在抗日烽火下正式形成。

主要参考文献

一 主要征引报刊

《抗战旬刊》\《民声》\《再生》\《申报》\《东方杂志》\《生活》周刊\《独立评论》\《大公报》\《复兴月刊》\《国闻周报》\《中央周刊》\《文化建设》\《浙江教育》月刊\《中国新论》\《国光杂志》\《民钟季刊》\《河南大学校刊》\《宇宙旬刊》\《自由言论》半月刊\《知行》月刊\《主张与批评》\《时代公论》\《村治》\《乡村建设》\《民间》半月刊\《益世报》\《解放》周刊\《读书生活》\《读书月报》\《中国文化》\《认识》月刊\《全民抗战》\《理论与现实》\《文艺战线》\《文艺突击》\《文学月报》\《新华日报》\

二 主要征引文献

中央档案馆编《中共中央文件选集》第 7、8、9、10、11、12、13 册，中共中央党校出版社 1991 年版；第 14、15、16、17、18 册，中共中央党校出版社 1992 年版。

中共中央文献研究室编《三中全会以来重要文献选编》，人民出版社 1982 年版。

中共中央文献研究室、中央档案馆编《建党以来重要文献选编（1921—1949）》，中央文献出版社 2011 年版。

中共中央统战部编《民族问题文献汇编》，中共中央党校出版社 1991 年版。

中国第二历史档案馆编《中国国民党中央执行委员会常务委员会会议录》，广西师范大学出版社 2000 年版。

中国第二历史档案馆编《中华民国史档案资料汇编》，江苏古籍出版社 1994 年版。

中共中央统战部、中央档案馆编《中共中央抗日民族统一战线文件选编》，档案出版社 1984 年版。

荣孟源主编《中国国民党历次代表大会及中央全会资料》，光明日报出版社 1985 年版。

中共中央文献研究室编《毛泽东文集》，人民出版社 1993 年版、1996 年版。

毛泽东：《毛泽东选集》，人民出版社 1993 年版。

中共中央文献研究室编、逄先知主编《毛泽东年谱 1893—1949》，中央文献出版社 2013 年版。

中共中央文献研究室、中共湖南省委《毛泽东早期文稿》编辑组编《毛泽东早期文稿》，湖南出版社 1990 年版。

中共中央文献研究室编《建国以来毛泽东文稿》（第 1—13 册），人民出版社 1987—1998 年版。

中共中央文献研究室编《毛泽东书信选集》，人民出版社 1983 年版。

中共中央文献研究室、中国人民解放军军事科学院编《毛泽东军事文集》，军事科学出版社、中央文献出版社 1993 年版。

中共中央文献编辑委员会编辑《邓小平文选》（第 1—3 卷），人民出版社 1993—2010 年版。

中共中央文献研究室编、金冲及主编《毛泽东传（1893—1949）》，中央文献出版社 1996 年版。

中国人民解放军军事科学院毛泽东军事思想研究所年谱组编《毛泽东军事年谱 1927—1958》，广西人民出版社 1994 年版。

中共中央文献研究室编《周恩来年谱 1898—1949》，中央文献出版社 2007 年版。

广东省社会科学院历史研究所、中国社会科学院近代史研究所中华民国研究室、中山大学历史系孙中山研究室合编《孙中山全集》（第 1—11 卷），中华书局 1981—1986 年版。

中国国民党"中央"委员会党史史料编纂委员会编《革命文献》，（台北）"中央"文物供应社，1978 年。

秦孝仪主编《中华民国重要史料初编——对日抗战时期》，（台北）中国国民党"中央"委员会党史委员会，1981 年。

秦孝仪主编《先总统蒋公思想言论总集》，（台北）中国国民党"中央"委员会党史委员会，1984 年。

张其昀主编《蒋总统集》，（台北）"国防研究院"、中华大典编印会，1968 年。

中国文化书院学术委员会编《梁漱溟全集》（第 1—8 卷），山东人民出版社 1989—1993 年版。

宋恩荣主编《晏阳初全集》，第 1、2 卷，湖南教育出版社 1989 年版、1992 年版。

季羡林主编《胡适全集》，安徽教育出版社 2003 年版。

欧阳哲生编《胡适文集》，北京大学出版社 1998 年版。

中国社会科学院近代史研究所中华民国史组编《胡适来往书信选》，中华书局 1979 年版。

陈独秀：《陈独秀文章选编》，生活·读书·新知三联书店 1984 年版。

李大钊：《李大钊文集》，人民出版社 1984 年版。

邓中夏：《邓中夏文集》，人民出版社 1983 年版。

宋庆龄：《宋庆龄选集》，人民出版社1992年版。

《董必武年谱》编纂组编《董必武年谱》，中央文献出版社2007年版。

王焰主编《彭德怀年谱》，人民出版社1998年版。

聂荣臻：《聂荣臻回忆录》，解放军出版社1984年版。

中共中央党史研究室张闻天选集传记组编、张培森主编《张闻天年谱》，中共党史出版社2000年版。

胡愈之：《胡愈之文集》，生活·读书·新知三联书店1996年版。

章立凡选编《章乃器文集》，华夏出版社1997年版。

张季鸾：《张季鸾集》，东方出版社2011年版。

杜国庠文集编辑小组编《杜国庠文集》，人民出版社1962年版。

许纪霖、李琼编《天地之间——林同济文集》，复旦大学出版社2004年版。

张申府：《张申府文集》，河北人民出版社2005年版。

何干之：《何干之文集》，北京出版社1993年版。

冯友兰：《三松堂全集》第1卷，河南人民出版社1985年版；第4、5卷，河南人民出版社1986年版。

蔡尚思主编《中国现代思想史资料简编》第4、5卷，浙江人民出版社1983年版。

高军、李慎兆、严怀德、王桧林等编《中国现代政治思想史资料选辑》，四川人民出版社1983年版、1986年版。

王德锋、傅炳旭、宋聚荣主编《中国近现代史参考资料》，吉林人民出版社1993年版。

徐辰编著《宪制道路与中国命运：中国近代宪法文献选编（1840—1948）》下卷，中央编译出版社2017年版。

南开大学马列主义教研室中共党史教研组编《华北事变资料选编》，河南人民出版社1983年版。

辽宁省档案馆编《"九·一八"事变档案史料精编》，辽宁人民出版社 1991 年版。

上海社会科学院历史研究所编《"九·一八"—"一·二八"上海军民抗日运动史料》，上海社会科学院出版社 1986 年版。

吉林省档案馆编《东北沦陷十四年档案史料丛编——九·一八事变》，档案出版社 1991 年版。

中共中央党校中共党史教研室选编《三民主义历史文献选编》，中共中央党校科研办公室 1987 年内部发行。

陈竹筠、陈起城选编《中国民主党派历史资料选辑》，华东师范大学出版社 1985 年版。

中国民主同盟中央文史资料委员会编《中国民主同盟历史文献》，文史资料出版社 1983 年版。

中国民主建国会中央委员会宣传部编《中国民主建国会历史文献选编》，书目文献出版社 1992 年版。

宋志明选编《儒家思想的新开展——贺麟新儒学论著辑要》，中国广播电视出版社 1995 年版。

吕希晨、陈莹选编《精神自由与民族文化——张君劢新儒学论著辑要》，中国广播电视出版社 1995 年版。

田文军编《极高明而道中庸——冯友兰新儒学论著辑要》，中国广播电视出版社 1995 年版。

王世杰、钱端升：《比较宪法》，中国政法大学出版社 1997 年版。

张君劢：《民族复兴之学术基础》，商务印书馆，1935。

张君劢：《明日之中国文化》，商务印书馆，1936。

张君劢：《立国之道》，桂林，1938。

张君劢：《中西印哲学论文集》，台湾学生书局，1981。

罗荣渠主编《从"西化"到现代化》，北京大学出版社 1990 年版。

熊十力：《新唯识论》，中华书局，1985。

贺麟：《文化与人生》，商务印书馆，1988。

贺麟：《五十年来的中国哲学》，商务印书馆，2002。

蒋廷黻：《蒋廷黻回忆录》，岳麓书社，2003。

三　主要参考书目

〔美〕易劳逸：《流产的革命：国民党统治下的中国（1927—1937）》，陈谦平、陈红民等译，中国青年出版社 1992 年版。

〔美〕约瑟夫·列文森：《儒家中国及其现代命运》，郑大华、任菁译，广西师范大学出版社 2009 年版。

〔美〕艾恺：《世界范围内的反现代化思潮——论文化守成主义》，贵州人民出版社 1999 年版。

〔英〕安东尼·史密斯：《民族主义：理论，意识形态，历史》，叶江译，上海人民出版社 2006 年版。

〔法〕吉尔·德拉诺瓦：《民族与民族主义》，郑文彬、洪晖译，生活·读书·新知三联书店 2005 年版。

〔美〕本尼迪克特·安德森：《想象的共同体：民族主义的起源与散布》，吴叡人译，上海人民出版社 2005 年版。

〔美〕杜赞奇：《文化、权力与国家：1900—1942 年的华北农村》，王福明译，江苏人民出版社 2003 年版。

〔美〕费约翰：《唤醒中国：国民革命中的政治、文化与阶级》，李恭忠、李里峰等译，生活·读书·新知三联书店，2004。

〔美〕费正清、费维恺编《剑桥中华民国史：1912—1949 年》，刘敬坤、杨品泉等译，中国社会科学出版社 1994 年版。

〔美〕格里德：《胡适与中国的文艺复兴——中国革命中的自由主义（1917—1950）》，鲁奇译，江苏人民出版社 1989 年版。

侯外庐、赵纪彬、杜国庠、邱汉生：《中国思想通史》，人民出版社 1957 年版。

冯契：《中国近代哲学史》，上海人民出版社 1989 年版。

李泽厚：《中国现代思想史论》，生活·读书·新知三联书店 2008 年版。

吴雁南、冯祖贻、苏中立、郭汉民主编《中国近代社会思潮（1840—1949）》，湖南教育出版社1998年版。

高瑞泉主编《中国近代社会思潮》，华东师范大学出版社1996年版。

周阳山编《中国文化的急机与展望——当代研究与趋向》，（台湾）时报文化出版事业有限公司1986年发行。

傅乐诗等：《近代中国思想人物论——保守主义》，（台湾）时报出版事业有限公司1980年发行。

李国祈等：《近代中国思想人物论——民族主义》，（台湾）时报出版事业有限公司1980年发行。

史华兹等：《近代中国思想人物论——自由主义》，（台湾）时报出版事业有限公司1980年发行。

李世涛主编《知识分子立场——激进与保守之间的动荡》，时代文艺出版社2000年版。

李世涛主编《知识分子立场——民族主义与转型期中国的命运》，时代文艺出版社2000年版。

李世涛主编《知识分子立场——自由主义之争与中国思想界的分化》，时代文艺出版社2000年版。

罗志田主编《20世纪的中国：学术与社会·史学卷》（下册），山东人民出版社2001年版。

罗志田：《裂变中的传承——20世纪前期的中国文化与学术》，中华书局2003年版。

罗志田：《乱世潜流：民族主义与民国政治》，上海古籍出版社2001年版。

罗志田：《民族主义与中国近代思想》，（台北）东大图书公司1998年发行。

陈先初：《精神自由与民族复兴——张君劢思想综论》，湖南教育出版社1999年版。

冯友兰：《中国哲学史新编》，河南人民出版社1989年版。

余英时：《钱穆与中国文化》，上海远东出版社 1994 年版。

田文军：《冯友兰传》，人民出版社 2003 年版。

李中华：《冯友兰评传》，百花洲文艺出版社 1996 年版。

顾潮、顾洪：《顾颉刚评传》，百花洲文艺出版社 1995 年版。

宋志明：《熊十力评传》，百花洲文艺出版社 1993 年版。

宋志明：《贺麟新儒学思想研究》，天津人民出版社 1998 年版。

谢保成：《郭沫若学术思想评传》，北京图书馆出版社 1999 年版。

王学典：《翦伯赞学术思想评传》，北京图书馆出版社 2000 年版。

朱政惠：《吕振羽学术思想评传》，北京图书馆出版社 2000 年版。

陈其泰：《范文澜学术思想评传》，北京图书馆出版社 2000 年版。

丁为祥：《熊十力学术思想评传》，北京图书馆出版社 1999 年版。

郑大华：《梁漱溟学术思想评传》，北京图书馆出版社 1999 年版。

郑大华：《张君劢学术思想评传》，北京图书馆出版社 1999 年版。

宋志明、梅良勇：《冯友兰学术思想评传》，北京图书馆出版社 1999 年版。

汪学群：《钱穆学术思想评价》，北京图书馆出版社 1998 年版。

王中江、安继民：《金岳霖学术思想评传》，北京图书馆出版社 1998 年版。

李泉：《傅斯年学术思想评传》，北京图书馆出版社 2000 年版。

王毅：《〈再生〉杂志的民族复兴思想研究》，广西人民出版社 2012 年版。

王永祥：《中国现代宪政运动史》，人民出版社 1996 年版。

魏万磊：《20 世纪 30 年代"再生派"学人的民族复兴话语》，中国社会科学出版社 2011 年版。

方克立、郑家栋主编《现代新儒家人物与著作》，南开大学出版社 1995 年版。

方克立：《现代新儒学与中国现代化》，天津人民出版社 1997 年版。

江沛：《战国策派思潮研究》，天津人民出版社 2001 年版。

田亮：《抗战时期史学研究》，人民出版社 2005 年版。

闫润鱼：《自由主义与近代中国》，新星出版社 2007 年版。

耿云志主编《近代中国文化转型研究导论》（九卷本），四川人民出版社 2008 年版。

耿云志等：《西方民主在近代中国》，中国青年出版社 2003 年版。

胡伟希、高瑞泉、张利民：《十字街头与塔——中国近代自由主义思潮研究》，上海人民出版社 1991 年版。

胡伟希编《辛亥革命与中国近代思想文化》，中国人民大学出版社 1991 年版。

李翔海：《民族性与时代性——现代新儒学与后现代主义比较研究》，人民出版社 2005 年版。

殷海光：《中国文化的展望》，上海三联书店 2009 年版。

罗荣渠：《现代化新论——世界与中国的现代化进程》，北京大学出版社 1993 年版。

人名索引

（以姓氏笔画为序）

图书在版编目（CIP）数据

中国近代思想通史. 第七卷 / 郑大华，俞祖华，李锐著. -- 北京：社会科学文献出版社，2022.7
ISBN 978 - 7 - 5201 - 8489 - 2

Ⅰ.①中… Ⅱ.①郑… ②俞… ③李… Ⅲ.①思想史 - 中国 - 近代 Ⅳ.①B25

中国版本图书馆 CIP 数据核字（2021）第 105199 号

中国近代思想通史（第七卷）

主　　编 / 耿云志
著　　者 / 郑大华　俞祖华　李　锐

出 版 人 / 王利民
组稿编辑 / 宋月华
责任编辑 / 张晓莉
责任印制 / 王京美

出　　版 / 社会科学文献出版社·人文分社（010）59367215
　　　　　　地址：北京市北三环中路甲 29 号院华龙大厦　邮编：100029
　　　　　　网址：www. ssap. com. cn
发　　行 / 社会科学文献出版社（010）59367028
印　　装 / 三河市东方印刷有限公司

规　　格 / 开本：787mm × 1092mm　1/16
　　　　　　印　张：28　字　数：388 千字
版　　次 / 2022 年 7 月第 1 版　2022 年 7 月第 1 次印刷
书　　号 / ISBN 978 - 7 - 5201 - 8489 - 2
定　　价 / 1480.00 元（全八卷）

读者服务电话：4008918866